JN185272

近藤光男

有斐閣

株主と会社役員をめぐる法的課題

はしがき

本書は、著者がこれまでに公表した論文等の中で、主に株主および会社役員に関わる法的諸問題を検討した論稿を中心に整理してまとめたものである。わが国では、従来からコーポレートガバナンスをめぐる議論が活発であり、とりわけ株主および会社役員のあり方をめぐって多くの裁判例が見られ、様々な学説が展開されてきた。また、平成二六年には会社法改正が行われ、監査等委員会設置会社や多重代表訴訟といった新たな制度も設けられるようになり、株主・役員に関する議論が深まってきている。著者は、従来から株式会社の機関について研究を行ってきた。その成果の一部については、すでに平成一六年において、それまでの研究論文をまとめた『コーポレートガバナンスと経営者責任』と題する書物を有斐閣から刊行していた。そこでは、主に平成九年から平成一六年までに公表した論文について収録していた。このため、それ以降の論文等について、近時の株主・役員に関する議論の展開を踏まえ、これらをまとめた書物を刊行することを考えていたが、しばらくその機会を逃していた。このたび前著に引き続き有斐閣にお世話いただき、これを実現することができたのが本書である。すなわち、本書は平成一七年から平成二五年までに公表した論稿のうち、株主と会社役員に関するものを整理してまとめたものである。その意味では、『コーポレートガバナンスと経営者責任』の続刊と位置づけることができる。

本書の構成は、以下のような編から成っている。第一編を「株主および株主総会」として、株主に主眼を置いた論稿を集め、第二編を「取締役および監査役」として取締役と監査役に主眼を置いた論稿を集めている。最後に、第三編を「株主と役員をめぐる日米の判例研究」として、会社役員と株主に関わるわが国およびアメリカの判例を研究したものをまとめている。

株式会社法の世界は発展・変化がめまぐるしく、本書に収録した論稿の中には、初出から時間の経過とともに、そこで論じていた議論のもつ意味が大きく変わってしまったものもあるかもしれない。しかし、この一〇年ほどの間に公表してきた株主と役員に関する論稿を加筆・修正を加えた上でまとめたものは、株主および役員の法制度に関心のある方々にとって、いささかでも意味があるのではないかと考え、本書を刊行することとした。なお、初出後現時点までに法改正があり、その影響を受けているものについては、補足説明を注にて行っている。

本書の刊行に当たっては、有斐閣書籍編集第一部の高橋俊文氏には主に当初から企画の段階でお世話いただき、有斐閣学術センターの田顔繁実氏には原稿整理やそれ以降の校正をはじめ様々な面で大変お世話になった。お二人にはここで厚くお礼を申し上げたい。

平成二八年一〇月

近藤　光男

〔初出一覧〕

第一編　株主および株主総会

第一章「会社法における株主の権利行使と持株要件」川村正幸先生退職記念論文集『会社法・金融法の新展開』（中央経済社・二〇〇九年）所収

第二章「株主総会における手続の瑕疵と議案の否決」ビジネス法務一二巻一〇号（二〇一二年）

第三章「株主総会における議長の権限と法的地位」青竹正一先生古稀記念『企業法の現在』（信山社・二〇一四年）所収

第二編　取締役および監査役

第四章「会社経営者の行為基準」齋藤彰編『市場と適応（法動態学叢書　水平的秩序2）』（法律文化社・二〇〇七年）所収

第五章「代表訴訟と監査役の機能」江頭憲治郎先生還暦記念『企業法の理論（上巻）』（商事法務・二〇〇七年）所収

第六章「ブルドックソース最高裁決定に見る企業防衛のあり方」（「企業防衛と取締役の義務（ブルドックソース最高裁決定から）」）金融法務事情一八三三号（二〇〇八年）

第七章「役員の第三者責任の事例における最近の動向と今後の課題」企業会計六二巻七号（二〇一〇年）

第八章「最近の株主代表訴訟をめぐる動向」商事法務一九二八号（二〇一一年）、商事法務一九二九号（二〇一一年）

第九章「いわゆる事実上の役員等」石川正先生古稀記念論文集『経済社会と法の役割』（商事法務・二〇一三年）所収

第一〇章「表見代表制度の再検討」岩原紳作・山下友信・神田秀樹編『会社・金融・法（上巻）』（商事法務・二〇一三年）所収

第一一章　「金融商品取引法の責任と会社法の責任」金融商品取引法研究会編『金融商品取引法制の潮流』（日本証券経済研究所・二〇一四年）所収
第一二章　「近時の裁判例から見た金商法上の民事責任の課題と展望」ジュリスト一四四四号（二〇一二年）
第一三章　「代表取締役と会社の責任（会社法三五〇条に基づく会社の責任）」正井章筰先生古稀祝賀『企業法の現代的課題』（成文堂・二〇一五年）所収

第三編　株主と役員をめぐる日米の判例研究

一　「社外取締役の独立性（米国）」商事法務一七三八号（二〇〇五年）
二　「行為時保有原則における行為時（米国）」商事法務一七七八号（二〇〇六年）
三　「従業員に対する監視と誠実義務（米国）」商事法務一八〇六号（二〇〇七年）
四　「取締役の選任手続に関する株主提案の可否（米国）」商事法務一八三六号（二〇〇八年）
五　「委任状による議決権行使と利益供与（日本）」私法判例リマークス三八号（二〇〇九年）
六　「農業協同組合の組合員代表訴訟における提訴請求（日本）」私法判例リマークス四二号（二〇一一年）
七　「株主代表訴訟の提起と帳簿等閲覧権（米国）」商事法務一九八六号（二〇一二年）
八　「株主総会決議の不存在と追認決議（日本）」私法判例リマークス四六号（二〇一三年）
九　「取締役の監視義務違反による責任と株主代表訴訟（米国）」商事法務二〇一〇号（二〇一三年）
一〇　「Say on Pay と取締役の責任（米国）」商事法務二〇四九号（二〇一四年）
一一　「会社の資金運用の判断と取締役・監査役の責任（日本）」私法判例マークス四九号（二〇一四年）

目次

第二編　取締役および監査役

第三編　株主と役員をめぐる日米の判例研究

第一編　株主および株主総会

第一章　会社法における株主の権利行使と持株要件

一　序

公開会社における株主の権利については、様々なものが法定されているにもかかわらず、従来、その現実の行使は必ずしも活発になされていたわけではなかった。しかし、近年の株主構成の変化や個人株主の経営への関心度の高まりに伴い、株主総会における議決権行使をはじめ株主権行使は、この数年でより積極的なものに変わったように思われる。このような株主権の行使は、コーポレート・ガバナンスにおける株主の役割を考えるとき、積極的に評価すべきものと言える。しかし、一方で濫用的な権利行使もあれば、濫用とまではいえないが、会社の利益あるいは株主の全体の利益から考えて、好ましくない面が生じるような権利行使があることも否定しがたいところである。もちろん、会社法にはそのような場合を防ぐために種々の規定が置かれている。たとえば、当該権利の種類に応じて軽重に差はあるが、株主であっても一定の持株要件を満たした場合に限り権利行使を認めていることは、そのような濫用防止を期待しているためといえよう。

この持株要件をめぐっては、近時最高裁が(1)、注目すべき判断を下している。この事件では、原告株主が会社の業務執行に関し、不正の行為または法令・定款に違反する重大な事実があることを疑うべき事由があるとして、裁判所に検査役選任を請求した。この時点で、原告株主は持株要件を満たしていたが、その後、新株引受権（事件当時は商法の旧規定下）を有する者がその権利を行使した結果、新株発行がなされ、このため原告株主の持株比率が低下したという事案である。最高裁は、原告株主は確定判決までに持株要件を満たさなくなったことから、権利行使を否定した。

この判決をめぐって、学説の評価は分かれている。たしかに一方で最高裁のいうように、形式的に考えれば、原告株主は持株要件を満たさなくなったから権利行使を認めるべきでないと言えるが、他方で、原告が自己の意思で持株を譲渡したわけではなく、会社や第三者の行為によって発行済株式総数が増加し、その結果持株要件が満たされなくなった場合には、権利行使を認めるべきであるとも思える。この点については、たんに形式的に持株要件を満たさないと言うだけの理由で権利行使を認めないのでは説得力がなく、持株要件を定める意味から検討する必要があろう。

この問題は、検査役選任権についてだけ議論になるのではない。およそ、少数株主権全体についてこのような問題が生じてくる。しかし、そうなれば、権利の内容によって異なる考え方が妥当するかどうかも検討する必要がある。さらに、少数株主権に限らず、株主であることを要件とする単独株主権の場合にも、持株要件をいつまで満たす必要があるのか議論になる。たとえば、代表訴訟の提起権は単独株主権である。代表訴訟については、会社法八五一条が株式交換・株式移転によって株主の地位を失うときであっても、原告適格は維持される場合を規定している。すなわち、同条は既に代表訴訟を提起していた株主が、会社の株式交換・株式移転によって、親会社株主を取得する代わりに、当該会社の株主たる地位を失うに至っても、原告適格を失うことはない旨を規定する。この規定は、持株要件を満たさなくなったときでも代表訴訟の係属を認める趣旨であるが、株主が持株要件を満たさなくなる他の場合であっても、類推適用される余地はないのであろうか。

そもそも少数株主権において持株要件はいかなる意味をもつのか。また、単独株主権にあっては持株要件をどの時点で押さえなければならないのか。本章は、このような観点から、会社法における株主の権利行使と持株要件について検討するものである。

（1）　最決平成一八・九・二八民集六〇巻七号二六三四頁。

二　少数株主権における持株要件

少数株主権においては、権利行使に当たり、一定の数以上の株式（または議決権）保有が求められる。これに対して、会社法一〇九条一項によれば、株主はその有する株式の数および内容に応じて平等に扱わなければならないとする。この規定については、いわゆる株主平等原則を定めたものであると解する立場が一般的であるが、議論も少なくない[2]。いずれにしても、株式会社では、株主は持株数に応じた比例的扱いを受けるのが原則とされてきており、少数株主権はその例外と考えられてきた。すなわち株主民主主義の下では、すべての株主が等しく（または持株数に応じて）権利行使を認めるべきであるが、少数株主権は、一定の持株要件を課し、それ以上の株主にのみ権利行使を認めているわけである。それは、株主平等原則はすべての場合に持株数に比例的に扱うことまでも求めるものではなく、正義衡平にかなう場合には、必ずしもこの原則に合致しない扱いも正当化されるからである[3]。少数株主権も、一定の持株要件を課すことに合理的な意味があると解されている。

それでは、会社法上持株要件はいかなる意味を有するのであろうか。一般に考えられるのは、株主の権利濫用の防止である[4]。すなわち持株数が少なく、いわば会社への利害関係の少ない者による濫用的な権利行使を防止することが意図されていると考えられる。ただし、権利の濫用というのであるならば、それは権利の内容によって大きな差異があると考えるべきであろう。権利の濫用的な行使によって会社に生じる不利益は権利の内容によって異なるからである。濫用的な権利行使を防止するのが目的であるとすると、すべての少数株主権について画一的に考えることは適切ではないともいえる。その権利によって実現しようとすることが会社や他の株主にとっていかなる意味を有するか、あるいは不適切な権利行使によりどのような害を与える可能性があるのか、権利の種類によって多様であり、厳格な持株要件の適用が適切ではない場合もあると言えよう。(5) さらに、少数株主権と言っても、権利の内容によっては、権利の行使から権利の実現まで長い期間を要するものとそうでないもの、会社内で処理ができるものと裁判所の判断が必要なものがあり、この観点からも分けて考えるべきである。もっとも、会社法上の株主の権利は多様のものが見られており、本稿においてそのすべてを検討する余裕はない。そこで、以下では、株主の権利の中でもいくつか特徴的なものを取り上げて検討することにしたい。具体的には、株主提案権、検査役選任権、会計帳簿閲覧・謄写請求権、代表訴訟提起権に焦点を当てて、その持株要件について検討してみたい。

(2)　本条が、商法時代（平成一七年会社法制定前）から論じられてきた株主平等原則を定めたものであるかどうかについては争いがある。持株数に比例的に扱うことが必須なのか、種類が異なればまったく対象外なのか、この規定に合致さえすれば衡平の理念に反する扱いも許されるのか等々が問題となる。たとえば、末永敏和「株主平等の原則」森淳二朗＝上村達男編『会社法における主要論点の評価』（中央経済社、二〇〇六年）一〇四頁は、平等原則は、絶対的なものとして、法律の規定がない限り、例外を認めるべきではなく、人的平等原則が妥当すると論じる。一〇九条一項の適用範囲をめぐっては議論があり、中にはその立法政策としての妥当性には疑問を持つ意見もある。これに対して、同条を実質的公正を確保するための規定として積極的に意義づける立場もみられている（森本滋「会社法の下における株主平等原則」商事法務一八二五号（二〇〇八年）四頁以下）。

(3)　森本滋「株主平等原則と買収防衛策」曹時六〇巻一号（二〇〇八年）三四頁参照。

(4)　株主の監督是正権については、少数株主権とされることがあるが、それは権利の濫用的行使の弊害や経済的合理性からの制約であり、基本的に株主民主主義の理念を基礎に単独株主権とされる。森本・前掲注(3)三〇頁。

（5）　たとえば、株主の権利を情報請求権と、監督是正権とに分け、さらに後者は違法是正権と政策実現権に分ける。政策実現権については、持株要件を厳格に捉えて、一定の持株数を持つ者に権利を限定することが正当であると考えられる。株式会社では資本多数決を原則とするからである。これに対して、違法是正権は、原則として持株数を必ずしも厳格に問わなくても良いのではなかろうか。違法行為を抑止するためには、株主であれば広く権利行使があっても良いからである。このような株主の権利の分類については、近藤光男『コーポレートガバナンスと経営者責任』（有斐閣、二〇〇四年）一〇頁以下参照。

三　株主提案権——資本多数決との調整

会社法では、株主提案権として、①議題を提案する権利（三〇三条）、②議案を提案する権利（三〇四条）、③議案の要領を株主総会の招集通知に記載・記録することを請求する権利（三〇五条）と三つに分けて規定している。このうち、①議題を提案する権利および、③議案の要領を株主総会の招集通知に記載・記録することを請求する権利については、取締役会設置会社であれば、総株主の議決権の一〇〇分の一以上または、三〇〇個以上の議決権を保有する株主に認めている（会社法三〇三条二項・三〇五条一項）。さらに公開会社では、この保有要件は、原則として六カ月前から引き続き有することと、厳格になっている。

株主提案権（とりわけ③の招集通知を記載・記録する請求権）については、主として株主間のコミュニケーションを重視したものと解する余地もある。しかし、そうではなく、会社法または定款で株主総会の決議事項となっている事項に関する提案に限られており、また当該株主が議決権を行使することができる事項に限られている（会社法三〇三条一項・三〇四条）ことから、あくまでも総会で決議されることを意図して提案される制度と解される。その結果、株主総会の場では資本多数決が妥当する以上、総株主の議決権の一〇〇分の一以上または、三〇〇個以上の議決権というある程度重い要件が課されてもやむを得ない。

問題は、この要件を提案株主は、いつからいつまで満たしていなければならないかである。当初権利行使をした段階では、株主がこの要件を満たしていたが、権利行使をした後に事情が変化した場合に問題が生じる。たとえば権利行使の後に、新株発行が行われ、議決権割合が変動する場合である。ただし、三〇〇議決権という要件は、絶対数なため変動が生じないので問題はない。もっとも、権利行使後に会社が定款変更を行い、一議決権の単元数を変更することもあり得るが、その場合でも、通常は提案を提出する株主総会において定款変更についての総会特別決議がなされることになると考えられるので、当該総会で株主提案権を行使する要件が満たさなくなるわけではない。

提案株主は上記の株式をいつまで保有する必要があるであろうか。この点については、基準日とする立場(6)、権利行使日とする立場、総会会日とする立場が考えられる。このうち請求日が基準日よりも後のこともあり得ることから、基準日説には無理があろう。いくら基準日に満たしていても、権利行使日に満たしていなければ認めがたいと言えるからである。そこで、総会終結時までと論じる立場も有力である(7)。

しかし、総会決議時まで保有要件を満たす必要があるとした場合、権利行使後、総会決議時までに、持株の一部譲渡が行われた場合には、持株比率が低下する可能性がある。これにより株主提案としては認められなくなるのであろうか(8)。もっとも、この議論は①の権利についてとくに意味がある。なぜならば②の権利については、そもそも株主総会の場において、すべての株主が提出できる。③の権利については、招集通知が発送された後であれば、総会決議時に三〇五条の要件を提案株主が満たさなくなっても、既に株主提案が通知されたという事実は残る。それでは、③の権利について権利行使後で招集通知発送前に、持株要件を満たしていないことが判明した場合に、会社としては、当該株主提案を記載から除外して良いのであろうか。この点については、この場合の権利を総会の決議に直結して理解するか、より広く株主間の情報伝達と解するのかによって異なることになろう。決議に直結するならば、議決権行使ができるのだから基準日に満たしていればよいのではないかと思える。基準日現在株主であれば総会に出席できるし、議決権行使ができるのである。ただし、基準日後に権利行使をする場合には、権利行使の時点で持株要件を満たしていることが要求されると解すべきである。権利行使の後に基準日がくる場合には、株主提案権が議決権行使を要件としている以上（会社法三〇三条一項かっこ書参照）、さらに基準日に持株要件を満たしている必要がある。

このような立場は、株主提案権の場合には、総会終結時まで要求すべきではなく、権利行使時（基準日が後になるときは基準日）に満たしておけば良いとするものであるが、(9)後に検討する検査役の最高裁の考え方とは整合性がとれるわけではない。もっとも、株主提案権は、検査役選任とは異なり裁判所に申し立てる制度ではなく、会社内で完結する制度であることが異なるといえる。もちろん、持株要件を厳格に捉えないと、株主提案権の濫用が危惧されるかも知れない。しかし、濫用的な提案すなわち他の株主にとってはほとんど意味のない提案が出されることに対しては、持株要件によって押さえるよりも、むしろ提案内容によって線引きする方が筋であるようにも思える。(10)

(6)　前田庸『会社法入門〔第十一版補訂版〕』（有斐閣、二〇〇八年）三六三頁。
(7)　江頭憲治郎『株式会社法〔第二版〕』（有斐閣、二〇〇八年）三〇三頁。
(8)　森本滋他・座談会「会社法への実務対応に伴う問題点の検討——全面適用下の株主総会で提起された問題を中心に」商事法務一八〇七号（二〇〇七年）一〇頁においては、株主提案の持株要件について行使日説か基準日説か議論されており、総会の日に例外的に持株要件を満たしていないことが分かった場合に拒否できるかが問題であるとされている。
(9)　龍田節『会社法大要』（有斐閣、二〇〇七年）一五七頁では、株主の共益権について持株や保有期間の要件は権利行使の時点で満たしていることが、必要・十分なのが原則であるとする。
(10)　アメリカでは、総会の日まで持ち続け、総会当日の出席も求められる。SEC規則14(a)－8によれば、株主が市場価格で二〇〇〇ドルまたは議決権ある株式の一％を最低一年間継続して保有しているという要件を満たせば、株主は株主提案権を行使することができ、会社は当該株主提案を委任状説明書に記載し、委任状に提案として明らかにすることが求められることになる(b)項(1)

号）。もっとも濫用的な行使を防止する目的から、株主は、一つの総会に一つの提案しか提出はできないし（c項）、当該株主提案が同規則に具体的に列挙されている一三の事由に該当する場合には、会社は、委任状記載から当該提案を排除することができることになっている。

四　検査役の選任——司法判断を求める要件

会社法三五八条一項によれば、「株式会社の業務の執行に関し、不正の行為又は法令若しくは定款に違反する重大な事実があることを疑うに足りる事由があるときは、次に掲げる株主は、当該株式会社の業務及び財産の状況を調査させるため、裁判所に対し、検査役の選任の申立てをすることができる」と定める。そして、権利行使のできる株主としては、①「総株主（株主総会において決議をすることができる事項の全部につき議決権を行使することができない株主を除く。）の議決権の百分の三（これを下回る割合を定款で定めた場合にあっては、その割合）以上の議決権を有する株主」、②「発行済株式（自己株式を除く。）の百分の三（これを下回る割合を定款で定めた場合にあっては、その割合）以上の数の株式を有する株主」としている。

この持株要件については、いつからいつまで満たしている必要があるのであろうか。権利行使時に満たしていなければならないことは争いがないであろう。この点は、株主総会での決議に関わっている株主提案権とは異なり、裁判所に申し立てるという権利になっている以上、申立時が基準となる。それでは、いつまでか。前述の最高裁決定によれば以下のように述べる。(11)

「株式会社の株主が商法二九四条一項に基づき裁判所に当該会社の検査役選任の申請をした時点で、当該株主が当該会社の総株主の議決権の一〇〇分の三以上を有していたとしても、その後、当該会社が新株を発行したことにより、当該株主が当該会社の総株主の議決権の一〇〇分の三未満しか有しないものとなった場合には、当該会社が当該株主の上記申請を妨害する目的で新株を発行したなどの特段の事情のない限り、上記申請は、申請人の適格を欠くものとして不適法であり却下を免れないと解するのが相当である。

前記事実関係によれば、抗告人の株主である相手方らは、原々審に抗告人の検査役選任の申請をした時点では、合計して総株主の議決権の約三・二％を有していたが、その後、抗告人が新株引受権付社債を有していた者の新株引受権の行使を受けて新株を発行したことにより、合計しても総株主の議決権の約二・九七％しか有しないものとなったというのであるから、抗告人が相手方らの上記申請を妨害する目的で上記新株を発行したなどの特段の事情のない限り、上記申請は、申請人の適格を欠くものとして不適法であり却下を免れないというべきである。

以上と異なる原審の判断には、裁判に影響を及ぼすことが明らかな法令の違反がある。論旨は理由があり、原決定は破棄を免れない。そして、上記特段の事情の有無等について更に審理を尽くさせるため、本件を原審に差し戻すこととする。」

この判旨に疑問を投げかける見解は多い。何よりも、この事件では、申請した株主は申請時に持ち株要件を満たしていたのに、その後、会社の行為と言うよりも、新株引受権付社債権者の権利行使に基づく新株発行により、要件が満たさなくなったというのに過ぎない。この点を重視したのが原審の東京高裁である。すなわち、原審である東京高裁の決定[12]では申請時において法定の議決権を有するのであれば、その後の新株発行により議決権が持株割合を満たさなくなっても、上記請求権は消滅しないと解するのが相当であるとした。その理由は、申請時に有していた請求権の帰趨が、その後の新株発行といった株主が関与しない事情によって左右されるのは不合理であって、少数株主権を認めた法の趣旨に沿わないと考えられるからである。ただし、株式を譲渡するなどしたことにより議決権割合を有しなくなったときには請求権を失うとしている。

一方、原々審東京地裁の決定[13]では、高裁よりも最高裁に近い立場を示していた。すなわち、株式保有要件は、請求時点のみならず検査役選任決定時点でも満たされている必要があるとし、会社がことさら株主の権利行使を妨害する意図で新株を発行したような場合ならともかく、そうでない限り、請求者の意思と関わりなく株式保有要件を欠くに至った場合を、請求者の意思に基づいて株式保有要件を欠くに至った場合と区別して解する理由も見いだせないとしている。

検査役選任請求については、かつて持株要件は発行済株式総数の一〇分の一以上とされ、その権利の濫用についてとくに配慮されていた[14]。その意味では、持株要件を厳格に捉える姿勢は理解できなくもない。

この点について、従前の裁判所の立場はどうであったであろうか。株式保有要件は選任についての確定判決があるまで保有すべきであり、申請株主が自ら株式を譲渡して要件を満たさなくなった場合には、申請は却下となると述べているものがある[15]。また、確定判決あるまで存続することを要し、株式の一部を失権した場合には、株主は検査役の選任権を失うと述べているものもある[16]。いずれも裁判確定時まで持株要件を満たすことを求めているように見えるが、持株要件の喪失といっても株式譲渡の場合を想定しているようである。学説も、株式を譲渡する場合を念頭に置き、申請後に持株要件を失った場合に、検査役選任権は失われると論じてきた[17]。

もしも、ここでの主眼が実質的な株主権の濫用防止であれば、譲渡による喪失と新株発行による喪失とで区別すべきことになる。持株要件は、原則として申請時に満たしていればよいが、持株を譲渡した場合には、権利を失うと考えるか[18]、裁判確定時まで満たしていなければならないが、申請時以降に新株発行があったために満たさなくなる場合（あるいはさらに細分して、会社がことさら株主の権利行使を妨害する意図で新株を発行したような場合に限定することも可能である）については例外として権利行使を認めるか、二通りの考え方があろう[19]。しかし、同じ要件を満たさない場合でありながら、このような区別は正当なのであろうかという疑問も生じる[20]。

そもそも少数株主権における持株要件は、権利の濫用を防止することを狙っていると言われることが多いが、そこでの濫用とは、当該株主の主観的な意図や会社への加害という意味であろうか。そうであれば、一度要件を満たした者について、本人の意思に基づかない理由で要件を欠くに至った場合には、依然として権利行使を認めるべきである。持株要件が濫用防止を目的としているのであれば、株主の行動が悪質でない限り、このような一度資格が認められた者が、自己の意思にかかわらず持株要件を満たさなくなっても、権利行使を認めるべきであると考えられるからである。(21) これに対して、持株要件は、当該株主の主観的意図がどうあれ、持株要件を満たすだけの会社に利害を有する者が権利を行使するに値するとの考えに基づくものと理解するのであれば、いかなる理由であっても要件を欠くに至った場合には、権利行使を否定することが合理的にも思える。持株要件を会社への利害の深さととらえるからである。

最高裁は、実質的な濫用防止を意図するよりも、株主の利害関係の大きさを持株比率によって判断する立場をとっていると理解する余地もある。後者の立場に立てば、最高裁の立場も支持することができよう。

それでは、持株要件は裁判確定時まで満たしていなければならないとした場合に、例外を認める必要があるのか。この点最高裁は、会社が新株発行を株主の権利行使を妨害する意図で行う場合には特段の事情が認められるとしている。(22) しかし、その場合、新株発行自体は有効なのかどうかが問題となる。無効であれば、それまで持株要件を満たしていた者について要件を満たすと考えることは当然のように思われる。逆に有効であることを前提とすると、なぜ、権利行使が認められることになるのかは、必ずしも論理がはっきりしない。(23)

(11)　最決平成一八・九・二八民集六〇巻七号二六三四頁。
(12)　東京高決平成一八・二・二金判一二六二号四六頁。
(13)　東京地決平成一七・九・二八金判一二六八号五一頁。

(14)　『注釈会社法(6)〔増補版〕』（有斐閣、一九八〇年）三九八頁〔中馬義直〕は、改正前商法二九四条について、この権利は強力なだけに濫用の危険も大きいので、その要件および効力についてとくに厳格な規制が加えられているとする。また、同四〇〇頁は以下のように論じる。株式数は選任請求の時から確定判決があるまで存続することを要する。一部を他に譲渡して法定数を割るときは請求権が失われる。しかし、請求権を行使した後に新株の発行があって、持株比率が低下しても差し支えない。請求の時に満たしていれば、実体上本条の権利を有することになるからであるとしている。

現行会社法の検査役選任についても、一般に少数株主としたのは権利濫用を防止するためであるといわれる。たとえば、青竹正一『新会社法〔第二版〕』（信山社、二〇〇八年）八二頁。

(15)　大決大正一〇・五・二〇民録二七巻九四七頁。

(16)　長崎控決昭和五・一二・二三法律新聞三二一七号一一頁。

(17)　たとえば、『新版注釈会社法(9)』（有斐閣、一九八八年）二二九頁〔森本滋〕によれば、持株の譲渡により要件を満たさなくなった場合には、株主の選任請求権は失われる。請求後の新株発行により持株要件を欠くことになっても、請求時には要件を充足している限り、請求権者は実体上この権利を有し当該請求は不適法とはならないとの見解もあるが（松田二郎＝鈴木忠一『条解株式会社法〈下〉』（弘文堂、一九五二年）四五八頁）、反対の見解も少なくなかろうと論じている。

(18)　鳥山恭一「新株発行による持株比率の低下と検査役選任の申請」法セミ六二七号（二〇〇七年）一一八頁は、地位の縮減が当該株主の個別の意思によるものではない以上、当該株主が株主の地位を維持している限り、権利行使の資格はなお維持されるべきとして、東京高裁の決定を支持している。事後規制である裁判の判断は法律規定を徒に形式的に運用するのではなく、当事者の権利を確保するための実質的な判断が裁判所には求められるとも論じている。周剣龍「新株発行による持株数低下の場合における検査役選任申請の当事者適格の可否」金判一二六五号（二〇〇七年）五六頁も、以下のように論じる。新株発行を装った検査役選任申請潰しを防ぎ、株主によるコーポレートガバナンスの実効性を担保するためには、株式譲渡のような株主自身の意思による場合と別に新株発行のような株主自身の意思とは無関係の場合については、株主の当事者適格を維持すべきである。新株発行以外に、新株予約権の行使、株式併合の実施、単元株制度の導入などの場合には、株主が少数株主権を確実に行使できるように、最高裁はより柔軟な姿勢をとるべきであるとされる。

(19)　青竹・前掲注(14)三〇四頁は、保有要件は裁判確定時までだが、新株発行のような中立株主の関与しない事情によって要件を欠く場合には、申立は不適法にならないとすべきであるとしている。

(20)　絹川泰毅「時の判例」ジュリ一三三六号（二〇〇七年）一〇九頁では、規定の文理上申請人としての適格要件であり、裁判時に満たされでいることを要すると考えるのが素直であり、通説では自ら譲渡した場合には却下されることの説明が容易でないと論じる。そして、新株発行は会社の財務行為として、株主は予期すべき事情であるとし、信義公平の原則に反する場合には例外的に救済すればよいとする。

(21)　黒沼悦郎「新株発行による持株比率低下と検査役選任の申請適格」金判一二六八号（二〇〇七年）一五頁は、検査役選任制度は、裁判所のコントロールの下に置かれており、株主による濫用のおそれが小さいことを考慮すると、裁判所への申請時に株式保有要件を充足していれば足り、その後譲渡しても申請適格を失わないとする。また同一六頁は、申請した後に新株発行で持株割合が低下しても、それにより当該株主の請求が濫用的なものに変化するとか、濫用の可能性が高まるとは考えられないとする。

(22)　渡邉千恵子＝藁谷恵美「類型別会社訴訟シリーズ〔東京地方裁判所商事研究会〕⑿計算書類・株主名簿・会計帳簿等閲覧等請求訴訟」判タ一一七三号（二〇〇五年）五四頁は、会社の新株発行が株主の権利行使を阻止する目的で行われたなど権利の濫用等に該当するような特段の事情があるときに限って、その申請は却下を免れるという立場をとる。

(23)　尾崎安央「新株発行による持株比率の低下と少数株主権の行使要件〔最高裁平成一八年九月二八日決定〕」民商一三六巻六号（二〇〇七年）三二頁〜三四頁は、新株予約権を行使した者は不正経理の疑惑の中心人物であったことを指摘する。その上で、新株発行の無効を導き出す可能性はあったのであり、新株発行が有効を前提とするのであれば、株式保有要件を欠けていることとなり、要件を欠く者が特段の事情があるときになぜ失われた請求権が再生するのかと論じている。また、同三六頁は、請求権自体は請求時に申請人に確定的に成立帰属しており、その後の事情で法定要件を欠くに至っても、原則として失われることはない。権利の放棄等、特段の事情があるときには成立した権利が行使できなくなるだけであると論じる。

五　会計帳簿の閲覧謄写——会社への請求要件

会社法四三三条によれば、「総株主（株主総会において決議をすることができる事項の全部につき議決権を行使することができない株主を除く。）の議決権の百分の三（これを下回る割合を定款で定めた場合にあっては、その割合）以上の議決権を有する株主又は発行済株式（自己株式を除く。）の百分の三（これを下回る割合を定款で定めた場合にあっては、その割合）以上の数の株式を有する株主は、株式会社の営業時間内は、いつでも、次に掲げる請求をすることができる。この場合においては、当該請求の理由を明らかにしてしなければならない。」と定め、①会計帳簿またはこれに関する資料が書面をもって作成されているときは、当該書面の閲覧または謄写の請求、②会計帳簿またはこれに関する資料が電磁的記録をもって作成されているときは、当該電磁的記録に記録された事項を法務省令で定める方法により表示したものの閲覧または謄写の請求を認めている。

ここでの持株要件についても、既に検討した権利についてと同様、株主はいつからいつまでの時点で満たしている必要があるかが問題となろう。この点については、すでに検討した他の権利との差異を明確にしておく必要がある。すなわち、決議を成立させることを狙う株主提案権とは異なり、ここでは閲覧・謄写自体が問題で、その後に、株主が何をするかということは直接関連づけられていないのであり（もちろん同条二項の拒否事由とは関連があるが）、株主は会計帳簿等を閲覧・謄写すること自体を目標とする。また、検査役選任権の場合と異なり、裁判所に申請することなく、会社が閲覧・謄写に応じてくれれば、株主は目的を達成することができる。これらの点からすれば、株主が権利行使の時点で、持株要件を満たしておけば、それでよいと考えられる。もっとも、株主が閲覧・謄写の請求をしても、会社がこれにすぐに応じられず、時間が経過するうちに、総株主の議決権数または発行済株式総数が変化し、持株要件が満たさなくなるという場合も予想されなくはない。この点について、裁判例[24]も学説[25]も、請求時点で持株要件を満たしていれば、権利行使を認めているものが見られ、これが正当であると考えられる。会社がすぐに応じなかった理由により区別するまでもなかろう。

(24)　高松地判昭和六〇・五・三一金判八六三号二八頁は、請求時点では満たしていたのに、その後増資により持株比率が低下した事例について、請求時に法定要件を満たしていることで閲覧請求は認められる。かく解さないと会社が増資手続きを利用して閲覧請求権の行使を妨害しうることになる旨を判示している。

(25)　『新版注釈会社法(9)』二〇八頁〔和座一清〕は、新株発行がなされても閲覧を認める理由として、拒否事由に該当しない限り、会社は遅滞なく閲覧を許容しなければならず、株主はそのときに当然閲覧できたものと考えられると論じている。

六　代表訴訟――単独株主権の株主要件

会社法八四七条は、その一項で、六箇月（これを下回る期間を定款で定めた場合にあっては、その期間）前から引き続き株式を有する株主（第百八十九条第二項の定款の定めによりその権利を行使することができない単元未満株主を除く。）は、株式会社に対し、書面その他の法務省令で定める方法により、発起人、設立時取締役、設立時監査役、役員等の責任を追及する訴え等の提起を請求することができると定める。ただし、責任追及等の訴えが当該株主若しくは第三者の不正な利益を図り又は当該株式会社に損害を加えることを目的とする場合は、その例外とする。そして、同条三項では、「株式会社が第一項の規定による請求の日から六十日以内に責任追及等の訴えを提起しないときは、当該請求をした株主は、株式会社のために、責任追及等の訴えを提起することができる。」と定めている。

これは、単独株主権として、株主に役員等の責任を追及する代表訴訟を提起する権利を定めたものである。単独株主権という意味では、既に検討した他の権利とは異なるといえる。もっとも、一項かっこ書にあるように、単元未満株主には代表訴訟の提起権を否定することが可能である。すなわち、単元株制度は株主総会または種類株主総会における一個の議決権を一定数の株式数とする制度であるが（会社法一八八条一項）、単元未満株主の権利は、一定の権利を除き、定款で行使を認めないと定めることができるのであり（会社法一八九条二項）、権利ごとに単元株数の要件を課したり、課さなかったりすることができる。代表訴訟の提起権についても、このような定めを置くことができることから、単元株制度を導入したり、単元株式数を変更したりすることで、会社は代表訴訟について株主の権利者としての資格に変動をもたらすことが可能である。

会社法八四七条一項は、監査役へ訴え提起を請求することについての要件という形をとっているが、株主としては、さらに三項により訴え提起を通じて、役員等の責任が裁判所によって判断されることを予定している。この場合、監査役への請求時点で持株要件を満たしておけば、その後に持株要件を失っても、代表訴訟を提起して役員等の責任を追及できると解するのは適切ではないといえよう。

次に、株主が代表訴訟を提起した後に、確定判決までの間に（単元）株主としての資格を失う可能性がある。ところが、会社法八五一条一項は、責任追及等の訴えを提起した株主または共同訴訟人として当該責任追及等の訴えに係る訴訟に参加した株主が、当該訴訟の係属中に株主でなくなった場合であっても、次に掲げるときは、その者が、訴訟を追行することができるとしている。すなわち、①その者が当該株式会社の株式交換または株式移転により当該株式会社の完全親会社の株式を取得したとき、②その者が当該株式会社の合併により消滅する会社となる合併により、合併により設立する株式会社または合併後存続する株式会社もしくはその完全親会社の株式を取得したとき、である。

この規定によれば、訴え提起時に原告適格のある株主であれば、その後会社の合併や株式交換・株式移転といった組織再編行為によって、株主でなくなっても親会社の株主であれば、代表訴訟を続けられることになる。そうであれば、この規定から類推して、代表訴訟の提起権に関しては一般に訴え提起時に要件を満たしていれば、その後に当該会社の株主たる資格を失ってもよい、と解することは可能なのであろうか。次に、もしもこれを肯定するならば、会社法八五一条の規定する場面では、同条がなくても、原告適格が当然の維持されるように解すべきことになるのかどうかが問題となる。あるいは、会社法八五一条によって初めて立法によって原告株主を救済したと解するべきなのであろうか。

これらの点に関して、この種の規定が置かれていなかった平成一七年改正前商法の下での裁判例を見てみよう。名古屋地裁[26]によれば、商法（旧）二六七条一項、二項は、株主代表訴訟を提起しうる株主の資格として、「六月前ヨリ引続キ株式ヲ有スル株主」であることを要するものと規定しているが、その趣旨は、当該会社の取締役の責任を追及することに利益を有するのは当該会社の実質的所有者である株主であることに基づくものであるから、この株式の保有は、訴訟提起の要件であるにとどまらず、訴訟の追行要件でもあり、したがって、当該訴訟の口頭弁論終結時まで継続して満たしている必要があると解されると判示している。その上で、「係属中の株主代表訴訟の途中で株式の譲渡等により株主たる地位を喪失した者は、もはや当該会社の取締役の責任を追及することにつき利益を有せず、株主代表訴訟の原告適格を喪失することとなる。」と判示している。そして、株式移転という特殊の組織上の行為により法律上当然に子会社の株式が親会社に移転し、そのために子会社の株主の地位を喪失した場合には、その株主が同地位に基づき提起して係属中の株主代表訴訟の原告適格を失わないと解すべきではないとする。その理由として、商法（旧）二六七条一項、二項にいう「会社」とは、当該株主が属する会社のみを指すもので、その「子会社」は含まず、同様に同条項にいう「取締役」も当該株主が属する会社の取締役のみを指すものであることは明白である。そうであるとすると、通常の株主代表訴訟が適法に提起された後、株式移転により完全親会社が設立されたことにより株主の地位が変動した場合であっても、当該株主は被告とされていた取締役の属する会社の株主の地位を喪失したのであるから、これにより、当該株主は株主代表訴訟における原告適格を喪失するとするのが論理的な帰結であるということを指摘している。この判旨からすれば、代表訴訟の持株要件は当該訴訟の口頭弁論終結時まで継続して満たしていることが求められる[27]。

しかし、いくつかの裁判例が示した株式移転により原告適格が喪失するとした判断については、多くの学説は批判的であった[28]。原告株主は完全親会社の株主として引き続き代表訴訟の結果につき間接的に影響を受けるにもかかわらず、それまでの訴訟活動がすべて水泡に帰するのは妥当ではないと論じられた。そこで、会社法八五一条一項は、代表訴訟係属中に原告である株主が株主でなくなった場合には、原則として原告適格を失うことを明確にした上で、株式交換、株式移転、合併により、原告株主が完全親会社等の株主になった場合については、原告適格を失わないとしたのである[29]。

それでは、会社法八五一条の規定していない場合についてはどうであろうか。明文化されなかった場合における原告適格に関して、株式交換・株式移転についての従前の下級審判例の考え方はなお活きているのであろうか。具体的には、たとえばつぎの場合が問題となる。①会社法八四七条一項における請求をなす時点で株主要件を満たしていたが、その後同条三項に基づき代表訴訟を提起するまでの間に株式交換等が行われ、当該会社の株主でなくなった場合（親会社の株主となったが）、②代表訴訟を提起したが、その後会社が単元株制度を導入したか、または単元株数を引き上げたため、代表訴訟を提起する要件を満たさなくなった場合、あるいは株式併合が行われ、その結果単元未満株主となった場合、③代表訴訟提起後、たとえば会社の合併がなされ、合併の対価として現金が交付されたが、存続会社株式は交付されなかった場合、である。

これらの場合については、前述の代表訴訟に関する名古屋地裁の考え方や、検査役選任に関する最高裁判決の考え方を類推すると、原告適格が失われるように思われる。一方学説には、会社法八五一条については、株主であることが原告適格の要件である他の訴訟にまで類推適用を認めるべきであるという見解がある[30]。この点は、会社法八五一条が、広く妥当する考え方を具体的に規定したのか、この場合だけとくに妥当するとして立法したのかに関わる。

ところで、わが国の株主代表訴訟制度について、とりわけ重視すべきことは、株主に責任追及する権利を広く認めたため、会社全体（総株主）の利益と原告株主の利益をいかに調整すべきかという点に関して未解決の問題点が少なくないことである。もちろん、会社経営の健全性を確保し、公正でかつ法を遵守した経営を求めるためには、取締役等の違法行為についての責任を厳格に追及する必要性があるが、他方で、濫用的な株主代表訴訟、あるいは濫用とは言わないまでも、代表訴訟提起権が単独株主権であるがゆえに、会社全体の利益あるいは総株主の利益から考えて不適切と考えられるような取締役の責任追及に対して、株主の利益に反しない範囲で、制約する必要性は否定できないのである。たしかに、株主代表訴訟は、取締役の会社に対する責任を追及する訴訟を監査役（監査役設置会社の場合）が積極的に提起しない恐れがあることから認められたものといえるが、取締役の責任追及訴訟は、これを提起しないことが必ずしもいつでも不当であるというわけではなく、追及されている責任の内容によっては、提起しないことがむしろ会社（株主全体）の利益になるという場合も存在しうる。たとえば、取締役に犯罪行為や利益相反的行為等はなく、たんに取締役の経営政策が最善ではなかったがために会社に損害が生じた場合において、この損害に関してすべて取締役に対して善管注意義務違反を理由として損害賠償責任を追及すべきか否かという問題については、経営判断原則の適用可能性があったとしても適切な回答は決して一つではない。にもかかわらず、わが国の代表訴訟では、一人の株主の提訴判断が尊重される制度になっている。その結果、会社株主全体の利益に反する結果を避けるために、代表訴訟の提起をする株主は会社に一定程度の利害関係を有する株主であることを求める必要があろう。その一定程度の利害関係とは、少なくとも（公開会社では六カ月前から引き続き株式を有する）当該会社の株主であり、定款で定めれば単元株主ということになる。

会社法八五一条は、訴え提起後、株式交換で親会社株主となった場合等、一定の場合について、原告適格を失わないとして、ここでの問題を立法により解決した。しかし、同条が直接規定していない場合に関しては、利害関係に変動を生じた株主について権利行使を認めているかどうか未解決である。上記の①②③の場合について、株主権を行使しようとする株主の利益を保護するという考え方も成り立たないわけではないが、口頭弁論終結時点までにおいて会社との利害関係が変動してしまった者について、広く同条の類推適用を認めることは、必ずしも適切ではないように思われる。

(26)　名古屋地判平成一四・八・八判時一八〇〇号一五〇頁。また、東京高判平成一五・七・二四判時一八五八号一五四頁は、株主代表訴訟制度の趣旨、同制度に関する商法（旧）二六七条の規定文言と同法のその他の規定の文言との解釈の整合性の要請、株式交換制度等が導入された際の同法改正の内容等を総合して判断すると、同条は、六カ月前から引き続き株式を有する株主に対して、その株式を発行している会社の取締役に対してのみ株主代表訴訟を提起することを認めるものであって、株式交換により完全子会社となった会社の株主が、当該会社の株主の地位を喪失し、完全親会社の株主となった場合であっても、当該株主に完全子会社の取締役に対する株主代表訴訟の提起を認めるものではないと解するのが相当であると判示する。なお、東京地判平成一三・三・二九判時一七四八号一七一頁、東京地判平成一六・五・一三判時一八六一号一二六頁も同旨。東京地裁平成一三年三月二九日判決は、以下のように判示した。すなわち商法（旧）二六七条一項が株主代表訴訟を提起しうる者として「六月前ヨリ引続キ株式ヲ有スル株主」と規定しているのは、株主代表訴訟の原告適格を定めたものであり、「右『株主』とは、文理上は被告である取締役が属する会社の株主であると解されるところ、この点につき株式移転によって原告が株主たる資格を喪失した場合に株主代表訴訟の当事者適格が維持される旨定めた特別の規定はなく、また、法律の文理に反して原告の当事者適格の維持を認めるという解釈すべき特段の理由もない。」。

(27)　会社に対して訴えの提起を請求する時、または、もしこの請求をしないで直ちに訴えを提起しうる場合には訴えの提起の時から、訴訟中を通じて満たしていることが必要で、口頭弁論終結時までであると解するのが従来からの通説である（『新版注釈会社法(6)』（有斐閣、一九八七年）三六七頁〔北沢正啓〕）。

(28)　たとえば、江頭憲治郎『株式会社・有限会社法』（有斐閣、二〇〇一年）五九二頁の注(3)においては、東京地裁平成一三年三月二日判決を批判し、その理由として、株主は任意に株式資格を放棄したわけではなく、完全親会社の株主として、子会社に関する利害を継続している点を挙げている。関俊彦「株主代表訴訟の原告適格と株式移転」ジュリ一二三三号（二〇〇二年）一〇七頁以下では、株式買取請求権や株主総会決議取消の訴えにおける持株要件との比較を行った上で、株式移転によってその会社の株主でなくなった場合でも、少なくとも株式移転後も移転によって設立された親会社の株式をそのまま保有し続ける限り、実質的には完全親会社と完全子会社をまとめたグループ企業の株主として株式移転前の取締役の責任の帰趨に利害関係を有し続けるのであるから、原告適格はそのまま維持されると論じている。

(29)　相澤哲編著『新・会社法の解説』別冊商事法務二九五号（二〇〇六年）二一八頁。この点に関して、いわゆる二重代表訴訟を広く認め、たとえば親会社の株主であれば、責任追及に関して実質的に株主としての利益を享受するとして、そこでの株主に含まれるという考え方を採るときには、親会社株主の利益と子会社株主全体の利益をいかに調整するか、あるいは子会社株主全体の利益をより考慮すべきではないのかという問題が顕在化する。つまり子会社取締役に子会社の損害を塡補させるべきかどうかという判断について、これを親会社の一株主の判断に任せることが適切かどうか問題となる。もちろん完全親会社かどうかで分けて考えることになる。

(30)　江頭・前注(7)四五三頁。

七　結　び

持株要件について、権利を行使する株主はいつからいつまで満たしていなければならないのか。持株要件は、株主の権利の濫用を防ぐ一方で、会社との利害関係の薄い者の権利行使を否定するものである。前者を重視すれば、一度要件を満たした株主については、その後の、少なくとも自己の意思に基づかない持株比率の低下や株主たる地位の喪失は、およそ権利行使を否定すべきでないことになる。後者を重視する場合には、一度要件を満たした株主であっても、いかなる理由によるにせよ、その後に要件を満たさなくなった以上権利行使は認められず、あくまでも権利行使の実現まで持株要件の充足を維持していなければならないということになろう。しかし、検査役の選任権に関する最高裁の見解は形式的すぎるようにも思えるし、代表訴訟の原告適格維持を認める会社法八五一条の趣旨に合致するのかという疑問も生じる。一方、形式的な判断をしなければ、いかなる場合に株主の権利行使が認められるのか、判断が難しくはなる。また、権利行使について厳密に株主としての一定の利害を求めるのであれば、持株比率が低下した者に従前通りの権利行使を認めることは不適切であるとも思える。
さらに、持株割合が減る場面と、持株を失う場面とによって、異なる扱いにすべきかが問題となる。権利行使後に、単独株主権について株主でなくなった場合と、少数株主権について持株比率が低下した場合とに分けて検討する必要があるのかもしれない。
いずれにしても、持株数の変動と株主権の喪失については、持株要件の趣旨と各権利の意味するところを探求することが不可欠であると思われる。本章はそのような検討を一部の権利について試みた。

【追　記】

平成二六年の会社法改正では、八四七条の二第一項で、公開会社については株式交換・株式移転・吸収合併の効力発生日の六箇月前から当該日まで引き続き株式会社の株主であった者（旧株主）は、（完全親会社の株式を取得し、引き続き当該株式を有することが条件ではあるが）責任追及等の訴えの提起を請求することができると定めるようになった。これは、請求前に組織再編があった場合の規定であり、請求前の旧株主を保護する規定であることからして、請求時に持株要件を満たしている者であれば、その後の提訴前に組織再編が行われたとしても、請求前旧株主と同様に、当然代表訴訟の提起が認められると解される。

第二章　株主総会における手続の瑕疵と議案の否決

一　問題の所在

株主が株主提案権を行使してある議案を提出したところ、株主総会において否決されたが、実は手続に問題があり、本来適正に処理されていたならば可決されていたかもしれないという場合に、この提案株主にはいかなる救済手段が与えられるのであろうか。とりわけ提案株主にとっては、最終的に議案が可決されるという結果が望ましいと思うが、そのような結果が実現されることは可能であろうか。

株主総会の決議に瑕疵があった場合について、会社法は集団的法律関係の抜本的な解決を狙って、株主総会の決議の不存在または無効の確認の訴え（八三〇条）と、株主総会の決議の取消しの訴え（八三一条）を規定する。その結果、当該決議によって不利益を受ける者は、それらの決議の効力に係る訴訟を提起することで救済を求めることができる。

たとえば株主総会の決議が成立した後に、株主総会の招集の手続または決議の方法が法令もしくは定款に違反し、または著しく不公正なときや、株主総会の決議の内容が定款に違反するとき、株主総会の決議について特別の利害関係を有する者が議決権を行使したことによって、著しく不当な決議がされたときには、株主等は決議取消しの訴えを起こすことができるのであり（八三一条一項）、原告が勝訴し判決が確定すれば第三者に対しても効力が生じ（八三八条）、当該決議は遡って効力が否定されることとなる。

しかし、たとえば決議の方法が著しく不公正な場合であっても、決議が否決されたときには、同様の処理が可能なのであろうか。例を挙げれば、株主が株主提案に関する手続（会社法三〇三条〜三〇五条）を適法に満たして、ある議題と議案を提出したが、総会で審議され採決された結果、議長が否決を宣言したとする。しかしながら、賛否の票数がきわめて接近しており、算定方法に問題があったため、本来は可決していたかもしれないのに、否決とされた場合を想定しよう。

この場合、そもそも可決した決議がないことになり、決議の取消しの訴えを提起しようとしても、取り消す対象もないとも考えられる。もちろん当該議案を提案した株主は、次の株主総会まで待って再度提案すればよいとも言える。あるいは、当該議案が他の議案に密接に関連しているのであれば、株主提案の議案が否決されたことにより影響を受けたであろう他の議案について、その決議の瑕疵を争う余地も考えられなくはない。

しかし、そのような直接関係のある他の議案がない場合には争うべき決議はないこととなってしまう。提案株主としては、少数株主による株主総会招集権（二九七条）を行使してみずから株主総会を開くことも考えられるが、その要件はきわめて厳格であり、株主の負担も小さくはない。しかも、株主が提出していた議案の内容によっては、時機を失すれば意味が薄れる場合もあろう（取締役選任・解任の議案は、取締役の任期との関係が問題となる）。そこで、もしも決議を否決した手続に瑕疵が認められる場合に、株主には何らかの救済がないのであろうか。

二　否決の意味

ところで、ある議案が否決されたということは、いかなる意味を有するのであろうか。議案が否決されたことは、決議が成立しなかったのであり、単に成立した決議がないという状態であるという理解も可能である。しかし、そもそも法的に否決は無意味ではない。会社法では、否決ということ自体が意味をもつ場合として、主に以下の二つの場合がある（なお、会社法の規定では以下の他に「否決」という文言が五七四条二項一号に出てくるが、これについては検討対象とはしない）。

第一に、会社法八五四条一項では、役員解任の訴えを提起するための要件として、「役員の職務の執行に関し不正の行為又は法令若しくは定款に違反する重大な事実があったにもかかわらず、当該役員を解任する旨の議案が株主総会において否決されたとき」を挙げている。

たとえ役員が違法な行為を行ったとしても、株主はいつでもその役員を解任する訴えを提起できるようにはなっていない。すなわち総株主の議決権の一〇〇分の三以上の議決権を六カ月前から引き続き有する株主であってかつ否決された株主総会の日から三〇日以内に、訴えをもって当該役員の解任を請求することができるにすぎない。解任の訴えを起こすには積極的に解任決議の否決が必要となっており、解任の訴えを起こされたくない者からすれば、「解任議案の否決」を否定したいという場面も予想されなくはない。否決の事実を取り消せば八五四条一項の要件が満たされなくなるからである。

ただし、この場面では議案の否決にたとえ瑕疵があっても、否決を取り消したり否定したりすることはあまり意味がない。なぜならば、解任の訴えを避けたいと思う者は、主として解任対象となる取締役等であると考えられるが、彼らはむしろ解任決議の成立を望んでいるのではなく、否決によって解任されないことを望んでいると考えられるからである。そうであれば、取締役にとっては、可決でもなく否決でもない状態がもっとも望ましいのかもしれない。しかも、八五四条一項の「否決」の解釈として、厳密な意味での否決を要すると解すべきかどうかが問題となる。

例えば、高松高決平成一八年一一月二七日（金商一二六五号一四頁）では、「役員解任議案が『株主総会で否決されたとき』とは、議案とされた当該役員の解任決議が成立しなかった場合をいい、多数派株主の欠席により定足数が不足したり、定足数を充たしているにもかかわらず議長が一方的に閉会を宣言するなどして流会となった場合をも含むと解するのが相当である。なぜなら、『株主総会で否決されたとき』の意義について、定足数の出席を得て解散議案を上程し、これを審議した上で決議が成立しなかった場合でなければならないと解するとすれば、多数派株主が株主総会をボイコットすることにより、取締役解任の訴えの提起を妨害することが可能となり、相当ではないからである。」と判示する。

仮にこの考え方を発展させていくと、取締役を解任したいと思う株主は、議案として適法に提出さえできれば、解任の訴えを起こすことができるのであり、「否決」があったかどうかは必ずしも決定的な争いにはならないことになる。この場合の否決の意味を広く解するのであれば、否決の決議を厳密に確認する意味は薄れるのである。

したがって、解任議案が提出されたけれども決議に至っていない場合であっても、八五四条の要件を満たすことになる。もちろん株主にとっては、総会で可決されない限り解任の訴えを提起できるのであり、あえて否決の瑕疵について論じる実益はない。一方、取締役にとっては、ひとたび株主から解任議案が適法に提出された場合には、否決の瑕疵を争うことで解任の訴えを否定する可能性がないではないが、八五四条一項の「否決」が認められず、訴えを起こされない場合はあまり想定できない。否決されない多くの場合には解任決議が成立するし、退任を覚悟している取締役があえて八五四条の解任の訴えを提起されることだけを避けたいのであれば辞任すればよいのである。

第二に、株主提案における同一議案の再度提出の制限において否決したかどうかは大きな意味をもつ。会社法三〇四条では、株主は、株主総会において、株主総会の目的である事項につき議案を提出することができるとしつつも、ただし、当該議案が法令もしくは定款に違反する場合または実質的に同一の議案につき株主総会において総株主の議決権の一〇分の一以上の賛成を得られなかった日から三年を経過していない場合は、この限りでないと定めている。すなわち、総株主の議決権の一〇分の一以上の賛成票を得られなかった日から三年を経過していない場合には株主は同一提案を再度行うことができない。

そこで問題は、たとえば株主提案として株主が提出した議案について一〇分の一以上の賛成がないとして否決の扱いがなされたが、会社側（経営者）においてその手続に不公正があったため可決に至らなかった場合に、株主が救済を求められるかである。不公正に否決の扱いがなされると、つぎに再提案ができなくなる恐れがあるからである。株主が再提案をしたところ、会社が上記を理由に拒否した場合に、否決があったのかどうかを明確にする意味がある。以前の株主総会で否決されたという事実がなくなれば、ここでの三年に算入されないことになることから、救済を検討する意味がある。

三　決議取消しの訴え

株主提案による議案が、会社側（取締役）の著しく不公正な扱いにより本来可決されていたものが否決とされたり、一〇分の一以上の賛成がなかったとされたりした場合には、株主の不利益は小さくない。そこで、とりわけ株主提案を行った株主を保護するために、議案を否決した場合には、決議取消しの訴えによってその瑕疵を争うという方法が認められるのであろうか。

そもそも否決は決議ではないと解する余地もある。そうであれば、およそ八三一条の決議取消しの対象ではないこととなる。この立場を明確に取る裁判例が見られている。すなわち東京地判平成二三年四月一四日（資料版商事法務三二八号六四頁）は、以下のように判示する。「原告は本件各否決の取消しを求めているが、株主総会決議の取消しの訴え（会社法八三一条）の対象となる株主総会決議とは、当該取消しの訴えを会社法上の訴えとして設けた趣旨に鑑みて、飽くまでも『成立した決議』というべきであるから、定足数を満たし、かつ、議案に対する法定多数の賛成によって成立したものをいうことになる（同法三〇九条参照）。そうすると、議案が否決されたということは、上記決議が成立しなかったということであって、そもそも同法八三一条所定の株主総会決議には当たらない。換言するならば、否決の取消しを求める訴えは、定型的に訴えの利益を欠いているというべきである。」

たしかに八三一条は決議の取消しの訴えであり、否決は決議の成立していないことであると考えられなくもない。しかし、決議の成立はないものの、当該議案について株主総会としての判断がなされていることには変わりがない。この判断がなされたという意味は小さくはない。このため、上記の事件の控訴審判決では、決議ではないとの立場を取らなかった。

すなわち東京高判平成二三年九月二七日（資料版商事法務三三三号三九頁）は、以下のように判示する。「株主総会は、会社法に規定する事項及び株式会社の組織、運営、管理その他株式会社に関する一切の事項について決議をすることができるところ（会社法二九五条一項）、株主総会等の決議の取消しの訴えに係る請求を認容する確定判決は第三者に対してもその効力を有するのであり（同法八三八条）、それゆえに同法は八三一条から八三八条までに上記訴えに関する所要の規定を置いているのであって、これらによれば、上記訴えの対象となる株主総会等の決議とは、第三者に対してもその効力を有するものを指すと解するのが相当である。株主総会等の決議が第三者に対してもその効力を有するには、形成力を生ずる事項を内容とする議案が株主総会等において所定の手続を踏んで可決されることを要するのであり、そのような内容の議案であってもこれが否決された場合には、当該議案が第三者に対してその効力を有する余地はないから、本件各否決は、同法八三一条所定の株主総会等の決議には当たらないものというべきである。」

ここでは、否決は決議ではないというのではなく、第三者に対してもその効力を有するものが八三一条以下で瑕疵を争う訴訟の対象になると考えるわけである。ただし、否決の決議という存在を認めつつも、結論として八三一条の対象とは認めなかった。

なお、東京地判平成一四年二月二一日（判時一七八九号一五七頁）では、「第一号議案ないし第六号議案については可決されたこと及び第七号議案については否決されたことが明らかであったことから、その旨を議場で報告したものである。以上によれば、本件株主総会においては、各議案に対する決議は相当な方法で実施され、出席株主もその議決権を行使しており、各決議が有効に成立したものであることは明らかであり、他に本件における決議の方法が会議の一般原則あるいは慣行に違反し株主の議決権の行使を不当に制限したり、あるいは決議の内容に不当な影響を及ぼすような特段の事情を窺わせるに足りる証拠はない。」と判示していることから、裁判所が否決も決議として捉えているように解されるところである。

東京地方裁判所商事研究会編による判例研究書においては、取消しの対象となる決議とは定足数を満たし、かつ議案に対し法定多数の賛成があった場合に初めて成立するのであって、議案が否決されたということは決議が成立しなかったことにほかならないということができる。したがって、議案が否決された場合に、否決決議の取消しや無効・不存在の確認を求める訴えは、そもそも、取消しや確認の対象を欠くというべきものであって、訴えの利益・確認の利益はないと考えるべきであろうという見解が見られている(1)。

以上に対して、山形地判平成元年四月一八日（判時一三三〇号一二四頁）では、「原告らが本訴において不存在の確認を求める決議は、いずれも、原告ら提案にかかる議案を否決する決議であるが、原告らは右決議が著しく不公正な手続によりなされた法律上存在しえないものであると主張しているのであり、右請求を認容する判決がなされた場合、会社は改めて株主総会を招集して当該議案を審議し、公正な方法により決議をしなければならない義務を負うものであるから、かかる公正な審議の場を求めることついて原告らに法律上の利益がないとはなし難いというべきである」と判示する。

すなわち、ここでは否決の決議についても、決議不存在確認の訴えの利益が認められるという立場が示されている。なお、本件では、決議取消請求や不存在確認について訴えの利益は認めたが、瑕疵の存在は認められなかった。

四　提案株主の保護手段

それでは、不公正な手続で議案が否決されてしまった場合に、株主等はいかなる形で保護されるのであろうか。可決した決議であれば、決議が生じなかったものとすることによって当事者の不利益は原則として解消されるものと思われるが、否決の場合には必ずしもそのようには解せないところである。この場合、具体的に株主がいかなる救済を求めることを望むか考える必要がある。

第一に、否決されたという事実をなくすることが考えられる。仮に否決の決議についても取消しの訴えを認めるのであれば、その効果は達成される。しかし、これ自体を認めることにどこまで意味があるのか不明でもある。そもそも総会決議取消しの訴えの利益については、会社経営の適法性確保についての利益と解し、決議に瑕疵が認められる限りそれにより害されるべき具体的利益を顧慮することなく取消しを認める立場もあるが、瑕疵ある決議に基づく法律関係の構築阻止を目的として利用される場合のみ、訴えの利益を認めると解するのが一般的であろう(2)。

ただし、会社法三〇四条との関係では、解任の否決という事実がなければ、株主が同一提案を再提出することが可能となる。この点について先の平成二三年の東京地判は、「否決が取消訴訟の対象たる決議に当たらないと解される以上、このような再提案の可否については、実際に再提案をしてこの再提案を会社が拒否したとすればそのときに、これを争うことが可能であると解されるから、再提案を制限する同条ただし書があるからといって、否決の取消しの訴えの利益を肯定し、株主総会決議の取消しの訴えの対象となるとすべき理由にはならないというべきであるから、原告の上記主張は理由がない。」とする。

ただ、この場合に株主はどのように争うことが可能なのであろうか。先行する否決決議がなされた株主総会の招集手続または決議方法に法令定款違反があれば、再提案を拒絶された株主総会における決議の取消事由に当たると解する余地があるという指摘もある(3)。

しかし、適法な株主提案が無視された場合であっても、当然に後の総会での決議に取消しが認められるとは限らない。東京地判昭和六〇年一〇月二九日（金商七三四号二三頁）によれば、会社が株主の提案に係る会議の目的たる事項（議題）を株主総会の議題としなかったことは当事者間に争いがないが、本件決議自体に何らの瑕疵もない以上、仮に会社の措置が株主提案権に関する規定に違反するとしても、過料の制裁があるのは格別、右違法は本件決議自体の取消事由にはならない旨を判示しているのである。

第二に、否決された議案を再度審議して採決をすることを期待することが考えられる。株主提案の理由の説明の機会が奪われるなど決議方法に著しく不公正な手続がある場合、提案株主の総会参与権は確保されているとは言えないので、その権利の確保のために、当該瑕疵を理由として不存在確認判決がなされれば会社は改めて総会を招集して公正な方法により決議しなければならない義務を負うとの見解もある(4)。

しかし、決議が不存在であることを確認しても、また決議を取り消しても、決議を行った事実がなくなるだけであると解するならば、そのような救済を得られない。可決の決議が取り消された場合とのバランスからしても、否決の決議が取り消されたならば必然的に再審議されるという効果を考えることは難しい。結局決議の取消しは議案の否決にかかる瑕疵の是正を直接目的とする制度とは理解しがたい(5)。

もちろん議案の否決された手続に問題があれば、取締役の善管注意義務として、再度議案として取り扱う義務があると解することはできる。しかし、それだけでは不十分であり、株主の期待するように早急に総会開催がなされる保証はないし、結局取締役の会社に対する責任（四二三条）を追及するほかない（場合によっては第三者に対する責任（四二九条）が追及できる余地もまったくないわけではないが）。少数株主として株主総会を招集して当該議案を成立させる方法もあるが（二九七条）、要件は厳格であるし、そもそもその方法によるのであれば否決の決議について争う必要性もなくなる。否決の決議を取り消すのと同時に再審議の機会を保証することは必ずしも容易ではない。

第三に、否決は間違いであり、可決したとして扱うことを株主は期待するかもしれない。これはさらに難しい。たとえ総会決議が著しく不公正であっても、一度否決したものを可決に変えることは容易ではない。もっとも、議長が意図的に票数の計算を操作して、正確に計算していれば可決したであろう場合については、このような救済を検討する余地がまったくないとも考えられない。あるいは適正な処理をしていたならば可決していたことを立証できるのであれば、総会決議が有効に成立したことを前提にして行為の効力を争うということも考えられる。しかし、きわめて特殊な場合を除けば、たとえ決議の方法が著しく不公正であっても、可決とする扱いは困難である。

以上から、株主が提出した株主提案について否決されたことに瑕疵があっても、十分な救済方法はないことになる。立法論的には何らかの形で再審議という効果の発生する方法を検討すべきかも知れない。決議を取り消した場合、そこには何も残らないのではなく、議案提出の状態に戻ると解されないのであろうか。このほか、仮の地位を定める仮処分を用いて株主提案を招集通知に記載させたり、三六〇条による総会開催の仮処分によって株主提案を無視した総会の開催を阻止する見解もあるが、招集通知を見るのが二週間前頃では救済は難しい[6]。株主提案を不当に否決された株主には、十分な保護を与えることはきわめて難しい。

なお、同様のことは取締役会決議の場合にも一応問題になる。株主総会と異なり、取締役会の決議に瑕疵があるときには、特別の訴訟制度がなく決議無効確認の訴えで争うことになる。重大な瑕疵があれば取締役会決議は当然無効であるが、重大な瑕疵があり議案が否決されたとしても、議案が当然に可決したものとして扱うことは難しい。

(1) 東京地方裁判所商事研究会編『類型別会社訴訟Ⅰ（第三版）』（判例タイムズ社、二〇一一年）三七九頁。
(2) 清水円香「判批」金商一三八三号四～五頁。
(3) 弥永真生「否決決議と総会決議取消し」ジュリ一四二六号（二〇一一年）六一頁。
(4) 菊池和彦「否決された総会決議の瑕疵を争う訴の利益」ジュリ一〇四一号（一九九四年）一〇六～一〇九頁。
(5) 清水・前掲注(2)七頁。
(6) 清水・前掲注(2)七頁。

第三章　株主総会における議長の権限と法的地位

一　序

一般に、会議体においては議長が存在するのが通常であり、株主総会についても、例外的な場合はありうるとしても、議長が存在する。しかも、わが国の会社法においては、株主総会の議長の存在を正面から捉え、議長に関する規定を具体的に置いている。すなわち、三一五条では議長の権限を明示的に定め、その一項で、株主総会の議長は、当該株主総会の秩序を維持し、議事を整理するとし、二項で、株主総会の議長は、その命令に従わない者その他当該株主総会の秩序を乱す者を退場させることができるとしている。このような議長に関する規定は、昭和五六年の商法改正以前には存在しなかったものの、同年の改正で商法二三七条ノ四として新設されて以来、会社法が制定されたときにも三一五条として、わが国に存続してきた。もっともこのような規定が設けられたことについては、同条は確認的注意的規定であり、この規定によって議長の権限が従来よりも強化されたわけではないと解するのが通説である(1)。

ところで、一般に団体に関する法律が、総会について規定する場合には、総会の議長についても定めている例は珍しくはない。ただ、規定する内容は会社法とは必ずしも同じではない。たとえば、中小企業等協同組合法五二条は以下のように定める。総会の議事は、この法律又は定款若しくは規約に特別の定めがある場合を除いて、出席者の議決権の過半数で決し、可否同数のときは、議長の決するところによる（一項）。議長は、総会において選任する（二項）。議長は、組合員として総会の議決に加わる権利を有しない（三項）。また、消費生活協同組合法四一条も同様であり、以下のように定める。総会の議事は、この法律又は定款若しくは規約に特別の定めのある場合を除いて、出席者の議決権の過半数でこれを決し、可否同数のときは、議長の決するところによる（一項）。議長は、総会において、そのつど、これを選任する（二項）。議長は、組合員として総会の議決に加わる権利を有しない（三項）。(2)

もとより総会議長の権限や役割といっても制度のあり方が同一であるとは言えない。当該団体の性格およびその会議体の性格に応じて、それは少なからず変わってくるのは当然のことであるが、とりわけ上記二法と会社法とではいくつかの点で異なることが注目される。

第一に、上記二法は選任方法についても規定上明らかにしているのに対して、会社法は議長の選任についてとくに規定していない。この点については、会社法以前の旧商法二三七条ノ四第一項によれば、議長が定款または総会で選任される旨が定められており、会社法においてこの趣旨を変更したとは思われないことから、実質的に見れば中小企業等協同組合や消費生活協同組合といった団体と比べて、総会が選任する点については、株式会社との間には大きな差異はないようにも思える。もっとも株式会社においては、従前から、各会社において株主総会の議長はあらかじめ社長等が就任する旨を定款で定めている会社が多い。しかし、仮にそのような定款の定めがない場合や、社長等が事故等のため定款の定めの適用では議長が決まらない場合（次順位者もいない場合等）には、やはり株式会社においても、総会出席株主によって議長を定めることになることに異論はなかろう。その意味では、会社法ではこの種の規定を置いているかどうかについては、それほど大きな影響はないのかもしれない。[3]

第二に、上記二法においてはとくに規定していないにもかかわらず、会社法における株主総会の議長の規定は、総会の秩序維持と議事整理について規定しているが、これは前述のように、いわば当然のことをあえて規定しているように思われる。これに対して、それらを明文で規定すること自体に積極的な意義があると考えることもできるが、そのように解するのであれば、現在の会社法も、総会屋等の特殊株主対策を強く意図した昭和五六年立法当時における発想から大きく逸脱していないことを意味することになるであろう。

ただ、その場合、株主総会における議長は、ここに規定されていること以上の積極的な役割を果たすことは期待されていないのか、と言う疑問も生じてくる。これに対して、会社法とは異なり、上記の二法では総会の秩序維持と議事整理について規定することはしないで、議長は原則として組合員としての議決権を有しないが、可否同数の時には決裁権を有するとしており、むしろこちらの方で議長の役割が期待されているようにも思える。

最近、株主総会の議長をめぐって、興味深い下級審判決がいくつか見られている。これらには、従来あまり議論されてこなかった論点を含んでいるものが見られる。そこには株主総会の議長特有の争点が現れている。このように株主総会の議長は、一般の会議体の議長と同質的な面もあるものの、株主総会という会議の特質から生じる特殊な面も有しているようにも思われる。そこで、以下本章では、近時の裁判例の検討を踏まえて、株主総会の議長の法的性質を明らかにしつつ、議長をめぐる種々の法的問題点を明らかにしていきたい。

（1）『新版注釈会社法⑸』（有斐閣、一九八六年）一五九頁〔森本滋〕。
（2）農業協同組合法四五条も同様であり、以下のように定める。第一項で総会の議事はこの法律、定款又は規約に特別の定めのある場合を除いて、出席者の議決権の過半数でこれを決し、可否同数のときは、議長の決するところによる。第二項では、議長は、総会においてこれを選任する。第三項では、議長は、組合員として総会の議決に加わる権利を有しない。
（3）『逐条解説会社法第4巻』（中央経済社、二〇〇八年）一七二頁〔浜田道代〕によれば、会社法が旧二三七条ノ四第一項を受け継がなかったのは、会議体の一般原則として当然だからとする。稲葉威雄『会社法の解明』（中央経済社、二〇一〇年）四一〇頁によれば、二三七条ノ四第一項の削除は、定款で定めるのが通例であって、ことさら除く必要があったとは思われないのであり、少なくとも、取締役会等がこれを定めることは許されないことを注意的に明らかにする意味はあったと論じる。

二　会社法における株主総会の議長の地位と法的性質

会社法における株主総会議長の機能は、会社法制定前商法の下での機能と異なるのであろうか。昭和五六年に商法改正がなされた当時は、まさに総会屋の跳梁が目立っていた時代であった。このような中にあって、株主総会の議事運営において総会屋による大きな影響が予想されるときには、議長は強いイニシアティブを発揮して強力に動くことが要請された。一方、そうではない平穏時の総会においては、会社法は、議長は議事の整理者にすぎず、必ずしも強い積極的な態度をとることが望まれているわけではないように思われる。

会社法制定以降は、議長の存在は薄くなっているかのようにも思える。旧商法（二四四条三項）では書面による総会議事録について議長の署名が求められていたが、それとは異なり会社法では書面による総会議事録についても議長の署名は必ずしも必要ではないことになっている。それのみならず、会社法では議長のいない場面も予定されている（施行規則七二条三項五号）。このほか、旧商法では、累積投票の請求があったことの宣告を議長が行う旨が規定されていた（二五六条ノ三第四項）。会社法三四二条にはこれに直接対応する規定はない。ただし、同条を受けた会社法施行規則九七条二項は議長が存する場合に同様とするものの、存しない場合には請求した株主が明らかにすると規定する。このように旧商法に比べれば、会社法では議長の必要性が若干小さくなったかのように思われる。そうであれば、会社法における議長の存在は軽いものとなるのであろうか。もちろん総会の秩序を乱す者がいる場合には、秩序を維持するためには強い権限行使が期待されるであろう。その一方で、通常時の総会にあっては、議場での質問処理や決議の成否に関しては、あくまでも中立的で出過ぎない行動をとることが求められているのではなかろうか。

議長にはいかなる行動基準が課せられるのであろうか。この点は、議長はまず株主の最善の利益を基準に考えて行動するべきであろう。しかしながら、もしもそのように株主の利益から議長の地位を考えるべきであるとすると、各会社の定款等で社長を議長とする慣行には疑問も生じてくる。すなわち社長が会社を代表し、業務執行を行う最高責任者であることを考えると、社長が議長となることは必ずしも適切ではないということにならないのであろうか。会議体において具体的な評価や批判を受け、ときには責任を問われる立場にある者が、その会議体の運営・進行を指揮することは、会議体の公正な運営という点から、問題がないとはいえない。以前から学説においても、株主からの質問に対して回答の責任を主として負う立場にあり答弁の責任者たる者が、会議の進行を指揮することは公平な質疑と審議を確保する上でふさわしいとは言えないと論じられていた。(4)もちろん議長の役割を形式的な議事整理をする者に過ぎないと理解するのであれば、社長等が議長に就任すること自体に問題はないのかもしれない。しかし、問題は、議長が単なる議案の整理進行者であり、議事の結果に影響を与えるものではないと割り切ることができるかどうかである。(5)

一方、代表取締役社長が議長となることは当然不適当ではないとする立場も見られる。この立場によれば、もしも社長が議長であり違法な議事運営がなされれば、決議取消しを求めれば良いとする。また、議長職を社長の任務と観念すれば責任が明確になり、議事の公正円滑な運営に寄与しうると論じる。(6)少数株主による招集される総会の場合（二九七条参照）を別として、株主総会の開催を決定し（二九八条）、総会運営の責任者になるのは代表取締役を頂点とする経営陣であり、その代表が議長となることを許容していることから、むしろ議長は、会社に対して善管注意義務を尽くして行動すべきであることを前提とするが、総会招集者の代表として行動するとは考えられるのではないであろうか。しかし、このように解するときには、株主の利益が議長の行動で損なわれる可能性は全くないのかが問題となる。これに関連して、議長はいかなる責任を負っているのかも問われる。

そもそも、総会の議長は、株式会社の機関と言えるのであろうか。あるいは会社と委任の関係に立つのであろうか。会社法では第四章機関の箇所に議長に関する規定の三一五条を置くが、これは株主総会を機関としている（同章第一節に置く）からに過ぎないと理解できる。学説では、議長は会社の機関である総会を主宰する一種の会社の機関という説明をする者もある。[7] もしも会社の機関であるとすれば、議長は会社と委任関係に立ち、取締役の場合に準じた責任（四二三条、四二九条）が類推適用されるとの立場に繋がってくる。[8] もっとも、これに対して、以下のように論じる学説もある。[9] 議長は株主総会それ自体において選任される独立の存在であり、株主総会という機関を構成する株主より事務の委託を受けた独立の受任者である。議長は自分自身で個人責任を負うのであり、民法四四条や七一五条は適用されないとする。議長は株主総会という会社の機関を構成する株主より事務の委託を受けた会社とは別の存在とし、株主とは準委任の関係であると論じる。その独立性と自己の裁量による活動の故に、個別的な委任の法理により自分自身で個人責任を負うのであり、会社が責任を負担することはないと解する。また、議長は総会の議事運営という会社事務の委託を受けた準委任関係にあり、株主総会の構成員ではなく、株主総会の機関と位置づける立場もある。[10] しかし、議長は、そもそも株主総会という機関による会社の意思決定が適正になされるように選任されるのであり、会社から直接委任を受けると解すべきである。そして、仮に議長に違法や不適切な行為があれば、総会決議は瑕疵を帯びることとなるのであり、会社を被告とする会社の組織に関する訴訟が提起されうるのである。議長は会社の機関であり、機関としての責任を負うと解するのが適切であるように思われる。[11]

（4）　前田重行『株主総会制度の研究』（有斐閣、一九九七年）二三四～二三五頁。

(5)　新谷勝「議長と総会検査役の役割」『野津務先生追悼論文集　商法の課題とその展開』(成文堂、一九九一年)八頁。また同六頁は、現支配者である社長が議長を務めることは公正な総会運営を確保する意味からきわめて問題であるとする。また、込山芳行「株主総会における議長の選任方法とその職務権限」永井和之＝中島弘雅＝南保勝美編『会社法学の省察』(中央経済社、二〇一二年)二四七頁では、総会運営権限は議長に全般的にゆだねられ、株主と対立構造が想定される総会にあっては、これを主宰するのが代表取締役ではあまりにも公平を欠く結果となると論じる。

(6)　森本・前掲注(1)一六三〜一六四頁。

(7)　蓮井良憲「株主総会の議長」政経論叢七巻一号(一九五七年)一五六頁。

(8)　蓮井・前掲注(7)一六四頁。大隅健一郎＝今井宏『会社法論中巻』(有斐閣、一九九四年)八三〜八四頁、山口幸五郎「株主総会の議事」大隅健一郎編『株主総会』(商事法務、一九六九年)一一五頁も同旨。同様に、『注釈会社法(4)〔増補版〕』(有斐閣、一九八〇年)二三頁〔境一郎〕によれば、議長は会社の機関として会社に対して準委任関係に立つ。総会の成立開会議事閉会すべてにわたって指揮運営する職務権限があり、その範囲において会社に対して責任を負うと解する。

(9)　加藤修「株主総会の議長の法的地位」法学研究(慶応)七二巻一二号(一九九九年)一〇〜一三頁。

(10)　森本・前掲注(1)一六四頁。

(11)　たとえば議長の不適切な議事運営によって発言ができなかったり、自由な議決権行使ができなかったりという場合には、議長への損害賠償請求という方法も考えられなくはないが、会社に対する損害賠償請求や決議取消しの訴えによって救済を求める方が適切な場合が多いと思われる。

三　議長の職務

(1)　議長の役割と議長の特別利害関係等

議長は会社に対して委任の関係に立つと解するのであれば、議長は会社に対して善管注意義務や忠実義務を負っていることになる。そうであれば、株主総会における議案について、議長が個人的な利害を有していた場合には、議長としての職務を離れる必要があると解する余地もあるように思われる。しかし、この点については、これを否定するのが通説および判例の考え方であると思われる。

たとえば裁判例では、東京地決昭和二八・九・二判タ三三号三五頁は、「議案が議長たる者個人に利害ある事項にわたる場合においては、その者は、……この場合でも議決権を行使しない限り、議長を回避するを要しないものとするを相当とする。そのわけは、議長は、その地位において議事の整理にあたるも、議決に加わり、その結果を左右するをえないものである。」と判示する。また、東京地判平成四・一二・二四判時一四五二号一二七頁では、議長不信任動議を議長の交代をせずに採決したことについて、動議を採決にかけるその行為自体は、出席株主の意見を問う単純な行為に過ぎないのであり、議長の不信任動議を当該議長自身が採決にかけたからといって、その採決の公正さが失われるとは解されないとしている。

これらの判決が、結論として議長はその職務を離れる必要がないとしているのは、議長の役割は議事の整理に過ぎないのであって、たとえ議長に個人的に利害関係がある議題であっても、決議に影響を与えるものではないことが前提になっているものと思われる。学説でも、議長は議事運営に当たるのみで、議案について特別利害関係があっても、必ずしも不公正な議事の運営をするとは限らないから、議長となり得ないと解する必要はないとする。(12)

ただし、もしもこのように議長の役割を単純な議事整理に過ぎないと考えるのであれば、たとえば少数株主の招集した株主総会（二九七条）において、通常の総会のように、社長等が議長になる旨の定款規定をそのまま適用したとしても、それ自体は問題がないということになる。これに対して、もしも議長の役割は小さくなく、総会決議の結果に影響を与える可能性があると解するのであれば、定款規定を少数株主の招集した株主総会にそのまま適用することは許されないのではないかということが疑問となろう。古い下級審裁判例にはこのような立場に立つものがある。たとえば、横浜地決昭和三八・七・四判時三七五号七八頁では、定款の規定は取締役（又はこれに代わる職務代行者）の招集による通常の株主総会を予定したもので、株主の招集にかかる総会には適用がなく、このような総会においては右規定によらず総会においてあらためて議長を選出すべきものと解している。また、広島高裁岡山支決昭和三五・一〇・三一下民集一一巻一〇号二三二九頁も以下のように述べて同様の立場に立つ。「会社の定款によれば、株主総会において議長は社長がこれにあたる旨定められていることは疏明により明らかであるが、右定款の規定は取締役会により総会が招集せられた通例の場合を予想して設けられたものであって、少数株主の裁判所の許可を得た招集による総会の如き異例の場合には、右規定の適用はなく、従って選挙により議長を定むべきものといわねばならない。蓋し少数株主が裁判所の許可により招集する場合は、その総会の開催が社長の意に反するものであることが多いので、この場合にも社長が議長の席に就くときは議事運営の公正が疑われることとなり不当であるからである。」この判旨については、社長が議長になることで議事運営の公正さが疑われるとしている点が注目される。

しかし、これとは異なる立場に立つ裁判例も見られる。東京地決昭和二八・九・二判タ三三号三五頁では、以下のように判示する。「株主総会において、何人が議長になるかは、法律に何らの定がなく、通常定款を以て会社理事者の一人をこれに当らせる旨定めこれに従うものが多い。一般にこの定款の定を不適法とする事由はないから、特別の事情のない限り、この定のある会社の総会がこれによるべきはいうをまたないところである。このことは、総会が会社によって招集された場合であると、商法第二三七条の規定により株主によって招集された場合であるとによって差異あるをみない。唯議案が議長たる者個人に利害ある事項にわたる場合においては、その者は、商法第二三九条第五項の精神により議長を回避するを要しないかという問題か残るのであるが、法律上はこれを消極に解し、この場合でも議決権を行使しない限り、議長を回避するを要しないものとするを相当とする。そのわけは、議長は、その地位において議事の整理にあたるも、議決に加わり、その結果を左右するをえないものである。」

すなわちこの判決は議長の役割、影響力といった点からこの場合も定款規定が適用されるという結論を導いているのである。

学説においても、この場合の議長がその職に留まるべきかどうかについて見解が分かれている。この点については、議長の地位をどのようなものとして理解するか、すなわち重い存在と考えるべきか、比較的軽い議事整理者的存在と考えるべきかの差異に由来する。議長は職を離れるべきであるという見解は、少数株主による招集のときは改めて議長を選ぶべきであり、このような総会の開催は社長の意に反することが多く、社長が議長になると議事運営の公正が疑われることとなり不当であると主張する。(13) また、取締役等が会社として総会を開くことに反対しているのであるから、少数株主の招集による総会では、招集通知を発した者が議長となるという見解もある。(14) これに対して、少数株主の招集した総会でも定款の定めの意味からすると、定款規定が適用されると解しても良いとする立場が見られている。(15) 総会招集者である者が責任をもって議事を進めるべきであると考えれば、少数株主の招集する総会では別途議長を選任するのが適切であるように思われる。もっとも実務上、少数株主からの招集請求があるときには、会社が自ら招集し、議長の定款の定めが適用される場合が多いようであり、そうであれば実際に問題となる場合は限られる。(16)

(2)　決議の成立と議長

株主総会は一般に議長による開会宣言によって始まる。それでは、開会宣言は総会の成立要件と解するべきなのであろうか。すなわち開会宣言がない場合であっても、総会は有効に成立すると解することができるのであろうか。この点に関して、議長の開会が宣言なく、株主だけで決議をしても、それは総会の決議ではないとする見解もある。(17) 一方で、開会宣言も、議事の開始を目的とする一方的行為であり、開会宣言は議事開始の絶対的要件ではなく、開会宣言を欠く場合であっても、客観的に開始の事実があれば総会は有効に成立すると解する見解があるが[18]、後者を支持すべきであろう。もっとも、たとえば議長が開催予定時刻に現れない場合に、予定時刻到来とともにすぐに出席株主だけで決議をすることが可能なのかという疑問も生じる。これは議長の存在が総会成立の要件となるかどうかという問題である。招集通知に記載された予定時刻が到来すれば、当然に総会は開催されたものと解することはできないが、一方で総会の成立に議長が不可欠と解するのは正しくないであろう。

それでは、総会の決議が適法に成立するためには、議長による決議成立についての確認が不可欠であろうか。東京地判平成二三・一・二六判タ一三六一号二一八頁では、多数派が賛成したものの、正規の議長以外の者によって議事が行われた場合、当該決議は不存在となる旨を判示している点が注目される。この点については、株主総会における議長の地位・権限についてどのように解するかによって結論が異なるところであろう。すなわち総会における議長は決議が成立したことを単に確認する者と理解し、多数決が成立していることが証明できるのであれば、たとえ正規の議長がいなくても瑕疵はなく、決議の成立を認められると考えることができる（もっとも、場合によっては決議の方法が著しく不公正であるとして取消し事由になる場合もあり得る）。これに対して、議長が決議の成立を宣言することで初めて決議の効力を発生させると理解するのであれば、正規の議長がこのような行為をしていない以上決議は不存在となる。平成二三年の東京地裁判決はこのような立場に立つものと理解することが可能であろう[19]。

これ以前の裁判例を概観すれば、大判昭和八・三・二四法学二巻一三五六頁は、出席株主が明認できる方法で採決をし、議案についての賛否が明らかになったときに決議が成立したものとし、議長が賛否いずれが多数かを宣言する必要はないと解している。これは議長の宣言を不要と明確に述べており、平成二三年の東京地裁とは異なる立場と解される。一方、名古屋高判昭和三八・四・二六下民集一四巻四号八五四頁は、採決を投票によった事案について判示するものであるが、「投票の結果は議長によって表明せられるまでは議事の内容をなすものに過ぎず、議長が投票の結果を確認宣告してはじめて議決が成立すると解するのが相当である。従って、投票自体は決議たる効力を有せず、議長が投票の結果を控訴人の見解と異った見解の下に認定し之を宣告したとしても議長が単なる誤解に基いて宣告した場合と異なり決議として効力を有するものと解しなければならない。」として、効力発生のためには議長の宣告が必要であると解している。この名古屋高裁の考え方からすれば、議長は、決議成立を単に確認するだけではなく、決議の効力を発生させるものと捉えることが可能となる。このような考え方をさらに発展させれば、仮に賛成者が反対者を下回っているときに、議長があやまって投票結果と異なる可決の旨の宣告をした場合、それは可決決議の不存在ということにならないのであろう。すなわち、可決したとの議長の宣告については、これを総会の決議と見る必要があり、その瑕疵について決議取消しの訴えにより争うべきことになる。ただし上記名古屋高裁は投票を行った場合についての判示であって、投票結果は開票の上計算しない限り議場には分からないという点があることから、議長の宣告を重視したと理解することもできなくはない。

これに対して、最判昭和四二・七・二五民集二一巻六号一六六九頁は、「総会の討議の過程を通じて、その最終段階にいたって、議案に対する各株主の確定的な賛否の態度がおのずから明らかとなって、その議案に対する賛成の議決権数がその総会の決議に必要な議決権数に達したことが明白になった以上、その時において表決が成立したものと解する」。この判旨からは、決議に賛成する議決権数が多数かどうか明白なのは、株主にとってを問題にしているのか議長にとってを問題にしているのか不明であるが、議長があえて確認をしなくても決議が成立するかのようにも読むことができる。そうであれば、平成二三年の東京地裁判決とは異なる立場ということになろう。(20)

学説では、賛否が明白なときには議長がとくに採決の手続きをとらなくても、単に可決または否決を認めることで足りると論じられる。投票の場合を別として、議長の職務は単に多数決を確認するだけであり、実際に賛成者が多数を占めていれば、議長が採決していなくても、決議の不存在とはならないことになろう。(21)これに対して、採決をした場合においてはもちろんのこと、議長が可決を確認し宣言することが不可欠であるとの立場も考えられる。このような立場をとるならば、正規の議長がこのような行為をしていない場合には、決議は存在していないこととなろう。しかし、明瞭性に欠けるという点はあるものの、このように厳格に解する必要はないのではなかろうか。

(3)　議事運営と議長の裁量

議長には議事運営に当たって一定の裁量があると考えられる。むしろ議長は議事進行にかかる大幅な裁量権を有すると解することが総会の円滑な運営に寄与するともいえよう。もちろん、議長は、株主の質問権等の権利を損なわないように善管注意義務を果たすべきことは当然である。たとえば、議事進行の動議については、それを取り上げるかどうかについては議長の裁量であって、これを必ず取り上げなければならないと解するのではなく、議長の裁量に任せた上で、不満な株主は議長不信任で対処すると解することが合理的であろう(22)。また、株主の発言時間の制限については、これを議長が単独でなし得るか、株主の権利保護の見地から総会の同意を要すると解するべきかという問題がある。仮に議長がこれを総会に諮ったところ、総会で否決したならば、議長の議事運営はきわめて難しいことになろう。この点から、単独で議長は一般的な発言制限をなしうると解すべきであるとの見解が見られる(23)。否決されるのは、よくよくの場合であろうが、この種の事項については合理的な範囲で議長の裁量に任されると解して良いであろう。このほか、議事進行動議のうち、討議の打ち切り、休憩に関するものは、議長の権限に属し、総会の決議を得ても、それは議長の判断の正当性を一応裏付ける材料の一つに過ぎないと解するべきであろう。これに対して、議長不信任、延会・続行の動議については、決議しうるのは総会出席株主に限られる(24)。

もちろん、議長の議事運営が不公正であれば、当該総会決議の瑕疵をもたらすことになる。もっとも、実際にはそれが認められるのは甚だしい場合であろう。不公正な議事運営が行われたとして決議の取消しが認められることは必ずしも多くはない。

たとえば、福岡地判平成三・五・一四判時一三九二号一二六頁では、以下のように判示する。「株主総会における議長は、総会の目的事項につき公正かつ円滑な審議が行われるように議事運営に関する一般的な権限と職責とを有しており、右議事整理権に基づき株主総会のいかなる段階で株主の発言を許し、また、発言を禁止するかを決定する権限を有している。そして、議長は、法令、定款及び会議体の本則に従い、自らの裁量により、右決定をすることができ、その裁量が議長としての善良なる管理者の注意義務の範囲内にとどまる限りは、議事運営が不公正なものとなることはないと解すべきである。」

また、東京地判平成一六・五・一三金商一一九八号一八頁では、株主総会における議長の議事運営方法は、不公正であり適切さを欠いていたことは否定できないが、決議の取消しを認めざるをえないほどに著しく不公正なものであったとまで認めることはできないと判示された。

これに対して、東京地判平成元・八・二二金商八四四号一六頁においては、以下のように判示して、質問に対して回答することなく決議を行った場合に、瑕疵を認めた。

「右確認決議に関する議案は本件株主総会において第三号議案として上程されたが、その審議においてはY社の経理部長から議案の説明があった後、議長は直ちに採決の手続に入ったこと、採決の最中（結果の発表の前）にXがY社側に質問をしようとしたが、議長のAはXに対して右質問をすべての議案の審議が終わった後である総会の後半に行ってほしい旨を告げて、そのまま採決の集計手続を進行させたことを認めることができる。右の事実によれば、議長であるAは婉曲な表現ながらXの質問を制止したものと認めることができ、右の行為は商法二三七条の三の規定に違反するものと評価するのが相当である。したがって、右第三号議案についての決議には、決議の方法に瑕疵あるものと認められる。」

議長の総会運営に一定の裁量を認めることは合理的であり必要なことであろう。また、一般に総会の決議を取り消すことは、影響が大きいことから考えて、取消しの訴えが認められる場合は抑制されるであろう。しかし、一方で決議の効力に結びつけることなく、株主が救済を求めることも容易ではない。平成元年の東京地判は株主の質問権の重要性から正当であろう。

これに対して、議長の裁量を重視しない見解も見られる。すなわち、総会の主役は株主であり、議長は議事進行係に過ぎないとし、自らの裁量により総会を運営しうるが、会議の運営に関する最終決定権は総会自体にあり、株主の意思に服する。会議の運営にあたり裁量事項について株主と議長との意見が相違する場合には、終局的には株主の意見が優先すると論じる。(25)

(4)　議長不信任動議

議長には議事整理について裁量があるとすれば、当日議場からの提出される動議についても、それを採用するかどうかについて、ある程度の裁量が認められるのであろう。議事進行に関する動議については、これが出されても、総会に諮っても良いし諮らなくても良い。しかし不信任の動議については、議長の裁量に任されるのであろうか。むしろ議長自身の問題であり、これは当然に諮らなければならないと解すべきではなかろうか。(26)少なくとも、議長不信任動議については、議長に直接関することから不採用とするに当たっては慎重な対応が求められる。また、議長不信任決議を可決するためには正当事由を必要とするかどうかという点が問われるが、この点については議長を受任者としてとらえ、否定的に解するべきであろう(27)（民六五一条一項）。ところが、次の裁判例では議長が不信任動議を採用しないことが許容されている。

原審である東京地判平成二二・七・二九資料版商事法務三一七号一九一頁では、以下のように判示する。

「本件株主総会における議長不信任動議は、被告代表者の議長としての能力や議事進行の不備その他の議長としての適格を疑わせる具体的事情を挙げて行われたものではなく、これを提出した株主は、単に、被告代表者が本件株主総会の冒頭に議長を務める旨述べた際、拍手や了解の声がなかったことを指摘したにとどまり、それ以上に不信任の理由を具体的に述べるようなことは一切なかったものであり、その後の推移をみても、『社長代われ』、『経理責任者に交代』、『議長交代』等の不規則な発言が何度かあったものの、議長不信任の動議が明示的に提案されることはなかったというのであって、他に、本件株主総会における被告代表者の言動が決議に不当な影響を与えた可能性があることをうかがわせるような事情も見当たらない。これらの諸点に照らすと、本件株主総会における被告代表者の議事の進行にいささか適切さを欠く点があったことは否めないものの、被告代表者が議長不信任動議を議場にはかることなく議事を進行したことのみをもって、議長の議事整理に関する裁量の逸脱、濫用があったということはできず、また、本件決議の方法が著しく不公正なものであったとまでいうこともできない。」

控訴審である東京高判平成二二・一一・二四資料版商事法務三二二号一八〇頁では、以下のように判示している。

「議長不信任の動議が権利の濫用に当たるなどの合理性を欠いたものであることが一見して明白なものであるときに、自らに対する不信任動議を提出された議長において、当該動議が権利の濫用に当たるなどの合理性を欠いたものであることが一見して明白なものであると認め、それ故に当該動議を議場に諮らないとしても、裁量権の逸脱、濫用に当たらないと解すべきである。」

「本件における議長不信任の動議は、合理的な理由に基づく動議ではないことが一見して明白なものであったと認められ、これを議場に諮る必要があったものとはいえない」。

本件は議長の不信任動議の提出が株主の権利の濫用に当たるとされた事例である。判旨は議長不信任動議には正当な理由を必要とするとまでは言っていない。単に濫用的な場合には議場に諮らなくても良いとするだけであろう。

議長不信任については、濫用的なものを除けば、議長は動議を議場に諮るべき義務が原則としてあると解されるであろう。

⑸　議事の変更・修正

議長は招集通知に記載されたところに従い議事を進めていく必要がある。しかし、種々の事情から当初の招集通知に記載したとおりに議事を進めていくことができないという場合が生じることも否定できない。この場合議長としては議事の変更や修正をすることは可能であろうか。総会の議長には議事を整理する権限が与えられているが、このことは総会の運営において一定の裁量を有することを意味する。招集通知の議案を修正することは、実質的同一性を失わないのであれば可能であると考えられよう(28)。

それでは、招集通知に記載された議題を議長が総会当日撤回することはどうであろうか。（招集通知発送後総会の日までに、変更すべき事情が生じたことから議案を撤回・修正することは、これとは別の問題である。）これに関連して、議事を終了させ閉会することについても議長は裁量権を有するのであろうかどうかも問題となる。換言すれば、議長は付議義務を負っており、招集通知に記載された議題についてすべて付議した後でなければ、総会を終了させることはできないのであろうか。この点については、代表取締役でもある議長が、その経営判断として当該議案を撤回する方が適切であると考えた場合に、議事を終了させる余地があるのではないかとも考えられる。議長の総会運営の裁量としては、招集通知に記載されている議案について議決に付さず、総会を閉会してしまうことも裁量といえないのであろうかという問題である。もしも議長には付議義務があると解するのであれば、招集通知に記載された議案を審議し議決することについて議長に裁量はないと解すべきこととなろう。

もっとも、これは場合に分けて検討する必要がある。議長が自己に不利な決議になるのを避ける等といった不当な目的をもって総会を閉会にしてしまうことは許されないであろう。また、いわゆる会社提案ではなく、会社法の要件（三〇三条から三〇五条）を満たした上で、株主から提出され、この総会で審議することが求められている株主提案であるときには、議決をすることを避けることは許されないと思われる。また、会社提案でも、当該総会で決議することが必要不可避である場合は別であろう。たとえば定款の定める員数の取締役の全員をこの総会で選任するのであれば、延会にするのであれば別だが、議題を撤回してしまうことはできないと解される(29)。

学説においては、一般に議長の付議義務を認めるものが多いようである(30)。すなわち、議事日程の全部消化が可能であるにもかかわらず、議長が専断的に中途で閉会宣言をしたときには閉会宣言は無効であると解する。一方で、これに反して、議場の混乱や、時間不足、株主の退場などにより、議事の継続が不可能と認められるに至ったため、未消化のまま閉会宣言をしたのであれば有効であるとする。もちろん正当事由のある閉会宣言は有効である(31)。これらに該当しない場合については、議長が決議事項を撤回する裁量はないのであろうか。もしもここで裁量を否定し、仮に議長の閉会宣言が無効であるとした場合には、その後、残留した株主だけで有効に決議ができるのであるかも問題となる。この点参考になる裁判例がある。

東京地判昭和二九・五・七下民集五巻五号六三二頁では、以下のように判示する。「議長Aは、その同調者とともにはじめから流会にしようという考えをもっていて、議場が一時乱れたのを幸にして、法律上も事実上も、議事に入ることが可能であるにかゝわらず、あえて議事に入ることをさけ、閉会を宣言して一味の者とともに退場したのであり、このように議長が総会の議事進行についての権限を濫用した場合には、たとえ総会を終了する旨の宣言をしても、総会はこれによって終ることなく、議長及び退席者は自らその権限及び権利の行使をせずして任意退場したに過ぎないとみるのが相当である。したがつて、B等残留株主によってなされた延期の決議はもとより適法であるといわなければならない。」

この判決では、閉会宣言が議長の権限濫用に当たると裁判所は理解しているようである。

次に、株式会社の事案ではないが、一般法人の事案（クレー射撃の普及及び指導等を目的とする社団法人の事例）として以下の事例が参考になる。

東京地判平成二三・四・二七判タ一三五五号二三二頁。

「一般法人法五四条によれば、社員総会の議長は、当該社員総会の秩序を維持し、議事を整理する権限を有するものとされており、その権限自体は、総会に提出された議案を付議するかどうか、あるいは、議案についての審議を打ち切って総会を終了させるかどうかにも及ぶものと解される。しかしながら、議長は、総会に提出された議案については、やむを得ない事情がない限りは、これを付議すべき義務を負うと解すべきであるから、やむを得ない事情もないのに恣意的に議案を付議しないことは許されないと解すべきである。したがって、議長が、やむを得ない事情もないのに、自らの意に沿わない議案が可決されるのを妨害するため、あるいは、自らの意に沿う議案が否決されるのを防止するため、あえて議案を付議せずに閉会を宣言したとしても、そのような行為は議長の権限を濫用するものとして効力を生じず、社員は、総会を続行することができると解すべきである。」

「そこで、X_1が役員改選議案を付議せずに本件閉会宣言をしたことについて、やむを得ない事情があったかどうかを検討すると、X_1らは、①会長選考委員会が選考した会長候補を総会に諮るかどうかについて、理事会で意見の一致を見なかったこと、②議事が長時間に及び、二人の正会員が既に帰宅してしまっていた上、会場からも使用時間を経過しているので会場の使用を終了してほしい旨要請されていたことから、本件閉会宣言にはやむを得ない事情があったと主張する。」

「X_1が役員改選議案を総会に付議しなかったのは、専ら、会長候補であるEが総会において否決されることを恐れたためであったと解さざるを得ず、このような理由により総会に提出されていた議案を付議せずに散会を宣言することは、議長の権限を濫用するものであって、本来は効力を生じないものというべきである。」
「しかしながら、議長による散会宣言が議長の権限を濫用するもので効力を生じない場合であっても、散会宣言によって総会が終了したと判断して退場した正会員が多数に及び、その後に行われた会議をもはや散会宣言前の総会が継続したものとみることができないような場合には、社会通念上総会は終了したとみるほかはなく、散会後に行われた決議を有効な総会決議と評価することはできないというべきである。」
「残った者だけでは定足数（正会員現在数の三分の二である三二一名である。）を大幅に下回るような状況になった場合には、散会宣言後の総会は、もはや散会宣言前の総会が継続したものと評価することはできないというべきである。」

本件は株式会社の総会議長の事例ではない。しかし、一般社団法人及び一般財団法人に関する法律（以下一般法人法と略す）五四条は会社法三一五条と同様の規定を置いている。また、同法の総会の規定（一般法人法三五条から五九条）は株主総会の規定と類似するところが多く、一般法人法の裁判例であっても、株主総会の議長について参考にすべき場面は多い。平成二三年の東京地裁判決は議長に付議義務があると解して、閉会宣言を無効とした。すなわち判旨によれば招集通知記載の議案について議長には付議義務があるとする。しかし、議長に閉会宣言をする裁量がないと言っているのではない。本件は議長が裁量権を濫用したとされた事案である。つまり、一般にやむを得ない理由があれば、議長には総会を終了させる裁量が認められるのであろう。もっとも、やむを得ない理由の中には経営上の理由が入るかどうか議論があろうが、経営陣の判断を受けて本総会には付議しないのが適切であるとの判断する余地はあろう。(32)

ところで、閉会宣言が無効であれば、総会は終了することなく、継続していることになろう。しかしながら、定足数は決議時に満たしていなければならないことから、その時点で多数の株主が会場を離れていれば定足数を満たしていないこととなり、総会決議は不存在とも言えるのであり、総会は継続しても有効な決議はできないことになる。しかし仮に、閉会宣言後、定足数を満たすだけの者が残っていた場合であっても、決議を有効になし得るのかも問題となる。退出した者は議決権行使を放棄したのであり、知らないで退出した者は無視されると解することもできなくはない。しかし、退出した社員は議決権行使について権利を放棄したのではなく、閉会したものと信頼して退出したと解することもできるのであり、このような社員の意思を無視することはできないのである(33)。

(6)　総会開催前における秩序維持

議長は総会開催中に秩序維持を行う権限を有するが、たとえば総会開催前において議場の安全性を確かめる等の、総会開催前の秩序維持については誰がこのような権限を行使することができるのであろうか。この点については、議長は会社から職務を委託されているのかという観点から論じる裁判例が見られている。

岡山地決平成二〇・六・一〇金商一二九六号六〇頁。

「株主総会は、株主が特定の会場に集合して行われる集会形式を採用しているため、株主総会の秩序が維持され、議事が整理された状況のもとで遂行されることが必要であり、そのため、株式会社は、株主総会の秩序を維持し、議事を整理して、株主総会を遂行する権限を有する。会社法三一五条一項は、『株主総会の議長は、当該株主総会の秩序を維持し、議事を整理する』と規定し、同条二項は、『株主総会の議長は、その命令に従わない者その他当該株主総会の秩序を乱す者を退場させることができる』と規定し、いずれも議長の権限として定めているが、これは、株主総会の秩序維持は、株主総会の開催中においては、株式会社からの委託を受けた議長が行うことになるからに他ならず、議長の上記権限が本来的には株式会社に帰属することを否定する趣旨のものではない。

そうであるから、株式会社は、特定の株主が株主総会を混乱させ、出席者の生命身体に危害を加えるおそれがあると予測される場合には、株主総会開催前においても、株主総会秩序維持権に基づき、妨害予防請求権を行使することができるものというべきである。」

この決定によれば、会社法三一五条が定めている議長の権限は、そもそも会社から委託されたものと理解している。株主総会に関する管理・運営は本来的には株式会社に帰属する権限である。したがって、総会開催前においては会社が権限を行使するものであるという立場が示されている。たしかに議長は会社から委託されて職務を行うものと解することができるのであり、判旨の立場は合理的に思われる。

同様に、京都地決平成一二・六・二八判時一七三九号一四七頁でも、以下のように判示して開会前の秩序維持を会社に認めている。

「株主総会の議長には総会を公正かつ円滑に運営する権限が与えられている（商法二三七条ノ四）ところ、議長は、株式会社から総会の議事運営という特殊の会社事務の委託を受けていると解されることに鑑みると、委任者たる会社にも、総会を混乱させることなく、総会の議事を円滑に運営し、終了させる権限があるというべきである。そして、株主総会が株主の総意によって株式会社の基本的事項についての会社の意思を決定する機関であり、その円滑な進行は会社の企業活動全般にとって極めて重要なものであること、一方、総会開会前に議長がその運営等につき必要な措置を講じることは現実には期待できないことを考慮すると、総会開会前においては会社が、右の必要な措置を講じることができるものと解すべきである。」

この事案では、株主総会の議事を円滑に運営し、終了させるため、会社が講ずべき必要な措置として、当該株主が株主総会に出席することの禁止が認められている(34)。総会の主宰者は開会前から会議の秩序のために予防措置を執ることは当然のように思われる。もっとも、この場合の会社とは具体的に何を意味するのであろうか。すなわちこの場合の会社の機関として、株主総会を意味するのであろうか、あるいは代表取締役や取締役会を意味するのであろうか。秩序維持については、会社の業務執行の一環として代表取締役と解すべきことになろう。立法論的には、株主総会に関する権限は監査役に属するとすることも考えられなくはないが、現行法の条文からはそのような立場は採用されていないことが明らかである。

(12)　大隅＝今井・前掲注(8)八二～八三頁、星川長七「株主総会の議長と閉会の宣言」鈴木竹雄＝大隅健一郎編『商法演習〔改訂版〕』(有斐閣、一九六六年)一二〇頁。

(13)　浜田・前掲注(3)一七二頁。また、星川・前掲注(12)一一八頁、龍田節『会社法大要』(有斐閣、二〇〇七年)一八五頁、『新基本法コンメンタール会社法2』(日本評論社、二〇一〇年)四八頁〔久保田光昭〕も同旨。

(14)　蓮井・前掲注(7)一五一頁。

(15)　森本・前掲注(1)一六二頁。

(16)　『論点体系会社法2』(第一法規、二〇一二年)五一六頁〔角田大憲〕。

(17)　新谷・前掲注(5)二〇頁。

(18)　服部栄三「株主総会の議長と取締役の説明義務」代行リポート六一号(一九八二年)三頁。山口・前掲注(8)一一一頁は、議長は総会の必要機関ではないから、議長による開会宣言は必ずしも総会成立の要件ではない。これがなくても出席株主全員による開会の合意があればよい。議長でなくても、議事進行担当者が開会宣言をしてもよいとする。

(19)　ただし、本件では株主が二人しかおらず、議長が誰かを特定すること自体には大きな意味はなく、決議が不存在であると評価するに足りる瑕疵があるかは疑問であるとの見解がある。中東正文「株主総会決議に関する判例の動向」ジュリ一四五二号(二〇一三年)五四頁。

(20)　福岡地判平成三・五・一四判時一三九二号一二六頁も、採決方法についてはこれと同様の立場に立つようではあるが、ただ明確性から、議長の宣告を重視している。すなわちこの判決では、「株主総会においては、議案に対する賛成の議決権数が決議に必要な数に達したことが明白になったときに表決が成立するのであって、出席株主の明認し得る方法により表決がされれば、必ずしも挙手、起立、投票などの採決方法を採ることまでを要しないと解するのが相当であるところ、……議長は、議決権行使書によるものも含めて賛成多数で両議案が原案どおり可決されたということを明確に議場に宣しており、その結果において不明瞭であったということはできない。」と判示している。

(21)　山口・前掲注(8)一二二頁は、決議の成立時点は、表決の結果議案に対する賛成が客観的に明らかになったときと解すべきであって、議長の宣言は決議成立の要件ではないとする。
(22)　森本・前掲注(1)一七〇頁。角田・前掲注(16)五〇六頁によれば、株主総会の議事進行方法は議長の合理的な裁量に委ねられているとする。
(23)　前田・前掲注(4)二四一～二四二頁。久保田・前掲注(13)四九頁によれば、議事整理権限に基づき善管注意義務に違反しない限り、株主の発言許可禁止を裁量で決定する権限を有するとする。これに対して、服部・前掲注(18)五頁は、議長は総会の同意なくして発言時間の一般的な制限をなしえないとする。
(24)　河本一郎『現代会社法〔新訂第九版〕』(商事法務、二〇〇四年)四二一頁。
(25)　森本・前掲(1)一六六頁参照。
(26)　浜田・前掲注(3)一七三頁。そして、森本・前掲注(1)一七〇頁も、一般的な議事進行動議とは異なり、議長不信任動議は議長の裁量事項の範囲外で、取り上げない裁量はないと考える。
(27)　森本・前掲注(1)一六二頁。
(28)　蓮井・前掲注(7)一五七頁。なお、会社法施行規則六五条三項は、取締役は、株主総会参考書類に記載すべき事項について、招集通知を発出した日から株主総会の前日までの間に修正をすべき事情が生じた場合における修正後の事項を株主に周知させる方法を、当該招集通知と併せて通知することができると定めており、いわゆるウェブ修正を認めている。
(29)　蓮井・前掲(7)一六二頁。
(30)　服部・前掲注(18)四頁、山口・前掲注(8)一二四頁、星川・前掲注(12)一二二頁。また大隅＝今井・前掲注(8)八五頁は、議長は所定の議事日程全てを終了させる職責を有するとし、審議の継続が可能であるにもかかわらず、議事日程終了前に専権をもって閉会宣言をするのは権限の濫用であり、閉会宣言は無効とする。
(31)　山口・前掲注(8)一二五頁では、閉会宣言は正当な事由のある場合に限られるとする。なお、笠原誠吾『株主総会と議長』(財経詳報社、一九七九年)四五六頁では、閉会の宣言は議長の権限に属するものであるから、株主の同意を得る必要はなく、仮に審議未了の議案がある場合、議案の審議中に議長の専断で閉会を宣言するときや、株主の動議に便乗するという状況で議長が閉会宣言をした場合、決議取消しの訴えに発展するとする。
(32)　大隅＝今井・前掲注(8)八四頁は、議長の閉会宣言が権限濫用の時は閉会宣言自体を無効と論じている。議長としては議案を付議しないことはできなくても、議長が提案者である取締役会を代表して撤回する余地はあろう。

(33)　この点に関して、星川・前掲注(12)一二四頁は、善意で閉会宣言を有効と信じて退場した場合、自己の危険で判断したものとするものの、特別の事情があれば決議取消し事由に当たると解する。

(34)　同様に、東京地決平成二〇・六・五判時二〇二四号四六頁においても判示されている。「株主総会の議長が有している『総会の秩序を維持し議事を整理する権利』(総会の秩序を乱す者を退場させる権利を含む。同法三一五条)は、組織体としての株式会社が有している、その意思決定機関としての株主総会における議事を適正かつ円滑に運営する権利に由来するものであるが、他面において、株主総会に出席する複数の株主に、上記のとおり十分な質疑討論の機会を等しく保障し、その相互間の利益を調整することを目的としている。」

四　結　語

株主総会の運営を円滑に行うために、議長はほぼ不可欠な存在である。一般に、議長の存在の重さ、あるいは議長が有している裁量の幅については、学説の見解が必ずしも一致してはいないように思われるが、議長は、株主の意思が適正に反映された総会の意思決定ができるように、議事の整理運営すべき者であることは疑いない。その場合、議長は株主と経営者との間で中立的公平な存在であることが望ましいが、総会招集者の影響をある程度受けることは事実上避けられない。議長は総会の意思によって決められるとしても、あるいは定款の定めによるとはいえ、議長は経営陣の中から選任され、議長は現実には経営陣の代表がなり、実質的には総会招集の責任者として行動しているかのように思われる。もちろん、その行為は会社・株主全体の利益に合致することが求められる。一方、議長は株主であることがあったとしても、構成員である株主としての性格は薄くなっているように思われる。株主総会は株主のものか経営者のものかといえば、株主のものである。しかし、少数株主による招集の場合を除き、招集者および開催責任者は取締役であって、取締役が株主総会の運営について責任を負う[35]。株主総会は株主によって構成される意思決定機関であるが、その行動には他の機関の協力が前提となる[36]。

株主総会の主役は株主であれば、議長は議事の整理担当者に過ぎないのであろう。しかし、すべての会議体に共通して当てはまるとまでは言えないが、株式会社の株主総会の議長については、招集者および開催責任者であり、総会の運営において一定の裁量を有した存在と理解することが適切である。株主総会の議長は基本的に株主のために存在するが、開催責任者＝招集者の面をも有する。後者を過度に強調することは、株主利益に対立することも許容することになり、適切ではないが、議長の機能を考えるに当たっては後者の要素を加味して検討することが適切のように思われる。議長を株主利益により直結させるために、議長を監査役または社外取締役とする法制度も考えられるが、むしろ総会の招集者を議長とすることが円滑な運営にとって適切な面は否定できない。

(35) 会社法四一六条四項四号では、指名委員会等設置会社において、取締役会は株主総会の招集決定を執行役に委任できない。すなわち業務執行者ではなく取締役会が決定する。このことから、業務執行機関が総会の招集を決定するとの前提はないことになる。

(36) 星川・前掲注(12)一二三頁。

第二編　取締役および監査役

第四章　会社経営者の行為基準

一　序

株式会社が適法・適正に運営されるように確保することは、今日のきわめて緊要な課題である。言うまでもなく、現代において株式会社はきわめて広く利用されている法人形態であり、現在社会において多大な影響力を持つ有益な存在である。このため、それが適切に運営され、また社会の利益に合致する存在であることが求められる。株式会社は実際には会社の経営者によってその活動がなされていることから、経営者の行動が究極的に社会の期待に合致するものとなるように確保する仕組みが必要となる。とりわけ、会社法のレベルにおいては、どのような会社経営者の行為規範を設けるべきかに焦点を置いて検討することが重要となる。

会社法は取締役に包括的に善管注意義務と忠実義務を課している。すなわち、一方で、取締役は、善良なる管理者の注意をもって職務を執行しなければならない義務を負う。これは、会社と取締役との間の関係は委任に関する規定に従うことから（三三〇条）、取締役は民法六四四条の定める義務を負うことになるからである。他方で、会社法は三五五条で、取締役は法令および定款ならびに株主総会の決議を遵守し、株式会社のために忠実にその職務を行わなければならない義務を負う旨を定める。しかし、これらの規定を除けば、会社法は個別の場面で具体的な行動を求めることはあっても、明確に行為規範を示しているわけではない。会社は営利を目的としており(1)、伝統的に、会社の経営者は会社および株主の利益を最大化すべきことを行為規範としてきた。そしてこれを実現させるためには、取締役に善管注意義務と忠実義務を課すという仕組みが採られていた。すなわち、取締役が自己自身の利益を追求したり、会社以外の利益を優先するという行動をとることなく、会社や株主の利益のために注意を尽くして職務を行うべき義務が課されているのである。

これらに違反する行為は、市場によるサンクションが働くし、事後的に損害賠償責任の追及という形で制裁が課せられる。注意義務に反する行為は会社に多大な損害を及ぼす結果、代表訴訟等による責任追及訴訟が提起されるおそれがあるし、取締役自身や第三者の利益を優先して、会社と取締役が契約する場合には、契約条件が不公正となる可能性が高い。このため、株式市場における当該会社の株価の低落、会社の提供する財・サービスの価値の低下、支配権市場における敵対的買収者の出現という形で、義務違反行為には市場によるサンクションが働くし、市場において義務違反行為が明らかにされる。すなわち市場の機能とこれらの義務の遵守という法の要請が、相互補完的に機能してきた。取締役としての義務違反行為は、証券市場にマイナスのインパクトを与える。株主利益の最大化基準によって、一方でそれに反する行為について取締役は会社株主からの損害賠償責任を追及される。他方で、それに合致する行為を行うことで、会社の企業価値が高められることが期待されるのである。すなわち会社の経営者が善管注意義務・忠実義務を遵守し、会社・株主の利益最大化のために行動することで、株式会社は社会から期待されている行動をとる結果となることが期待されてきた。

しかし、近時このような構図で株式会社をめぐる利害関係をうまく調整できるか疑問も生じてきた。取締役の義務違反については、代表訴訟を初めとする民事訴訟によって、損害賠償のサンクションを課すことが重要であると思われるが、義務違反に対する責任追及が頻繁となり、株主に対する損害賠償責任が厳格化されると、責任追及を恐れて経営者がリスク回避的となり、企業家精神が発揮されず、かえって（特に長期的視点から見れば）会社の不利益となるのではないかということが、指摘されてきた。この点に関して、米国では経営判断原則および責任軽減制度の導入がなされた。わが国でも、これらの考え方や制度が採用されてきた。すなわち、裁判所は、取締役の経営裁量を広く認める傾向にあるし、責任軽減制度も旧商法時代に立法化され、会社法になってからも引きついで規定されている（四二五条〜四二七条）。しかしながら、このような経営裁量の尊重や責任保護規定については、近時、無責任でなすべきことをしない取締役を増加させてはいないかとの疑問も生じている。また、米国における一部の学説と一部の判例では、注意義務とも忠実義務とも異なる第三の義務として、誠実義務が論じられているところである。

具体的に考えれば、以下のような問題が提起される。第一に、現在の法的枠組みで公正な企業活動は確保されるのかという疑問である。会社法は、それまでの商法の規定に比較して、定款自治を広く認め、事前の画一的な規制を廃止している。たとえば組織再編では、対価の柔軟化や効力発生日の設定の自由度を高めた。この結果、迅速な組織再編が可能となる。しかし、このような自由度や迅速性からはマイナス効果が生じることも予想されないわけではないが、はたして市場の機能や注意義務や忠実義務だけで、社会において適正な企業活動が担保されるのであろうかという問題が提起される(2)。

第二に、注意義務や忠実義務は会社の利益最大化を原則としているが、会社の社会貢献や社会的責任（ＣＳＲ）を期待する場面では、会社の利益最大化基準のみではうまく取締役の行為を律することができない。たとえば、社会への貢献活動を取締役が行うことが許されるかどうかは、それによって企業イメージがあがり、最終的に株主の利益になるかどうかが判断基準なのであろうか。株主利益最大化基準それ自体をどこまで貫徹すべきか議論があるところではあるが、いずれにしても、ステークホルダーの利益への配慮は不可欠である。

第三に、取締役が利益相反的な場面ではなく、かつ注意を尽くして行動したと言えても、不適切と言える行為があり得るのであり、それについて、損害賠償責任を追及できるかどうかは別として、他の行為基準あるいは他のサンクションが必要ではないか議論の余地がある。この点で、米国における第三の義務としての誠実義務論が参考になる。取締役としては会社や株主の利益最大化には十分注意をしているし、自己（あるいは関係者）の利益を優先しているわけでもないが、不適切な職務執行という場合が無いとは言えない(3)。

最近のわが国における裁判例では、取締役の善管注意義務違反が問われた事案において、経営判断原則によって保護される事件が多い。しかし、はたして取締役の行為としてそれが適切であったか疑問が生じるものもないではない。会社法改正により、会社法制の柔軟化、効率重視への方向が見られる中で、会社を支配・運営する者への規範として、このような善管注意義務だけで十分であろうか。定款自治や選択肢が増加した結果により、あらたな義務によって取締役の行動を公正な方向に導くことが必要とも考えられる。

このように、会社株主の利益最大化のために、善管注意義務・忠実義務を取締役が負うということのみで、経営者の行為基準をとらえていくという枠組みについては、疑念も生じているところである。そこで本章は、アメリカにおいて、近時盛んに議論されている取締役の誠実義務論の検討を通して、会社経営者の行為基準について論じていくものである。

（1）　会社法一〇五条は株主の権利として、剰余金配当を受ける権利と残余財産の分配を受ける権利の全部を与えないとの定款規定を認めていないことから、株式会社は株主への利益の還元を目的としていることが明らかである。

（2）　稲葉威雄「会社法の基本を問う」企業会計五七巻九号（二〇〇五年）五九〜六一頁によれば、わが国市場のように自己規制の欠如しているところで定款自治を拡大し、組織再編規制を緩和すると多数派による少数派抑圧の弊害が生じることや、会社法は公正という基本理念を忘れていることを指摘する。

（3）　なお、森淳二朗＝上村達男編『会社法における主要論点の評価』（中央経済社、二〇〇六年）三三頁によれば、会社法では効率性を重視することは大事であるが、それと同じく、公正性を重視することも大事なことである旨を論じる。

二　アメリカにおける誠実義務の理論の発展

従来から、アメリカ法においては、取締役は職務を行うに当たり、会社に対して二種類の義務を負うとされてきた。すなわち注意義務（duty of care）と忠実義務（duty of loyalty）である。これに対して、最近の判例には第三の義務として誠実義務（duty of good faith）を課す旨の判示をしているものがある。しかしながら、この点については、誠実義務はこれにより新たな義務が課されるものとする見解だけではなく、誠実義務は従来の注意義務・忠実義務に包含されるものであり、別個の義務ではないとの見解があり、激しく対立しているところである。

(1)　取締役の注意義務違反に基づく責任の変容

アメリカ法においては、取締役の義務について、一方で取締役の不適切な行為を抑止し、代理コストを最小化することが必要であるが、他方で、取締役の企業家的なリスク負担を促進し、有能な人材を取締役として確保することが必要であり、このような両者のバランスを重視して、いかなる義務を負うか検討されてきたといわれる[(4)]。この点で取締役の信任義務は、代理コスト削減の機能を果たしてきたといえるが、この義務も具体的な事案において修正を余儀なくされる場面も見られた。伝統的には、判例法においていわゆる経営判断原則が発展してきた。すなわち、取締役の経営判断には、裁判所によって広い裁量が認められ、たとえ経営判断に失敗し、その結果会社に損害を与えた場合であっても、取締役の責任を否定するとの考え方がとられてきたのである。このように、企業家の自由と経営者責任とのバランスをとるため裁判所は経営判断原則を発展させたわけだが、経営判断原則の実際の機能は、注意義務の要請を大きく制約するものとも理解できる[(5)]。もっとも、経営判断原則をもちいれば、いつでも取締役の責任が否定されるとは限らない。一定の要件を満たした場合に限り、取締役の責任が保護されるにすぎないからである。しかも、すでに二〇世紀前半までの裁判例において、経営判断原則の適用に制限が置かれ始めた[(6)]。

たとえば、一九八四年の Aronson v. Lewis[(7)] では、経営判断原則は利害無き取締役を保護するものであるが、取締役が機能を放棄したり、知性のある判断をしなかったりした場合や、不作為の時には適用されないとした。すなわち、取締役は利害が無いとの条件をみたすだけでは保護されず、積極的に経営判断を行い、しかも判断に当たり情報を得る義務があるとされたのである。この場合、重過失基準が採用されている。しかし、重過失概念も曖昧なものであり、一つの曖昧を他の曖昧に取り替えただけともいえる。また、義務基準と責任基準との曖昧な区別が経営判断原則の目的をはっきりしないものとさせているとの指摘もある[(8)]。

また、経営判断原則の限界を示したものとして経営者に衝撃を与えたのが、トランスユニオン事件[(9)]であった。この事件では、十分な審議時間をかけることなく取締役会で合併提案が承認されたことが問題となった。Delaware州最高裁は取締役会は合併の承認に当たり、重過失による注意義務違反があったことを理由として責任を課している。もっとも、取締役は、合併については株主総会の承認があったことを強調したが、裁判所はそれは本件での取締役の責任には影響を与えないと判断した。これに対して多くの弁護士から、経営判断原則があるにもかかわらず、裁判所がこのような責任を認めるのであれば、取締役の予測可能性が大きく損なわれることになると強く批判がなされた。いずれにしても、この判決により、単なる注意義務違反の事案でも、取締役が巨額の損害賠償責任を負う可能性が明らかとなったわけである。当時、責任保険業界は業績に大きな問題があった時期であったため、この判決はＤ＆Ｏ保険危機の引き金になってしまった。取締役、とりわけ社外取締役にとって責任保険による保護が得られないことから、取締役への就任を辞退するような現象が多く見られた[10]。

ここに何らかの形で取締役の責任を保護する必要性が強く主張されるようになり、デラウエア州の立法府では、その一般会社法においてあらたに一〇二条(b)項(7)号が設けられた。すなわち一定の要件の下に取締役の損害賠償責任額を軽減することを認めた立法である。

その際に考慮されたことは、一方で代表訴訟の効率性を損ないたくはないが、他方で取締役に就任することのリスクを適切なものにしたいという相反する要請である。その結果、この責任免除規定には、それが適用されない一定の除外条項が設けられることとなった。すなわちそこでは、①忠実義務違反、②誠実になされなかった行為、故意の不正行為または悪意の違法行為、③違法な分配、④取締役が不当な個人的な利益を得る取引が挙げられていた。もちろん取締役の不注意な行為は免責の例外ではなく、むしろ注意義務違反による責任を主にここでの責任免除の対象として予定しているのである。この立法は、当時における保険契約の入手困難という責任保険市場の厳しい変化に対応したものといえよう。ここでの例外条項では、忠実義務のほかに、誠実でない行為を挙げていることが注目された。しかしながら、誠実でない行為とは何かが必ずしも明らかではなかった。このため、その意味をめぐって議論が展開されたのである。ここに例外規定は論理的一貫性に欠けるとの批判も見られた。それは、信託法では不誠実、無謀、故意の不正行為を忠実義務の違反として位置づけているのに対して、一〇二条(b)項(7)号の例外規定ではそのような行為を忠実義務違反とは区別された一つの信任義務違反行為と捉えようとしていると指摘されたのであった[11]。

その後、取締役の責任を軽減しようとする立法の対応が劇的に変化したのは、Enron 事件および World Com 事件である。これらの事件が起こると、連邦の立法府は迅速に対応するべく、Sarbanes-Oxley Act of 2002 を制定した。この法律の中でとりわけ、立法者は社外取締役の監督機関としての役割に強く期待したことが注目される。コーポレートガバナンスにおける社外取締役の機能が重視されたのである。しかしながら、社外取締役が期待通りの機能を果たすかどうかについては従来から議論があった。そもそも社外取締役はリスク回避的傾向があるといわれる。とくに社外取締役は、企業価値にとって利害関係が小さいし、多忙な人物であり、企業家的リスクはとらないからである。(12) 同法は、直接会社法の規定を変更するものではないが、以下に述べるように、州の裁判所に取締役の注意義務に基づく責任を厳格化する方向に導いたと言える。

(2)　近時の判例法

先にも述べたように、アメリカの判例では、経営判断原則が発展し、従来から取締役の経営裁量を尊重し、注意義務違反の責任の認定に消極的傾向にあった。

ところが、一九八〇年代アメリカでは企業買収がとくに盛んになったことから、経営者が敵対的企業買収からの防衛策を様々に講じた場合に、経営判断原則の適用があるのかどうかが問題となった。これは、企業買収に対する防衛においては、現経営陣が自己の支配権を維持するという利益相反的な立場に立つからである。この点において先例として重要なのがユノカル事件(13)である。この事件では、「デラウエア州一般会社法一四一条(a)項および一六〇条(a)項の下で、デラウエアの会社は、取締役が単にまたは主として自己の職を守る目的で行動したのではない限り、自己株式取得にあたり株式を差別して扱うことが許される。取締役会の権限は株主を含めた会社企業を害から守る義務に由来する。この場合の取締役の行動には経営判断の原則が適用される。ただしこの原則による保護が与えられる前提として、裁判所によって吟味される高度の取締役の義務が存する。」と判示し、通常の経営判断原則よりも審査基準を厳格にしている。具体的には、「取締役は、ある者による株式所有によってもたらされる会社の政策や効率に対する危険が存すると合理的に信じたことを立証しなければならない。ただしこの立証は彼らの誠実性と合理的な調査によって充たすことが出来るし、取締役会の過半数が社外取締役によって構成されているときにはその立証は強化される。さらに、取締役は、自己の地位を永続化することだけを目的に、またはそれを主たる目的に差別的な株式買付をすることは許されず、誠実に会社およびその株主の利益に動機づけられて行動しなくてはならない。また、防衛手段は脅威に対して相当なものでなければならない。」としている。

さらに、「取締役の判断には経営判断の原則が適用され、取締役の決定が、主として自己の地位の永続化または詐欺や不誠実や情報不足といった他の信任義務違反に基づくことが立証されないならば、裁判所は自己の判断を以て取締役の判断に代替させることはしない。」と判示し、ここでも「誠実」という文言が使われていることが注目される。

つづいて、一九八六年のレブロン事件[14]では、同じく敵対的企業買収に対抗する防衛手段の採用に関する取締役会の判断が問題となり、取締役会はユノカル事件の誠実義務違反があると主張された。デラウエア州最高裁は経営判断原則の適用を否定し、取締役の責任を認めたが、その際に株主の最善の利益を積極的に求める意図、という形での取締役の誠実性が示されていない旨を判示している。ここに企業買収の局面において、取締役の誠実義務が確立されたと解する余地もあった。しかし、これに対しては、ここで言う誠実義務は忠実義務違反と等しいものであるとの意見も見られる。それによれば、取締役は株主の価値最大化を目的とするもので、注意義務と忠実義務が分析の道具であると論じている[15]。

ところが、その後一九八〇年代の終わりに至り、裁判例の中には忠実義務と誠実義務とを並べて用いるものも現れ始めた。そこで、誠実義務に独立の義務としての地位を与える傾向にあったかのように見えた。

たとえば、Citron v. Fairchild Camera & Instrument Corp. 判決[16]で、裁判所は経営判断原則を打ち負かすには、取締役の自己利害、または取締役が誠実性に欠けるか、注意義務を行使していないかを立証しなければならないとしている。一九九三年の Cede & Co. v. Technicolor, Inc.(17) でも、経営判断原則に打ち勝つためには、株主は取締役が経営判断において、信任義務（誠実、忠実、注意）違反の一つに反してなければならないとした。また、Emerald Partners v. Berlin(18) においても、取締役の信任義務をより明確に三組に分けて論じる。すなわち経営判断原則を打ち負かすには、取締役が三つの義務 due care, loyalty, or good faith に違反することを立証しなければならないと述べる。これらの裁判例の判旨からすると、裁判所は取締役の義務を三つに分けて、注意義務、忠実義務、誠実義務としているかのように思える。ただしこの点についても、実際には、忠実義務と誠実義務の違いを説明していないと指摘する意見もある。(19)

実際に、いくつかの裁判例では、誠実義務を忠実義務の一つとして論じたものがある。たとえば Guttman v. Huang 事件(20)で、Strine 判事は誠実義務を忠実義務の領域にはめ込んでとらえている。そこでは、取締役は自己の行為が会社の利益にかなうと誠実に信じなければ、会社に対して忠実には行動できないとする。そして取締役が主観的に誠実に行動するが忠実ではないという場合（利害関係取引）はあるが、取締役は主観的には不誠実であるが、忠実であるという場合はないとする。Strine 判事の考え方は誠実義務は忠実義務の一つの構成要素あるいは忠実義務の別の表現方法にすぎないと理解される。(21)

二〇〇三年のディズニー事件(22)で Chandler 判事は、社長としての任用契約とりわけ報酬条項について十分な検討を行っていないことについて、取締役会がそのような行動をとらなかったことは単なる過失または重過失以上のものに達しうるとした。そして、被告取締役は意識的かつ意図的にその責務を放棄したと判示し、悪意でまたは故意によって、誠実かつ十分注意して行動するとの義務に無関心であることは、正直かつ誠実に会社の最善の利益のためになされた行動ではないと述べた。その結果、取締役の行為は経営判断原則に合致せず、代表訴訟を提起する際に求められるデマンドの省略が認められた。

また、The Emerging Communications 事件[23]では、Jacobs 判事は取締役の忠誠が少数派株主ではなく、支配株主に向かっていたことから、fiduciary duty of loyalty and / or good faith に違反したと判示する。ここでの表現からは、忠実義務と誠実義務との関係が微妙に表わされていることがわかる。なお、本件で同判事は誠実義務の主観的性質、忠実概念との密接な関係、具体的な行為や状況から推論される心理状態を強調したと指摘されている[24]。

さらに、二〇〇六年のディズニー事件[25]では、忠実義務違反を含まない新たな義務として誠実義務を論じている。注意義務や忠実義務を含まない、会社株主の利益にとって誠実である義務を論じている。ここに、取締役が仕事について誠実に努力することを求める。注意義務と誠実義務を合体させることなく、単なる主観的な不当な動機を持って行動してはいけない以上のものとして認識しているのである。そう行動すべきであると認識できる義務があるときには、積極的に行動する義務を取締役に課す[26]。

このように、新たな誠実要件について論じられたのは二〇〇六年のディズニー事件である。契約法や保険法では誠実性の議論は十分発展したが、会社法では混乱していたともいえた。同事件は、注意義務とも忠実義務とも異なる新たな誠実義務を示したが、それが直接責任を認める要件になるかどうかについては未解決である。ここで不当な動機を問題にするのは古い誠実義務であり、職務の放棄・怠慢を問題とするのは新しい誠実義務であるとの指摘が見られる。古い誠実義務は伝統的な忠実義務の事案で、倫理的動機の評価であり、主観的に判断するが、新しい誠実義務は意識的に義務に従わないことなので、客観的基準で判断すると理解されるのである[27]。この事件では、控訴人は注意義務違反を立証しておらず、不誠実の分析はここで終わるとした。そして、忠実違反との関連を強調して原審の不誠実基準は法的に正しいかどうかを論じた。判旨では三つのタイプの行為が不誠実に含まれるとする。①主観的な不誠実（害を与えるとの現実の意図に動機づけられた行為）、②注意の欠如、重過失行為（重過失だけでは明らかに不誠実にはならない）。③意図的な義務の放棄、意識的な責務の無視も免責規定の不誠実に当たる。そして意図的な職務の放棄は忠実義務違反に含まれないとする。しかし、この判決では、裁判官は誠実概念についてはっきりさせていないし、不誠実が独立した責任根拠になるかについてもはっきりさせていないとの見解が見られる。(28)

(3)　学説の展開

以上のような判例の変遷を受けて、学説には、積極的に第三の義務として誠実義務を位置づけることを支持する見解と、従来の忠実義務と注意義務のほかに誠実義務という概念を持ち出すのは混乱するだけであるとして、これに反対する見解とに分かれる。

判例も第三の義務として誠実義務を課していると理解し、第三の義務としての誠実義務を強調すべきであるとの立場に立つのが、アイゼンバーク教授である。アイゼンバーク教授によれば、取締役・役員は会社に対して、注意義務、忠実義務のほか誠実義務を負うとする。そして、誠実義務は従来から認められていたものであり、会社法では会社が代表訴訟等によって責任を追及された取締役の訴訟費用等を補償（indeminification）するための要件として誠実義務が明示的・黙示的に規定されてきているし、判例法でも、経営判断原則の適用要件として誠実な行動が求められ、経営判断原則において誠実義務が、黙示的に示されてきたと論じる。同教授によれば、誠実義務は四つの要素から構成されると主張する。そして、それは主観的誠実性、純真さ、一般に認められた基本的企業行動に適用される品性基準に違反しないこと、職務に対する誠実性であるとする。その中でも、基本となることは、会社に法令違反を意図的に行わせないこと、自己利害が存しない場合でも公平であることであると論じる。(29)

それでは、なぜ注意義務と忠実義務のほかに、誠実義務という第三の義務を考える必要があるのであろうか。この点について、同教授によれば、伝統的な注意・忠実の義務ではすべての不適切行為を網羅しないからであるとする。また注意義務違反や忠実義務違反の下での責任については、これを制限する様々な原則がある。注意・忠実の両義務は責任要件として機能するが、誠実義務は、補償の要件のように、責任を課さない規則適用の条件となると論じる。誠実義務は、社会や企業の規範が変化するのに対応して新しい義務を明らかにするときの根拠を裁判所に提供するからである。(30) 同教授によれば、判例法でも故意に会社の法令違反をさせないことは誠実義務から生じると理解している。取締役の義務は会社・株主の利益を図る義務を負うことになっているが、たとえ会社に利益を与える行為であっても、故意に違法行為を行ったり第三者に違法を行う行為は誠実に行動したとは言えない。また、責任免除規定も誠実義務遵守が要件となっていることが指摘される（たとえばデラウエア州一般会社法一〇二条(b)項(7)号）。(31)

先に紹介したように、いくつかの判例では、忠実義務と誠実義務との区別を否定し、誠実義務が忠実義務に含まれるとするが、同教授は両者の義務は異なるものであり、その違いについては以下のように論じる。忠誠とか忠実と、誠実は異なる。というのは不正な政府や不正の組織、不正の人に対して忠誠（allegiance）をもって行動した場合には、誠実に行動したことにならない。誠実はいつでも望ましいが、忠誠は必ずしもそうではなく、忠誠を尽くしても不誠実となることもあり得るのである。(32)

それでは、誠実義務違反の具体的な場合としてどのような場合が考えられるのであろうか。同教授によれば、以下のような場合を掲げている。意図的に会社の利益最大化以外の目的で行動したり、法違反を意図する行動、行動義務に意図的に反する行為、意識的な義務の放棄が誠実義務違反となる。そして、もしも誠実義務を忠実義務の中に入れると言う解釈を採用することになると、デラウエア州一般会社法一四四条に反すると論じる。忠実性は、公正さと開示という要素から説明できる。しかし、誠実義務は、主観的な正直さを要求し、これは、いくつかの純真さを要求する。また誠実義務は主観的要素だけでは不十分で、客観的要素も含む。この客観的要素には以下の三つがある。①事業活動に適用される品性の基準に違反しないこと、②基本的な会社規範に違反しないこと、③職への忠誠である。(33) ただし、同教授の見解では、誠実義務違反が直ちに取締役の損害賠償責任を生ぜしめるとは理解していない。誠実義務は行為基準としての基本概念であると解するのである。すなわちこれは、法的な行為基準を示し、経営判断原則や責任免除の要件となり、責任を発生させる新たな特別の義務の元になる。しかし、それ自体の不遵守が損害賠償責任を生じさせるわけではない(34)。

結局、不適切な行為ではあるが、注意義務や忠実義務に違反しない事案について、誠実義務がカバーすることになる。同教授によれば具体的には、以下の場合に誠実義務違反が問題になると考えている。

第一に、法令違反行為は誠実義務違反となる。たとえ取締役が法令違反行為を行う方が会社や株主の利益を最大化するときでも、誠実義務は意図的な法令違反を取締役に禁じることとなる。経営者に法令を遵守させることは強い社会的関心事である。経営者の故意の法令違反は伝統的にも誠実義務に根拠づけられてきた。法令遵守は注意義務や忠実義務からは基礎づけることはできないのである(35)。

第二に、誠実義務からは、誤解を与えない義務や他の経営者に適時に情報を与えるべき義務が課せられ、これらの義務は利益相反が無くても生じる義務であると解されている。株主に会社の財務状態について虚偽の情報を与えることなく、正直に対応するべき義務も、誠実義務によって最もよく説明することができるとされる。忠実義務は、取締役が利益相反状態にないときには、このような他の経営者に適時に情報を伝達する義務は説明されない。注意義務では利益最大化基準の下で判断されるが、率直に情報を伝えることが利益最大化に反する場合もありうる。取締役が当該情報を伝えたならば、取締役会は株主利益最大化にならない決定をしてしまうのではないかと合理的に信じて、情報提供をしないという場面も考えられるのである。すべての情報を提供すると誤った判断をされてしまうという可能性はある(36)。取締役会は充分な情報伝達・報告システムを設ける義務を負うが、これに反する場合には誠実義務違反と解することができるのである(37)。

第三に、取締役は非金銭的な自己の関心事で行動するという場合がある。つまり欲望や妬み、憎しみ、復讐という許されない動機での行動がある。このような許されない動機による行為は忠実義務からは規制できない。忠実義務は直接または間接的に金銭的な利害によって動機づけられた行為にのみ適用される。許されない動機による行為は、誠実義務によってはじめて完全に禁止される。(38)

第四に、意図的・意識的な責務の放棄は誠実義務違反となる。(39)二〇〇三年のディズニー事件判決もこの立場とされる。

さらに、誠実義務はすでに確立されている様々な特別の義務を合理化しかつ説明する。また誠実義務は社会の変化に対応して、新たな特別の（注意義務や忠実義務に含まれない）義務を明確化するという機能も持っている。(40)

このようなアイゼンバーク教授の考え方を支持する以下のような見解も見られている。コーポレートガバナンスの信頼を回復するために新しい誠実義務には将来性がある。その意味で、新しい誠実義務の基準を明らかにすることが重要である。主観的な不当な動機の意味での不誠実しか問題とならないのであれば、行動すべき義務を認識して行動しないときでも、取締役が責任から逃れてしまう可能性がある。この場合、会社を害する意図があるとか、第三者の利益を優先するとの証拠がないにもかかわらず、何もしないことは意識的な取締役の職務の放棄であるとして、誠実義務違反と解するべきである。(41)

信頼は生活の重要な要素である。信頼は社会の福祉にとって不可欠であり、信頼は相互に便益を交換することに基礎づけられている経済システムの根幹である。コストを削減し効率を上げる手段として信頼は価値が高いのである。会社への信頼の危機に対する対処策としての新しい誠実義務を重視すべきである。株主は取締役が信頼に値する行動をとることについての権利を有する。法の最も重要な目的の一つは取締役が信頼に値することを、社会全体およびとりわけ株主の利益のために、促進することである。(42)エンロン事件が示すように、法令遵守制度は勤勉な監視なしにはあまり役に立たない。その後の事件やディズニー事件は、有効な監視者としての取締役の信頼を損なった。社外取締役の欠点は会社で行われていることを認識する能力に欠けていることである。上級役員の傲慢が取締役の監視不履行とむすびついて、会社における信頼の危機を生んできた。デラウエア州が誠実義務を重大な信任義務の一つとして認識しているのは、会社における信頼の危機への適切な対応である[43]。

法的サンクションの脅威に加えて、ディズニー事件判決の誠実基準は取締役に真の忠誠の意味を思い起こさせることによって、信任義務遵守を促進することを約束すると評価できる。もしも、デラウエア州の最高裁が新しい誠実義務を異なる信任義務として認識するならば、取締役はCEOの独裁的支配に対して立ち上がり、適切な情報提供を主張し、事業への積極的な関与に対する様々な構造的な障害に打ち勝つことができるようになるであろう。このような新しい誠実義務を課しても、取締役会に参加しようとしない者（仕事ができない者、仕事をしようとしない者）が取締役になることを抑止するにほかならない。ディズニー事件判決の示した誠実義務の基準は、会社の信頼を回復する重要な役割を果たすことができるのである[44]。

もっとも、これに対して、このような誠実義務の理解を批判する見解もある。この見解では、裁判所も従来の裁判例において誠実という文言を使いながら、必ずしも注意義務や忠実義務との違いをうまく説明できていないことを指摘する。その上で、理論的に一貫性があり、市場における役者が理解できる損害賠償ルールの下で、はじめて我々の社会はうまく発展すると論じる。そして、誠実義務の議論は混乱と取締役の不安を招くと主張する[45]。このような見解は、第三の義務としての誠実義務論を否定する。そして、取締役の義務違反については、注意義務違反による金銭的賠償責任を否定した上で、忠実義務違反（金銭的な利益衝突だけではなく、不当な個人的な利益、意識的な違法行為、不作為を含める）によって責任が生じると考えるべきであると論じるのである[46]。

（4） Christopher M. Bruner, Good Faith, State of Mind, and the Outer Boundaries of Director Liability in Corporate Law, 41 *Wake Forest L. Rev.* 1131, 1133 (2006).

（5）Sarah Helene Duggin＝Stephen M. Goldman, Restoring Trust in Corporate Directors : The Disney Standard and the "New" Good Faith, 56 *Am. U. L. Rev.* 211, 225（2006）.

（6）Id., at 228.

（7）473 A. 2d 805（1984）.

（8）Bruner, supra note（4）, at 1139.

（9）Smith v. Van Gorkom, 488 A. 2d 858（1985）.

（10）Bruner, supra note（4）, at 1141–1142. なお、トランスユニオン事件と責任保険危機については、近藤光男『取締役の損害賠償責任』（中央経済社、一九九六年）一三九頁以下参照。

（11）Bruner, supra note（4）, at 1144–1146.

（12）Id., at 1131–1132.

（13）Unocal Corp. v. Mesa Petroleum Co., 493 A. 2d 946（1985）.

（14）Revlon, Inc. v. MacAndrews & Forbes Holdings, Inc. 506 A. 2d 173（1986）.

（15）Bruner, supra note（4）, at 1149.

（16）569 A. 2d 53（Del. 1989）.

（17）634 A. 2d 345（Del. 1993）.

（18）787 A. 2d 85（Del. 2001）.

（19）Bruner, supra note（4）, at 1155.

（20）823 A. 2d 492（Del. Ch. 2003）.

（21）Melvin Eisenberg, The Duty of Good Faith in Corporate Law, 31 *Del. J. Corp. L.* 1, 13（2006）.

（22）In re Walt Disney Co. Derivative Litig., 825 A. 2d at 275（2003）.

（23）In re Emerging Commc'ns, Inc. S'holders Litig., No. 16415, 2004 Del. Ch. LEXIS 70（Del. Ch. May 3, 2004）, amended by No. 16415 NC, 2006 Del. Ch. LEXIS 25（Del. Ch. Jan. 9, 2006）, No. 16415 NC, 2006 Del. Ch. LEXIS 26（Del. Ch. Jan. 9, 2006）.

（24）Bruner, supra note（4）, at 1164. 同論文では、二〇〇四年の Integrated Health Services 事件（Integrated Health Services, 2004 Del. Ch. LEXIS 122）で Vice Chancellor Noble もデラウェア州一般会社法一〇二条(b)項(7)号の適用を否定するために、

Disney's good faith 基準を採用したことを指摘する。

(25) In re Walt Disney Co. Derivative Litig., 906 A. 2d at 67 (2006).

(26) Duggin = Goldman, supra note (5), at 214, 234–235.

(27) Id., at 240–242.

(28) Bruner, supra note (4), at 1171.

(29) Eisenberg, supra note (21), at 3–5.

(30) Id., at 5–6.

(31) Id., at 9–11.

(32) Id., at 15–16.

(33) Id., at 20–24.

(34) Id., at 26.

(35) Id., at 31–32, 38.

(36) Id., at 39–49.

(37) Id., at 63.

(38) Id., at 57–58.

(39) Id., at 68–72.

(40) Id., at 75.

(41) Duggin = Goldman, supra note (5), at 252.

(42) Id., at 255–258.

(43) Id., at 260–263.

(44) Id., at 272–274.

(45) Bruner, supra note (4), at 1176.

(46) このように解することで、経営判断原則の適用必要性が除去される。また重過失基準による様々な問題もなくなる。もっとも注意義務違反についても、差止めのような衡平法上の救済は利用可能である。一方、トランスユニオン事件のような注意義務違反の事案では賠償責任を否定すべきであると論じる。そして、損害賠償責任は忠実義務違反だけから生じるので、心理状態が問題で、取締役の意思決定の質は問題とならない。その結果、誠実義務の議論を封じることができると主張する。この立場は注意義務違反の責任保険塡補を不要とするものである。そして、忠実義務だけからでも便益は得られると論じる。究極的な目的が同じだとして、注意義務と忠実義務とを同じものとして論じることは目的に対する手段を誤ることになる。両義務の境界線を理解し、意思決定の客観的質の評価を通じて代理コストを最小化し、これらを主観的な意図の質を分析するものとして扱うならば、信任義務の考え方は理解しやすく機能しやすくなる。金銭的責任を課すより良い境界線が明確になると論じる。Id., at 1174-1184.

三　日本法における取締役の義務

(1)　注意義務と忠実義務

会社法三五五条によれば、取締役は、法令および定款ならびに株主総会の決議を遵守し、株式会社のため忠実にその職務を行わなければならないと規定する。これと同種の規定は平成一七年改正前の商法にも見られており、昭和二五年の商法改正によって初めて設けられた。同年の改正はアメリカ法の影響を色濃く受けており、この規定もアメリカ会社法を範にとって置かれたものと考えることができる。前述のように、アメリカ法においては、取締役の義務は、注意義務（duty of care）と忠実義務（duty of loyalty）に分けて説明されることが一般的である。取締役が自己または第三者の利益を優先して会社の利益を図ってはならない義務を忠実義務と解した上で、昭和二五年の改正で上記の規定が設けられたのは、このような忠実義務をわが国においても導入するためのものであったと理解することは、自然な考え方である。(47)しかしながら、取締役は民法六四四条の定める善管注意義務を負うので、忠実義務と善管注意義務の関係が長年学説上議論されてきた。

少数説（異質説）によれば、前者は取締役が職務を執行するにあたって尽くすべき注意の程度に関するものであるのに対して、後者は取締役がその地位を利用して会社の利益の犠牲の下に自己（または第三者）の利益を図ってはならないという義務であるとして、両者は異質の義務であるとする。この立場では、以下のように考える。わが国の商法では、昭和二五年の商法改正時に、アメリカ法の影響を受けて、株主総会の権限が縮小され、取締役の権限が強化され、同時に取締役会制度が導入された。そこで、このような規定（三五五条、平成一七年改正前商二五四条ノ三、昭和二五年改正商二五四条ノ二）が設けられたことは、取締役の権限が拡大したのに照応して、アメリカ法における取締役の忠実義務を導入したことを意味するである。(48)

これに対して多数説（同質説）によれば、異質説の論じるような差異を否定し、取締役は、善管注意義務の下で、その地位を利用して会社の利益の犠牲の下に自己の利益を図ってはならないという義務を負うと解する。この立場では、忠実義務を定めた会社法三五五条だけが取締役に対し個人的利益のために会社の利益を犠牲にすることを禁じていると解すべきではないと主張されている。(49)すなわち、忠実義務は善管義務をより明確にしただけであり、会社の利益を犠牲にして自己の利益を図ってはならない義務は善管義務の中に当然含まれると解する。

この点に関する判例としては、昭和四五年の最高裁判決が（最判昭和四五・六・二四民集二四巻六号六二五頁）、当時の商法二五四条三項（会社法三三〇条に当たる）、および当時の商法二五四条ノ二（会社法三五五条に当たる）の規定について、「商法二五四条ノ二の規定は、同法二五四条三項民法六四四条に定める善管義務を敷衍し、かつ一層明確にしたにとどまるのであつて、所論のように、通常の委任関係に伴う善管義務とは別個の、高度な義務を規定したものとは解することができない。」と判示しており、多数説に立つことを明らかにしているのである。

その後の裁判例においても、同質説的な理解が一貫してとられてきており、裁判所は、「忠実義務違反」を善管注意義務違反とセットにして認定しており、義務違反が認められる場合には、責任を追及されている取締役に「善管注意義務ないし忠実義務違反が認められる。」という形で判示されることがほとんどである。

もっとも、競業取引や取締役・会社間の利益相反取引については、別途規定されており、責任要件も、善管注意義務よりも厳格化されているので（四二三条二項・三項、四二八条一項・二項）、判例や多数説のように解することによる不都合はあまりはっきりしない。ただし、少数説の言う忠実義務の事例について、経営判断原則の適用があるかどうかは議論の余地がある。前述したように、アメリカ法では、原則として取締役の利益相反的場面における経営判断については経営判断原則の適用を否定した。

過去数十年の間に、わが国でも裁判所が、アメリカ法の経営判断原則を強く意識するようになってきた。その結果、取締役の善管注意義務違反により責任が認められる事案は必ずしも多くない状況である。むしろ、取締役の経営判断に関わる事例においては、原則として取締役の責任は否定されるとの感も否定しがたい。たとえば、取締役の利益相反的な色彩のある場面であっても、取締役の経営判断を尊重して、取締役の責任を否定する事例も見られている（たとえば大阪地判平成一四・一・三〇判タ一一〇八号二四八頁）。

(2)　わが国における取締役の誠実義務

わが国では取締役の誠実義務が議論されたことはあまりない。忠実義務も善管注意義務と同質と考えるのが多数説であり、誠実義務の出る余地はないのかも知れない。(50) もっとも、誠実性を問う場面もいくつか見られてきた。そこで、最近のわが国の裁判例で取締役の責任に関して「誠実」という言葉が使われた例を拾ってみよう。

【札幌地判平成一六年三月二六日判タ一一五八号一九六頁】

「銀行の取締役については、銀行から委任を受けてその職務を行う者として、銀行に対して善管注意義務（商法二五四条三項、民法六四四条）及び忠実義務（商法二五四条ノ三）を負っているほか、さらに、銀行法が、銀行を名宛人とし、その営業を免許制としたり（銀行法四条）、業務の範囲を画定したり（同法一〇条）するなど銀行がその業務を行うに際して遵守すべきことを定めた法令であることからすれば、銀行業務に携わる者として、このような銀行法の具体的規定を誠実に遵守すべき義務を負っているといえるから、これらの義務に違反した場合には、商法二六六条一項五号により、その責めに任じるというべきである。」（傍点は筆者）

この判旨では、法令遵守は、注意義務とも忠実義務とも異なる誠実義務に基づくとも読める。そうであればアイゼンバーク教授の主張するように、誠実義務から法令遵守義務が生じると言える。ただし、日本法では、会社法三五五条が直接法令遵守義務を規定しており、あえて善管注意義務、忠実義務あるいは誠実義務から、法令遵守義務が生じると論じるまでもないことになる。

【東京地判平成一六年三月二六日判時一八六三号一二八頁】

「甲銀行のような大規模な組織においては、権限分掌に従って担当各部署がそれぞれに課される基準に従って、誠実に職務が遂行されたものと信頼してその判断をすることが許されるものの、判断の基礎となる資料及び情報収集等が適切にされ、審査が適切にされたことに疑いを差しはさむ事情があるときは、融資申請部室店の判断や審査部の審査結果をそのまま信頼することは許されないことは既に説示したところである。」（傍点は筆者）

いわゆる信頼の原則の前提には、誠実義務の履行が当然にある。これは、誠実義務を尽くすことなく、他者への信頼をすることが認められれば、安易な他者への依存になってしまうからである。しかし、ここでは信頼する者の誠実性が問われているのではなく、信頼される者の誠実性が問題となっている。大会社の組織において、担当部署が善管注意義務を尽くして職務を執行していると信頼することは不可欠なことであるが、いつでも誠実に行っていると信頼することが許されるのか疑問も生じる。

【水戸地下妻支判平成一五年二月五日判時一八一六号一四一頁】

「取締役が業務の執行に当たって、企業人として合理的な選択の範囲内で誠実に行動した場合には、その行動が結果として間違っており、不首尾に終わったため会社に損害を生ぜしめたとしても、そのことの故に取締役の注意義務違反があったとして責任を問われるべきでなく、職務の執行に当たってした判断につき、その基礎となる事実の認定又は意思決定の過程に通常の企業人として看過しがたい過誤、欠落があるかどうかを判定し、これがために取締役に付与された裁量権の範囲を逸脱したものとされるかどうかによって決定すべきである。」（傍点は筆者）

ここでは取締役の注意義務違反の責任が追及され、経営判断原則の適用が問題となっている。裁判所は、経営判断原則の適用の要件として、誠実に行動することを挙げている。言い換えると、取締役が誠実義務を尽くさないならば経営裁量は認められないのである。これはアメリカの裁判例における経営判断原則についての考え方と合致する。

【東京地判平成一四年四月二五日判時一七九三号一四〇頁】

「原告のように専門知識と能力を有する行員を配置し、融資に際して、営業部店、審査部、営業企画部などがそれぞれの立場から重畳的に情報収集、分析及び検討を加える手続が整備された大銀行においては、取締役は、特段の事情のない限り、各部署において期待された水準の情報収集・分析、検討が誠実になされたとの前提に立って自らの意思決定をすることが許されるというべきである。」（傍点は筆者）

この判決も、上述の平成一六年の東京地裁判決と同様、従業員への監督義務の履行に当たり、各担当者が誠実に職務を行うことが期待できるとしたものである。特段の事情のない限り、不誠実なことを行う従業員はいないとの前提で、取締役は職務を行うことで許されるのであろうか。

【札幌高判平成一七年三月二五日資料版商事法務二五六号八五頁】

この事件ではA銀行の三回に渡る融資についてのA銀行の取締役の責任が問われた事件である。

第一融資については、当時のA銀行が、いわゆる企業育成路線を積極的に推進していたことやリゾート開発事業に積極的に参画していったことおよび北海道経済に占めていたリーディング・バンクとしてA銀行の役割や地位に鑑み、採りうる一つの選択肢として首肯し得るものであった。また、育成先企業の選定段階において、物的安定性ではなく将来性に重点を置いた選択をすることや融資保全策として必ずしも清算的担保価値に重点を置かずに担保を徴求する手法を採用したとしても、そのことを捉えて、A銀行の経営判断自体が誤っていたと断じるのは相当ではない。そして、本件における第一融資について、それが、安全性に大きな問題があったと事後的に評価されることはやむをえないとしても、当時の選択としてもなお許されないものであったというほどに相当性を欠いていたとまで判断するべき客観的事情は見当たらないというべきであるとして、責任を否定した。

第二融資については、当時のB社の状況およびC事業の進捗状況ならびに不動産・株式および金融の各市況に照らし、もはやB社に対する投資的融資を相当とするべき客観的事情は失われていたといわざるを得ないから、この段階に至ってもなお従前の融資目的を見直すことなく融資を継続したことの合理性を見出すことはできないとして、責任を認めた。第二融資はすでに資産状況が危殆に瀕した融資であって、もはや実質的融資としての合理性を失っていた。

これに対し、第三融資は、それまでのA銀行のB社およびC事業についての融資経過および関与の深さに鑑み、B社の即時の倒産を回避して、従前からのA銀行の取引先企業等を含む関連倒産を防止し、北海道内における金融秩序を維持し、その他の経済的混乱を回避するとともに、A銀行が全面的に支援し、関与してきたC事業の独立と継続を図り、もって、A銀行の銀行としての対外的信用を維持するという目的のもとに実施された融資として、その相当性を肯定することができるというべきであるとしている。

以上のような結論を導くに当たり、裁判所は以下のように判示する。「取締役の経営上の判断には一定の裁量が認められるけれども、融資について確実性と収益性があるとした取締役の判断が、その過程、内容等の客観的諸事情からみて著しく合理性を欠くと認められる場合には、その判断は、裁量を逸脱したものとして善管注意義務違反になると解され、取締役は、商法二六六条一項五号に基づき、当該融資により銀行に被らせた損害を賠償する責任を負うというべきである。」「各取締役について、その予測や判断の基礎となった資料の収集・検討において杜撰であったとか、あるいは、当該案件について取締役が会社と利益相反する客観的事情があったというような著しく不合理なものが認められ、当該取締役の予測や判断そのものが不誠実であったと認められるような場合であれば格別、そうした不誠実性が認められない場合には、各取締役の予測や判断と結果との不一致を捉えて注意義務違反を認め、商法二六六条一項五号に基づく損害賠償責任を課すのは相当でない（なお、結果として予測や判断を誤ったと評価される取締役に対し、降格・減俸あるいは解任等の方法で問責することまでをも否定するものではない。）。」

ここに責任を認める要件として不誠実性が問われている。アメリカ法では、誠実でないと取締役は経営判断原則の保護を受けないが、この判決では、不誠実でない限り責任を問われないかのようであり、その差は小さくない。この判決に対しては、「第二審判決はずさん・利益相反といった経営判断が不誠実になされた事情があったときにのみ責任が認められるとしており、不誠実性という新たな基準でもって経営判断原則を理解して、取締役はよほど悪意に近い事情でもない限り責任を負わないかのような考え方をとった。」「不誠実基準を適用した結果、きわめて慎重さを欠いた経営判断プロセスや、明らかに不合理な経営判断まで取締役の注意義務違反にならないといってしまう結果になっている。」との批判が見られる。(51) 確かに判旨の立場で行くと、銀行取締役が融資に関して善管注意義務違反となることが、きわめて例外的なこととなってしまう。経営判断原則が本来予定していた以上に経営裁量を尊重する結果となろう。もちろん、右の判旨は本章で検討している取締役に積極的に誠実義務を認めていこうという立場とは、正反対の方向といえよう。

(47)　赤堀光子「取締役の忠実義務（四）」法協八五巻四号（一九六九年）五三〇〜五三二頁参照。

(48)　北沢正啓『会社法〔第六版〕』（青林書院、二〇〇一年）四一二頁。
(49)　たとえば青竹正一『新会社法』（信山社出版、二〇〇六年）二一三頁。
(50)　ただし、取締役の義務ではないが、社債管理者の義務については、会社法は社債権者のために公平かつ誠実に社債の管理を行わなければならない（七〇四条一項）と定めた上で、社債管理者は社債権者に対し、善良な管理者の注意をもって社債の管理を行わなければならないと定める（同条二項）。
(51)　岩原紳作「銀行融資における取締役の注意義務（下）」商事法務一七四二号（二〇〇五年）六頁、八頁。

四　取締役の行為規範

(1)　株主利益最大化基準

従来からわが国の会社法における取締役の行為規範としては、善管注意義務と忠実義務があった。これらの義務は、会社または株主の利益を最大化することが取締役の責務であるという考え方とうまく調和することができる。株主の利益を最大化する際の注意義務の違反の有無に関しては、経営判断原則が適用される。取締役が会社・株主の利益になると適切に判断して行動した以上、そこに取締役の裁量を認め、取締役の損害賠償責任を否定することが適切だからである。市場においても、主に取締役が株主利益最大化基準に従って行動するかどうかによって経営者を評価するものと思われる。

しかし、このような行為規範だけで経営者の公正な行為は確保できるのであろうか。あるいは株主利益最大化基準に反する場合には、当然に取締役の責任を認めるべきものであろうか。取締役の行為には株主利益最大化基準によって判断することが適切ではない行為類型がある。取締役がステークホルダーの利益を考慮して行動するとき、そこには誠実性と合理性の基準がある。

会社の行う政治献金については、最近の裁判例で、経営判断の原則を適用したものもあるが、その適用を否定して善管注意義務違反の責任を認めたものもある。

政治献金について、古くは最高裁の大法廷判決（最判昭和四五・六・二四民集二四巻六号六二五頁）が、取締役の義務違反に関しては、「その会社の規模、経営実績その他社会的経済的地位および寄附の相手方など諸般の事情を考慮して、合理的な範囲内において、その金額等を決すべきであり、右の範囲を越え、不相応な寄附をなすがごときは取締役の忠実義務に違反する」と述べ、合理的な範囲内という制限を課すものの、とくに不合理な寄附でなければ、取締役の裁量に任されるかのような判示を行った。

大阪高判平成一四年四月一一日判タ一一二〇号一一五頁では、判旨は、「相互会社の政治献金も事業活動の一環としてなされるものであるから、取締役は会社の規模等に応じて合理的な裁量の範囲内であれば政治献金を行うことができるものというべきである。それが現代の時代に必要不可欠であるかどうかというような事情は、……これにより当該取締役の具体的な善管注意義務違反の有無を決することは相当でない。」と述べる。そして判旨は、寄附が経営基盤が安定し、社員全体の利益に沿うとの取締役の判断を尊重している。ここからは、この種の寄附も通常の業務行為と同レベルで議論されるようにも思える。

これに対して、福井地判平成一五年二月一二日判時一八一四号一五一頁では、以下のように判示して、取締役の善管注意義務違反の責任を認めた。寄附の裁量は、通常の業務執行上の判断に類似するとしながら、取締役が政治資金を寄附するか否かを判断するにあたっては、通常の業務執行におけるように将来の利益予測と損失の危険予測とを相関的に判断する必要はなく、判断の対象は、会社の経営状況を踏まえて、寄附するか否か、するとして寄附の額、時期、寄附の相手方等の事柄に止まる。政治資金の寄附は無償の出捐で欠損の解消には最も寄与しない行為であるし、会社が営利を目的とする企業体である以上、赤字会社として株主に配当もできない経営状態にありながら政治資金の寄附をすることを許すのは適当でないという政治資金規正法の趣旨から、少なくとも会社に欠損が生じて以後の政治資金の寄附に関しては、会社においてその可否・範囲・数額・時期等につき厳格な審査を行い、欠損の解消にどの程度の影響があるか、株主への配当に優先して寄附を行う必要性があるかを慎重に判断することが求められる。平成一〇年四月一日以後の本件政治資金の寄附については、会社においてその可否・範囲・数額・時期等につき厳格な審査を行い、欠損の解消にどの程度の影響があるか、株主への配当に優先して寄附を行う必要性があるかを慎重に判断することなく実施したもので、その判断過程はずさんであって取締役の裁量を逸脱したものといわざるを得ず、善管注意義務違反の行為というべきである。

もっとも、福井地判平成一八年八月三〇日（判例集未登載）では、上記の考え方を修正し、政治献金の特質をふまえて、必要性、有用性を厳格・慎重に審査すべきであったとの主張を斥けている。また判旨は、企業として法令を超えて遵守すべき規範としてどのような規範を設けるかについては、当該企業の自主的判断に任されるべき事項であり、取締役には一定の裁量がある。当該行為をすることが著しく不相当とは言えないと評価される場合には、善管注意義務違反には当たらないとする。この判決では、会社の営利と直結しない政治献金についても、取締役の裁量を認め、あるいは経営判断原則の適用事例と考えているようである。しかし、政治献金を行う場合の行為規範が通常の業務行為と同じでよいかどうかは疑問である。また、判旨では、著しく不相当ではない限り許容されるかのようであるが、それでよいのであろうか。

経営判断の原則は会社・株主の最善の利益のために経営判断を下したことが前提であり、そのような利益に直結しない政治献金にそのままこれを適用することを認めることは疑問である。直接株主の利益につながらない行為も長期的に見れば会社の利益になるとか、あるいは間接的には、株主の利益になるということで正当化していくことが考えられるが、そのようなゆるやかな考えを認めると、株主利益の最大化基準は曖昧なものとなってしまうおそれがある。そこで、取締役の行為基準と損害賠償の基準とを分けて考えるべきではないか、さらに、株主利益最大化基準に付加すべき基準は何かが今後の検討課題となる。会社の寄附は利益最大化基準によって判断するべきではなく、取締役の誠実性、社会における健全な行為かどうかによって判断し、その範囲も自ずから合理的な範囲に収めるべきであり、ここに経営判断原則を適用して、取締役に広い裁量を認めることは適切ではない。

また、近時企業のCSRが話題になることが多い。経営者として会社に社会貢献活動をするとの判断を下すことは当然許される。しかし、この場合の社会的責任行為も、株主利益最大化基準によって判断するのは適切ではない。(52) CSRの名の下に行われた経営者の不適切な逸脱行為を規制するには、別の基準が必要である。(53)

(2)　誠実な職務執行

以上の問題点については、わが国でもアメリカ法で近時議論されているように、取締役に積極的な誠実義務を課すことにより、コーポレートガバナンスをあるべき姿に持っていくべきかどうかを検討する必要があろう。注意義務は経営判断原則によって浸食されており、忠実義務は定型的な利益相反場面以外では適用しにくいので、新たな義務の考え方が必要となるのである。誠実義務では、取締役は法令を遵守し、社会からの期待に反しない行動をとることが求められる。

株式会社の経営監督としては取締役の監視活動が重視される。監視義務の履行に関しては、近時内部統制システムを重視する傾向にある。たしかに、従来は監視義務の履行として何をなすべきか不明確であった。監視義務違反についての責任が取締役に課される可能性が高いのであるならば取締役に何をなしておくべきか明らかにしておく必要があり、その意味で内部統制システムのあり方を今後発展させていくことは重要である。しかし、損害賠償の規範は別として、取締役に何を期待するべきかというレベルでは、システム構築のみ論じるのでは不十分ではあろう。制度や仕組みを整備することよりも、経営者の誠実性を確保することの方が重要である。

新たな誠実義務を課すことの意味は以下の点から見られる。第一に社会貢献の名の下で行われる行為については、株主利益最大化基準それ自体に合致しない行為も許されるが、その範囲は合理的で適切なものでなければならない。誠実義務によってその範囲が画されるべきである。第二に、社外取締役への期待と独立性要件の限界に対して、誠実義務が意味を持つ。一般に社外取締役を選任さえすれば、コーポレートガバナンスがうまく機能するというわけではない。一方で、社外取締役の独立要件をただ厳格化していくだけであると適任の社外取締役は現実にほとんどいなくなる。(54) 独立要件はある程度緩くても良いが、誠実義務を課すことによって公正な結果を達成すべきである。第三に、ステークホルダーの利益確保に関して、彼らの利益は必ずしも株主の利益とは合致しない。この場合、株主の短期的利益だけが、会社関係者の利益全体と衝突するのであり、長期的利益とならば衝突はないとも思えるが、実際には、経営者のなすべき行為は、長期的な利益であっても、株主利益だけで説明することは難しい。

もっとも、誠実義務の違反に対する制裁はどうあるべきか難しい問題である。不誠実な行為から生じる会社のコストは小さくないが、市場によって不誠実者に制裁を与えることは難しい。不誠実であることが判明されれば、社会的にも社内的にも制裁を受けることにはなる。損害賠償責任という制裁の道具はいつでも適切というわけではない。とくに会社に対する責任では、会社の損害要件が難しいという問題がある。一方で、アイゼンバーク教授のように、誠実義務は行動規範であり、損害賠償責任の規範ではないと断定して良いのか疑問もある。少なくとも、誠実義務違反行為については、解任等が有効な制裁手段となると言うことはできよう。

(52) 森田章「公開企業の取締役会権限の優越性」商事法務一七八五号（二〇〇六年）二七～三二頁は以下のように論じる。株主利益最大化は資本市場が企業を評価する基準であり、マーケットメカニズムを機能するための前提条件である。取締役は株主利益の最大化といっても社会的責任経営を一定範囲で認められ、そのような裁量権行使が認められる。会社法こそが市場ルールの隙間を補完すべきであるのに、わが国の裁判所および会社法は、株主の利益最大化のみを強調して市場のルールに依拠しすぎている。

(53) もっとも、次の裁判例では、銀行の公共的性格から、取締役の経営判断に幾分修正を加えて、取締役の裁量範囲を狭めているかのように読める。札幌高判平成一八・三・二判時一九四六号一二八頁。これは経営困難となったリース会社に対する銀行の多額の融資金が回収不能となったことについて、銀行の取締役の会社に対する損害賠償責任が認められた事例である。判旨は、「銀行の健全経営の確保、預金者等の保護の観点からすると、銀行の取締役が融資の可否を決するに当たっては、確実性（安全性）の原則（回収が確実な融資の実行）及び収益性の原則（銀行にとって収益のある融資の実行）を遵守することが要請されているのであって、これらの原則及び前記の銀行業務の公共性から銀行の取締役の裁量の幅は制限される」「以上のことを考慮すると、銀行の取締役の注意義務違反の有無については、銀行の取締役一般に期待される知識、経験等を基礎として、当該判断をするためにされた情報収集、分析、検討が当時の状況に照らして合理性を欠くものであったか否か、これらを前提とする判断の推論過程及び内容が確実性の原則及び収益性の原則、銀行の公共性に照らし不合理なものであったか否かにより判断すべきである。」と述べている。

(54) アメリカでは、最近社外取締役の独立性の要件を厳格に捉えた裁判例がある。In re Oracle Corp. Derivative Litigation, 824 A. 2d 917 (Del. Ch. 2003). この事件については、近藤光男「社外取締役の独立性」商事法務一七三八号（二〇〇五年）五一頁参照。

第五章　代表訴訟と監査役の機能

一　はじめに

平成一七年の会社法では、株主代表訴訟について、それまでの商法（第二編会社）にいくつかの重要な変更が加えられた。

第一に、株主代表訴訟を従前のように単独株主権とすることは維持するものの、単元株制度採用会社に関しては、単元未満株主に提訴を認めないとする定款規定を設けることを許容した（八四七条一項）。第二に、責任追及等の訴えが、当該株主もしくは第三者の不正な利益を図りまたは当該株式会社に損害を加えることを目的とする場合には、会社に対する訴え提起の請求が認められないことを明文により定めた（同項柱書）。第三に、平成一七年改正前の商法では、代表訴訟提起の前提として行う必要のある会社への請求の方法が明らかではなく、株主は単に訴え提起の請求をすることができる旨が規定されていたにすぎなかったが、会社法では書面その他の法務省令で定める方法により、訴え提起の請求ができるという規定に変わった（同条一項柱書）。最後の点については、会社法施行規則二一七条により、株主が会社に対して行う提訴請求の方法が定められた。具体的には、被告となるべき者と、請求の趣旨および請求を特定するのに必要な事実の記載をした書面の提出または当該事項の電磁的方法による提供を株主に求めている。このような改正は、取締役等の責任を原則として過失責任としたこと（四二三条と商旧二六六条との比較）とも併せて考えると、一方で、代表訴訟を提起しようとする株主が、提起するまでに負わされる負担は重くなり、株主代表訴訟によって責任を追及する株主にとって不利な改正であったという見方ができるかもしれない。

しかし、他方で、以下の改正点は、むしろ株主にとっては、取締役等の責任追及等の途を拡大したとも言える。第一に、株式譲渡制限会社の株主について、特例として六カ月間という代表訴訟を提起するための保有要件が適用除外となった（同条二項）。第二に、あらたに会計監査人および会計参与も株主代表訴訟の対象とされた（同条一項柱書）。第三に、会社が責任追及等の訴えを提起しない場合については、不提訴理由を請求株主に対して通知するように会社に対し義務づけた（同条四項）。第四に、原告等が、株式交換・株式移転あるいは合併等の結果として、原告株主たる地位を失った場合であっても、原告適格を喪失しないことを明定した（八五一条）。

このように見てくると、会社法は、原告となる株主の側と被告となる取締役等の側との間に適切なバランスをとりながら制度を改善したものと言える。もちろん、重要なことは改正法の趣旨が現実に活かされるように制度が運用されるかどうかである。とくに注目すべき点は、不提訴理由（書）の義務づけである。従来、株主が会社（監査役）に対して取締役等の責任追及を請求した場合、監査役は、これに対して、会社として責任追及訴訟を提起することがほとんどなかった。このため、監査役は実際に会社・株主の利益を十分に考えて検討した上で結論を下しているのかどうか疑念も持たれたところであった。もちろん、六〇日の待機期間が過ぎれば、監査役が訴え提起に意味がないと判断した場合であっても、株主は取締役等の責任を追及する株主代表訴訟を提起できるという制度になっているのであるから、責任追及に関して大きな問題はないとも言える。しかし一方で、もしも問題がないと言い切るならば、監査役に請求することの意味は何かが問われる。その上監査役の検討が形式的なものに過ぎないのであれば、そもそも株主代表訴訟における事前請求制度自体が、必ずしも意味のあるものではなかったという考え方も成り立つところである。(1) これに対して、会社法があらたに不提訴理由（書）を義務づけたことは、監査役の機能あるいは事前請求制度に何らかの改善的な効果が生じることが期待される。しかし、そもそも株主代表訴訟提起の前段階、あるいは取締役等の責任追及の場面において、監査役には何を期待すべきであろうか。事前請求制度と不提訴理由（書）の制度は、株主代表訴訟にとって不可欠なものなのであろうか。もちろん、そもそも監査役にはあまり期待することが適切ではなく、濫用的な代表訴訟に対しては別の考え方・方法をとるべきであるという立場をとることも可能である。とくに、アメリカにおける独立社外取締役からなる訴訟委員会制度をわが国にも導入すべきであるという見解は、以前から実務家に根強いところであった。しかし、このような声を受けながらも、これまでの商法および会社法においては、一貫してこの立場は否定されてきた。

そこで、本章は、アメリカにおける訴訟委員会制度についても言及しながら、会社あるいは株主全体の利益の調整という視点から、株主代表訴訟あるいは取締役等の責任追及訴訟における監査役の機能に再検討を加えるものである。なお、会社法では、多様な機関構成が定められているため、あらゆる類型の会社の株主代表訴訟あるいは監査役について、網羅的に論じるにはかなり内容が複雑となる。そこで、以下では、会社法二条九号に定義する監査役設置会社にその検討対象を限定することとしたい。他の株式会社類型に関する株主代表訴訟については、別の機会に論じることにしたい。

（1）　平成一七年改正前の商法二六七条においては、会社に対する提訴請求は、権利主体である会社に対し訴訟を提起するか否かの判断の機会を与えるためのもので、請求の宛先は、旧商法特例法上の小会社以外の株式会社においては監査役、旧商法特例法上の小会社においては代表取締役、有限会社においては会社を代表する権限を有する取締役であった。請求の書面には、請求原因事実がもらさず記載されている必要はなく、当該事案の内容、会社が認識している事実等を考慮し、いかなる事実・事項につき責任の追及が求められているのか会社が判断できる程度に特定されていれば足りると解されていた。江頭憲治郎『株式会社・有限会社法

〔第4版〕』（有斐閣、二〇〇五年）四一九頁。

二　不提訴理由書をめぐる会社法改正

監査役設置会社に関して、会社法は、三四九条四項にかかわらず、取締役の責任を追及する訴えの提起の請求については、請求を受けるのは監査役が会社を代表すると規定している（三八六条二項一号）。ここでいう「三四九条四項にかかわらず」という文言は、代表取締役が株式会社の業務に関する一切の裁判上・裁判外の行為について会社を代表する権限を有するのであって、本来は代表取締役が会社の包括的な訴訟代表権を有することを示している。そうであれば、会社が訴訟を提起するかどうかについての判断も、本来的に代表取締役の裁量である経営判断の一つに属すると考えることが可能である。これに対して、ここで取締役の責任追及訴訟に関して修正しているのは、代表取締役が取締役の責任追及を判断したり、訴訟で会社を代表したりするときには、役員間の同僚意識から、訴えを初めから提起しなかったり、たとえ提起したとしても、なれ合い的な訴訟運営を行ったりして、厳格かつ適正な権限行使がなされなくなるのではないかという危惧があるからである。この点は、平成一七年改正前の商法であっても同じであって、株主による取締役等に対する責任追及の訴え提起の請求は、監査役が受けることとなっていた（商旧二七五条ノ四）[2]。ただし、会社法では、商法の旧規定と異なる点として、この場合の取締役には、取締役であった者が含まれることを明文規定でもって明らかにしている（同条一項かっこ書）。

このように従来から法は、株主代表訴訟提起の前段階として、原則として（六〇日間待っている間に回復できない損害が生じるおそれがある場合を例外としており、その場合には直ちに訴えを提起できる。）監査役への請求を求めている。それでは、株主からの請求があった場合に、監査役には何をすることが期待されているのか。換言すると、株主の請求を受けて、監査役は何をどこまでの範囲で検討し、またどのような判断をすることが求められているのであろうか。もちろん、求められているのが取締役等の責任追及である以上、責任を問われている当該取締役に実際に義務違反があったのかどうかの調査が不可欠であり、それが最も重要であることは容易に理解できるが、さらに、それ以上に、裁判所が最終的にどのような判断を下すのか、実際の勝訴の見込みや、訴訟によって会社に及ぼすトータルな影響、たとえば訴訟という手段によって取締役等の責任を追及することによって、賠償が得られる等のメリットは小さいと予想される一方で、訴え提起により会社の評価が下る等かえって会社・株主全体に有害な結果が生じうるかどうかというような、より広範で総合的な判断までもが求められるのであろうか。総合的な判断が必要であるとなれば、単なる法的評価という問題を超えて、長期的に見た会社の戦略的視点での検討が必要な場面もあろう。それは、いわば経営判断の一つといってもよい。しかし、平成一七年改正前の商法では、六〇日以内に責任追及等の訴えの提起を判断しなければならないという点は明確であったものの、監査役の行うべき検討の範囲または対象は不明確であった。本稿の検討対象である監査役設置会社においては、監査役の職務は、原則として業務監査と会計監査である（二条九号参照）。また業務監査についても、多数説は、監査役が行うものは、適法性監査が中心であると考えてきた。その結果、妥当性監査についてはそれを全く否定してしまうべきかどうかは別として、少なくとも明らかに限界があることを認めるべきであると解されてきた。そうであるならば、監査役の判断は、勝訴の見込みや取締役の任務懈怠の有無が中心となるということになろうか。

この点に関して会社法においては、その八四七条四項で、株主の請求の日から六〇日以内に責任追及の訴えを提起しない場合には、請求した株主等に対し、株式会社は、遅滞なく責任追及等の訴えを提起しない理由を書面その他法務省令で定める方法により通知すると定めるようになった。

これを受けて、会社法施行規則二一八条は、会社法八四七条四項に言う法務省令の定める方法としては、以下の事項を記載した書面の提出または当該事項の電磁的方法による提供であるとしている。すなわち、①会社が行った調査の内容（次の②で判断の基礎とした資料を含む）、②被告となるべき者の責任・義務の有無についての判断、③被告となるべき者に責任または義務があると判断した場合において、責任追及等の訴えを提起しないときは、その理由である。このような会社法施行規則の定めは、監査役の従来（会社法施行前）の実務慣行を大きく変えることになるものであろうか。①と②については、監査役への請求が取締役等の責任を判断することを主たる目的としている以上、当然に必要な事項である。これらの事項については、従来から監査役が調査を行い、判断を行ってきたからである。しかし、会社法施行規則において、あらたにこのような開示を求めたことは、一方で、監査役の調査を適正なものとなることを確保し、他方で、責任追及等を考えていた株主へ重要な情報を供与するという意味をもつことになろう。(3) これに対して、③については、その意味に議論があろう。ここでは、監査役が、取締役に義務違反や責任があるのにあえて訴えを起こさないという場合を想定し、責任追及等の訴えを提起しないときの理由の記載を認めている。つまり、責任があるのに、監査役の判断で、訴えを起こさないという余地を認めていると言えるのである。

ところで、平成一七年の会社法の制定に際しては、当初国会に提出された法案では、八四七条一項二号という規定があり、「責任追及等の訴えにより当該株式会社の正当な利益が著しく害されること、当該株式会社が過大な費用を負担することになること、その他これに準じる事態が生ずることが相当の確実さをもって予測される場合」は、株主が監査役に訴え提起の請求ができるという原則の例外とされていた。しかし、この部分は衆議院で修正され、結局削除された形で立法化された。(4) その結果、会社法八四七条では、不正な利益を図ったり、会社に損害を加える目的でない限り、株主は訴え提起の請求ができることとなった。そして株主は、期間の経過により会社に回復することができない損害が生ずるおそれがある場合には、直ちに訴えを提起できるという同条五項に例外の場合を除けば、監査役への訴え提起の請求をしないと、代表訴訟を提起できないことになっている。上の文言が削除されたことから、株主の請求は認めつつも、株主から訴え提起請求がなされながら、会社に生じ得るトータルのコストからみて、監査役が取締役等の責任追及訴訟を提起しないという場面を立法者の意思としてどこまで認めているのか、議論の余地があることになるものともいえる。(5) 株主から訴え提起の請求がなされる場合であっても、その請求された責任追及訴訟を提起すると正当な会社の利益が害されたり、会社が過大な負担をさせられたりする可能性もあるものと解することができるからである。

会社法では、会社法施行規則の定める不提訴理由（書）を通して、監査役による取締役責任追及訴訟についての判断を実質的なものとしようと意図していると考えられる。従来はこの点についての監査役による判断は不透明であり、株主から提訴請求を受けても、監査役がどのような調査判断をしたのか、株主にとってはわかりにくかった。もともと監査役に請求することの意味については、議論のあるところであった。とくに、監査役への請求は単なる形式的な手続きにとどまっているのではないかとの疑念があった。この意味から考えれば、監査役が判断するという制度に代えて、アメリカの訴訟委員会の制度をあらたに導入すべきであるという考えも十分に理解できる。あるいは監査役による判断の制度を、実質的に訴訟委員会制度に近づけるという立法政策もあり得るところであった。この点については、上に示した会社法施行規則の規定は、アメリカの訴訟委員会をわが国へ導入するものではないが、むしろ監査役が判断するという制度を、アメリカの訴訟委員会制度に接近させるという方向性が見てとれなくもない。たしかに、不提訴理由書によって、監査役の判断のプロセスが明らかになり、同時に監査役の役割が高まったとする見解がある。(6) しかし、会社法施行規則に定められた不提訴理由（書）は、実質的に監査役を訴訟委員会的に接近させるものであるのかというと、その点には大いに疑問を感じるところである。それは、監査役と訴訟委員会では異なる面が多いと思われるからである。とくに重要な点は、第一に、アメリカの訴訟委員会では厳格な独立性が求められるが、それと同じ意味で監査役の判断においては独立性のある者によって審査されたといえるのか、議論の余地があることである。第二に、適法性監査を主たる役割としており、そこに経営判断を任せる構造になっていないわが国における監査役には、アメリカの訴訟委員会のような役割を期待することが難しいからである。

(2)　この点については、従前も平成一七年改正前商法二七五条ノ四の前段の規定により、会社が取締役に対して責任追及の訴えを提起するにも監査役が会社を代表することになっているから、代表取締役に対してではなくて、監査役に対して請求をすべきものとされていると説明されていた。『新版注釈会社法(6)』（有斐閣、一九八七年）四七五頁〔鴻常夫〕。

(3)　小舘浩樹「監査役は会社法をどう理解すべきか」監査五〇六号（二〇〇六年）一〇頁も、不提訴理由書により、判断プロセスが開示され、役員間のなれ合いが防止できるし、株主にとっても資料収集が可能となると論じている。

(4)　衆議院法務委員会の平成一七年五月一七日における議事録によると、田村憲久委員から以下のような修正案の説明がなされている。

「原案では、制度趣旨に反する株主代表訴訟に対する抑止策として、実体的な訴訟要件を新たに法定し、取締役の会社に対する責任が認められる可能性があっても、会社の利益を考慮し、その訴訟の提起を制限することができることとしております。しかし、事前規制の緩和に伴い取締役の行動の自由度が拡大しているため、その行動を事後の責任追及で制御することが有効かつ重要な方策であり、新たに訴訟要件を法定することにより過度に株主代表訴訟の提起を萎縮させるべきではないと考えます。

したがって、本修正案では、株主が責任追及等の訴えの提起を請求することができない場合のうち、責任追及等の訴えにより当該株式会社の正当な利益が著しく害されること、当該株式会社が過大な費用を負担することとなることその他これに準ずる事態が生ずることが相当の確実さをもって予測される場合を削除し、そのような場合でも責任追及等の訴えの提起を請求することができることといたしました。」

(5)　責任追及に関して監査役に裁量権があるかどうかについては、学説上争いがある。江頭・前掲注(1)四四五頁は、監査役が取締役の責任の一部免除への同意権があることとのバランスから、肯定説を採る。

(6)　高橋均「株主代表訴訟における不提訴理由書制度をめぐる今後の課題」商事法務一七五六号（二〇〇六年）三四頁。また、同三五頁は、従来は監査役の調査が代表訴訟の審理に反映される法的効果は存在しなかったし、株主の提訴請求は、手続的な瑕疵を指摘されないための形式的なものとなっていたと指摘する。

三　アメリカにおける訴訟委員会制度をめぐる議論

アメリカの訴訟委員会制度については、以前からわが国でも広く知られており、これをわが国にも導入すべきであるという声は、近時実務界を中心に多く聞かれていたところである。近時では、平成一五年一〇月二二日法制審議会会社法部会の「会社法制の現代化に関する要綱試案」で、訴訟委員会を設けるなど、会社の利益をも考慮して訴えを終了させることができる方策を講じるとしていた(7)。そこでは、訴訟委員会制度を、取締役等に対する訴えについて、会社において訴訟委員会を設置し、同委員会が取締役の責任を追及しない旨の判断をしたときには、裁判所がその判断を一定の限度で尊重する制度としていた(8)。たしかに、濫用的な代表訴訟や会社株主全体の利益に合致しないような株主代表訴訟を排除するための制度として、訴訟委員会制度は一考に値するであろう。

しかし、アメリカにおける訴訟委員会制度についても、必ずしも評価がすでに固まっているわけではなく、依然として制度への批判も続いている。そのような議論は、とくに、訴訟委員会の判断で、代表訴訟の却下を認めることはコーポレートガバナンスにおいて適切なのかということに重点を置くものである。とりわけ訴訟委員会の判断に経営判断原則を適用することの是非については、長年議論の対象とされてきた(9)。

アメリカ会社法で先例となっている判決としては、Auerbach 事件(10)および Zapata 事件(11)があり、これらはともに、訴訟委員会の下した判断を尊重する傾向にあるといってよい(12)。ただし、裁判所は、訴訟委員会の下した判断を完全に尊重するのではなく、訴訟委員会の決定手続、および訴訟委員の独立性、訴訟委員会の下した判断の合理性についてみずから審査することになっている。これに対して、そもそも、取締役によって構成される訴訟委員会が、株主代表訴訟を判断すること自体が、構造的なバイアスを抱え込んでおり、このような制度は否定すべきであるという見解もみられている。このような立場があることを受けて、アメリカの判決には、訴訟委員会には構造的バイアスがあることから訴訟委員会の判断を支持することを否定しているものも見られる。[13] しかし、圧倒的多数の判例は、そもそも訴訟委員会には構造的バイアスがあるとの考え方自体を否定している。そして、問題とすべきなのは、当該事件において、訴訟委員会が独立の判断を下すことを妨げるような特別の状況が存在しているかどうかであるとしている。したがって、結論としては、訴訟委員会に構造的なバイアスがないとはいえないが、だからといって訴訟委員会制度自体を否定すべきことにはならないとする見解が多いようである。[14]

しかし、訴訟委員会がそのような構造的バイアスを当然有することは否定されたとしても、訴訟委員会を構成する社外取締役が、責任を追及されている取締役・役員から独立して判断を下せるかどうかという問題は、さらに検討すべき課題として残っている。この点で、社外取締役の独立性についてきわめて厳格な態度をとり、訴訟委員会の判断を支持することを拒否した判決が近時下されている。[15] それが、Oracle 事件判決である。この事件では、オラクル社の取締役の責任を追及する代表訴訟について、同社の訴訟委員会が訴え却下の申立てを行った。これに対して、デラウエア州衡平法裁判所は、訴訟委員会の判断を支持しなかった。裁判所は、訴訟委員会にはその独立性に疑念を抱かせるような重要な事実問題がないことを立証する責任があるとした上で、結論としては、訴訟委員会のメンバーの独立性に疑念をもち、却下の申し立てを斥けた。この事件で裁判所は、従来の判例よりも社外取締役の独立性の要件を厳格にとらえ、訴訟委員会の構成員であるオラクル社の社外取締役の独立性を否定するとの判断を下したものである。この事件では、訴訟委員会の構成員である社外取締役は、大学の教授であった。ところが、代表訴訟によって責任を追及されている取締役は、その大学の同窓生等であり、多大な寄付をその大学に行っている人物だったのである。かつては、社外取締役の独立性を否定する利害関係は、直接の経済的金銭的な関係に限定されるという立場がむしろ有力であった。[16] しかし、デラウエア州事業会社法や取引所上場基準は取締役会の監視機能を重視し、この流れについて修正を加えた。とりわけ、ニューヨーク証券取引所の上場基準も独立性の定義を明確かつ強化し、この基準の下では、家族の一員が独立性を否定する関係にあるときも、社外取締役として独立性が否定されるとしている[17]。たしかに、このような上場基準は金銭的利益衝突に関する規定を強化しただけではなく、取締役の独立性を損なう非金銭的な力にも注意を払う制度となっている。しかも、それは家族的なつながりについても言及しているのである。しかしながら、これらの規定では、取締役の独立性に対して社会的関係のもつ重要なインパクトについては、注意を払っていないといわれる[18]。これに対して、Oracle 事件判決では、大学教授とその大学に多額の寄付を行う者という関係に注目して、社会的な関係に綿密な注意を払っていることに特徴がある。たしかに、社外取締役は最高の専門性と誠実性をもってその責務を果たしているとしても、社会的な関係から、社外取締役の客観性を曇らせる微妙で無意識の影響力というものがある[19]。大学教授である社外取締役も、多額の寄付者に対しては同情的になり、責任追及の矛先が弱まることは否定できないかもしれない。いわば構造的バイアスではなく、同情的なバイアスが生じるのである。

しかし、この点については、むしろ被告取締役に対する同情のバイアスは不可避のものと考えるべきであり、これに対しては、より独立した社外者を入れることがよい解決策であるかどうか疑問であるという見解がある。社外の独立者は、いわばその会社経営については素人である。代表訴訟の総合的評価は、公表されていない情報、目下検討中の会社の計画・戦略に依存することが多い。訴訟は、個人のキャリアやビジネス関係へ潜在的なインパクトを及ぼす。また、訴えの会社イメージへのインパクトもある。これらの事項は、上級経営者だけが評価しうる立場にあるともいえる。新たに選任された取締役にはそのバックグラウンドが欠けている。このため、完全に独立してはいるが会社の最善の利益を判断できる可能性の低い者と、内部者であってある程度のバイアスのおそれがあるが会社の最善の利益を適切に判断できる者とがいる場合に、果たしてどちらが責任追及訴訟を判断するものとして適切かという問題ともなる。もともと会社の最善の利益とは主観的なものであり、唯一の正解というものはないため、その判断は一層難しい。いかなる場面においても、理想的な意思決定者は滅多にいないとも言える。結局は、様々な不完全な選択肢から、長所と短所を考慮して、選ぶほかはないこととなり、一方で独立性、他方で経験・専門知識という二つの要素のバランスをとることがむしろ必要となる。(20)

以上のような立場では、むしろ訴訟委員会にはバイアスがあるものとして受け止めた上で、バイアスを取り除くスクリーニングが必要であるということになる。(21) そして、この見解では、以下のように論じられている。裁判所による訴訟委員会の判断についての審査は、その構成員の独立性の審査とミックスになっている。訴訟委員会の機能は、①当該代表訴訟における法的根拠、②法的根拠を肯定する場合に、代表訴訟の提起が会社の最善の利益にかなっているのかという二つの判断である。このうち①の判断については厳格な独立性は、それほど重要ではない。バイアスから保護するチェックが存在するからである。すなわち、事実調査は独立取締役ではなく特任の社外の弁護士によってなされるのである。このような弁護士は社会的な評判を気にするし、客観的な法原則に基づいて仕事をするので、裁量の範囲は限られている。Oracle 事件判決では友人を訴える判断をすることは難しいと言っているが、個人的な選択ではなく、不可避である法原則の適用、独立した社外弁護士の助言による判断であれば、友人を訴えるという判断もあり得るのである。(22) 伝統的な独立基準は訴訟委員会の文脈では必ずしも重要ではない。それは、第一に、法的な評価については、他のチェックが働くからである。第二に、会社の最善の利益の判断については伝統的な基準に関係ないファクターが重要な役目を果たすからである。そして、この点において、独立性よりも実質的な判断をより重視すべきである。(23) Oracle 事件判決のように厳格に独立性を満たすかどうかを判断するのではなく、判断の実質的な合理性を吟味すべきである。独立した弁護士への信頼は行動の合理性の証拠であると主張されている。(24)

（7）第四部「株式会社・有限会社関係」のうち、第四・機関関係の8の（注）イ参照。

同補足説明では、取締役等に対する訴え提起・継続にかかる会社の利益等を総合的に考慮して当該訴えを終了させることができる方策については、実務界よりその導入の要望が出されていること、訴訟委員会制度については、その構成をどのようにすべきか、裁判所の審査の範囲をどのように規律すべきか、現行法の責任免除との関係をどのように整理すべきか等検討すべき様々な問題があること、そもそも訴訟委員会制度がわが国において取締役等に対する訴えを終了させる機能を実質的に果たしうるかどうか疑問視する意見があることを指摘する。

このような考え方に対しては、企業関係者からは導入に賛成の意見が少なくなかった。とくに、被告が勝訴する蓋然性が高い場合や、代表訴訟の遂行によって得られる利益よりも、それによって必要となる他の訴訟等への対応の不利益の方が大きい場合について、訴訟委員会制度等の方策が必要であると論じられていた。相澤哲＝濱克彦＝郡谷大輔＝小舘浩樹＝岩崎友彦＝豊田祐子＝和久友子「会社法制の現代化に関する要項試案に対する各界意見の分析」別冊商事法務二七三号（二〇〇四年）三九頁。

（8）会社法制の現代化に関する要項試案における、「訴訟委員会制度」の導入について、反対ないし消極の意見を述べるのは、弁護士会や大学関係者に多く見られた。その理由をみると、訴訟委員会の要件をどのように設定して制度構築するかは容易ではなく、訴訟実務上も訴訟委員会の法定要件該当性の審理が先決問題となり訴訟の遅延を招くなど、かえって代表訴訟制度の硬直化を生ずるおそれがあるとするもの（日弁連）、訴訟委員会の委員の選任が株主総会に委ねられているのであれば、訴訟委員会が実質的に機能するとは考えられず、会社の利益については、担保提供制度において会社の利益を十分に考慮した制度設計を行えば足りるとするもの（東弁）、現状では濫用の危険が高いとするもの（東北大、早大等）、全株主のための判断を適切に行い得る社外取締役等が十分に定着していないのが現状であるとするもの（神奈川大、一橋大）などがあった。相澤哲ほか・前掲注（7）四〇頁参照。

（9）近藤光男『会社支配と株主の権利』（神戸大学研究双書刊行会、一九九三年）一一四頁以下参照。

（10）Auerbach v. Bennett, 393 N. E. 2d 994 (N.Y. 1979).

（11）Zapata Corp. v. Maldonado, 430 A. 2d 779 (Del. 1981).

（12）アメリカの訴訟委員会の判例を検討するものとして、釜田薫子『米国の株主代表訴訟と企業統治』（中央経済社、二〇〇一年）六六頁以下。

（13）Miller v. Register & Tribune Syndicate, Inc., 336 N.W. 2d 709 (Iowa 1983) ; Alford v. Shaw, 324 S. E. 2d 878 (N. C. Ct. App. 1985), aff'd after modification, 358 S. E. 2d 323 (N. C. 1987).

（14）Kenneth B. Davis, Jr., Structural Bias, Special Litigation Committees, and the Vagaries of Director Independence, 90 *Iowa L. Rev.* 1305, 1309（2005）.

（15）In re Oracle Corp. Derivative Litigation, 824 A. 2d 917 (Del. Ch. 2003).
この事件については、近藤光男「社外取締役の独立性」商事法務一七三八号（二〇〇五年）五一頁参照。

（16）たとえば、アメリカ法律協会（American Law Institute）による“Principles of Corporate Governance” § 1.23では利害関係（interested）の定義において、金銭的な利益を重視する。

（17）ニューヨーク証券取引所上場規則（NYSE company manual 303 A. 02 (b) (iv)）参照。

（18）Developments in the Law — Corporations and Society II. And Now, The Independent Director! Have Congress, The NYSE, And NASDAQ Finally Figured Out How to Make The Independent Director Actually Work?, 117 *Harv. L. Rev.* 2181, 2187–2190, 2198（2004）.

（19）Supra, note（14）, at 1317.

（20）Supra, note（14）, at 1334–1340.

（21）Supra, note（14）, at 1341.

（22）Supra, note（14）, at 1346–1349.

（23）Supra, note（14）, at 1354.

（24）Supra, note（14）, at 1359.

四　会社訴訟における会社代表と監査役

先に検討したように、アメリカの訴訟委員会について、依然としてその機能については、評価が分かれている。このことがOracle事件判決とこれに反対する学説に反映されている。要するに、取締役等の義務違反や責任について、誰が法的評価をなすべきか、会社の提起する訴訟のもたらすトータルな影響を誰が判断して、会社や株主全体の最善の利益を図ることが適切か、その際に社外の独立した者が判断すべきであるという要請がどこまで強いか、ということが議論の中心にあるように思われる。この点は、わが国のように監査役が取締役等に対して会社が提起する訴訟を判断する場合であっても、同様の問題が生じる。すなわち会社が訴えを提起するかどうかを判断する場合に、監査役はいかなる役割を果たすことが期待されているのか、あるいは果たすことができるのか、が問われるからである。

この点に関して、会社法制定前の、商法の旧規定の下で興味深い判示を行った最高裁判決がある。すなわちそれは、責任追及の時点ですでに取締役ではなくなっている退任取締役に対して、訴えを提起するかどうかを決めるのは、代表取締役か監査役かが論じられた事件である。会社法は、監査役設置会社については、三八六条一項で取締役・会社間の訴訟について会社を代表するのは監査役であるとし、同条二項で代表訴訟の提訴請求を受けるのも監査役であるとしている。これらの規定については、一項かっこ書きにおいて（以下同条において同じとした上で）取締役であった者も含まれていると明文で示している。ところが、この点について平成一七年改正前商法では争いがあった。

この事件は、旧組合の専務理事の地位にあったYに対し、旧組合が行った投資信託の購入につき、Yに理事としての善管注意義務違反等の行為があったとして、損害賠償を求める訴訟が提起された事案である。しかし、Yはすでに退任していたことから、退任後の理事を相手方として提起された本件訴訟において旧組合（およびその地位を継承したX）を代表する権限を有するのは、その監事であるから、代表理事から委任を受けた訴訟代理人による本件訴訟の提起、追行は、訴訟行為をするのに必要な授権を欠いている旨主張したものである。農業協同組合に関する事案ではあるが、農業協同組合法三九条二項が準用している商法旧二七五条ノ四前段の解釈が争われた。

これに対して最高裁[25]は以下のように判示する（判決中に引用されている条文は、すべて平成一七年改正前の商法の規定である）。

「商法二七五条ノ四の規定の趣旨等についてみるに、会社の代表取締役は、特別の法律の定めがない限り、その営業に関する一切の裁判上の行為をする権限を有し、会社が当事者となる訴訟において会社を代表する権限を有するものである（商法二六一条三項、七八条一項）。前段の規定は、その特則規定として、会社と取締役との間の訴訟についての会社の代表取締役の代表権を否定し、監査役が会社を代表する旨を定めているが、その趣旨、目的は、訴訟の相手方が同僚の取締役である場合には、会社の利益よりもその取締役の利益を優先させ、いわゆるなれ合い訴訟により会社の利益を害するおそれがあることから、これを防止することにあるものと解される」。「そして、過去において会社の取締役であったが、訴え提起時においてその地位にない者（以下「退任取締役」という。）が前段の規定中の『取締役』に含まれると解するのは文理上困難であること、これを実質的にみても、訴訟の相手方が退任取締役である場合には、その相手方が同僚の取締役である場合と同様の、いわゆるなれ合い訴訟により会社の利益を害するおそれがあるとは一概にいえないことにかんがみると、前段の規定にいう取締役とは、訴え提起時において取締役の地位にある者をいうものであって、退任取締役は、これに含まれないと解するのが相当である。

そうすると、前段の規定は、会社と退任取締役との間の訴訟についての会社の代表取締役の代表権を否定する特則規定ではないから、会社の代表取締役は、会社が退任取締役に対して提起する訴えについて会社を代表する権限を有するものと解すべきである。

もっとも、後段の規定は、商法二六七条一項の規定により株主が同項所定の『取締役ノ責任ヲ追及スル訴』の提起を会社に請求する場合におけるその請求を受けること等について監査役が会社を代表する旨を定めている。その趣旨は、監査役が取締役の職務の執行を監査する権限を有し（商法二七四条一項）、前段の規定により会社と取締役との間の訴訟については監査役が会社を代表する旨定められたことから、上記『取締役ノ責任ヲ追及スル訴』の提訴請求を会社が受けること等についても、上記監査の権限を有する監査役において会社を代表することとされたものである。そして、後段の規定の趣旨及び上記『取締役ノ責任ヲ追及スル訴』には退任取締役に対するその在職中の行為についての責任を追及する訴訟も含まれ、その提訴請求等についても監査役が会社を代表して受けることとされていることにかんがみると、後段の規定は、監査役において、このような退任取締役に対する責任追及訴訟を提起するかどうかを決定し、その提起等について会社を代表する権限を有することを前提とするものであり、その権限の存在を推知させる規定とみるべきである。そうすると、監査役は、後段の規定の趣旨等により、退任取締役に対するその在職中の行為についての責任を追及する訴訟について会社を代表する権限を有するものと解するのが相当である。

上記のように解する場合には、代表取締役の上記訴訟における代表権限が否定されることになるのかが問題となるが、退任取締役に対する上記訴訟における監査役の代表権限が前段の規定を直接的な根拠とするものでないことは、前段の規定に関して前記説示したところから明らかである。監査役の上記代表権限の根拠は、上記のとおり、後段の規定の趣旨等によるものであり、前段の規定のような会社の代表取締役の代表権を否定する特則規定としては定められていないことからすると、監査役が退任取締役に対する上記訴訟について会社を代表する権限を有することは、会社と退任取締役との間の訴訟についての会社の代表取締役の代表権を否定するものではないと解すべきである。」

このように、最高裁は、旧二七五条ノ四の前段と後段の解釈を分けて検討している。前段については、退任取締役については代表取締役が訴訟代表権を有することになる。その理由として、「取締役」についての条文の文言解釈の他、なれ合い訴訟により会社の利益を害するおそれがあるとは一概にいえないことを挙げている。しかし、なれ合いの可能性という意味では、程度の差はあっても、退任者であれば当然問題が少ないとは言い切れないのであり、これを決め手にすることには疑問が生じよう。また、退任取締役と現経営陣とは対立関係がある場合も多く、なれ合い訴訟のおそれの有無からだけでは、いかなる立場をとるべきか論じられないのであり、むしろ監査役の積極的な監査権限をどれほど重視するかを問うべきであろう(26)。会社として、退任者に対する訴えを提起すべきかどうかは、会社の提起する他の訴訟と同様、会社や株主全体の利益から経営判断として決めるべきであると言うことになると、代表取締役の判断とその責任で訴訟提起を判断することになろう。その一方で監査役はこれを監査するという枠組みをとることになる(27)。

後段については、取締役の責任を追及する訴えに関するものであり、最高裁は、株主代表訴訟は退任取締役についても対象としていることから、旧二七五条ノ四を、監査役において、退任取締役に対する責任追及訴訟を提起するかどうかを決定し、その提起等について会社を代表する権限を有することを前提とするものとしている。この立場に立つならば、退任取締役に対する在職中の行為についての責任を追及する訴訟については、代表取締役も監査役もともに、会社の代表権を有することとなろう。それでは、訴えを提起するかどうかの判断について、代表取締役と監査役の判断が異なった場合にはどのようにすべきであろうか。この点は、会社の経営政策として訴えを提起の判断をする場面か、違法な行為を行った元取締役の行為を是正する場面かという観点から検討する必要があると考える。旧二七五条ノ四後段では、株主からの請求を受けて取締役等の責任を追及する訴えを判断する場面である。責任追及の訴訟であるからには、監査役の機能を重視すべきであって、たとえ代表取締役が訴え提起に反対していても、訴え提起すべしと監査役が判断するならば、監査役の判断を優先すべきであろう。

これに対して、旧二七五条ノ四前段では、本来は会社の経営政策として訴訟の提起をどうするかという判断が求められるのであり、退任取締役に対する訴えについては、むしろ代表取締役の経営判断の下で行為すべきであろう。いくら元取締役であったからといって、退任した後に会社に対して負った取引上の債務不履行責任についてまで、監査役が会社を代表するのは適切とは言えないとも考えられる[28]。しかし、前段と後段とで退任取締役についての解釈が異なることには不自然さも否定できないところであった[29]。また、最高裁の考えによれば、監査役が取締役・会社間の訴訟で会社を代表するのは、訴訟の相手方が同僚の取締役である場合には、会社の利益よりもその取締役の利益を優先させ、いわゆるなれ合い訴訟により会社の利益を害するおそれがあることから、これを防止するのが目的であるとする。たしかに、同条の趣旨として、なれ合い防止が大きな意味を持つことは否定できない。しかし、誰が会社を代表して訴訟の提起を判断して、訴訟を行うのが適切であり、会社の利益に合致するかがむしろ重要な問題である。

この点に関して、会社法では、監査役設置会社であれば、取締役・会社間の訴訟については監査役が会社を代表するものとしている（三八六条一項）。そして、この規定では、明文でもって取締役であった者も含まれることを示している。なれ合い訴訟のおそれがあることからすると、監査役が会社訴訟において会社を代表するのが合理的な場合が多いことは否定できない。しかし、退任者一般にそれを認める会社法については、なれ合いのおそれだけでは合理的な説明ができないものと思われる[30]。もちろん監査役の有する業務監査の面から、退任取締役に対しても監査役が会社を代表して訴えを提起する代表機関とされていると解することが可能である。しかし、過去に取締役であった経歴があった者については、この者に対して会社が提起するすべての訴訟に関して、監査役が会社を代表することが適切かどうかという疑問は、依然として残る。なぜならば、たとえば取引上の債務の履行を求める訴えを提起するという判断は、経営政策を反映するものであって、経営責任を原則として負わない監査役が判断することは適切ではないと考えるからである。むしろ、商法旧規定の下での最高裁の考え方の方が適切ではなかったのであろうか。

(25)　最判平成一五・一二・一六民集五七巻一一号二二六五頁。

(26) 小柿徳武「農業協同組合の退任理事に対する訴えにおける代表権」民商一三一巻一号（二〇〇四年）五九～六〇頁。また、野村秀敏「判批」平成一五年度重要判例解説一三三頁（ジュリ臨時増刊一二六九号）も、なれ合い訴訟のおそれの大小だけを問題にしていては、容易に判断できないと論じる。

(27) 伊藤靖史「農業協同組合が退任した理事に対して提起する訴えについての組合の代表理事の代表権限の有無」月刊法教二八六号（二〇〇四年）一〇七頁は、代表取締役が会社を代表して退任取締役に対して在職中の行為について責任追及訴訟を提起した場合、監査役は代表取締役による訴訟追行について監査権限を有すると指摘する。

(28) 小柿・前掲注(26)二〇頁は、このような場合に、監査役に会社を代表させることは、提訴を怠った責任が生じることを考えると、監査役の責任が過大になり妥当でないと論じる。

(29) 畠田公明「判批」判例評論五四九号（二〇〇四年）一九五頁は、同一条文の取締役を前段と後段とであえて区別して解釈することは果たして妥当か疑問視して、以下のように論じる。株主の提訴請求によることなく、会社の代表取締役が退任取締役の責任追及訴訟を提起する場合には、代表取締役と相手方との間に対立関係があるのが一般的であると考えられ、なれ合いのおそれがなく、原則として代表取締役が訴訟代表権を有すると解すべきである。業務執行を担当する代表取締役とその業務の監査を行う監査役が訴訟代表権を同時に有すると解するのは妥当でない。退任取締役に対する責任追及訴訟について、原則として代表取締役が訴訟代表権を優先し、監査役は当然には代表権がないが、なれ合い訴訟のおそれがある場合に限り、監査役が訴訟代理権を有すると解すべきである。

(30) 相澤哲編著『新・会社法の解説』（商事法務、二〇〇六年〔別冊商事法務二九五号〕）一〇四頁は、なれ合いの可能性は現任取締役である場合と退任取締役である場合との間で大きな差異があるとはいえず、代表訴訟では退任取締役に対する訴えの提起も認められていることとの整合性から、退任取締役も取締役に含めることになったとする。

五　提訴判断と監査役の任務懈怠

株式会社の機関についても、法の定める権限の行使には当然法的責任が伴う。株主の提訴請求を受けて、監査役は、善良なる管理者の注意をもって、会社として取締役等の責任追及訴訟を提訴すべきかどうかを判断しなければならない。法によって期待されているこの任務を懈怠する場合には、監査役は会社に対して損害賠償責任を負うことになる。ただし、平成一七年改正前の商法の下では、監査役がこの種の任務懈怠を理由として損害賠償責任を課された裁判例はないようである。平成一三年の商法改正では、監査役が株主の請求を判断するための期間を三〇日から六〇日へと延長させた。このことは、監査役に期待すること、あるいは監査役がなし得ることが増大したこととなった。しかし、その結果、任務懈怠が主張しやすくなり、監査役に対する責任追及が容易になったというわけではなかったようである。

もちろん理論上は、次のような事例で監査役の責任が認められる可能性があろう。取締役の責任を追及するようにとの株主の請求に対して、監査役が責任追及は不適切であるとして訴え提起を行わなかったところ、株主が代表訴訟を提起した。これに対して、裁判所が株主の主張を認めて、取締役等の責任が肯定された。このような場合には、監査役による訴えを提起しないとの判断が適切ではなかったと考えられ得るのであり、監査役に任務懈怠が認められる可能性は高い。しかしながら、監査役が法律の専門家であることは制度の前提になってはいないし、当該取締役の任務懈怠についての判断が、結果として、裁判所の判断と異なっていたからといって、当然監査役の任務懈怠になるというわけではないとも考えられる。その意味では、かつての商法の規定の下で、監査役の責任が認められた判決がなかったことは自然なのかもしれない。おそらく取締役の責任がきわめて明白な事例を除けば、監査役が責任追及訴訟を提起しなかったことにより、監査役の任務懈怠責任が認められる可能性は少ないのではないかと思われる。なぜならば、たとえこのような任務懈怠が認められる事案であったとしても、その結果生じた会社の損害を観念することは難しく（その上株主代表訴訟を提起した方が、会社が提訴するよりも、裁判所に支払う訴訟費用は低額ですむ）、結局監査役がこの点から責任を追及される事例はあまりないのではないかと思われるからである。たしかに、微妙な法的判断が含まれている場合には、監査役が訴えを提起しないからといって、任務懈怠とは解されないであろう。もっとも、株主からの請求に対して、十分な調査や検討もせずに責任追及をしないという判断を下していた監査役については、任務懈怠が認められないとは考えにくい。また、取締役が忠実義務違反や重大な注意義務違反の行為等を行っているとの立証が可能であると監査役が考えていながら、あえて訴え提起をしなかったときにも、監査役の任務懈怠による責任を当然認めるべきであろう。(31)

ところで、会社法の下では、監査役による不提訴理由（書）が求められるようになっている。先に論じたように、会社法は、不提訴理由（書）により、監査役の調査を実質的なものに変え、取締役等の義務違反の有無が適切に判断されることを期待しているとも言える。このことは、監査役の機能が強化され、監査役による調査や検討が十分に行われていない場合には、監査役の任務懈怠が認定されやすくなっているとも考えられる。(32)たしかに、十分な根拠や資料もなく、適切な調査もしないで、取締役の責任追及訴訟を提起しなかった場合には、監査役の任務懈怠といえよう。

しかし、先に述べたように、会社法施行規則によれば、請求対象者に責任または義務があると判断した場合においても、責任追及等の訴えを提起しない余地を認めている。このことは、会社の最善の利益の検討を監査役に任せているとも言える。そうであれば、経営判断の原則の考え方を応用して、監査役による会社の最善の利益判断について、善管注意義務違反が問われることは限定的になるものと思われる。提訴が会社の最善の利益に反すると言っても、多様な評価が可能であり、株主が監査役の任務懈怠をどこまで争えるのか問題となる。そうなると、経営責任をそもそも負わない建前の監査役にこのような判断をどこまで任せるべきか疑問も生じる。また、監査役の判断の独立性が問われるかもしれない。

(31) 近藤光男『コーポレート・ガバナンスと経営者責任』（有斐閣、二〇〇四年）一五八頁参照。これとは少し異なるが、東京地判平成一七・三・一〇金判一二三九号五六頁では、取締役が会社の第三者に対する損害賠償請求権を行使しなかった点について、取締役の善管注意意義違反に基づく責任が追及された。裁判所は、取締役が債権の管理・回収の具体的な方法として訴訟提起を行わないと判断した場合に、その判断について取締役の裁量の逸脱があったというためには、取締役が訴訟を提起しないとの判断を行った時点において収集された又は収集可能であった資料に基づき、①当該債権の存在を証明して勝訴し得る高度の蓋然性があったこと、②債務者の財産状況に照らし勝訴した場合の債権回収が確実であったこと、③訴訟追行により回収が期待できる利益がそのために見込まれる諸費用等を上回ることが認められることが必要というべきであるとした。そして、取締役の善管注意義務違反に基づき会社に損害が発生したというためには、訴訟提起を行った場合に会社が現実に回収し得た具体的金額の立証も必要であると判示した。監査役がその経営監督機能として第三者ではなく自社の取締役の責任を追及する訴え提起の判断をする場合には、これより裁量の幅が狭いと解すべきことになろう。

(32)　高橋・前掲注(2)三六頁は、従来は取締役が敗訴したとしても、不提訴判断の責任は問題とならなかったが、今後は調査の実態と内容によっては、その判断をしたものの責任が問われると指摘する。

六　結　語

取締役に対する訴え提起の判断には、会社株主の最善の利益の検討という側面がある。このためその判断は、会社の経営判断に接している。この点では、監査役にその機能を期待することは、その任務懈怠責任との関係で調整すべき点が少なくない。

一方、社外取締役からなる訴訟委員に判断を任せる制度は、取締役による会社利益についての判断という意味では、合理的かもしれない。しかし、アメリカの訴訟委員会には長所も短所もある。独立性の要件については、どこまで厳密に考えるべきか、裁判所の判断も分かれている。独立性の要件をどこまで厳格に捉えるかに連動して、訴訟委員会の判断をどこまで裁判所が尊重するのか、あるいは尊重しなければならないのかという問題が生じる。さらに訴訟委員会制度が取締役会の委員会である以上、取締役会によってその構成員を選定するというのが自然のようではあるが、別に選定機関を考えなくてもよいのか疑問も生じる。社外の取締役により公正妥当な結論がいつでも導かれると考えるのは幻想かもしれない。独立した社外取締役による訴訟委員会に過度の期待は適切ではないであろう。むしろ他の制度との共存によって適法性や会社の利益が確保されると考えるべきである。

このように考えていくと、わが国の法制度のように、監査役によって取締役の訴え提起を判断するという制度も不合理ではないし、それなりの意義がある。一方で、会社法は、監査役の判断を絶対視せずに、株主による代表訴訟の提起を認めている。その意味では、監査役についてきわめて厳格な独立性を求めることもなく、訴え提起の判断についての任務懈怠の責任を制限的に考えることは合理的であるかもしれない。他方で、不提訴理由（書）によって、監査役の提訴判断についての情報開示を求め、その判断の適正性を確保する。その上で、会社の立場を明らかにし、不合理な代表訴訟を抑止することが可能になっている。もちろん監査役が提訴に際して広く会社株主全体の利益を判断することができるかについては疑問もあるし、取締役等の責任追及が適切に行使されるように、代表訴訟の濫用防止を多面的に検討することは必要なことではあるが、現在の右のような会社法の下での制度は、必ずしも不合理なものでないと思われる。

第六章　ブルドックソース最高裁決定に見る企業防衛のあり方

近時、わが国では企業買収に対する防衛策が論じられることが多く[1]、既にいくつかの裁判例が下されていた。この点に関して、最高裁は、いわゆるブルドックソース事件[2]（以下本件とよぶ。）において、きわめて興味深い判断を下している。これは有事に新株予約権を発行した事例について、わが国における企業買収とその防衛策をめぐって、最高裁によって初めて本格的に論じられた画期的な裁判例という評価ができる。本件において結論は同じであるものの、最高裁の判断は、原々審である東京地裁の判断とも、原審である東京高裁の判断とも異なっており、それぞれ特徴のある理論を展開したため、株式会社の買収と防衛をめぐって様々な議論を巻き起こした。そこで論じられている議論は、今後の我が国の企業買収・防衛策をめぐる議論を方向付ける意味で重要であり、今後も活発な議論が期待される。本章は、そのような議論について検討し、私見を述べようと試みるものである。

ここで、次のような三つの論点が存在するのではないかと思われる。第一に、裁判所の示した立場は、本件事案の解決として妥当かどうかという点である。本件の防衛策は、いわゆる平時導入型ではなく、事前の警告を与えず、公開買付時に採用して発動したものである。しかし、その際に株主総会の特別決議があり、しかもかなりの大多数の株主が防衛策に賛同している。本件で買収者であるXは、著名な外国ファンドである。Xは高裁では濫用的買収者と評価されたものの、最高裁はその判断は避けている。一方、Y社としては、総会での大多数の支持を得た上で、防衛策の中身として経済的損失をX関係者に与えないように工夫をしている。このような本件の特殊性は重視すべきであって、そこから結論の妥当性を考えることが必要である。しかし本件での結論が妥当であったとしても、そこでの考え方は企業買収をめぐる議論を一般的整合的にどこまで解決しきれるのであろうかという疑問が生じる。そこで第二に、現在の会社法の解釈としては、一般にどのような場合に、どのような買収防衛策が採り得ると考えるべきか、ということを議論する必要性が存在する。しかし、適切な買収防衛策を考えるに当たっては、会社法の解釈という枠組みでの解決にとどまる話かどうかという疑問や企業防衛について、会社法の解釈として必然的な解答はあるのかという疑問あるいは会社法の中には唯一の解答はないのではないかという疑問も生じる。そこで、第三に、立法政策を考えたときに、本件のような事例にはどのような解決に導くべきか。立法論としていかにあるべきかという議論がある。もっとも、終着点すなわちそこで目指すべき結論は、政策的に企業価値を高めるように判断すべきであろうか、あるいは社会一般の利益になるようにという観点で考えるべきかという点も争点になる。我が国の株式会社の健全な発展を図るにはどうすべきかということも争点である。先に挙げた三つの論点は異なる視点であり、これらを同時に論じることは適切ではないと思われる。そこで、本章では、ブルドックソース事件の事実の概要と裁判所の判断を紹介した後に、第一および第二の点に焦点を置き論じることとし、立法論については最後に簡単に述べたい。

(1)　様々な議論を受けて、経済産業省・法務省による平成一七年五月に「企業価値・株主共同の利益の確保または向上のための買収防衛策に関する指針」が公表された。そこでは、①企業価値・株主共同の利益の確保または向上の原則、②事前開示・株主意思の原則、③必要性・相当性の原則が示されている。

(2)　最二小決平成一九・八・七金法一八二〇号四七頁・金判一二七三号二頁参照。

一　ブルドックソース事件の事実の概要

Y社は、ソースその他調味料の製造および販売等を主たる事業とする株式会社であり、その発行する株式を株式会社東京証券取引所市場第二部に上場している。平成一九年六月八日時点における同社の発行可能株式総数は七八一三万一〇〇〇株、発行済株式総数は一九〇一万八五六五株である。

Xは、日本企業への投資を目的とする投資ファンドであり、五月一八日時点において、関連法人と併せ、相手方の発行済株式総数の約一〇・二五％を保有している。また、Aは、アメリカ合衆国デラウエア州法に基づき、Xのために株式等の買付けを行うことを目的として設立された有限責任会社であり、Xがそのすべての持分を有している。

Aは、五月一八日、相手方の発行済株式のすべてを取得することを目的として、Y社の株式の公開買付けを行う旨の公告をし、公開買付開始届出書を関東財務局長に提出した。

同届出書には、次のようなことが記載されていた。

〔1〕本件公開買付けの目的は、あくまでも証券売買による利益を得ることを目的としている。

〔2〕本件公開買付けの結果、対象者は上場基準を満たさないことにより上場を維持できなくなる可能性が生じる。

〔3〕公開買付者は、現在のところ、本件公開買付けによって取得する対象者株式を他の第三者に売却することは予定していないが、証券売買による利益を目的とするものであるため、諸般の事情を考慮の上、その時々の状況に応じ、将来その所有株式を市場内外において処分することは可能性としてある。

〔4〕公開買付者は、所有している対象者株式を不確定の期間所有することおよびこれらの株式を所有すること、

または対象者が公開買付者の完全子会社となった場合、対象者の資産を処分することを見込んでいる。

当初、本件公開買付けの買付期間は同日から六月二八日まで、買付価格は一株一五八四円とされていたが、六月一五日、買付期間は八月一〇日までに変更され、買付価格も一株一七〇〇円に引き上げられた。なお、上記の当初の買付価格は、相手方株式の本件公開買付け開始前の複数の期間における各平均市場価格にXにおいて適切と考える約一二・八二%から約一八・五六%までのプレミアムを加算したものとなっている。

Y社は、五月二五日、Aに対する質問事項を記載した意見表明報告書を関東財務局長に提出し、これを受けて、Aは、六月一日、対質問回答報告書を同財務局長に提出した。この回答報告書には、〔1〕Xは日本において会社を経営したことはなく、現在その予定もないこと、〔2〕Xが現在のところ相手方を自ら経営するつもりはないこと、〔3〕相手方の企業価値を向上させることができる提案等を、どのようにして経営陣に提供できるかということについて想定しているものはないこと、〔4〕Xは相手方の支配権を取得した場合における事業計画や経営計画を現在のところ有していないこと、〔5〕相手方の日常的な業務を自ら運営する意図を有していないため、相手方の行う製造販売事業にかかる質問について回答する必要はないことなどが記載され、投下資本の回収方針については具体的な記載がなかった。

このため、Y社取締役会は、六月七日、本件公開買付けは、同社の企業価値をき損し、同社の利益ひいては株主の共同の利益を害するものと判断し、本件公開買付けに反対することを決議した。また、同取締役会は、同日、本件公開買付けに対する対応策として、〔1〕一定の新株予約権無償割当てに関する事項を株主総会の特別決議事項とすること等を内容とする定款変更議案および〔2〕これが可決されることを条件として、新株予約権無償割当てを行うことを内容とする議案を、六月二四日に開催予定の定時株主総会に付議することを決定した。本件定款変更議案のうち、新株予約権無償割当てに関する部分の概要は、「Y社は、その企業価値及び株主の共同の利益の確保・向上のためにされる、新株予約権者のうち一定の者はその行使又は取得に当たり他の新株予約権者とは異なる取扱いを受ける旨の条件を付した新株予約権無償割当てに関する事項については、取締役会の決議によるほか、株主総会の決議又は株主総会の決議による委任に基づく取締役会の決議により決定する。この株主総会の決議は特別決議をもって行う」というものである。

本件総会において、Xは、本件公開買付けに対する対応策の内容、その実施に要する費用の総額、当該対応策が実施された場合における課税上の負担の有無、本件公開買付けが撤回された後に新たな株式の公開買付けが行われる場合の相手方の対応等について質問するにとどまった。そして、本件定款変更議案および本件議案は、いずれも出席した株主の議決権の約八八・七％、議決権総数の約八三・四％の賛成により可決された。なお、本件総会において可決された新株予約権の無償割当ての概要は、次の通りである。

ア　新株予約権無償割当ての方法により、基準日である七月一〇日の最終の株主名簿および実質株主名簿に記載または記録された株主に対し、その有する相手方株式一株につき三個の割合で本件新株予約権を割り当てる。

イ　本件新株予約権無償割当てが効力を生ずる日は、七月一一日とする。

ウ　本件新株予約権一個の行使により相手方が交付する普通株式の数（割当株式数）は、一株とする。

エ　本件新株予約権の行使により相手方が普通株式を交付する場合における払込金額は、株式一株当たり一円とする。

オ　本件新株予約権の行使可能期間は、九月一日から同月三〇日までとする。

カ　XおよびAを含むXの関係者は、非適格者として本件新株予約権を行使することができない。

キ　Y社は取締役会が定める日（行使可能期間の初日より前の日）をもって、X関係者の有するものを除く本件新株予約権を取得し、その対価として、本件新株予約権一個につき当該取得日時点における割当株式数の普通株式を交付することができる。取締役会が定める日（行使可能期間の初日より前の日）をもって、X関係者の有する本件新株予約権を取得し、その対価として、本件新株予約権一個につき三九六円を交付することができる。なお、上記金額は、本件公開買付けにおける当初の買付価格の四分の一に相当するものである。

ク　譲渡による本件新株予約権の取得については、取締役会の承認を要する。

Y社取締役会は、六月二四日、本件議案の可決を受けて、本件新株予約権無償割当ての要項を決議するとともに、税務当局に対する確認の結果、株主に対する課税上の問題から、非適格者であるX関係者から本件取得条項に基づき本件新株予約権の取得を行うことができないと判断される場合であっても、X関係者の有する本件新株予約権の全部を、相手方としてX関係者に何らの負担・義務を課すことなく一個につき三九六円の支払と引換えに譲り受ける旨決議した。

Xは、本件総会に先立つ六月一三日、本件新株予約権無償割当てには、法二四七条の規定が適用または類推適用されるところ、これは株主平等の原則に反して法令および定款に違反し、かつ、著しく不公正な方法によるものであるなどと主張して、東京地方裁判所に対し、本件新株予約権無償割当ての差止めを求める仮処分命令の申立てをした。

二　東京地裁決定の要旨(3)

(1)　新株予約権無償割当てへの会社法二四七条の類推適用について

新株予約権無償割当ては、既存株主の株式の保有数に応じて新株予約権を割り当てるに過ぎず、二つ以上の種類の株式を発行している場合を除けば、株主にとっては、新株予約権の行使により発行済株式数が増えても、従来の保有株式と新たに交付された株式を合計すれば、持株比率や株式の総体的な経済的価値に変更はないから、通常は、株主が不利益を受けるおそれを想定することができない。そのため、新株予約権無償割当てについては、募集新株予約権の発行と同様の差止請求権が規定されなかった。

これに対し、本件で無償割当てにより割り当てられる新株予約権には、X関係者は非適格者として新株予約権を行使することができないなど新株予約権者を差別的に取り扱う行使条件が付されており、X関係者は、本件新株予約権の割当ては受けるものの、本件新株予約権を行使して株式の交付を受けることができず、その結果、既存株主としての地位に実質的な変動が生じ、持株比率および保有株式の経済的価値の低下という不利益を受けるおそれが生じる。このようなおそれは、募集新株予約権の発行が法令もしくは定款に違反する場合または当該新株予約権の発行が著しく不公正な方法により行われる場合に既存株主に生ずる不利益のおそれと本質的に異なる性質のものではない。したがって、新株予約権無償割当てについても、それが株主の地位に実質的変動を及ぼす場合には、会社法二四七条の規定が類推適用される。

(2)　本件無償割当てが株主平等原則に反し法令に違反する場合に該当するか

新株予約権無償割当ては、株主に対して新たに払込みをさせないで新株予約権を割り当てるものであるから（会社法二七七条）、株主は、当該新株予約権の割当てを、株主としての資格に基づいて受けているのであって、当該新株予約権の内容が株主平等原則と関係しないとは解し難い。新株予約権無償割当ても、株主に割り当てられる新株予約権が実質的に同一の内容であることを前提とする。

本件新株予約権無償割当てにおいては、当該新株予約権の内容として差別的な行使条件および取得条項が定められているため、X関係者以外の株主が新株予約権を全部行使した場合、または、Y社が取得条項に基づきX関係者以外の株主の新株予約権を全部取得して、これに対応する株式が交付された場合には、X関係者の持株比率は大幅に希釈化されるという不利益を受けることになる。

会社法の規律の内容に照らすと、株主に無償で割り当てられた新株予約権について定められた差別的な行使条件または取得条項のために、特定の株主が持株比率の低下という不利益を受けるとしても、少なくとも株主総会の特別決議に基づき当該新株予約権無償割当てが行われた場合であって、当該株主の有する株式の数に応じて適正な対価が交付され、株主としての経済的利益が平等に確保されているときには、当該新株予約権無償割当ては、株主平等原則や会社法二七八条二項の規定に違反するものではないと解するのが相当である。

Y社が本件新株予約権をX関係者から取得条項により取得する場合に行う一個当たり三九六円の支払は、本件新株予約権の内容としてあらかじめ定められた取得の対価の交付であって、「株主の権利の行使に関して」Xに供与されるものではない。同様に、Y社が取得条項を行使せずに本件新株予約権を譲り受ける際にX関係者に支払う金銭も、Y社が取得条項を行使した場合と同一の対価を支払うのであるから、正当な取引行為であって、「株主の権利の行使に関して」供与するものではあり得ない。

(3)　本件無償割当てが著しく不公正な方法により行われる場合に該当するか

企業の経営支配権の争いがある場合に、現経営陣と敵対的買収者のいずれに経営を委ねるべきかの判断は、株主によってされるべきである。

本件新株予約権無償割当ては、株主総会の権限に基づきされている。また、本件新株予約権無償割当ては、X関係者による経営支配権の取得を防止することを目的とするものであるが、誰を経営者としてどのような事業構成の方針で会社を経営させるかは、株主総会における資本多数決によって決すべき事柄であるから、定款に定められた株主総会の権限の行使として特別決議に基づき実施された本件新株予約権無償割当てについて、その目的がX関係者による経営支配権の取得を防止することにあることをもって、直ちに株主総会がその権限を濫用したものと認めることもできない。

以上の事情を総合すれば、株主総会が当該対抗手段を採るに至った経緯、当該対抗手段が既存株主に与える不利益の有無および程度、当該対抗手段が当該買収に及ぼす阻害効果の観点から見て、本件新株予約権無償割当ては、本件公開買付けへの対抗手段として相当性を欠くと言うことはできない。

（3）　東京地決平成一九・六・二八金判一二七〇号一二頁参照。

三　東京高裁決定の要旨(4)

(1)　買収防衛策の発動は、合理的な事情がある場合には是認されるべきものであり、また、その手段としての新株予約権無償割当てが株主平等原則に違反する、あるいは新株予約権の不公正発行に当たるかどうか等の具体的判断は、買収者および被買収者の属性も考慮の上、公開買付けの態様と対比し、買収防衛策を導入すべき必要性の存否、買収防衛策としての相当性の存否について検討の上、相対的に判断すべきものである。本件X関係者はいわゆる濫用的買収者であって、X関係者による本件公開買付けは、相手方の企業価値ひいては株主共同の利益をき損するものであり、このような株式公開買付けに際しては買収防衛策を導入すべき必要性が認められ、また、同防衛策の手段としての本件新株予約権無償割当ては相当性を有するものであるから、同無償割当てが株主平等原則に違反するとも、あるいは著しく不公正な方法によるものとも言えず、また、同無償割当てを承認した株主総会の特別決議が、無効または取り消されるべきものとは言えない。

(2)　株主平等原則が、法の理念たる衡平に根拠を有するものであって、株主間に差別的な取扱いがなされたとしても、関連する会社法の諸規定等も考慮した上で、上記差別的な取扱いに合理的な理由があれば、それは株主平等原則ないしその趣旨に違反するものではない。

株主平等原則は、会社法の原則の一つであるが、株主の属性によって差異を設けることが当該会社の企業価値のき損を防止するために必要かつ相当で合理的なものである場合には、それは株主平等原則に反するものではないと言うべきである。本件新株予約権無償割当ては、いわゆる買収防衛策として導入されたものであり、買収防衛策としてその必要性および相当性を肯定することができ、X関係者に過度ないし不合理に財産的損害を与えないように配慮もされているから、株主間の差別的な取扱いについても合理的なものと言え、無償割当てが株主平等原則に反する違法なものと言うことはできない。

(3)　株式会社は、理念的には企業価値を可能な限り最大化してそれを株主に分配するための営利組織であるが、同時にそのような株式会社も、単独で営利追求活動ができるわけではなく、一個の社会的存在であり、対内的には従業員を抱え、対外的には取引先、消費者等との経済的な活動を通じて利益を獲得している存在であることは明らかであるから、従業員、取引先など多種多様な利害関係人（ステークホルダー）との不可分な関係を視野に入れた上で企業価値を高めていくべきものであり、企業価値について、専ら株主利益のみを考慮すれば足りるという考え方には限界があり採用することができない。

真に会社経営に参加する意思がないにもかかわらず、専ら当該会社の株価を上昇させて当該株式を高値で会社関係者等に引き取らせる目的で買収を行うなどのいわゆる濫用的買収者が、株式を買い占め、多数派株主として自己の利益のみを目的として濫用的な会社運営を行うないし支配することは、会社の健全な運営などという観点を欠くものであるから、結局はその株式会社の企業価値を損ない、ひいては株主共同の利益を害することにつながるものであり、このような濫用的買収者は株主として、差別的な取扱いを受けることがあったとしてもやむを得ない。それゆえ、そのようなおそれがある場合において、株式会社が、特定の株主による支配権の取得について制限を加えるなどして、企業価値を確保または向上させることを内容とする買収防衛策を導入することは、対抗手段として必要性、相当性が認められる限りにおいて株式会社の存立目的に照らして適法かつ合理的なものと言える。

X関係者がした前記の経緯、態様による本件公開買付け等は、前記の企業価値ひいては株主共同の利益をき損するものとして信義誠実の原則に抵触する不当なものであり、これを行うX関係者は本件については濫用的買収者であると認めるのが相当と言うべきである。

(4) 濫用的買収者と認められるXが、日本国内で創業以来一〇〇年余の歴史を有し、堅調にソースの販売製造事業を行っている相手方を本件公開買付けによって買収しようというものである。相手方は、このような買収行為によって、場合によって解体にまで追い込まれなければならない理由はないのであって、このような事態に直面した相手方が自らの企業価値ひいては株主共同の利益を守るために自己防衛手段を採ることは理由のあることである。

(5) 相当性を検討するに当たっては、買収防衛策を導入するに至った経緯および手続、濫用的買収者あるいはその他の株主に与える不利益の程度、当該買収に及ぼす効果等に買収行為の不当性の程度等を総合的に考慮すべきところ、X関係者による本件公開買付けは容認し難い不当なものと評価すべきであって、これに対抗する本件新株予約権無償割当てはやむを得ない手段であり、手続的な観点からも少なくとも株主総会の特別決議を経て導入されたものであり、本件新株予約権無償割当ては相当性を有する対抗策であると言うべきである。

(4) 東京高決平成一九・七・九金判一二七一号一七頁参照。

四　最高裁決定の要旨

(1)　株主平等の原則

新株予約権無償割当てが新株予約権者の差別的な取扱いを内容とするものであっても、これは株式の内容等に直接関係するものではないから、直ちに株主平等の原則に反すると言うことはできない。しかし、株主は、株主としての資格に基づいて新株予約権の割当てを受けるところ、二七八条二項は、株主に割り当てる新株予約権の内容および数またはその算定方法についての定めは、株主の有する株式の数に応じて新株予約権を割り当てることを内容とするものでなければならないと規定するなど、株主に割り当てる新株予約権の内容が同一であることを前提としているものと解されるのであって、一〇九条一項に定める株主平等の原則の趣旨は、新株予約権無償割当ての場合についても及ぶ。

特定の株主による経営支配権の取得に伴い、会社の存立、発展が阻害されるおそれが生ずるなど、会社の企業価値がき損され、会社の利益ひいては株主の共同の利益が害されることになるような場合には、その防止のために当該株主を差別的に取り扱ったとしても、当該取扱いが衡平の理念に反し、相当性を欠くものでない限り、これを直ちに同原則の趣旨に反するものと言うことはできない。そして、特定の株主による経営支配権の取得に伴い、会社の企業価値がき損され、会社の利益ひいては株主の共同の利益が害されることになるか否かについては、最終的には、会社の利益の帰属主体である株主自身により判断されるべきものであるところ、株主総会の手続が適正を欠くものであったとか、判断の前提とされた事実が実際には存在しなかったり、虚偽であったなど、判断の正当性を失わせるような重大な瑕疵が存在しない限り、当該判断が尊重されるべきである。

本件総会の手続に適正を欠く点があったとは言えず、また、上記判断は、X関係者において、発行済株式のすべてを取得することを目的としているにもかかわらず、相手方の経営を行う予定はないとして経営支配権取得後の経営方針を明示せず、投下資本の回収方針についても明らかにしなかったことなどによるものであることがうかがわれるのであるから、当該判断に、その正当性を失わせるような重大な瑕疵は認められない。

本件新株予約権無償割当ては、X関係者も意見を述べる機会のあった本件総会における議論を経て、X関係者以外のほとんどの既存株主が、Xによる経営支配権の取得に伴う相手方の企業価値のき損を防ぐために必要な措置として是認したものである。さらに、X関係者は、本件取得条項に基づきX関係者の有する本件新株予約権の取得が実行されることにより、その対価として金員の交付を受けることができ、また、これが実行されない場合においても、相手方取締役会の本件支払決議によれば、X関係者は、その有する本件新株予約権の譲渡を相手方に申入れることにより、対価として金員の支払を受けられることになるところ、上記対価は、X関係者が自ら決定した本件公開買付けの買付価格に基づき算定されたもので、本件新株予約権の価値に見合うものと言うことができる。これらの事実にかんがみると、X関係者が受ける上記の影響を考慮しても、本件新株予約権無償割当てが、衡平の理念に反し、相当性を欠くものとは認められない。X関係者以外のほとんどの既存株主は、Xによる経営支配権の取得に伴う相手方の企業価値のき損を防ぐためには、上記金員の交付もやむを得ないと判断したものと言え、この判断も尊重されるべきである。

したがって、X関係者が濫用的買収者に当たると言えるか否かにかかわらず、本件新株予約権無償割当ては、株主平等の原則の趣旨に反するものではなく法令等に違反しない。

(2)　著しく不公正な方法

本件新株予約権無償割当てが、株主平等の原則から見て著しく不公正な方法によるものと言えない。

本件新株予約権無償割当ては、本件公開買付けに対応するために、相手方の定款を変更して急きょ行われたもので、経営支配権を取得しようとする行為に対する対応策の内容等が事前に定められ、それが示されていたわけではない。しかし、事前の定めがされていないからといって、そのことだけで、経営支配権の取得を目的とする買収が開始された時点において対応策を講ずることが許容されないものではない。本件新株予約権無償割当ては、突然本件公開買付けが実行され、Xによる相手方の経営支配権の取得の可能性が現に生じたため、株主総会において相手方の企業価値のき損を防ぎ、相手方の利益ひいては株主の共同の利益の侵害を防ぐためには多額の支出をしてもこれを採用する必要があると判断されて行われたものであり、緊急の事態に対処するための措置であること、前記の通り、X関係者に割り当てられた本件新株予約権に対してはその価値に見合う対価が支払われることも考慮すれば、対応策が事前に定められ、それが示されていなかったからといって、本件新株予約権無償割当てを著しく不公正な方法によるものと言うことはできない。

株主に割り当てられる新株予約権の内容に差別のある新株予約権無償割当てが、会社の企業価値ひいては株主の共同の利益を維持するためではなく、専ら経営を担当している取締役等またはこれを支持する特定の株主の経営支配権を維持するためのものである場合には、その新株予約権無償割当ては原則として著しく不公正な方法によるものと解すべきであるが、本件新株予約権無償割当てが、そのような場合に該当しない。

したがって、本件無償割当てを、株主平等の原則の趣旨に反して法令等に違反するものと言うことはできず、また、著しく不公正な方法によるものと言うこともできない。

五　企業防衛と株主平等原則

本件新株予約権無償割当てにおいては、当該新株予約権の内容としてX関係者には、差別的な行使条件および取得条項が定められている。最高裁も述べているように、株主平等原則の趣旨は、新株予約権無償割当ての場合についても及ぶと解すべきである。このため、本件Y社の採用した防衛策は、株主平等原則に違反しないかどうかがまず問題となる。

会社法一〇九条が株主平等原則を的確に表現した規定であると理解するかどうかは別として、多数説は、従前からまた会社法施行後も、一般に株式会社においては、原則として持ち株数に応じて平等な株主の取扱をすべきであるとする、いわゆる株主平等原則の考え方が妥当すると解されている(5)。そうであれば、買収防衛策では常に同原則が問題となる。なぜならば、もともと買収防衛は、特定の株主の支配力を、企業を防衛しようとする者の意思に基づいて、押さえようとするものなのであり、当然平等原則に反するからである。にもかかわらず、これを平等原則に違反しない適法なものと評価するためには、①平等原則の違反が許される例外事例と考える立場と、②実質的平等が確保されていると考える立場が予想される。もちろん、①と②の双方を満たす場合について、許容されるという立場もあり得る。

もしも仮に①の立場に立つのであれば、防衛策の必要性と相当性から判断することが必要であろう(6)。そして、防衛の必要性は、買収者の悪性を論じるか、または企業価値の維持の必要性から論じることになろう。ただし平等原則違反は総会の特別決議があっても当然には、治癒されないというのが従来からの理解であったと思われる。

この点に関して、東京地裁は、②に近い立場に立ち、「会社法は、株主の有する株式の数に応じて金銭その他の対価が交付され、経済的利益が確保される限り、株主総会の特別決議によって（七八三条一項、三〇九条二項一二号）、少数株主の株主としての地位を強制的に失わせることを許容している」と論じる。確かに、一定の場合について会社法は、株主総会の特別決議と不利益を受ける株主に経済的利益を与えることで、厳密には平等ではない扱いも許容している。しかし一般に、いつでも株主総会の特別決議があり、相当な経済的利益を与えれば、株主平等原則に違反することも許される余地があるのか疑問が生じる。株主平等原則の意義が少数派株主保護にあると考えると、平等原則違反は資本多数決で正当化されないのではないか、また経済的補償があればよいのかという疑問も当然生じよう。(7)

一方、東京高裁は、①の立場に近く、「株主の属性によって差異を設けることが当該会社の企業価値のき損を防止するために必要かつ相当で合理的なものである場合には、それは株主平等原則に反するものではないというべき」としており、株主平等原則には企業価値保護の点からの例外が認められるという立場を明確にしている。しかも、東京高裁は買収者に経済的不利益を与えないことは株主平等原則に違反しないための必須の要件ではないとしているようでもある。むしろ、買収者の属性（X関係者を濫用的買収者と呼んでいる）を重視して防衛策を正当化している。

以上に対して、最高裁は、②の点を考慮した上での①の立場に立つようである。最高裁は、会社の企業価値がき損され、会社の利益ひいては株主の共同の利益が害されることになるような場合には、その防止のために当該株主を差別的に取り扱ったとしても、不平等な待遇も衡平の理念に反しない限りにおいて株主平等原則の趣旨に反しないとしている。ここで最高裁は、企業価値という基準を示している。そして、最高裁は株主平等原則の例外が、企業防衛に正当な目的と相当性があるときに認められるとする。その上で、本件では、X関係者以外のほとんどの既存株主が賛成していることと買収者に相当の補償がなされたことを平等原則に違反しない根拠としているようにも思われる。つまり、防衛策の必要性について株主の判断があり、かつ防衛策が相当であれば、濫用的買収者であるかどうかを問わず、株主平等原則違反ではないとしている。しかも、最高裁によれば、正当な目的があるかどうかについては、裁判所ではなく、株主が判断すると解している。しかし、そうなると実質は、目的を不要とする立場になってしまうことや、正当な目的の有無を差別的取扱いをする多数派株主に判断させて良いのかという批判がなされることになる。(8) もっとも、最高裁によれば、裁判所が株主総会の判断をいつでも支持するのではなく、会社株主全体の利益き損に関する株主総会の判断について、当該判断の正当性を失わせるような重大な瑕疵が存在しないかどうかは審査するという。また、防衛の相当性については、当該取扱いが衡平の理念に反し、相当性を欠くかどうかを審査するようである。しかし、本来は、差別的取扱いを伴う防衛策の必要性についても、衡平の理念に照らした裁判所による実体審査がなされるべきものであろう。(9)

結局、最高裁の立場によれば、大多数の株主による決議と経済的利益の平等確保があれば、それでよしとすることになってしまうおそれはないのであろうか。本来防衛策は買収者に何らかの不利益を与えるものである。防衛策を講じることが法的に是認される場合とは、買収者が株主全体あるいは他の株主の利益に対する脅威があるときに限るべきではなかろうか。また逆に、特別決議がなければ平等原則違反になるとは言えないし、特別決議があろうとなかろうと、防衛の必要性と相当性が明確に認められるのであれば、株主平等原則違反ではないと考えるべきではなかろうか。(10)

さらに疑問となるのは、株主平等原則からすれば、X関係者である買収者以外の一般株主も、新株予約権の対価として株式と現金の選択権を与えるべきではないかという点である。その意味で、かえって、X関係者以外の他の株主を不利に扱ってないかと言うことが疑問ともなり得る。もっとも、それを認めた場合に、現金を選ぶ株主が多く出てきてしまうと、本件防衛策が適切でなかったことを示すことにほかならない。(11)

(5)　一〇九条一項の趣旨については議論の多いところである。この点について、森本滋「会社法の下における株主平等原則」商事法務一八二五号（二〇〇八年）四頁以下では、同項を株主の実質的公正な扱いを確保するための規定として、これを積極的に意義付けている。
(6)　田中亘「ブルドックソース事件の法的検討〔上〕」商事法務一八〇九号（二〇〇七年）九頁は、平等原則の問題をクリアにするには、防衛策として必要かつ相当であるという理由付けを加える必要があるとする。
(7)　根本伸一「株主総会決議等仮処分命令申立却下決定に対する抗告審決定」速報判例解説・ＴＫＣローライブラリー（二〇〇七年）。
(8)　若松亮「ブルドックソース事件最高裁決定」金判一二七五号（二〇〇七年）一二頁。
(9)　鳥山恭一「差別的行使条件付き新株予約権無償割当てと株主平等の原則」金判一二七四号（二〇〇七年）六頁。
(10)　田中信隆「買収防衛実務におけるブルドック事件決定の論点」ビジネス法務一〇号（二〇〇七年）二九頁。
(11)　中東正文「ブルドックソース事件を巡る法的戦略と司法審査」企業会計五九巻一一号（二〇〇七年）七八頁。

六　不公正発行

本件で東京地裁は、新株予約権無償割当てについても、それが株主の地位に実質的変動を及ぼす場合には、会社法二四七条の規定が類推適用される旨を述べており、東京高裁も最高裁もこれを支持するようである。そこで、同条二号から、本件新株予約権無償割当てについても不公正発行かどうかが問題となる。ただし、企業防衛の局面で、株主平等原則の問題と不公正発行の問題とを別個に議論する必要があるかどうかという疑問も生じる。すなわち、株主平等原則が問題とならなければ不公正発行は問題とならないとか、[12]株主平等原則に違反しない場合には、さらに不公正発行の問題を検討する必要は生じない[13]という意見もある。あるいは、逆に株主平等原則違反の論点は、むしろ不公正発行の問題に収斂されると解する余地もある。すなわち、買収防衛策は本質的に不平等であり、むしろ買収防衛の適否はそれが不公正かどうかに焦点が置かれるとも言える。[14] もっともその場合においても、買収防衛策の必要性と相当性が判断基準となろう。

東京地裁および最高裁はいずれも株主平等原則違反とは別に、不公正発行について論じている。

東京地裁では、以下のように述べて、本件新株予約権の無償割当ては不公正発行に該当しないとする。企業の経営支配権の争いがある場合に、現経営陣と敵対的買収者のいずれに経営を委ねるべきかの判断は、株主によってされるべきである。そして、本件新株予約権無償割当ては、株主総会の権限に基づきなされている。また、本件新株予約権無償割当ては、X関係者による経営支配権の取得を防止することを目的とするものであるが、誰を経営者としてどのような事業構成の方針で会社を経営させるかは、株主総会における資本多数決によって決すべき事柄であると述べている。すなわち、防衛の必要性・相当性について、判断が明らかに合理性を欠く場合以外は、株主総会の判断に任され、不公正発行にはならないとの立場と思われる。

なお、東京高裁は不公正発行については必ずしも詳しく言及してはいない。これは、前述のように平等原則が問題とならなければ不公正発行は問題としにくいとの考えに立つからであろう。

これに対して、最高裁は、本件は、会社の企業価値ひいては株主の共同の利益を維持するために行われたので不公正発行に該当しないとする。そして、専ら経営を担当している取締役等またはこれを支持する特定の株主の経営支配権を維持するためのものである場合には、その新株予約権無償割当ては原則として著しく不公正な方法によるものと解すべきであるとする。

いずれの判旨も、本件の新株予約権の発行では経営陣が自己保身目的で行動した結果ではなく、大多数の株主の承認の下で、行われていることから、不公正発行の問題はないと考えているのであろう。もっとも、多数派株主の意向で、少数派株主の持ち株比率が低下することは起こり得ることであるが、いつでもそれが許容されるかという問題はあり、支配株主の義務や責任を論じる余地もあろう。最高裁の判示からも、特定の支配株主が支配権維持を目的に株主総会決議を行った場合には、不公正な方法によるものと判断する余地を残している。株主総会決議があれば当然に不公正発行にはなり得ないわけではない。

(12) 中東正文「ブルドックソース事件と株主総会の判断の尊重」ジュリ一三四六号（二〇〇七年）二〇頁。
(13) 若松・前掲注(8)一四頁参照。
(14) 江頭憲治郎『株式会社法〔第二版〕』（有斐閣、二〇〇八年）一二六頁は、支配株主の支配多数決の濫用等を規制する多くの法理の中で、株主平等原則の短所の一つとしで、要件の客観性・明確性の故に機械的・硬直的であると指摘する。また、同七〇九頁は、行使の条件に関して新株予約権者を差別的に取り扱うことが当然に違法というわけではないとする。森本滋「株主平等原則と買収防衛策」曹時六〇巻一号（二〇〇八年）四二頁は、株主平等原則違反の問題と不公正発行の問題を明確に区別することには無理があるとする。

七　買収防衛策の判断機関

買収防衛策が会社法二四七条に基づく差し止めの対象とならないようにするためには、当該買収防衛策が必要性と相当性の要件を満たす必要がある。その場合要件を満たしているかどうかについて判断する機関をどことすべきであろうか。会社法では、取締役会設置会社については、株主総会の決議事項は制限されており、会社法および定款で定めた事項に限られている（二九五条二項）。このため、防衛策について、株主総会の決議事項とすることは可能か、あるいは適切かが問題となってくる。本件Y社では一定の新株予約権無償割当てに関する事項を株主総会の特別決議事項とすること等を内容とする定款変更をした上で、株主総会で防衛策を決議している。

この点に関して、東京地裁は誰を経営者としてどのような事業構成の方針で会社を経営させるかは、株主総会における資本多数決によって決すべき事柄としている。確かにそのような事項は総会決議事項であるが、ここでの問題、すなわちX等の買収から防衛するべきかということは、少し問題の質が異なるようにも思われる。

東京高裁は、X関係者を濫用的買収者と認定して、本件の防衛策を相当としているが、そうであれば、なぜ株主総会でそれを判断しなければならないのかは説明していない。あるいは株主総会決議事項でないにしても、結果的に大多数の株主が賛成したことで正当化されただけとも解する余地はある。

最高裁は、特定の株主による経営支配権の取得に伴い、会社の企業価値がき損され、会社の利益ひいては株主の共同の利益が害されることになるか否かについては、最終的には、会社の利益の帰属主体である株主自身により判断されるべきとの立場を取る。ここでは、買収防衛策が株主の判断によるべきことを明確に示している。

このように裁判所の立場は、買収からの防衛策を判断することは株主が判断すべき事項であるとの考え方を採用している。しかし、防衛策の発動を株主に判断させることが適当かどうかは疑問となる。むしろ株主が決めたことが錦の御旗となり、会社や株主全体の利益との関係で無責任な判断となる危険性があるとの指摘や、株主意思を尊重すると、安定株主工作を推奨し、国際競争力を損ねるという意見もある[15]。最高裁は、重大な瑕疵が存在しない限り、当該判断が尊重されるべしとするが、少数派株主の利益を損なうような場合であっても、重大な瑕疵がない限りその判断を尊重してしまって良いのであろうか。そもそも買収からの防衛を正当化する根拠が企業価値の保護であり、株主の利益の保護だけではないとするならば、株主総会の多数決が判断することで正当化できるのかという疑問が生じる。つまり、望ましい買収かどうかは株主総会という場で判断するのでよいのか疑問となる。むしろ、公開買付けの強圧性の問題がそれほど深刻でないならば、株主総会の判断が公開買付けによる判断に比べてとくに優れるとは言えないのではないかとも思える。株主の多くが買収の実現を不利益であると考える場合、ほとんどの株主が公開買付けに応募しないことによって買収を挫折させるよう協調することは、それほど困難ではないとも言えるという意見である。[16]買収防衛策といっても、個々の株主は企業価値や株主共同の利益の維持向上に義務を負っているわけではなく、自らの利害に従って行動する点も無視できない。[17]また、株主総会による決定については、公開買付けへの応募が現に株主である者による判断であるのに対して、株主総会は基準日の時点では株主であったが今は株主であるかどうかわからない者が判断する。基準日後に株式を売却した株主にとっては、Y社がどのような状態になるかには関心がないのではないか。なぜ支配権取得後にYの企業価値がき損するか否かについて、株主に判断させるのかという疑問も見られている。[18]

それでは、取締役会が、必要性と相当性を判断して防衛策を決議するのはどうであろうか。これに批判的な立場が強いのは、取締役の保身的な行為を危惧するからである。しかし、逆に言えば、そのような保身なり利益相反の要素が排除できればよいのではないかとも思える。また、利益相反が問題であるならば、この場面で社外取締役の活用をすることが有益ではないかという議論も出てくる。しかし、通常の経営監督の場面と異なり、企業防衛の場面で、社外取締役に過大な期待をすることは無理ではないかとも考えられる。

買収に対する諾否はどうして株主総会の場でなされなければならないのか、なぜ公開買付けに優越するのかが疑問となる。自分の株式を譲渡するかどうかの問題であり、株主総会で決議して決めることではないと言える。買収提案に応じるかと、誰に経営を付託するかは同じ問題ではないと論じられる。[19]防衛するとの判断は取締役を選ぶ判断よりも株主による株式の売買に干渉する判断に近いのである。株主総会は取締役を選ぶ権限を有するが、他の株主が誰であるのかを選ぶ権限を当然に有しているわけではない。[20]論点は少し異なるが、株式譲渡制限においては、取締役会設置会社であれば承認機関は取締役会でもよいのであり（一三九条一項）、誰が株主になってよいかについては、総会の意思ではなく取締役の意思で決定できる枠組みがある（所有と経営が分離していない閉鎖的な会社でさえ取締役会に任せられる）。新株予約権に譲渡制限がある場合でも承認機関は取締役会でよい（二六五条一項）。

高裁は、「従業員、取引先など多種多様な利害関係人（ステークホルダー）との不可分な関係を視野に入れた上で企業価値を高めていくべきものであり、企業価値について、専ら株主利益のみを考慮すれば足りるという考え方には限界があり」とするが、企業価値には株主以外の利益が入ることは是認できるが、そのき損については誰が判断するのかが問題である。株主総会で判断する場合には、株主はステークホルダーのことを考慮して議決権行使をしなければならないのであろうか。企業価値やステークホルダーの利益と株主総会の大多数の賛成とはどのように連関するのかが疑問となる。

結局どの機関に判断させるのがよりましかというレベルの議論であり、基準日については、（権利行使から「三カ月」以内というのは長過ぎるものの）厳密には重要な時点における株主の意思とは言えないというだけで、株主総会を判断機関から排除すべきことにはならない。一方、取締役の保身行動を抑止できる方法があれば、防衛策についての判断も、取締役会とすることも考えられるのではないかと思われる。とくに将来予測に関わることから、経営者の判断が重視される。しかし、買収防衛策の判断が取締役会によるのが適切であるとしても、そのことは当然に株主総会の判断をいつでも排除すべきかどうかは別問題である。そもそも取締役会の判断と株主総会の判断を択一的に考える必然性はないのかも知れない。ただし、その場合取締役会の判断による防衛策と株主総会による防衛策とで、司法審査が異なるかが問題となる。(21)

(15)　藤縄憲一「検証・日本の企業買収ルール」商事法務一八一八号（二〇〇七年）二〇頁。
(16)　田中亘「ブルドックソース事件の法的検討〔下〕」商事法務一八〇九号（二〇〇七年）一八頁。
(17)　「ブルドックソース事件地裁決定　買収攻防の真実」（三苫裕発言）ビジネス法務二〇〇七年九月号一二頁。なお、森本・前掲注(14)一三頁は、株主総会の適切な判断能力を肯定し、企業価値の向上・き損についても、株主は単なる効率性の観点からの「企業価値」だけでなく、会社の存在意義も含めたトータルな判断を行うことができるとしている。
(18)　田中・前掲注(16)一六頁参照。さらに、株主の合理的無関心の問題を指摘する見解もある。中東・前掲注(12)二二頁参照。

(19)　田中・前掲注(10)二九頁参照。
(20)　中東・前掲注(11)七五頁参照。
(21)　原則として、判断基準は異ならないと考えられる。ただし、森本・前掲注(14)四五頁では、差別的条件付新株予約権無償割当てが、総会決議に基づく場合と、取締役会決議による場合とで、必要性・相当性にかかる裁判所による事後審査基準に相違が生じるとする。

八　ニッポン放送事件とニレコ事件

買収防衛策に関する先例として、ニッポン放送事件とニレコ事件にふれておきたい。

ニッポン放送事件について、東京高裁[22]は、取締役自身の地位の変動がかかわる支配権争奪の局面において、果たして取締役がどこまで公平な判断をすることができるのか疑問であるし、会社の利益に沿うか否かの判断自体は、短期的判断のみならず、経済、社会、文化、技術の変化や発展を踏まえた中長期的展望の下に判断しなければならない場合も多く、結局、株主や株式市場の事業経営上の判断や評価にゆだねるべき筋合いのものであるとした。その上で、会社の経営支配権に現に争いが生じている場面において、株式の敵対的買収によって経営支配権を争う特定の株主の持株比率を低下させ、現経営者またはこれを支持し事実上の影響力を及ぼしている特定の株主の経営支配権を維持・確保することを主要な目的として新株予約権の発行がされた場合には、原則として、(平成一七年改正前) 商法二八〇条ノ三九第四項が準用する二八〇条ノ一〇にいう「著シク不公正ナル方法」による新株予約権の発行に該当するものと解するのが相当であるとした。

さらに、株主全体の利益の保護という観点から新株予約権の発行を正当化する特段の事情がある場合には、例外的に、経営支配権の維持・確保を主要な目的とする発行も不公正発行に該当しないと解すべきであるとして、以下のように不公正発行とはならない四つの例外的場合を挙げている。

たとえば、株式の敵対的買収者が、〔1〕真に会社経営に参加する意思がないにもかかわらず、ただ株価をつり上げて高値で株式を会社関係者に引き取らせる目的で株式の買収を行っている場合（いわゆるグリーンメイラーである場合）、〔2〕会社経営を一時的に支配して当該会社の事業経営上必要な知的財産権、ノウハウ、企業秘密情報、主要取引先や顧客等を当該買収者やそのグループ会社等に移譲させるなど、いわゆる焦土化経営を行う目的で株式の買収を行っている場合、〔3〕会社経営を支配した後に、当該会社の資産を当該買収者やそのグループ会社等の債務の担保や弁済原資として流用する予定で株式の買収を行っている場合、〔4〕会社経営を一時的に支配して当該会社の事業に当面関係していない不動産、有価証券など高額資産等を売却等処分させ、その処分利益をもって一時的な高配当をさせるかあるいは一時的高配当による株価の急上昇の機会を狙って株式の高価売り抜けをする目的で株式買収を行っている場合など、当該会社を食い物にしようとしている場合には、濫用目的をもって株式を取得した当該敵対的買収者は株主として保護するに値しないし、当該敵対的買収者を放置すれば他の株主の利益が損なわれることが明らかであるから、取締役会は、対抗手段として必要性や相当性が認められる限り、経営支配権の維持・確保を主要な目的とする新株予約権の発行を行うことが正当なものとして許されると解すべきである。そして、株式の買収者が敵対的存在であるという一事のみをもって、これに対抗する手段として新株予約権を発行することは、上記の必要性や相当性を充足するものと認められないと指摘する。

この事件では、新株予約権の発行が支配権維持目的で行われた場合であると論じて、発行の差し止めを認めている。ただし、四つの例外的場合については、取締役会の判断により防衛目的で新株予約権を発行することを許容しているると理解することができよう。

ニレコ事件では、取締役会の判断で新株予約権を株主に無償発行した。それは、買収が仕掛けられれば権利行使可能なものであった。これに対して、裁判所は以下のように述べた(23)。

「取締役は会社の所有者である株主と信認関係にあるから、上記権限の行使に当たっても、株主に対しいわれのない不利益を与えないようにすべき責務を負うものと解される。ところが、本件新株予約権は、その発行価額を無償、権利行使価格を一円とし、しかも、大量に発行されるものであって、買収と無関係な株主が不利益を受けるおそれがあるものである。新株予約権の権利落ち日以後に債務者の株式を取得した株主は、三年あまりの間に本件新株予約権が消却されずに、新株予約権が行使され新株が発行されたときには、当該株主が濫用的な買収者であるかどうかにかかわらず、債務者株式の持株比率が約三分の一程度に希釈されるという危険を負担し続けることになる。確率がかなり低いものであるとしても、いずれの日にか新株予約権が行使されて債務者株式の持株比率が約三分の一にまで希釈され、株価が大きく値下がりするという危険性を軽視することはできない。また、そのような事情が、今後約三年間にわたって株式市場における債務者株式の株価の上昇に対し、上値を抑える強力な下げ圧力として作用することも否定できない」。

結局、裁判所は新株予約権の発行を不公正発行と判断して、新株予約権の発行差し止めを認めた。ここでは買収防衛策が買収者と無関係な株主に生じる不利益を論じて、買収防衛策の採用を認めなかった。ただし、この事件で仮に株主総会で新株予約権の発行を決めていたならどうであったかは不明である(24)。

(22)　東京高決平成一七・三・二三判時一八九九号五六頁参照。
(23)　東京高決平成一七・六・一五判時一九〇〇号一五六頁参照。
(24)　このように裁判所は、いわゆる権限分配論に基づき、買収防衛策の採用が株主総会の判断の下に行われるべきであるとの立場を示している。また国内外の機関投資家は防衛策導入に株主の承認を求めてきている。そこで、実務では防衛策は株主の承認を得て行うという考え方が浸透することとなった。田中亘「買収防衛策と判例の展開」ジュリ一三四六号（二〇〇七年）一五～一六頁。

九　取得対価の提供

本件でY社は、X関係者の有する本件新株予約権を取得し、その対価として、本件新株予約権一個につき三九六円を交付することになっていた。この場合、X関係者に与える取得対価については、利益供与かどうか問題となる。この点について、最高裁では論じられていないが、東京地裁は、それは本件新株予約権の内容としてあらかじめ定められた取得の対価の交付であって、「株主の権利の行使に関して」Xに供与されるものではないとする。確かに、この対価はXらが株主の権利行使をすることに直接関連して支払われるものではない。そして、新株予約権の対価であるとすれば、一二〇条違反にならないと解するのは、形式論としては一応納得できなくもない。しかし、そもそも会社法一二〇条の利益供与については、その適用範囲を広く解する余地があるところである。すなわち会社が株主の権利行使に関連して経済的利益を与える場合には、これはおよそ同条の規制の下に置かれると解することも可能である。極端な言い方をすれば、株主が株主としてあることをすることまたはしないことを狙って、会社が株主に経済的利益を提供することは違法となると解する可能性がある。

この点に関して、蛇の目事件(25)では、株式の買い集め、売却に関連して債務の肩代わりおよび担保提供という経済的利益を提供することをも「権利の行使に関して」に該当すると認めている。すなわち、「株式の譲渡は株主たる地位の移転であり、それ自体は「株主ノ権利ノ行使」とはいえないから、会社が、株式を譲渡することの対価として何人かに利益を供与しても、当然には（平成一七年改正前）商法二九四条ノ二第一項が禁止する利益供与には当たらない。しかしながら、会社から見て好ましくないと判断される株主が議決権等の株主の権利を行使することを回避する目的で、当該株主から株式を譲り受けるための対価を何人かに供与する行為は、上記規定にいう「株主ノ権利ノ行使ニ関シ」利益を供与する行為というべきである」と判示する。また、モリテックス事件[26]では、議決権行使を勧める際にプリペイドカードを配ることが利益供与とされた（もっとも、正当な目的、額が社会通念上許容される範囲のものであり、会社の財産的基礎に影響を及ぼすものでないときは許容する旨も判示されている）。このことから、ある種の株主による株主としての行動を止めることや勧めることを目的に、金銭等の支払いをすることが利益供与に該当するという方向に裁判例が進んでいるように見えなくもない。このように裁判所が仮に一二〇条の利益供与の適用範囲を広げる方向に進もうとしているとすると、その流れから、新株予約権の取得対価の支払いは正当か、本件地裁の立場は、これらの判決と整合的なのか、議論の余地がないわけではない。

東京地裁は、「取得条項を行使した場合と同一の対価を支払うのであるから、正当な取引行為であって、『株主の権利の行使に関して』供与するものではあり得ない」としているが、企業買収を阻止する目的で、一般株主には与えられない金銭を交付することに変わりないのではないかという疑問が生じる。最高裁は、「X関係者以外のほとんどの既存株主は、Xによる経営支配権の取得に伴う相手方の企業価値のき損を防ぐためには、上記金員の交付もやむを得ないと判断したものといえ、この判断も尊重されるべきである」と述べる。本件では、新株予約権の無償割り当てをして、X関係者だけに取得対価として現金を支払うわけである。利益供与の疑いが全く消え去るわけではなく、東京地裁が述べる形式論だけでは説得力がない。

さらに、利益供与の該当性を別としても、そもそもこのような経済的支出について正当化できるのかが問題となる。防衛という意味では、経営権取得に失敗しても経済的損失が補償されるのであれば、買収者は買収行動を停止する必要はないことになるとの指摘もある[27]。株主総会の特別決議で承認したことをもって正当化されるのであろうか。株主総会が生じ得る不利益を受忍していれば買収者への多額の支出もやむを得ないことになるのであろうか[28]。また、会社資産の流出や会社資金の浪費の防止は債権者保護からも要請される。公開買付けの提示金額（プレミアムつき）での買取は買収者に不利益はないが、買収者の言い値であれば適切な金額かという問題もある。自己新株予約権の取得であり、会社法上財源規制はないので無制限に資金が流出するおそれもある。金銭的な負担を強いる買収防衛策は、対濫用的買収者に限定してそれを許容するという形でしか正当化が困難かも知れない。[29] しかし、真に悪質な買収者であれば買収阻止に経済的な補償をする必要はないとの批判も出されよう。[30]

(25)　最二小判平成一八・四・一〇金法一八〇八号四八頁・金判一二四〇号一二頁参照。
(26)　東京地判平成一九・一二・六金法一八二五号四八頁・商事法務一八二〇号三二頁、本書第三編六参照。
(27)　藤縄・前掲注(15)二〇頁参照。
(28)　中東・前掲注(12)二一頁参照。
(29)　根本・前掲注(7)参照。
(30)　鳥山・前掲注(9)七頁参照。

一〇　濫用的買収者

東京高裁はX関係者を濫用的買収者として論じているが、確かに、入り口でその判断をしてしまうと後は論じやすくなるが、その判断は慎重かつ厳格に行うべきであり、最高裁が濫用的買収者かどうかを判断しなかったのは賢明であった。

東京高裁は、真に会社経営に参加する意思がなく、会社関係者へ買い取らせる目的であり、濫用的な会社運営や、自己の利益のみが目的である場合を濫用的買収者と考えているが、本件での認定は適切であったであろうか。裁判所が過去の公開買付け実績からX関係者を濫用的買収者と判断するのであれば、X関係者の行為を偏りなく認定しなければ公平とは言えないとか、X関係者の戦術はYの経営陣のみならず株主の不信をも招き、買収の実現を困難にしたように見えるが、それはX関係者の戦術の拙劣さを示すものであるとしても、濫用的買収者であると認めるには足りないと批判されよう。(31) 確かに、Xの対応のまずさは目立っているが、買収後の計画を買収前に明かすと、現経営陣にその計画を先取りされて買収の利益を上げることを難しくなるのを恐れたのではないかとも言える。(32)

一方、X関係者の公開買付けには相当の強圧性があり、株主の応募に関する選択を歪める可能性があったとも言える。そこで、買収者の属性や経歴などを踏まえて、濫用的買収か否かが審査されるべきであるとの指摘も見られる。(33)

(31)　田中・前掲注(16)一〇～一一頁参照。
(32)　田中・前掲注(16)一一頁参照。
(33)　中東・前掲注(11)七三頁参照。

二　公開買付規制と会社法

市場の効率性から考えたときに、株主が公開買付けに応じて持ち株を売却したいという意思があるときに、それが実現できればそれでよいのではないかとも思える。換言すると、問題は公開買付けの強圧性にあるとも言える。したがって、金融商品取引法が公開買付規制を適切にしていれば、株主の適正な意思を表示できるのであり、最終的には株主の意思でというのであれば、株主の意思が歪められないようにすべき公開買付規制の問題であり、買収防衛の問題ではないのではないかという疑問が生じる。そもそも会社法に基づく適法な行為によって、不適切な公開買付けをしにくくすること自体は違法ではないが、金融商品取引法の手続規制が適正なものとなれば、これに基づく企業買収を、企業価値にとって脅威あるものと評価することは難しくなるのではないであろうか。また、本来は公開買付制度においてY社の支配権の帰趨は決せられるべきであり、(34) 金融商品取引法上の不都合があったとしても、それを会社法上の行為で是正することには慎重であるべきであろう。

この点については、日本技術開発事件(35)が参考になる。この事件では、防衛策としての株式分割について議論がなされた。この株式分割は、株式分割の効力発生日までの間決済を遅らせることを狙ったものである。裁判所は株式分割を許容した。しかし、この決定後、取引所規則により株式分割の基準日の翌日を効力発生日とすることが求められるようになり、また振替制度の下にある株式はすぐに決裁されるので防衛策としては意味がなくなった(36)。

なお、少し論点が異なるが、かつての証券取引法の下では、公開買付者は買付条件の変更の中でも、買付価格の引き下げは許容されていなかった。仮に証券取引法上、株式分割をしても買付者は公開買付条件を変更できないという法制度であったのであれば、証券取引法を改善すべきであったのであり、会社法の株式分割を認めない理由にはなりがたい。また、効力発生日についても同様であろう(37)。

もっとも、金融商品取引法による公開買付規制を充実させることは必要であるにしても、そのことにより企業買収の法律関係を完結的に規定できるのか(38)、仮に規定した場合、金融商品取引法の体系に整合的に位置づけられるのかという問題は残る(39)。

(34)　鳥山・前掲注(9)八頁参照。
(35)　東京地決平成一七・七・二九判時一九〇九号八七頁参照。
(36)　田中・前掲注(24)一五頁参照。
(37)　現行の金融商品取引法においては、引き下げが可能である。同法二七条の六第一項一号かっこ書きおよび施行令一三条一項参照。
(38)　公開買付制度の整備だけで、企業買収の問題に決着は付けられない。この点に関して、森本・前掲注(14)一四頁は、会社の将来にとって決定的な影響を与える支配権争奪について、市場の判断とともに、社団法人としての会社の利益を団体的に考慮するスキームが認められてもよいとされる。
(39)　市場取引の位置付け、全部買付義務の強化の是非等は、金融商品取引法の体系全体に関わる問題である。

三　立法論

敵対的買収に対して有効な防衛策を取ることを、現行制度よりも可能とするような立法をすることは必要がないのであろうか。一方で、敵対的買収の脅威を一定レベルで維持することは、友好的M＆Aを促進し、また経営者が自ら経営の効率化に努力するという動機付けとして必要不可欠であるとも言える。しかし、他方で、濫用的買収者が活動しやすい環境になると、経営者は不安から安定株主工作に走るおそれが生じる(40)。確かに、濫用的買収者という者が存在し得るならば（市場の効率性から、そのような者はそもそも存在し得ないのだという立場もあり得る）、それを抑止しておかないと、企業価値がき損されるか、株式会社制度（株主総会制度）が機能しなくなる。会社株主全体の利益とステークホルダーの利益、社会の利益を考えたときに、何らかの買収防衛策は是認される。しかし、濫用的買収者をどこが公正に判断できるのか、適時にその場面における適正な防衛策を判断できるのか問題は多い。結局判断機関としては、経営者の保身的行動の可能性をできるだけ小さくした上で取締役会の判断で防衛を決める余地を認めていくか、ステークホルダーの利益が犠牲になる場面に多少目をつぶって多数派株主に判断を任せるかという選択肢ではないであろうか。後から株主の責任を論じることは難しく、むしろ前者を選択し、経営者の責任を論じる余地を残しておく方がよいと思える。企業価値の保護を考えて、一定の要件の下で取締役会が防衛策を取れる場合があり得ることを明文化することも一つの選択肢であろう。もちろん前述したように、株主総会と取締役会を場面に応じて併用することを否定するものではない。

(40)　藤縄・前掲注(15)一七頁参照。

第七章　役員の対第三者責任の事例における最近の動向と今後の展開

はじめに

近時、取締役の責任といえば会社に対する責任（四二三条）が議論の中心となっている。取締役は会社の機関であり、何よりもまず会社に対して委任に基づく義務を負うことからすれば当然である（三三〇条、三五五条）。監査役（監査役設置会社の場合）が会社を代表して自社の取締役の責任を追及しようとすることは必ずしも積極的ではないが、株主が取締役の責任を追及することはそうとは言えず、実際に、株主の代表訴訟の提起が数多く見られているところである。ただし平成五年の法改正以降、代表訴訟の提起数は増加しているものの、最近ではその数も落ち着いているように思われる。また、わが国の代表訴訟の現状を見る限り、濫用的なものがないわけではないが、代表訴訟が経営者の不正行為を抑止する機能を果たしてきているといえよう。会社の損害を取締役に塡補させ、経営者による違法な行為を抑止する意味は大きく、代表訴訟はわが国のコーポレートガバナンスにおいて重要な役割を果たしているものと思われる。

しかし、かつては「取締役の責任」の議論といえば、「取締役の対第三者責任」についてであった。とりわけ昭和四〇年代前後を中心には裁判例も多く、この種の責任の性質をめぐって盛んに議論がなされた[1]。これに対して、取締役の第三者責任については、代表訴訟に関心が集まるにつれて、以前に比べれば議論されることが少なくなっていた。ところが、最近では対第三者責任について興味深い裁判例がいくつか見られている。本章は、このような最近の裁判例を検討することを通して、取締役の対第三者責任のあり方について再検討しようとするものである。

（1）　代表的なものとして、佐藤庸『取締役責任論』（東京大学出版会、一九七二年）。

一　会社法四二九条一項の意義

(1)　悪意又は重過失による任務懈怠

取締役の第三者に対する責任についての規定として、平成一七年改正前商法二六六条ノ三第一項と会社法四二九条一項を比較してみれば、後者では、「役員等がその職務を行なうについて悪意又は重大な過失があったときは、当該役員等は、これによって第三者に生じた損害を賠償する責任を負う。」と定められており、責任を負う主体が役員等となり、前者よりもその範囲が拡大したものの、両者の文言はほぼ同一であり、したがって従来の商法の解釈がそのまま会社法でも妥当すると考えられる。もっとも、前者では、「第三者ニ対シテモ亦」責任を負うという表現になっており、対第三者責任と対会社責任との関連性を示していた[2]。これに対して会社法では、「も」「また」の文言はなく、条文の位置も会社に対する責任から少し離れている。このことから、対会社責任の要件である任務懈怠を対第三者責任の要件と解するべきではないという立論も考えられなくはない[3]。しかし、この点だけを根拠に四二九条の解釈を旧二六六条ノ三の解釈とは異なるものにすることは難しいと思われる。会社法下での裁判例もこのような差異をとくに考慮することなく、従前の解釈を維持しているものと考えられる。

会社法では、四二九条が取締役の悪意または重過失を要件としているのに対して、四二三条は故意・過失を要件としていると解され、この点で二種類の責任で要件が異なっている。ただ、四二三条において任務懈怠は同時に善管注意義務・忠実義務の違反を意味し、その証明がなされれば通常取締役が無過失を立証する余地はないと解されている。[4]このように任務懈怠と過失とを一元的にとらえているのが通説であるが、二元的な考え方もある。[5]四二九条については、このような二元説的な議論はあまりなされておらず、「悪意又は重過失のある任務懈怠」が認められるかどうかを裁判所は判断してきたものと思われる。そして、重過失認定に裁判所は消極的というわけではなく、むしろ昭和時代の後半では、取締役の重過失を認めた責任肯定事例は少なくなかった。これは、個人企業に近い株式会社が多々存在していたことから、債権者を保護するためにこの規定が利用されたのであり、いわば対第三者責任は法人格否認の代用として機能してきたためである。

対第三者責任の典型的な事案では、財産的な基盤の弱い小規模な会社が倒産した場合などに、会社から弁済を得られなかった会社債権者が、取締役の個人財産に狙いをつけて債務の履行を求める際に、この責任追及という形を利用してきた。会社の資産よりも取締役の個人財産の方が豊かであったという状況が重視された。その根底に社員が有限責任である株式会社の債権者を保護しようとの考えがあった。そうであれば、四二九条は資力のある会社や倒産していない会社では無縁の規定のようだが、最近の事例は必ずしもそうではないようであり、この種の責任追及はむしろ今後代表訴訟よりも増加するのではないかと思われる。

(2)　直接損害と間接損害

四二九条はいかなる損害に関する責任かという点について、最高裁は両損害包含説を早くから示していた。[6]すなわち、「法は、株式会社が経済社会において重要な地位を占めていること、しかも株式会社の活動はその機関である取締役の職務執行に依存するものであることを考慮して、第三者保護の立場から、取締役において悪意または重大な過失により右義務に違反し、これによつて第三者に損害を被らせたときは、取締役の任務懈怠の行為と第三者の損害との間に相当の因果関係があるかぎり、会社がこれによつて損害を被つた結果、ひいて第三者に損害を生じた場合であると、直接第三者が損害を被つた場合であるとを問うことなく、当該取締役が直接に第三者に対し損害賠償の責に任ずべきことを規定したのである。」とした。ここでは対第三者責任の根拠を株式会社の経済社会における重要性、取締役がその機関であることから説かれているので、そのことは大規模会社の方がより当てはまりそうにも思えるが、むしろその後の現実の事例は小規模会社の事例が圧倒的であった。

ここで確認しておくと、会社に損害が生じて第三者が損害を被るのが間接損害（放漫経営による会社倒産が典型例）であり、会社に損害が生じるかどうかにかかわらず、直接第三者が損害を受けるのが直接損害である。なお、会社破綻事例における会社債権者のほかに、間接損害としていかなる第三者が損害賠償責任を追及できるかが問題となる。株主はおよそ四二九条の第三者として認めないとの立場をとらない限り、取締役の行為で会社財産が減少した場合、株主は間接損害を受けたと考えることは一応可能である。ただし、以下で述べるように、最近では間接損害の事案よりも、直接損害の事案で第三者が取締役の責任を追及する事例が目立っている。そのような事案では、会社法三五〇条によって会社も責任を負う場合が一般的であると考えられるので、もしも会社に資力があるのであれば第三者としてはそれで損害が塡補されるとも考えられるが、第三者が取締役の個人責任をも追及する事例が多く見られる。

（2）　昭和二五年改正前の対第三者責任の規定では「第三者ニ対シテモ亦」という文言はなかったが、二六六条を取締役の責任の規定とし、一項を会社に対する責任の規定、二項を第三者に対する責任の規定としていた。

（3）　服部栄三「取締役の職務懈怠による対第三者損害賠償責任」判タ一一九八号（二〇〇六年）一〇二頁は、対第三者責任において任務懈怠という言葉は会社法（改正前商法）も使用していないし、会社法では四二三条から離れたことから、対会社責任の要件を対第三者責任の要件と解する条文的根拠は失われたとする。そして、内部的問題をなぜ対第三者責任という外部関係の要件となるのか、対内関係上の要件と対外関係上の要件とは別個に考えるべきで、前者の要件を安易に後者の要件とすべきではないと論じる。

（4）　江頭憲治郎『株式会社法（第三版）』（有斐閣、二〇〇九年）四三五頁。

（5）　これに対して、会社法は取締役が自己のためにした取引に関して、四二八条によって四二三条一項の責任は任務を怠ったことが当該取締役又は執行役の責めに帰することができない事由によるものであることをもって免れることができないと定めている。このことから、任務懈怠（違法性）と責めに帰する事由（過失）とを別の要件ととらえ、任務懈怠があったとしても過失がなければ責任を負わないと解する、いわゆる二元説も展開されている。相澤哲編著・立案担当者による『新・会社法の解説』（商事法務、二〇〇六年〔別冊商事法務二九五号〕）一一七〜一一八頁、神田秀樹『会社法（第一二版）』（弘文堂、二〇一〇年）二三〇頁参照。

（6）　最判昭和四四・一一・二六民集二三巻一一号二一五〇頁。

二　裁判例の検討

⑴　プリンスホテル事件と新潮社事件

〔1〕　東京地裁平成二一年七月二八日判決（判時二〇五一号三頁（プリンスホテル事件））

この事件では、Y_1会社が裁判所の仮処分命令に反し、宴会場をXに使用させなかったことを受けて、会社に債務不履行をさせたY_2等取締役の責任が追及された。裁判所は以下のように述べてその責任を認めた。

「一般に、取締役は、法令を遵守する義務があるのは明らかであるところ（会社法三五五条）、上記一及び二の各説示のとおり、Y_2は、本件仮処分命令等がなされたことによって、裁判所によって、Y_1会社が、法律上、Xに本件各宴会場を使用させる義務を負う旨が確認されたことを認識していたにもかかわらず、これに反する業務執行を行い、Xらに損害を与えたことが明らかであるから、Y_2は、悪意でその職務を怠ったものといわざるを得ない。したがって、Y_2は、会社法四二九条一項に基づき、Xらに生じた損害を賠償する義務を負うといわなければならない。」「Y_3およびY_4は、Y_2との間で、本件仮処分命令申立事件への対応を協議し、Y_1会社の対応方針を決定した事実が認められるので、Y_2と同じく、本件使用拒否を行った者とみることができるから、同様に、会社法四二九条一項に基づき、Xらに生じた損害を賠償する義務を負うというべきである。」

その余の被告取締役らについては、本件使用拒否をすることの意思決定に直接関与した事実を認めるに足りる的確な証拠がないが、「取締役の地位にある者に通常求められる判断能力からすると、Y_1会社が本件仮処分命令等に従い本件各宴会場契約に基づく各債務を履行すべきことを認識することは容易であったといわなければならず、被告取締役らには、代表取締役であるY_2に対し、本件仮処分命令等に従うように求める等の措置を取るなどして、Y_2が本件使用拒否に及ぶことを防ぐ義務があったというべきである。」「Y_5らは、いずれも、平成一九年一二月一一日の取締役会において、本件の経緯と本件仮処分命令の申立てがされたことについて報告を受けた上で、本件仮処分命令申立事件の審尋手続において争う方針を了承し、自ら本件仮処分事件に対するY_1会社の方針決定に関与したのであるから、上記義務を尽くすことが強く要請されるというべきである。にもかかわらず、Y_5らがかかる義務を果たすために何らかの措置を執ったとの事実を認めるに足りる的確な証拠はない。したがって、Y_5らは、悪意で代表取締役であるY_2の業務執行に対する監視義務を怠ったというべきであって、本件使用拒否によってXらに生じた損害を賠償する義務を負うと解するのが相当である。」

本件は、裁判所の仮処分命令に反し、宴会場をXに使用させず、会社に債務不履行をさせた取締役に責任が認められた事例である。Y_1会社はXに対して債務不履行による損害賠償責任を負うことは明らかであり、この点で取締役らは会社に対して損害をもたらした。そこで、取締役等はY_1会社に対して損害賠償責任を負うと考えられ、そのような形で解決すればよいとも考えられた。しかし、裁判所は取締役等について、契約の相手方であるXに対する責任を認めている。本件ではいくつかの特殊な事情がある。その第一は、裁判所の仮処分命令に違反する結果を招いてしまったことである。契約の通りに債務を履行するか、相手方に損害賠償をすることを覚悟で債務不履行をするかは、場合によっては経営判断の問題ともいえる。何らかの理由から、債務不履行をした方が会社の利益に合致することもあり得るからである。しかし、本件ではすでに裁判所の仮処分命令が出ていたのであり、これに違反するような判断は裁判所によって尊重されないのであろう。この発想は法令違反事例では経営判断原則の適用が否定されるという考えにも接近している。第二に、本件では憲法上認められている集会の自由や表現の自由や、敵対する団体の圧力との関係が問題になっていることである。社会的に影響力のある企業がある団体の圧力に屈することが問題であるとの意見が見られる(7)。

たしかに裁判所の命令に反し、不当な圧力に屈して、あえて会社に債務不履行をさせたのであれば、これを決定した取締役はもちろん、それを阻止できなかった取締役には任務懈怠があったとも言える。したがって、会社のほか、直接加害の判断をした取締役Y_2およびY_3・Y_4は第三者に損害賠償責任を負う。しかし本件では、使用拒否をするとの意思決定に積極的に関与したのではない取締役Y_5らについても、監視義務違反を理由に第三者への損害賠償責任を認めた。おそらく、本件における特殊な事情が責任を認めさせたと理解できるし、Y_5らは仮処分命令の申立について報告がなされ、その対応について論じられた取締役会に出席していたことが重視されたのであろう。しかし、一般に、会社が債務不履行をしたことを理由として、第三者に対して取締役の監視義務違反の責任が広く認められるのであろうか。認められるべきとなれば、取締役の責任リスクは決して低くないものとなろう。

〔2〕　東京地裁平成二一年二月四日判決（判時二〇三三号三頁（新潮社事件））

この事件では、元横綱であるX_1、その妻であるX_2が、週刊誌「週刊B」を発行するY_1株式会社、その代表取締役であるY₂、週刊B編集長であるY₃に対し、週刊BにXらの名誉を毀損する内容の記事を掲載したことにより損害を被ったと主張して、Y₃、Y₁会社に対し民法七〇九条、七一五条、七一九条一項に基づき、Y₂に対し平成一七年改正前商法二六六条ノ三第一項に基づき、損害賠償を求めた。Y₂について、裁判所は以下のように述べてその責任を認めた。

「出版を業とする株式会社の代表取締役は、出版物による名誉毀損等の権利侵害行為を可及的に防止するために有効な対策を講じておく責任があるというべきであり、殊に、週刊誌を発行する出版社にあっては、しばしば名誉毀損が問題とされることがあるから、上記対策は、代表取締役として必須の任務であるというべく、いやしくもジャーナリストと称する以上、当該企業が、専ら営利に走り、自ら権利侵害行為を行ったり、権利侵害行為を容認することがあってはならないことは明らかである。」

「本件各記事については、十分な裏付取材が行われておらず、一方において、Aは、自らを情報提供者と位置づけ、編集部が裏付取材をするとして自らは十分な取材をせずに情報を提供し、他方において、編集部では、Aからの情報なので正しいと安易に判断して、記事としたものと認められ、Xらの名誉を毀損する本件各記事が週刊Bに掲載され、発行されるに至ったのは、雑誌記事の執筆、編集を担当する記者、編集者等の名誉毀損に関する法的知識や裏付取材のあり方についての意識が不十分であったこと、また、社内における権利侵害防止のための慎重な検討が不足していたことが原因であるというべきであり、このような結果を惹起したのは、Y₁会社内部に、これを防止すべき有効な対策がとられていなかったことに原因があるといわざるを得ない。そうすると、Y₂には、前記任務を少なくとも重大な過失により懈怠したものとして、旧商法二六六条ノ三第一項に基づく責任があると解するのが相当である。」

裁判所は、編集権の独立が尊重されるべきであっても、代表取締役の監視義務は軽減されないと考えている。むしろ出版社の取締役の義務ということで厳格な責任になっているのであり、出版社の社会的責任のような発想も見てとれるとも言える。代表取締役としては、このような監視義務を履行しない場合には、第三者に対して損害賠償責任を負うことになるとされている。もっとも判旨では、Y_2の任務懈怠については内部統制システムの構築に焦点が置かれている。またY_2が代表取締役であることが強調されており、この種の責任が社外取締役等にも同様にあてはまると考えているかどうかは不明である。

(2)　監視・監督義務違反による責任

そこで次に、最近の裁判例の中から、監視義務違反を理由に取締役が第三者に対して責任を問われた事例を見てみたい。

〔3〕　東京地裁平成二〇年一二月一五日判決（判タ一三〇七号二八三頁）

「取締役の代表取締役に対する監視義務は、場合によっては代表取締役よりも劣位にある者が、経営に係る能力、実力等が優れていると判断されてその地位にある代表取締役に対し、その経営判断が著しく合理性を欠く判断をしないように監視し、そのような判断がされ、あるいはされる可能性が高い場合には、熱意を持って進言ないし勧告をすることが期待されているのであって、代表取締役との人間関係等を理由にして、安易に、進言ないし勧告が功を奏しないために責任がないなどとすることは許されないというべきである。」

この判決でも取締役の監視義務が強調されている。たしかに取締役が監視機能を発揮したところで、どこまで実効性があるのか疑問の場合もあろう。しかし、この判決では、ワンマン社長等に意見が言えない等の理由で、監視義務違反が否定されることはないという原則を述べている。

〔4〕　東京地裁平成一九年五月二二日判決（証券取引被害判例セレクト二九巻三一〇頁）

「Y1社においては組織的に違法な事業が行われていたと推認されるところ、Y3は、その代表取締役でありながら、Y2に経営を任せ、違法な事業活動を放置していたのであるから、代表取締役としての職務を行うについて重大な過失があったというべきである。したがって、Y3は、会社法四二九条一項の規定により、原告に生じた損害を賠償すべき責任を負う。この点に関し、Y3は名目的な代表取締役にすぎなかった旨を主張するが、自ら代表取締役への就任を承諾した以上、上記責任を免れるものではない。」

従来の裁判例には、名目的取締役の責任に消極的なものも見られていた。会社が破綻したときに会社債権者から責任を追及されることが多いため、経営に関与しない約束で就任した名目的取締役に責任を認めていくと、取締役への就任が保証人になることと同じになるという批判もあった。ただし、平成一七年改正前商法では株式会社の取締役は三名以上とされていたところに名目的取締役を生む素地があった。会社法では取締役会設置会社にならない限り（三三一条四項）、取締役の人数を一名にすることも可能になり（三二六条一項）、名目的取締役の意味が変わっている。その意味では、わざわざ選任された名目的取締役の責任を否定する必要性はなくなったと考えることができる。

以上のほかに、違法行為によって第三者に直接加害を行った取締役には不法行為責任を追及する場合でも、そのような取締役の違法行為を放置していた他の取締役には、不法行為責任ではなく、四二九条で対第三者責任を問うという事例が少なくない。共同不法行為者とは解せない取締役であっても、監視義務違反＝四二九条の任務懈怠があったと解することが可能だからである。

(3)　投資者からの責任追及

違法行為の監視監督義務違反の事案でも、とくに多く見られるのが投資者からの責任追及である。裁判所は、投資者保護の観点からか、厳格に取締役の任務懈怠の責任を認めている。

〔5〕　東京高裁平成一八年九月二一日判決（金商一二五四号三五頁）

Xは甲社との間で外国為替証拠金取引をしたが、甲社の従業員の勧誘行為等に違法があったとして、甲社の取締役であった取締役等および従業員に対し、民法七〇九条、七一五条、平成一七年改正前商法二六六条ノ三第一項に基づき、損害賠償を求めた。原審（東京地判平成一八・四・一一）は、外国為替証拠金取引についての会社、従業員、（代表）取締役らに対する不法行為に基づく損害賠償請求のうち、名目取締役であるとして平取締役の責任を否定した。そこでXが控訴したところ、本件外国為替証拠金取引は、顧客との相対取引であり、反対売買による差金決済による財産的利益を目的としたものである。「相互に財産上の利益を賭け、偶然の勝敗によってその得失を決めるものであるから、賭博に当たり、公序良俗に違反する」として、本件の外国為替証拠金取引が賭博に当たり、公序良俗違反に当たること及び違法性阻却事由がないことを認定し、取締役である被控訴人らが、このような違法行為を中止すべき義務を負っていながらこれを怠ったとして、平成一七年改正前商法二六六条ノ三の責任を認めた。（本件取引の目的及び取引自体が相当であると認めることはできないから、本件取引につき、違法性阻却事由があると認めることはできないとして、原判決を取り消し、Xの請求を全部認容した。）

本件は控訴審判決であり、名目的取締役の責任を否定した原審をあえて取り消したところが注目される。従業員の行為がきわめて違法性が高い（公序良俗違反）と考えたのであろうか、取締役の従業員への監督業務をかなり重視しているといえよう。外国為替証拠金取引についての評価が決め手になり、また投資者保護を重要視した判決と考えられる。

〔6〕　神戸地裁平成二〇年一〇月七日判決（先物取引裁判例集五三号二五八頁）

会社の従業員から違法な勧誘を受けて、会社に先物取引を委託し、損害を被った投資家が、会社、従業員、取締役に対し、損害賠償金及び遅延損害金の連帯支払いを求めた。裁判所は、被告らは、原告に対し、適合性違反、過大取引、無意味な反復取引、不適切な勧誘及び助言等を行い、これらの行為が原告に対する違法な行為になるとして、従業員等と会社については不法行為責任を認め、取締役には会社法四二九条一項に基づく賠償責任を認めた。判旨によれば、本件取引までに被告会社に損害賠償を命じる判決が六件存在し、その他苦情・紛争の申出が多数あったのだから、取締役として教育指導体制を整備し、不適切な勧誘・助言等を防止する義務があったにもかかわらず、従業員が不適切な勧誘・助言等を行ったことは、取締役に悪意又は重過失があったとして、取締役の会社法四二九条一項に基づく責任を肯定した。

この事件では、被告会社には既にいくつかの紛争があったことを受けて、従業員が違法な勧誘行為を行うことを防止すべき取締役の義務を厳格に捉えている。詐欺的な勧誘から投資者保護することは重要であって、取締役としては投資者保護に反する行為を防止する職務があるという立場が取られている。そのような任務を懈怠した取締役は投資家に対して損害賠償責任を負う結果となっている。本件のほか、従業員の違法な営業活動や不当な勧誘を受けて投資活動を行った投資者から、証券会社等の取締役の責任が追及されてその責任が認められた事例は少なくない。それらは取締役の監視義務が四二九条の対第三者責任として追及されているものである。(8)

(4)　従業員からの責任追及

次に裁判例で見られるのは、取締役が従業員に対して損害賠償責任を負う事案である。裁判所は、会社のほかに取締役個人に賠償させている。

〔7〕　大阪地裁平成二一年一月一五日判決（労働判例九七九号一六頁）

株式会社の取締役及び監査役は、会社に対する善管注意義務ないし忠実義務として、会社に労働基準法三七条を遵守させ、被用者に対して割増賃金を支払わせる義務を負っているというべきである。被告らは、会社の取締役が、会社をして従業員に対する賃金支払債務の履行をさせることを怠ることは、会社に当然に損害や不利益を与える行為とはいえないことから、取締役の善管注意義務又は忠実義務の内容として、会社に賃金支払債務を履行させる義務を負うとは認められないなどと主張する。しかし、平成一七年改正前商法二六六条ノ三（二八〇条一項）にいう取締役及び監査役の善管注意義務ないし忠実義務は、会社資産の横領、背任、取引行為など財産的範疇に属する任務懈怠だけでなく、会社の使用者としての立場から遵守されるべき労働基準法上の履行に関する任務懈怠も包含する。

そして、本件では労働基準法三七条に違反して会社が被用者に対し割増賃金を支払わなかったことから、代表取締役について悪意又は重過失による任務懈怠があったとして責任が認められると結論づけた。

たしかに賃金を払わないことは会社にとって不利益ではないとも言えるが、取締役の任務には会社やその株主の利益最大化のみではなく、会社による法令遵守が含まれるのであり、法令違反をした場合にそれを任務懈怠と解することは可能であり、当該法令によって守られるべき者が損害を受ければ、取締役の責任が生じると解される。

〔8〕　神戸地裁尼崎支部平成二〇年七月二九日判決（労働判例九七六号七四頁）

「被告Y_2は、Xの本件脳梗塞発症当時、Y_1会社の代表取締役であり、Y_1会社の代表者として、その被用者につき適正な労働条件が確保されるよう管理する職務上の義務を負っていたものと認められるところ、XのY_1会社における定期健康診断受診状況及びXのY_1会社に対する労働時間の申告状況等に照らし、Y_2は、Xの健康状態及び労働時間を容易に把握することができたものと認められ、Y_2は、重過失により上記義務を懈怠したものと認められる。」

取締役として従業員の健康状態や労働時間について注意を払う必要があるという裁判例は、このほかにも多々見られる。(9) 従業員の保護について取締役は重大な責任を負っていると裁判所は解するのであろう。(10) その発想は十分理解できるが、取締役が個人的にどこまで（いかなる場合に）損害賠償をすべきかが問題となろう。

(7) 久保利英明＝野宮拓「プリンスホテル事件と企業の使命（東京地裁平成二一年七月二八日）」NBL九一一号（二〇〇九年）八～一一頁、岩本一郎「日教組の教研集会会場使用拒否事件」法学教室三五〇号（二〇〇九年）二八頁参照。

(8) 一例を挙げれば、東京高判平成二〇・七・三一（いわゆる未公開株式を売り付けられたことにより損害を被った投資者が、取引を勧誘した会社の当時の代表取締役に対し、共同不法行為責任または商法二六六条ノ三第一項の責任に基づく損害賠償を求め、責任が認められた）、名古屋地判平成二〇・三・二五先物取引裁判例集五一号四〇〇頁（A会社に委託して複数の銘柄の商品先物取引を行ったXが、Xを勧誘したA会社の従業員の行為に違法があったと主張して、A会社の代表取締役、取締役らに対し、損害賠償を請求した。裁判所は、Xには少なくとも本件取引のような規模で先物取引を行うに十分な余裕資産があったとは窺われないことなどから適合性原則違反、説明義務違反、断定的判断の提供、新規委託者保護義務違反を認め、代表取締役や取締役らは、従業員に対する指導監督をして違法行為をなくすべき義務を怠ったとして、任務懈怠についての重過失があり、会社法四二九条一項の責任を認めた）、東京地判平成一九・一一・三〇判時一九九九号一四二頁（証券業の登録を受けない会社が行った未公開株の販売について、それが詐欺的商法と認められるとして、会社の代表取締役と営業本部長の肩書きをもつ取締役に商法二六六条ノ三に基づく責任が認められた）、大阪地判平成一七・一一・一八判時一九二七号一四八頁（実際は市場気配値の伝達しか行っていない会社を相手とする相対取引であることを知りながら、米国有数の外国為替取引企業が顧客の外貨売買の注文を外国為替市場に取り次ぐ内容の取引であるという虚偽の説明をして顧客を勧誘し、証拠金を送金させる行為を主導的に行ったとして、取締役の顧客に対する責任が認められた）、東京地判平成一五・三・一九判時一八四四号一一七頁（証券会社の代表取締役として、一般的な会社運営に関する注意義務を負うほか、証券会社として投資者保護のため定められたルールを遵守した適正な経営を行うよう監視監督する注意義務を負うことはいうまでもなく、被告らにおいては、取締役として負っていた違法な本件各取引がされないよう監視監督すべき義務を少なくとも重過失により怠ったとして、商法二六六条ノ三第一項の責任があるとされた）、東京地判平成一三・六・二八判タ一一〇四号二二一頁（違法な勧誘により、海外商品先物オプション取引を行い、損害を被った投資者が損害賠償を求めた。裁判所は、被告らの本件取引の勧誘は、断定的な判断を提供し、取引のリスクについての説明も不十分なまま行われたものであるとして、被告会社及びその代表取締役、営業担当者らの不法行為責任が認められた。代表取締役として被告会社の営業業務を統括していた者は、違法な勧誘行為を防止すべきであるのに防止しなかった監督上の重過失が認められるとして、商法二六六条ノ三に基づく損害賠償責任を負うとされた）等がある。

(9)　このほか、大阪高判平成一九・一・一八判時一九八〇号七四頁では、会社が適宜適切に安全配慮義務を履行できるように業務執行すべき注意義務を負担しながら、重大な過失により従業員の労務の過重性を放置した任務懈怠があり、その結果として従業員の死亡という結果を招いたことから、取締役の従業員に対する責任が認められた。大阪地堺支判平成一五・四・四判時一八三五号一三八頁では、従業員の基礎疾患に配慮せず過重な労働に従事させ、従業員の死亡を招いた代表取締役に、平成一七年改正前商法二六六条ノ三の責任が認められた。

(10)　取締役は、従業員に限らず、他の取締役から、責任追及訴訟を提起される可能性もある。たとえば、東京地判平成一九・六・一四判時一九八二号一四九頁では、取締役営業部長が、自己の退職慰労金の支給に付き決議がなされた取締役会における議案内容が不当であるとして、議案を提案した同社の代表取締役及び取締役らの任務懈怠責任を主張し、四二九条による損害賠償を求めた（請求は認められなかった事例）。

むすび

会社の業務執行によって損害を被った第三者は、まず会社に損害賠償を求めることが予想される（三五〇条）。しかし、第三者が取締役個人にも損害賠償を追及する事例も増えているようである。会社が責任を負う事例では、直接加害行為を行った取締役は第三者に不法行為責任を負うことになろう。取締役が第三者に直接加害行為を行った、あるいは不法行為によって損害を与えたという場合には、会社のみならず取締役が損害賠償責任を負うべきことは当然である。しかし、それ以外の取締役にも、監視義務違反を理由に四二九条の責任が追及される例は少なくない。従来、主に倒産状態に陥った小規模会社の事例において、裁判所は取締役の対第三者責任を広く認めてきた。

その場合には、直接加害行為を行った取締役以外についても監視義務違反を理由に責任を認めた。しかしそのような状況にない会社の事例についても、取締役に監視義務違反の責任を広く認めるべきであろうか。もちろん、そのような事案でも、他の取締役による違法行為について監視義務を十分に履行しなかったということで、会社への任務を怠ったと評価はできるが、このような会社に対する義務の違反を理由に第三者に対してもいつでも責任を負うべきなのであろうか。監視義務の範囲は拡大しやすく、結果責任にならないようにすべきである。

そもそも四二九条責任のリスクは大きい。四二九条の責任追及では、代表訴訟と異なり、制約原理が少ないからである。代表訴訟によって取締役の責任を追及するにはいくつかの問題があり、会社を代表して提起すべき適切な訴訟かどうか判断する必要性が高い。これに対して、四二九条では損害を受けた者が自らの損害を取締役に賠償請求するもので、そのような点を回避できる。換言すれば、代表訴訟では、（とりわけ善管注意義務違反の責任を追及する場合には）会社および株主全体の利益との調整が必要であり、その結果代表訴訟による責任追及は制約されるという発想がある。代表訴訟では、会社対その経営者個人という図式で、経営リスクの適正な配分の観点から、経営者に過大な責任を負わせるべきではないという発想もあったし、株主が取締役を選任しており、会社の損害リスクの公平な分担になるかという問題があった。しかし、四二九条の責任を追及するのは直接損害を被った第三者であり、自己の損害の塡補を求めるのであり、これらの考え方は必ずしも当てはまるものではない。四二九条では被害者が取締役の個人責任を追及し、裁判所も被害者救済の見地から取締役の責任を肯定することが予想される。

従来から取締役の第三者責任は任務懈怠を要件としてきた。任務懈怠の意味は、従来型の破綻した小規模会社の間接損害事例においては論理的であり責任要件として適切であるが、それ以外の類型においても同じであろうか。たとえば破綻していない会社の直接損害の事例も考えた場合に、たしかに取締役が監視義務を怠ったことで、第三者が損害を被ったと言える。しかし、そもそも第三者に直接損害を与えた行為者たる取締役について、必ずしも任務懈怠が明確な事例ばかりではなく、第三者への加害は明確であるが任務懈怠が曖昧な事例は少なくない。この場合、むしろ任務懈怠を要件としつつも、その意味が変容しているともいえる。直接損害の事案では、任務懈怠の意味は広くとらえられており、任務懈怠の意味が変質しているともいえる。[11] これに対して、監視義務は取締役の任務と捉えやすいからといって、直接損害の事案で広く第三者に対して監視義務違反の責任を認めるべきであろうか。

既に見てきたように、対第三者責任の事例は近時増加しており、事例の内容も多様になってきた。小規模会社の倒産に伴い会社債権者が取締役の個人責任を追及するという典型的なものばかりとは言えない。そのような典型例ではない場合に、他の取締役が第三者に直接損害を与える行為を行ったときに、監視義務違反を理由に直接行為を行っていない取締役にも個人責任を負わせることが適切かどうかが疑問となる。

近時、大規模会社を中心に社外の独立した取締役を多数導入すべきであるという声が再び大きくなってきている。しかし、このような監視義務違反の責任を広く認めるのであれば、社外から取締役となろうとする者にとって、四二九条の責任は脅威となろう。四二三条の定める会社に対する責任と異なり、全部免除（四二四条）はもちろん、一部免除の制度（四二五条～四二七条）も利用できない。社外から就任した取締役にとっては、他の取締役や従業員が第三者に損害を与えた場合に、監視義務違反を理由に多様な者から責任追及されるという、予測の難しいリスクの下にさらされるおそれがあると言えよう。その意味で社外からの取締役を積極的に活用するに当たっては、取締役は監視義務違反を理由に四二九条の責任をどこまで負うべきか、適切な範囲を検討しておく必要があろう。

(11)　伊藤雄司「取締役の第三者に対する責任」会社法の争点（二〇〇九年）一六六～一六七頁では、直接損害の事例で、実質的には会社ではなく会社債権者との関係において取締役が損害賠償責任を負う事情があるかを問題として、その評価が会社に対する任務懈怠という概念に仮託されていると指摘し、具体的にどのような事情が認められれば責任が発生するか必ずしも明らかとは言えないとする。また、江頭・前掲注(4)四六七頁では、会社債権者の損害拡大を阻止するために取締役には再建可能性、倒産処理等を検討すべき義務が善管注意義務として課されており、その任務懈怠が問題となるとする。中村康江「取締役の第三者に対する責任」立命館法学三〇九号（二〇〇六年）三六九頁では、取締役が第三者に対してなした加害行為が実質的に第三者に対する不法行為の要件を満たすときには、そのような行為が会社に対する任務懈怠を構成すると考える。

第八章　近時の株主代表訴訟をめぐる動向

一　序　論

近時、株主代表訴訟をめぐる議論が以前に比べると少し様変わりしてきた。従前は株主代表訴訟の活性化の議論や、濫用的株主代表訴訟への対処の議論が盛んであったが、近時は多重代表訴訟等へ議論の焦点が移ってきたようである。

平成五年の商法改正を契機に、わが国では株主代表訴訟が研究者のみならず実務家にとっても大きな関心を持つテーマとなった。それまでは使いにくい制度と思われていたためか、まれにしか提起されなかった株主代表訴訟は、それ以来着実に提訴の数が増加していった。そのことは、経営者への萎縮効果、すなわち経営者の間に濫用的代表訴訟や責任追及についての脅威をもたらし、責任免除規定（現在の会社法四二五条。以下、特に断らない限り条文は会社法のものとする）への創設へとつながっていった。あるいはいきすぎた株主代表訴訟に対しては、経営判断原則や担保提供命令の果たした役割は大きかったものと思われる。このころからファンドを始めとして株主の活動が積極的になりつつあった。そして、コーポレート・ガバナンスにおける株主代表訴訟の機能が重視され、違法・不正な経営行動に対する株主による監督機能を期待する声も少なくなかった。会社法の下では、組織再編によって株主代表訴訟が却下されるという裁判例を受けて、組織再編に伴う原告適格の喪失問題についても手当てが施された（八五一条、および平成二六年改正による八四七条の二）。

近時は株主代表訴訟の提起も一定数で落ち着いており、多額の損害賠償責任が認められたり、企業不祥事が発覚した後に、それを受けた株主代表訴訟が提起されたりするという状況に変化はないものの、株主代表訴訟の濫用が大きく危惧されるほど多発しているともいえない状況ではある。(1)一方で、コーポレート・ガバナンスに関する議論では、株主代表訴訟の制度を改めることよりも、企業買収や機関投資家による積極的な活動を受けて、独立取締役を重視したり、あるいは監査役の役割を問い直したりする動きがみられ、むしろこちらのほうが主流となっている。このことから、少なくとも今以上に株主代表訴訟の機能を拡大すべきであるという声は大きくないと感じられる。すなわち、親子会社関連を除けば、株主代表訴訟制度については現状を大きく変えようとする流れはあまりみられないものと思われる。

このような中にあって、裁判例をみれば、株主代表訴訟制度に関して最高裁が注目すべき判断を下した事例が続いている。これらは、最高裁として会社法制の中で株主代表訴訟をどのように位置づけるかその考え方を示している。

一方で海外に目を転じてみると、株主代表訴訟に関する歴史や経験が豊富なアメリカ法においても、現在のところ、株主代表訴訟にどこまで期待しているのか、今後期待しようとしているのか、必ずしも明らかではない。経営判断原則や責任免除、特別訴訟委員会制度によって、株主代表訴訟は増える方向にはなく、一般に株主代表訴訟への関心も減少傾向にあると思われる。むしろ、コーポレート・ガバナンスにおいては独立取締役に期待する動きが目立っている。(2)一方、わが国よりも後に欧米法を取り入れ、経済発展のめざましいアジアの国々においては、たとえば中国を始めとして近時株主代表訴訟を制度化した国があるが、株主代表訴訟が頻繁に提起されている国は現在のところあまりみられないし、今後大きく増加するとも思えない。むしろ、ほかのたとえば投資者保護制度等を使って、株主や投資者が経営者の責任を追及することが予想される。株主代表訴訟が制度化され、それなりに提起されてはいるものの、株主代表訴訟が活用されている国はあまりないのではないかと思える。(3)

これらのことを背景に考えるとき、今後、わが国において株主代表訴訟をどのようなものとして位置づけ発展させるべきか、が問われてくる。本章は、この観点から最近のわが国における株主代表訴訟の動向について検討するものである。

(1)　山田泰弘「役員等の会社に対する責任・株主代表訴訟による法実現の検証」法時八二巻一二号（二〇一〇年）一六頁では、株主代表訴訟は平成一七年以降は七〇件前後で大きく変化していないとし、一定の利用がなされているとの評価ができるとする。また、同一八頁では、企業再生に絡んで残余財産請求権の充実、反対株主の買取請求権の原資の確保を狙って株主代表訴訟を提起するのが、新しい動きとして注目されるとする。

(2)　このような指摘をするものとして、Davis, The Forgotten Derivative Suit, 61 *Vand. L. Rev.* 387 (2008).

(3)　この点については、株主代表訴訟研究会編『アジアにおける株主代表訴訟制度の実情と株主保護』（商事法務、二〇一〇年）参照。

二　最高裁判決にみる株主代表訴訟

最高裁は、最近株主代表訴訟をめぐって重要な判決をいくつか言い渡している。以下ではこれらについて検討することによって、株主代表訴訟についての最高裁の考え方を探ってみたい。

(1) 株主代表訴訟の対象となる取締役の責任

〔1〕 最高裁平成二一年三月一〇日判決（民集六三巻三号三六一頁）

(a) 事実および判旨

A会社の株主であるXは、A会社は本件各土地について第三者から買い受けたが、所有権移転登記は同社の取締役であるYにされているなどとして、Yに対し、平成一七年改正前の商法二六七条一項（会社法八四七条）の規定に基づき、A会社への真正な登記名義の回復を原因とする所有権移転登記手続をすることを求めた。

Xは、①主位的には、A会社の取得した本件各土地の所有権に基づき、A会社への真正な登記名義の回復を原因とする所有権移転登記手続を求め、②予備的には、A会社は本件各土地の買受けに当たり、取締役であるYに対し、本件各土地の所有名義をYとする所有権移転登記手続を委託し、Yとの間で期限の定めのないY所有名義の借用契約を締結していたが、遅くとも本件訴状がYに送達されたときまでには前記借用契約は終了したとして、前記契約の終了に基づき、A会社への真正な登記名義の回復を原因とする所有権移転登記手続を求めた。

原審（大阪高判平成一九・二・八金商一三一五号五〇頁）は、以下の趣旨の判示を行い、本件訴えをいずれも却下した。株主代表訴訟は、商法が、株主総会の権限を限定し、取締役の権限を広範なものとするとともに、取締役の特定の行為について、取締役に対し、会社と取締役との間の委任契約に基づく善管注意義務による責任を超えて厳格化、定型化された特別の責任を負わせていることを受けて、その責任の履行を確実なものとし、株主の地位を保護するために設けられたものと理解される制度である。そうすると、株主代表訴訟によって追及することのできる取締役の責任は、商法（平成一七年改正前）二六六条一項各号所定の責任など、商法が取締役の地位に基づいて取締役に負わせている厳格な責任を指すものと理解すべきであり、取締役がその地位に基づかないで会社に負っている責任を含まないと解することが相当である。したがって、本件訴えは、いずれも株主代表訴訟の対象とはならない取締役の責任を追及するもので、不適法といわざるを得ない。

これに対して、最高裁は以下のように判示した。

「昭和二五年法律第一六七号により導入された商法二六七条所定の株主代表訴訟の制度は、取締役が会社に対して責任を負う場合、役員相互間の特殊な関係から会社による取締役の責任追及が行われないおそれがあるので、会社や株主の利益を保護するため、会社が取締役の責任追及の訴えを提起しないときは、株主が同訴えを提起することができることとしたものと解される。そして、会社が取締役の責任追及をけ怠するおそれがあるのは、取締役の地位に基づく責任が追及される場合に限られないこと、同法二六六条一項三号は、取締役が会社を代表して他の取締役に金銭を貸し付け、その弁済がされないときは、会社を代表した取締役が会社に対し連帯して責任を負う旨定めているところ、株主代表訴訟の対象が取締役の地位に基づく責任に限られるとすると、会社を代表した取締役の責任は株主代表訴訟の対象となるが、同取締役の責任よりも重いというべき貸付けを受けた取締役の取引上の債務についての責任は株主代表訴訟の対象とならないことになり、均衡を欠くこと、取締役は、このような会社との取引によって負担することになった債務（以下「取締役の会社に対する取引債務」という。）についても、会社に対して忠実に履行すべき義務を負うと解されることなどにかんがみると、同法二六七条一項にいう『取締役ノ責任』には、取締役の地位に基づく責任のほか、取締役の会社に対する取引債務についての責任も含まれると解するのが相当である。」

「これを本件についてみると、Xの主位的請求は、Aの取得した本件各土地の所有権に基づき、Aへの真正な登記名義の回復を原因とする所有権移転登記手続を求めるものであって、取締役の地位に基づく責任を追及するものでも、取締役の会社に対する取引債務についての責任を追及するものでもないから、上記請求に係る訴えを却下した原審の判断は、結論において是認することができる。これに対し、Xの予備的請求は、本件各土地につき、Aとその取締役であるYとの間で締結されたY所有名義の借用契約の終了に基づき、Aへの真正な登記名義の回復を原因とする所有権移転登記手続を求めるものであるから、取締役の会社に対する取引債務についての責任を追及するものということができる。そうすると、予備的請求に係る訴えは、株主代表訴訟として適法なものというべきである。」

(b)　検　討

株主代表訴訟によって株主が追及できる責任の範囲については、この制度が導入された昭和二五年改正当時から議論のあったところである。平成一七年改正前商法二六七条では、株主代表訴訟を「取締役の責任を追及する訴え」としていたが、そこでいう取締役の責任の意義が争われていた。会社法の下でも株主代表訴訟は、「役員等の責任を追及する訴え」（ほかに一二〇条三項の訴え等あり）としていることから（八四七条一項）、そのままこの議論は引き継がれている。従来からの通説は、全債務説と呼ばれるもので、株主代表訴訟は、役員間の特殊関係から会社が取締役に対して責任追及を怠ることをおそれて各株主に提訴権を認めたものであるから、その対象は取締役が会社に対して負担するすべての債務であるという見解である。[4]これに対して、限定債務説と呼ばれる見解は、株主代表訴訟の対象を会社法が特に厳格に規定した取締役の責任（四二三条等）に限定すべきであるという見解である。この立場は、わが国の株主代表訴訟では、株主の判断で提訴が可能であり、そこに会社の経営政策上の理由から訴えを止める余地が認められていないことから、取引上の債務のように、会社の経営判断にかかわる請求については、対象から外すことが適切であることが根拠になっている。[5]一方、近時では、その中間的な見解もみられていた。履行請求をするかどうかが会社の裁量的事項である債務を外し、そうでない債務についてのみ株主代表訴訟の対象とする見解である。[6]もっとも中間的な立場を採る場合には、具体的にどのような請求であれば株主代表訴訟の対象となるのか、その明確な線引きは難しく、意見が分かれるところであった。

この点について、従来下級審判決の立場は分かれていた。大阪高裁昭和五四年一〇月三〇日判決（高民集三二巻二号二一四頁）は、株主代表訴訟によって追及することのできる「取締役の責任」には、取締役が法令または定款に違反した結果生じた会社に対する損害賠償責任や会社に対する資本充実責任だけでなく、不動産所有権の真正な登記名義の回復義務も含まれると解するとしていた。その理由としては、取締役の会社に対する責任を追及する訴えの提起は元来、会社のみがなし得るところであるが、取締役間の特殊な関係から会社においてかかる訴えを提起することがあまり期待できず、訴え提起懈怠の可能性が少ないことにかんがみ、その結果、会社すなわち株主の利益が害されることとなるのを防止してその利益を確保することにあるところ、取締役間の特殊の関係に基づく訴え提起懈怠の可能性は、取締役が会社に対し不動産所有権の真正な登記名義の回復義務を負っている場合でも異なるところではないからである旨を述べていた。

一方、最近の下級審判例では、むしろ限定債務説を採るものが目立っていた。たとえば、東京地裁平成一〇年一二月七日判決（判時一七〇一号一六一頁）は、以下のように判示して、取締役に就任する前に会社に対して負担した損害賠償責任は株主代表訴訟の対象とならないとしていた。「株主代表訴訟の制度は、昭和二五年の商法改正（同年法律第一六七号）によって、取締役の責任の厳格化と株主の地位の強化の一環として導入されたものである。右改正においては、それまで不明確であった取締役の会社に対する責任の発生原因及び損害賠償額等について詳細な規定（同法二六六条）が設けられ、責任の免除の要件について原則として総株主の同意を要する旨加重がされ（同条五項及び六項）、責任の追及の制度について従来の総会の提訴決議または少数株主による提訴請求の制度に代えて株主代表訴訟の制度（同法二六七条）が導入された。」、「株主代表訴訟の制度が導入された前記経過に照らせば、株主代表訴訟において追及の対象となる商法二六七条一項所定の取締役の責任とは、前記改正の際に取締役の責任として明確化、厳格化された商法二六六条所定の責任及び同改正時に取締役の厳格化された責任として別個に認識されていた同法二八〇条の一三所定の責任を意味するものと解することが相当であり、取締役が会社に対して負担する責任の総てが株主代表訴訟の対象となるとする原告の解釈は採用できない。」

また、東京地裁平成二〇年一月一七日判決（判時二〇一二号一一七頁）では、「個々の株主に自ら取締役に対して株主代表訴訟を提起する権限を与え、免除につき総株主の同意を要するなど免除困難な責任（旧商法二六六条一項各号所定の責任）又は免除不可能な責任（資本充実責任）について株主代表訴訟による確実な実現を期する一方、株主代表訴訟の請求原因を上記の各責任の追及に限定し、これ以外の場合には提訴するか否かを会社の決定に一任することによって株主の権限につき一定の制約を課したものである。」と述べた上で、株券引渡請求は対象とならないとした。(7)

このような学説、判例の状況にあって、本判決は最高裁としての立場を初めて明らかにし、取締役の地位に基づく責任のほか、取締役の会社に対する取引債務についての責任も含まれるとした。その理由としては、会社が取締役に金銭を貸し付けた場合、貸付けを行った取締役は株主代表訴訟の対象となるのに、貸付けを受けた取締役は対象とならないことの不均衡を挙げている。もっとも、判旨によれば全債務説のいうようにあらゆる債務が株主代表訴訟によって追及できるとしているわけではなく、取締役が会社と取引を行うことによって負担することになった債務という限定を付けている。一方で、取締役として負担した債務というような限定はみられない。しかし、「取締役として」ではなく「取締役の」債務であれば株主代表訴訟の対象となるという解釈でよいのであろうか。判旨は、取締役の地位に基づく責任に限られない旨を述べるが、どこまで及ぶのか疑問となる。

ここでの問題は会社の経営裁量に株主が代表訴訟の提起の形でどこまで介入できるかの問題でもある。(8) 確かに最高裁の論じるように、条文上取締役の責任を制限する根拠はない。しかし、取締役としての債務でなくてもよいとなれば、取締役に就任する前に会社に負担した債務までもが対象となることになり、逆に取締役退任後は、取締役ではなくなることから、元取締役の会社に対する債務は株主代表訴訟の対象ではないということにならないか疑問となる。後者については、会社法三八六条は取締役には「取締役であった者を含む」としているが、八四七条にはそのような文言はない。しかし、従来から、退任取締役の取締役在任中の責任追及は、たとえ当該取締役が退任した後であっても、株主代表訴訟の対象になると考えられてきたし、それが正当と思われる。もちろん取締役であった者でも、退任後に生じた債務については株主代表訴訟の対象にならないと解すべきである。取締役在任中の債務は取締役としての債務であるからこそ株主代表訴訟の対象となると思われる(9)。

また、最高裁は、会社を代表して他の取締役に金銭を貸し付けた取締役の責任と、金銭を借り入れた取締役の責任との均衡を欠くことを理由として挙げている。この点は、会社法の下では、金銭を貸し付けた取締役の責任を特に定めた規定（平成一七年改正前商法二六六条一項三号参照）はない一方で、会社から金銭を借り入れた取締役については厳格な責任が課せられ（会社法四二八条）、株主代表訴訟の対象となることから、会社法の下で判旨の理由が妥当するか疑問となる(10)。

本件判決は、株主代表訴訟の機能を拡大する結果になるのかもしれない。株主が代表訴訟によって経営監督機能を発揮することを最高裁が期待している現れであるとも考えられる。

そもそも、株主代表訴訟の対象となる責任の範囲については、会社（監査役）への請求制度と関連してくる。この制度は、会社の請求権なので、会社の経営裁量を重視するために事前に監査役に請求するというのであろうか、単に訴訟を提起する前に会社内の手続を尽くさせるという意味であろうか。アメリカ法のデマンド制度は前者であり、株主代表訴訟の対象は広い。これに対して、日本の株主代表訴訟制度では、後者であると考えられ、しかも株主は監査役に訴え提起を請求するものの、監査役の判断いかんにかかわらず、株主代表訴訟を提起できる制度になっている（八四七条三項）。したがって、ここでの監査役への請求はアメリカ法におけるデマンドとは大きく異なる。

日本法の請求が前者の制度となっており、会社の経営裁量を重視する構造になっているのであれば、株主代表訴訟の対象として、会社の裁量の下に置かれているすべての取締役の債務を対象とすることに合理性がある。しかし、ここでの請求制度では、訴え提起についての監査役による経営判断が重視されるようになっていない。このため監査役の判断を無視してでも訴え提起を認めるべきなのは、取締役の全債務であるとすることには疑問が生じる。ここでの対象が全債務であるならば、一人の株主の意向が強く働きすぎることになる。取締役と会社の訴訟においては、確かに常に提訴懈怠の心配があるが、だからといって株主の提訴を認めると、一株主の経営への介入が強すぎることになる。[11] 具体的な線引きは、条文上根拠が見出し難いが、限定債務説の立場を支持したい。

(2) 銀行取締役の責任

破綻した銀行の取締役の責任が追及され、その責任を厳格に認めた判決が近時続いていたが、最高裁では破綻していない銀行の取締役についても厳しい責任を課した判決がみられる。

〔2〕 最高裁平成二一年一一月二七日判決（金商一三三五号二〇頁）

(a) 事実および判旨

X等はA銀行の株主である。A銀行は、県の公金の収納または支払いの事務を取り扱う金融機関として指定を受けている銀行である。Yらは本件各融資の当時、A銀行の取締役の地位にあった。A銀行は、平成八年一〇月一日から平成一二年九月二九日までの間、県副知事等からの要請を受けて、B会社およびその経営者Cに対しつなぎ融資（県が直接融資をすることになっていたが、予算措置を執り県融資を実行するまでに時間を要するため、それまでの暫定的な融資）を行い、その後の追加融資（第一追加融資、第二追加融資、第三追加融資）を含めて合計約一八億円の融資を行った。しかし、平成一三年一月にB社は、民事再生手続を申し立てた。そこで、Xらは株主代表訴訟を提起して、A銀行が行った各融資は回収の見込みがないにもかかわらず実行されたものであるとして、同行の代表取締役または取締役であったYらに対し、融資を決定する際の善管注意義務違反を主張して、未回収相当額である約一六億円の損害賠償責任を追及した。

原審（高松高判平成一九・三・一六資料版商事法務三二〇号二六〇頁）は、B会社が事実上倒産しないために必須の資金について追加融資を実行せざるを得ず、また、同社への融資を打ち切った後も、県との信頼関係を継続していくこと自体が県の指定金融機関であるA銀行の経営にとっては大きなメリットであったのであるから、B会社への融資打切り決定後に実行された融資の金額が前記メリットに明らかに見合わない大きな損失とならない限り、前記融資の実行は許される余地があったというべきであるなどと述べて、本件各融資に関しYらに善管注意義務違反があることを否定し、Xらの請求を棄却した。

最高裁は、「決裁関与取締役が本件各追加融資の実行を決裁したことに合理性が認められるのは、本件つなぎ融資の融資金の回収原資をもたらす本件県融資が実行される相当程度の確実性があり、これが実行されるまで訴外会社の破綻、倒産を回避して、これを存続させるために追加融資を実行した方が、追加融資分それ自体が回収不能となる危険性を考慮しても、全体の回収不能額を小さくすることができると判断すること（以下、この判断を「本件回収見込判断」という。）に合理性が認められる場合に限られるものというべきである。」とした上で、「A銀行は、知事の意向について連絡があった後、県に対し、平成一〇年七月三一日、同年一二月二一日と二度にわたり期限を定めた要請書を発出して、本件県融資の実行を要請したにもかかわらず、C会長一族の排除に向けた格別の進展もなく、県は、二度目の期限である平成一一年三月三一日をも徒過し、その時点で、知事の意向が示された後一〇か月以上が経過していたというのであって、既に、県の担当者らの取組みによって、B会社の経営からのC会長一族の排除が実現されることを期待できる状況にはないことがほぼ明らかになっていたといえる上、それまでには、A

銀行自身が、その資産査定において、B会社の債務者区分を要注意先から破綻懸念先に変更することを決定しているのである。そのような状況の下で、ほとんど回収見込みのない追加融資を実行することは、単に回収不能額を増大させるだけで、全体の回収不能額を小さくすることにつながるものとはいえない。

そうであれば、上記の時点以前に実行された本件追加融資二については、決裁関与取締役の本件回収見込判断の合理性を直ちに否定することはできないものの、それ以降に実行された本件追加融資三については、決裁関与取締役の本件回収見込判断は、著しく不合理であったものといわざるを得ない。」

「平成一一年三月ころに県議会で承認された平成一一年度予算案には、B会社に対する融資原資に充てることを意図して、中小企業金融対策費に九億五〇〇〇万円が計上されており、I出納長やU副知事は、同年四月以降も、本件県融資の実行に取り組む旨の言動を続けていたものの、これらの事情は、上記判断を左右するものではない。」

「以上によると、本件各追加融資のうち、A銀行から県に対する二度目の融資実行要請の期限を徒過するまでに実行された本件追加融資一及び二に関し、決裁関与取締役に善管注意義務違反があったとは認められず、その余のY等についても、取締役の監視義務の懈怠があったか否かを検討するまでもなく、善管注意義務違反を認めることはできない。しかし、それ以降に実行された本件追加融資三に関しては、決裁関与取締役に善管注意義務違反があったものというべきである。」

(b)　検　討

この事件では、銀行取締役による追加融資判断について、下級審が取締役の判断は不合理であるとはいえないとして、善管注意義務違反の責任を否定したのに対して、最高裁は追加融資三について、取締役の判断は著しく不合理であったとして責任を認めている。すなわちB会社が県から再建資金の融資を受けるまでのつなぎ融資を行ったA銀行の取締役に関して、追加融資の実行を決裁したことに合理性が認められるか否かを判断するに当たり、最高裁は厳格な基準を立てて、融資判断が合理的といえるのは、つなぎ融資の融資金の回収原資をもたらす県融資が実行される相当程度の確実性があり、これが実行されるまで甲会社の破綻、倒産を回避して、これを存続させるために追加融資を実行したほうが、追加融資分それ自体が回収不能となる危険性を考慮しても、全体の回収不能額を小さくすることができると判断することに合理性が認められる場合に限られるとしている。このため、県に対する二度目の融資実行要請の期限を徒過した後に実行された融資について、決裁関与取締役の善管注意義務違反による責任が認められたわけであり、最高裁は、本件回収見込みは著しく不合理であったものといわざるを得ないと判断している。一方、原審では、取締役の義務違反を否定したが、その際に、銀行の県における地位と果たすべき社会的公共的役割（特にB会社を事実上倒産させた場合の地元取引先等に与える影響とA銀行の信頼低下）を考慮要素として挙げていることが注目される。しかし、この点については最高裁がどこまで考慮しているか不明である。

なお最高裁判旨では、不思議と経営判断原則について触れられていない。およそ経営判断と呼ぶべき判断ではなかったといえなくもないが、本件追加融資の一と二については、善管注意義務違反の責任を否定していることは経営判断原則の適用が前提になっていると思われる。ただ、多くの裁判例が使う経営判断原則の表現は使われていない。本件では、追加融資の三について、責任を認めたのも当然の事案ともいえるが[12]、銀行取締役の善管注意義務違反の責任を、破綻していない銀行を含めて、一般の事業会社の取締役に比べて厳格なものと解するべきかどうか[13]、その点について積極的に解した一連の裁判例の一つとして本件を理解することは可能である。

以上に関連して、株主代表訴訟ではなく、また刑事事件の事案ではあるが、最高裁平成二一年一一月九日判決（刑集六三巻九号一一一七頁）は、銀行の取締役が負うべき注意義務については、一般の株式会社取締役と同様に、いわゆる経営判断の原則が適用される余地があるとしながらも、「銀行業が広く預金者から資金を集め、これを原資として企業等に融資することを本質とする免許事業であること、銀行の取締役は金融取引の専門家であり、その知識経験を活用して融資業務を行うことが期待されていること、万一銀行経営が破たんし、あるいは危機にひんした場合には預金者及び融資先を始めとして社会一般に広範かつ深刻な混乱を生じさせること等を考慮すれば、融資業務に際して要求される銀行の取締役の注意義務の程度は一般の株式会社取締役の場合に比べ高い水準のものであると解され、所論がいう経営判断の原則が適用される余地はそれだけ限定的なものにとどまるといわざるを得ない。」と判示して、銀行取締役の責任の特殊性を強調して、経営判断原則の適用を制約している点が注目される。(14) 銀行の取締役による融資判断等についても経営判断原則が適用されないわけではないが、そもそも経営判断原則の適用と一口にいっても、業種や事業形態によって善管注意義務違反が認められる状況が異なることが考えられるのであろう。

(3)　株式買取価格についての経営判断に基づく責任

〔3〕　最高裁平成二二年七月一五日判決（判時二〇九一号九〇頁）

(a)　事実と判旨

甲会社は、A会社を含む傘下の子会社等をグループ企業として、不動産賃貸あっせんのフランチャイズ事業等を展開していた。A会社は、主として、備品付きマンスリーマンション事業を行うことなどを目的として平成一三年に設立された会社であり、設立時の株式の払込金額は五万円であった。A会社の株式は、発行済株式の総数九、九四〇株の約六六・七％に相当する六、六三〇株を甲会社が保有していたが、甲会社が、前記の事業の遂行上重要であると考えていた前記フランチャイズ事業の加盟店等もこれを引き受け、保有していた。

甲会社は、機動的なグループ経営を図り、グループの競争力の強化を実現するため、完全子会社に主要事業を担わせ、甲会社を持株会社とする事業再編計画を策定し、平成一八年五月ころ、同計画に沿って、関連会社の統合、再編を進めていた。A会社については、甲会社の完全子会社であるB会社に合併して不動産賃貸管理業務等を含む事業を担わせることが計画された。

甲会社には、社長の業務執行を補佐するための諮問機関として、役付取締役全員によって構成され、同社およびその傘下のグループ各社の全般的な経営方針等を協議する経営会議が設置されている。平成一八年五月一一日に開催された経営会議には、Y_1が代表取締役として、Y_2およびY_3が取締役として出席し、A会社とB会社との合併に関する議題が協議された。そして、その席上、①甲会社の重要な子会社であるB会社は、完全子会社である必要があり、そのためには、A会社もB会社との合併前に完全子会社とする必要があること、②A会社を完全子会社とする方法は、甲会社の円滑な事業遂行を図る観点から、株式交換ではなく、可能な限り任意の合意に基づく買取りを実施すべきであること、③その場合の買取価格は払込金額である五万円が適当であることなどが提案された。前記提案につき助言を求められた弁護士は、基本的に経営判断の問題であり法的な問題はないこと、任意の買取りにおける価格設定は必要性とバランスの問題であり、合計金額もそれほど高額ではないから、A会社の株主である重要な加盟店等との関係を良好に保つ必要性があるのであれば許容範囲である旨の意見を述べた。

協議の結果、前記提案のとおり一株当たり五万円の買取価格でA会社の株式の買取りを実施することが決定され、併せて、当時甲会社との間で紛争が生じており買取りに応じないことが予想された株主については、株式交換の手続が必要となる旨の説明がされ、了承された。甲会社は、監査法人等二社に株式交換比率の算定を依頼した。提出された交換比率算定書の一つにおいては、A会社の一株当たりの株式評価額が九、七〇九円とされ、他の一つにおいては、類似会社比較法による一株当たりの株主資本価値が六、五六一円ないし一万九、〇九〇円とされた。甲会社は、平成一八年六月九日ごろから同月二九日までの間に、本件決定に基づき、同社以外のA会社の株主のうち、買取りに応じなかった一社を除く株主から、株式三、一六〇株を一株当たり五万円、代金総額一億五、八〇〇万円で買い取った。その後、甲会社とA会社との間で株式交換契約が締結され、A会社の株式一株について、甲会社の株式〇・一九二株の割合をもって割当交付するものとされた。このような事実の下で、この株式買取りについてYらの善管注意義務違反の責任が追及された。

原審（東京高判平成二〇・一〇・二九金商一三〇四号二八頁）は、以下のように判示してY等の責任を認めた。本件買取価格は、A会社の株式一株当たりの払込金額が五万円であったことから、これと同額に設定されたものであり、それより低い額では買取りが円滑に進まないといえるか否かについて十分な調査、検討等がされていないこと、すでにA会社の発行済株式の総数の三分の二以上の株式を保有していた甲会社において、当時の状態を維持した場合と比較してA会社を完全子会社とすることが経営上どの程度有益な効果を生むかという観点から検討が十分にされていないこと、本件買取価格の設定当時のA会社の株式の一株当たりの価値は株式交換のために算定された評価額等から一万円であったと認めるのが相当であること等からすれば、本件買取価格の設定には合理的な根拠または理由を見出すことはできず、Yらは、取締役としての善管注意義務に違反して、その任務を怠ったものである。

これに対して最高裁は、以下のように判示して原審を破棄した。「本件取引は、A会社をB会社に合併して不動産賃貸管理等の事業を担わせるという甲会社のグループの事業再編計画の一環として、A会社を甲会社の完全子会社とする目的で行われたものであるところ、このような事業再編計画の策定は、完全子会社とすることのメリットの評価を含め、将来予測にわたる経営上の専門的判断にゆだねられていると解される。そして、この場合における株式取得の方法や価格についても、取締役において、株式の評価額のほか、取得の必要性、甲会社の財務上の負担、株式の取得を円滑に進める必要性の程度等をも総合考慮して決定することができ、その決定の過程、内容に著しく不合理な点がない限り、取締役としての善管注意義務に違反するものではないと解すべきである。」

「甲会社がA会社の株式を任意の合意に基づいて買い取ることは、円滑に株式取得を進める方法として合理性があるというべきであるし、その買取価格についても、A会社の設立から五年が経過しているにすぎないことからすれば、払込金額である五万円を基準とすることには、一般的にみて相応の合理性がないわけではなく、甲会社以外のA会社の株主には甲会社が事業の遂行上重要であると考えていた加盟店等が含まれており、買取りを円滑に進めてそれらの加盟店等との友好関係を維持することが今後における甲会社及びその傘下のグループ企業各社の事業遂行のために有益であったことや、非上場株式であるA会社の株式の評価額には相当の幅があり、事業再編の効果によるA会社の企業価値の増加も期待できたことからすれば、株式交換に備えて算定されたA会社の株式の評価額や実際の交換比率が前記のようなものであったとしても、買取価格を一株当たり五万円と決定したことが著しく不合理であるとはいい難い。そして、本件決定に至る過程においては、甲会社及びその傘下のグループ企業各社の全般的な経営方針等を協議する機関である経営会議において検討され、弁護士の意見も聴取されるなどの手続が履践されているのであって、その決定過程にも、何ら不合理な点は見当たらない。」

(b)　検　討

本件では、株式買取価格の決定についての取締役会における判断が善管注意義務違反に当たるかどうかが争点となった。東京高裁と最高裁の判断はきわめて対照的であることが注目される。そもそも、株式買取価格の決定は経営判断事項であり、経営判断原則の適用に当たっては、決定の過程がまず問題となる。この点に関して、東京高裁は、より低い額では買取りが円滑に進まないといえるか否かについて十分な調査、検討等がされていないことなど、決定のプロセスが十分でないことを重視しており、この点が決定的な意味を持った。これに対して最高裁は、株式取得の方法や価格についても、取締役において、総合考慮して決定することができ、その決定の過程、内容に著しく不合理な点がない限り、取締役としての善管注意義務に違反するものではないとし、決定過程にも何ら不合理な点は見当たらず、経営会議の決定で問題はないとした。また、弁護士の意見聴取については、東京高裁は、弁護士の意見を聴取したからといって、善管注意義務違反を否定することはできないとしたのに対して、最高裁は、弁護士の意見も聴取され手続が履践されており、決定過程に不合理はないとする。最高裁は、経営上の専門的判断に委ねられていることを強調し、経営判断原則の適用に依拠している。しかしながら、東京高裁も経営判断原則を無視しているわけではなく、裁判所によって取締役の判断が尊重されるためには、取締役会としてどこまでの調査検討が必要であるか、その基準が少し高めに設定されているものと考えられる(15)。逆に最高裁は、経営判断原則の適用の範囲内という立場を維持しつつも、ここでの問題を広く取締役の裁量に任される事項であると考えている。本件における最高裁の判示は、完全子会社化のための株式買取価格はおよそ経営裁量事項で裁判所は介入しないとして、一般化してしまうのはややミスリーディングではないであろうか。むしろ、本件では一定の調査検討があったことを前提としたものとして読むべきであろう。

以上、株主代表訴訟をめぐる近時の最高裁の判決を検討してきたが、(1)(2)の判決では、コーポレート・ガバナンスにおける株主による経営監督を重視しようとする姿勢をとろうとしているのか、株主が代表訴訟を提起する可能性を拡大する方向がみて取れる。しかし、(3)の判決では、株主代表訴訟による責任追及に一定の限界を示している。すなわち経営判断原則の適用範囲をやや広めにとらえ、取締役は総合考慮して決定することができ、その決定の過程、内容に著しく不合理な点がない限り、取締役としての善管注意義務に違反するものではないとしている。具体的な事案を離れて、抽象的に議論することにはあまり意味がないかもしれないが、取締役は相当程度広い裁量が与えられているかのような判示を行っている。その意味では、最高裁の判断は(1)(2)と(3)とで、進むべき方向についてバランスのとれた舵取りをしているのかもしれない。

（4）　鈴木竹雄＝竹内昭夫『会社法〔第三版〕』（有斐閣、一九九四年）三〇〇頁等。

（5）　北沢正啓「株主の代表訴訟と差止権」同『株式会社法研究』（有斐閣、一九七六年）二九三頁、江頭憲治郎『株式会社法〔第

三版〕』（有斐閣、二〇〇九年）四五三頁等。また、限定債務説は、株主代表訴訟が単独株主権であることから免除に総株主の同意を要する責任が、その主たる対象となるとしてきた。平成一七年改正前商法二八〇条ノ一三の責任については、従来から株主代表訴訟の対象とされてきた。ただし同条に当たる会社法二一三条の責任については、総株主の同意がなくても免除が可能であると解されており（相澤哲編著『新・会社法の解説』別冊・商事法務二九五号（二〇〇六年）六〇頁）、この責任が株主代表訴訟の対象にならないことになりそうだが、そのような結論は支持できない。

(6)　たとえば、大塚龍児「株主権の強化・株主代表訴訟」落合誠一＝江頭憲治郎＝山下友信編『現代企業立法の軌跡と展望』（商事法務研究会、一九九五年）五八頁はこの立場と考えられる。

(7)　そのほか、東京地判昭和三一・一〇・一九下民集七巻一〇号二九三一頁、大阪地判昭和三八・八・二〇下民集一四巻八号一五八五頁も限定債務説に立つものと思われる。

(8)　会社が有する債権についてどのように履行を求めるかは会社の経営判断である。しかも、取締役が会社を代表して債務の履行を求めないことが義務違反となることはきわめて例外であると解される。東京地判平成一七・三・一〇判タ一二二八号二八〇頁は、「会社が特定の債権を有し、ある一定時点においてその全部又は一部の回収が可能であったにもかかわらず、取締役が適切な方法で当該債権の管理・回収を図らずに放置し、かつ、そのことに過失がある場合においては、取締役に善管注意義務違反が認められる余地があるというべきである」としながらも、「債権管理・回収の具体的な方法については、債権の存在の確度、債権行使による回収の確実性、回収可能利益とそのためのコストとのバランス、敗訴した場合の会社の信用毀損のリスク等を考慮した専門的かつ総合的判断が必要となることから、その分析と判断には、取締役に一定の裁量が認められる」とした上で、「取締役の裁量の逸脱があったというためには、取締役が訴訟を提起しないとの判断を行った時点において収集された又は収集可能であった資料に基づき、〈1〉当該債権の存在を証明して勝訴し得る高度の蓋然性があったこと、〈2〉債務者の財産状況に照らし勝訴した場合の債権回収が確実であったこと、〈3〉訴訟追行により回収が期待できる利益がそのために見込まれる諸費用等を上回ることが認められることが必要というべきである」とする。

(9)　稲葉威雄『会社法の解明』（中央経済社、二〇一〇年）四七七頁は、現在の取締役については会社に対する全債務が、取締役であったものについては取締役の地位に基づくものと取締役時代の取引上の責任が対象となるとするのが適当と考えられるが、そのような仕切りが解釈で成立するかどうかが問題とする。

(10)　藤原俊雄「判批」判例評論六一一号（二〇一〇年）二五〜二六頁は、会社法の下では、従来ほどに限定債務説を採るときのアンバランスはなくなったとする。しかし、会社法では会計監査人・会計参与の場合も株主代表訴訟の対象とされ、その範囲が広がったのは取引債務限定説に有利な制度変更であり、会社が提訴するか否かの裁量を認めない日本法では不都合という理由は、和解に関する規定の導入（八五〇条）、不提訴理由通知制度の導入等（八四七条四項）によって、論拠としての基礎が崩れたと論じる。

(11)　北村雅史「判批」民商一四二巻二号（二〇一〇年）一九九～二〇〇頁では、最高裁の判旨からは具体的に定められた厳格な責任および取引債務以外の債務が株主代表訴訟の対象となるか明らかではないが、取締役の職務関連性から忠実に履行すべき債務として、無効な利益相反取引に基づく原状回復義務や違法に支給された役員報酬の返還義務は対象となると推論する。

(12)　吉本健一「判批」金商一三四七号（二〇一〇年）一〇頁は、本件追加融資の判断は県融資の実行に引きずられ、県の銀行に対する強い働きかけという特殊な事案から、取締役には気の毒な面もあるが、銀行取締役の法的責任という面では、時間稼ぎの回収見込みのない追加融資である限り、その責任はやむを得ないと論じている。

(13)　この点に関しては、岩原紳作「金融機関取締役の注意義務――会社法と金融監督法の交錯――」小塚荘一郎＝髙橋美加編『（落合誠一先生還暦記念）商事法への提言』（商事法務、二〇〇四年）一八六頁以下参照。

(14)　続けて判旨は、「銀行の取締役は、融資業務の実施に当たっては、元利金の回収不能という事態が生じないよう、債権保全のため、融資先の経営状況、資産状態等を調査し、その安全性を確認して貸付を決定し、原則として確実な担保を徴求する等、相当の措置をとるべき義務を有する。例外的に、実質倒産状態にある企業に対する支援策として無担保又は不十分な担保で追加融資をして再建又は整理を目指すこと等があり得るにしても、これが適法とされるためには客観性を持った再建・整理計画とこれを確実に実行する銀行本体の強い経営体質を必要とするなど、その融資判断が合理性のあるものでなければならず、手続的には銀行内部での明確な計画の策定とその正式な承認を欠かせない」とする。

(15)　落合誠一「アパマンショップ株主代表訴訟最高裁判決の意義」商事法務一九一三号（二〇一〇年）七頁では、東京高裁判決は裁判所による経営決定の過程、内容への吟味、介入についてきわめて積極的であって、その点において先行判例の流れからは大きく外れており、妥当とはいえないと批判する。

三　株主代表訴訟をめぐる諸要素の変化

(1)　経営判断原則の進展

株主代表訴訟が提起されたとしても、追及された取締役の責任が裁判所によって否定される例は少なくない。その場合、経営判断原則の適用による旨、あるいは取締役の経営裁量を重視する旨を述べる裁判例がきわめて多い。株主代表訴訟のもたらす経営者への萎縮効果に対しては、取締役の経営判断の尊重が有用であり、平成五年の商法改正以降株主代表訴訟の数が増えたものの、取締役の責任が認めれた事例が必ずしも多くないのは、わが国でもこの法理の適用が確立していったためであると思われる(16)。しかし、一方では、経営判断原則の過度な依拠は株主代表訴訟の機能を損なうのではないかとの考えも成り立つところである。株主が代表訴訟を使って経営監督機能を発揮しようとしても、経営裁量の厚い壁に阻まれ、効果を発揮できないことにもなろう。およそ経営判断事項については裁判所の介入は否定すべきなのであろうか。もっとも、裁判所はいつでも経営者の判断を尊重してきたわけではない。一方で破綻金融機関の取締役の責任を厳格に問う裁判例もみられ、この種の取締役については経営裁量が狭く解されているのかという疑問も生じる。また前記(2)の最高裁では破綻していない銀行の取締役についても責任が認められている。もっとも、責任を認めた事例では、単に善管注意義務に反する行為があったにすぎないと理解することも可能である(17)。

経営判断原則は、企業の社会的責任との関連でも問題となる。取締役は、株主代表訴訟をおそれるため、株主の利益と直接関係のない行為はとりにくい。ここで取締役の裁量を広く認めることは、たとえば企業の社会的責任を実現するためにはプラスになるかもしれない。すなわち、経営判断原則によって、ステークホルダーの利益の反映が容易になるかということである。というのは、経営判断原則の下では会社の究極的な利益のために株主以外の利益を考慮することも取締役の裁量に任されると理解するのであれば、ステークホルダーの利益を考えた経営が容易になるからである。株主以外の利益は多様であり、それぞれの利害関係者の考えを直接反映させると収拾がつかない。そこで、経営者にステークホルダーの利益の考慮をさせるとともに、その考慮に当たってある程度裁量を認めざるを得ないであろう。これに対して、株主利益最大化基準を厳格に適用すれば、取締役の裁量は大きく制約される。たとえば社会に有害な敵対的企業買収がなされる場合を始めとして、取締役が多数派株主の意向だけで行動することが必ずしも適切ではない場面において、経営判断原則によって取締役に広く裁量を認めれば取締役が株主以外の利益に配慮して経営行動を取ることを可能にする余地はある。しかし、本来経営判断原則は、取締役が株主の最善の利益を考えて行動していることを前提にして、適用されるものではある。[18]すなわち、取締役が株主の最善の利益を図るからこそ、株主は取締役に経営を任せているのである。もちろん社会的利益の配慮は長期的にみて（あるいは最終的に）株主の最善の利益に合致するといってしまうことも可能であるし、株主利益最大化という考え方を少し修正し、あるいは経営判断原則の名の下に取締役の行動の範囲を拡大することは考えられなくはない。そのような立場が正当かどうかは、社会における株式会社のあり方についての考え方によって決まると思われる。もちろん、いくら社会的要請があるからといって、取締役が自己の利益を図る場面において経営判断原則の適用が認められるものではない。なお、株主利益について特に言及することなく会社の寄附に経営裁量を認めた判決もみられる。[19]そこでは、株主の利益最大化とは無関係に、取締役の経営裁量について論じており、単に社会的非難可能性の点から考えることを求めているように読める。経営判断原則から、株主全体の利益を図った経営判断という前提を外してしまうと、取締役の善管注意義務違反の追及が難しくなる。しかし一方で、取締役の経営裁量を相当程度認めることで、株主利益を超えた活動の余地も認めたい面もあるのである。

(2) 監視義務違反の責任

株主代表訴訟の対象となるのは、違法行為を直接行った取締役に限られない。他の取締役等による違法行為がなされた場合には、取締役が監視義務違反の責任を追及される場合は多いが、具体的な場面において取締役として何をなすべきであったか必ずしも明確とはいえない。このため、株主代表訴訟の数が増えれば、監視義務違反の責任が取締役にとって脅威となる可能性があった。しかし、経営判断原則は監視義務違反のように、積極的な経営判断を下していない場合には適用されない[20]。すなわち、他の取締役等の違法行為を発見した場合については、その対応に広く裁量が認められるわけではない。また、一定範囲で他の取締役等が適法に行動していることを信頼することはできるが、無関心を決めることは経営判断ではなく、何もしない裁量が取締役にあるわけではない。

この点について、近年内部統制システムが重視され、会社法でも大会社については取締役会での決定が義務づけられた（会社法三六二条五項、四項六号）。その結果、取締役の行為規範が明確となり、取締役の監視義務違反がいつでも問われるという可能性はいくぶん減少したようにも思われる。基本的には、取締役は内部統制システムの設置と運用が適切に行われていれば責任が否定されると理解できる。

最高裁平成二一年七月九日判決（金商一三二一号三六頁）においては、リスク管理体制を重視して取締役の義務違反を否定した。すなわち、「売掛金債権の回収遅延につきBらが挙げていた理由は合理的なもので、販売会社との間で過去に紛争が生じたことがなく、監査法人も上告人の財務諸表につき適正であるとの意見を表明していたというのであるから、財務部が、Bらによる巧妙な偽装工作の結果、販売会社から適正な売掛金残高確認書を受領しているものと認識し、直接販売会社に売掛金債権の存在等を確認しなかったとしても、財務部におけるリスク管理体制が機能していなかったということはできない。

以上によれば、上告人の代表取締役であるAに、Bらによる本件不正行為を防止するためのリスク管理体制を構築すべき義務に違反した過失があるということはできない。」

これは、会社の代表取締役であるAに、Bらによる本件不正行為を防止するためのリスク管理体制を構築すべき義務に違反した過失があるということはできないとされた事例である。ただし、この事件は株主代表訴訟により取締役の会社に対する責任が追及された事例ではなく、会社法三五〇条により株主から会社の不法行為責任が問われている。適切にリスク管理体制を設けておけば、取締役の責任が否定される可能性が高まると思われることから、（取締役であればとりあえず被告とするような）監視義務違反を理由とする濫用的な株主代表訴訟を防ぐことはできる。他の取締役等に違法行為があった場合であっても、常に監視義務違反の責任を認めるのは適切ではない。ただし、取締役は、経営者として合理的な管理体制を構築・実施しておくことが求められ、内部統制システムが形骸化していかないようにする努力が必要である。

監視義務違反の責任を考えるに当たっては、最高裁平成二一年一一月二七日判決（金商一三四二号二二頁）が注目される。この事件は、株主代表訴訟ではなく、また、株式会社ではなく農業協同組合の監事の事案である。X（農業協同組合）のA（代表理事）が、堆肥センターの建設事業を計画・実行した。しかし、同事業は、当初、補助金の交付を受けることによりXの資金的負担のない形で行うとの理事会の承認の下で計画が進められていたのに対して、Aは、補助金の交付申請をしないまま、理事会にはこれをしているとの虚偽の報告をし、Xの資金を使って建設用地を取得するなどして同事業を実行に移したため、同事業は、資金調達の目処が立たず、中止に追い込まれた。最高裁は以下のように判示して、Y（監事）の責任を認めた。「Yは、Xの監事として、理事会に出席し、Aの上記のような説明では、堆肥センターの建設事業が補助金の交付を受けることによりX自身の資金的負担のない形で実行できるか否かについて疑義があるとして、Aに対し、補助金の交付申請内容やこれが受領できる見込みに関する資料の提出を求めるなど、堆肥センターの建設資金の調達方法について調査、確認する義務があったというべきである。しかるに、Yは、上記調査、確認を行うことなく、Aによって堆肥センターの建設事業が進められるのを放置したものであるから、その任務を怠ったものとして、Xに対し、農業協同組合法三九条二項、三三条二項に基づく損害賠償責任を負うものというほかはない。」

最高裁によれば、監事は、代表理事の理事会における説明に疑念を抱くべきであったとする。それにもかかわらず調査・確認をしないで放置したことから任務懈怠があったとしているわけである。本件事案としては監事の責任を認めたことが適切であったかもしれないが、一般論として、理事への信頼は許されず監事には常に積極的に理事の理事会での発言に疑いを持って行動することが要求されるのであろうか。もしも、この判決の考え方を応用すれば、株式会社の監査役も取締役会での取締役の発言には十分に耳を傾け、積極的に疑わしい点を探し出して、調査・確認をしなければ、任務懈怠の責任を問われかねないことになる。監査役には業務監査権限があるとしても、このような積極的義務を広く認める場合には、監査役とりわけ社外監査役にとっては、多大な責任のリスクが危惧されることになる。

(3)　コーポレート・ガバナンスと株主代表訴訟

株主代表訴訟をコーポレート・ガバナンスにおける一手段と位置づける場合、他の手法との関係が問題となる。わが国では近時、従来にも増して監査制度の改善について議論されることが多くなっている。監査役制度が機能していれば、株主代表訴訟の守備範囲を広く考えるまでもないともいえる。あるいは監査役が十分機能していないから株主代表訴訟の意味があるともいえる。むしろ監査制度の改善を進めて、株主の介入を制約し、株主代表訴訟の対象を制限的に解するという方向もあり得る。訴訟委員会の制度は独立取締役を委員とした上で不適切な訴訟を終了させることを意図する制度であるが、そこまで強力な制度をとらなくても、一方で監査制度を充実させ、他方で株主代表訴訟の対象を制限することも考えられなくはない。

現在の制度でも、監査役設置会社では、株主の提訴請求について判断を行うのは監査役である。監査役は株主の請求を受けとめて、取締役への責任追及について意見をいう機会が与えられている。監査役は取締役に義務違反があっても自ら提訴しない場合も認められている（会社法施行規則二一八条三号）。この規定の趣旨から考えると、監査役は取締役に対して請求することができる場合であっても、会社の政策として訴えを起こさないと判断する余地があることになる。しかし、その場面において、監査役に過度の期待をすることは適切でなく、会社法は、株主代表訴訟を終了させることなく、株主の提訴に途を残す。その意味ではあくまでも監査制度と株主代表訴訟は相互に補完する制度と理解すべきである。アメリカでは経営監督手段として、株主代表訴訟から独立取締役へとシフトがみられるという指摘がある。[21] もちろん両者は二者択一の関係にあると考えられているわけではないが、重点が移っていることは理解できる。たしかに、コストの面では独立取締役が優れている。独立取締役が経営者から独立して株主利益最大化を図り、経営監督機能を発揮するのであれば、株主代表訴訟の守備範囲も変わってくるかもしれない。この発想は訴訟委員会制度にもつながっていく。

かつては、わが国でも、立法論として訴訟委員会制度の導入が主張された時期があったが、現在では必ずしも強く主張されてはいない。アメリカの州法および判例法では、デマンドが必要かどうか、訴訟委員会の判断の尊重をめぐって、その考え方に変遷がみられるが、いずれにしても株主代表訴訟を抑制する方向にあるとみられる。訴訟委員会制度は、その委員である取締役の独立性確保が前提となるが、それが十分に達成できていないわが国では、訴訟委員会制度を導入すれば、株主代表訴訟制度は相当なダメージを受けるかもしれない。東証の有価証券上場規程（四三六条の二）では上場内国株券の発行者は、一般株主の保護のため、独立役員（一般株主と利益相反が生じるおそれのない社外取締役または社外監査役）を一名以上確保しなければならないと定めている。その上で、独立役員届出書の提出を求める。ここで定められる独立取締役であれば経営監督機能を十分発揮できるのかが問われよう。

(4) 株主への直接の賠償責任

そもそも株主にとっては株主代表訴訟がどこまで使いやすい制度であるか疑問も生じる。株主代表訴訟では株主個人の利益が回復されるわけではないからである。そこで四二九条による第三者として取締役の責任追及が考えられる。いつでも株主が第三者に該当するわけではないが、同条の責任追及によれば、株主が直接損害賠償を得ることができるし、株主代表訴訟と異なり、会社株主全体の利益との調整を考える必要性が少ない。従来典型的であった小規模会社の事例以外でも、取締役の責任が四二九条によって追及される事例が近時よくみられるようになっている。(22) また、不実開示の事例では、金融商品取引法に基づく会社や取締役の責任を投資者が追及し、裁判所も投資者保護の見地から取締役の責任を厳格に認める事例もあり、株主代表訴訟の役割が金商法上の民事責任に一部代替されるとの見方もある。(23) しかし、株主への直接の損害賠償が続けば、会社の損害が塡補されないことから、会社の存続を危うくしかねない。会社全体の利益、取締役の違法行為抑止の意味では、株主代表訴訟が優れている。コーポレート・ガバナンスの手段としては、四二九条も金融商品取引法上の訴訟もいつでも株主代表訴訟の代替となるわけではなかろう。

(5) 会社の負担する弁護士報酬

株主代表訴訟を提起した株主が勝訴した場合には、当該責任追及等の訴えに係る訴訟に関し必要な費用を支出したときまたは弁護士に報酬を支払うべきときは、会社に対しその費用の額の範囲内またはその報酬額の範囲内で相当と認められる額の支払いを請求することができる（八五二条一項）。問題は、この規定によって株主が原則として通常の弁護士報酬全額を会社に請求できるのか、あるいは株主が一部自己負担することが前提になっているかである。この点について、会社に求償できる弁護士報酬を制限的に解した裁判例がみられる。すなわち、大阪地裁平成二二年七月一四日判決（判時二〇九三号一三八頁）は、「『相当ナル額』とは、株主代表訴訟において株主から訴訟委任を受けた弁護士が当該訴訟のために行った活動の対価として必要かつ十分な程度として社会通念上適正妥当と認められる額をいい、その具体的な額は、当該訴訟における事案の難易、弁護士が要した労力の程度及び時間、認容された額、判決の結果当該会社が回収した額、株主代表訴訟の性格その他諸般の事情を総合的に勘案して定められる」と述べた。その上で、「別件株主代表訴訟の判決認容額は、一一名関係訴訟が総額で五億五八〇五万円及びこれに対する遅延損害金、二名関係訴訟が総額で五三億四三五〇万円及びこれに対する遅延損害金であり、判決の結果被告は一一名関係訴訟については遅延損害金部分を含めてその全額を回収し、二名関係訴訟については一億一八五五万八四六四円を回収しているのであって、被告は現実に上記回収額相当の経済的利益を受けている。これらの事情に加えて、二名関係訴訟の被告であるDらは実質的には事実関係をほとんど争っておらず、同訴訟に関して別件受任弁護士らの要した労力は少なかったということができること、二名関係訴訟の判決認容額のうちの大部分は客観的にみて当初より回収し得ない金額であったと考えられ、被告がその回収を殊更怠ったような事情もうかがわれないこと、株主代表訴訟の性格等を併せ考えると、別件株主代表訴訟における旧商法二六八条の二第一項の原告が別件受任弁護士らに支払うべき報酬額の範囲内で『相当ナル額』は八〇〇〇万円と認めるのが相当である。」とした。

本件の原告株主が提起した株主代表訴訟においては、直接違法行為に関与した二人の取締役に対する責任追及と、直接関与していなかった取締役・監査役の責任追及がなされていた。前者は賠償額が多額に及んだものの、実際には回収ができなかった。この場合会社法八五二条一項における「相当な額」を判断するに当たっては、現実の回収額がどこまで重要な要素となるのかが問題となる。確かに弁護士報酬が不当に巨額に及ぶことも予想され、それを会社がすべてを負担するときには、他の株主全体にとって不利益となるし、弁護士報酬目当ての濫用的な株主代表訴訟が頻発するおそれがあろう。(24) 会社にとってみれば（あるいは他の一般株主も）、出費が多く回復額の少ない、その意味で割に合わない訴訟は歓迎されず、そのような訴訟について多額の弁護士報酬を払うことに抵抗があろう。その意味では回収額から考えて、会社の支払う弁護士報酬は相当な額に制限することは理解できる。しかし、一方で、いつでも回収額を基準に負担する弁護士報酬が決まるのであれば、株主代表訴訟を提起する株主の負担は小さくない。たとえば取締役の違法行為の抑止的効果を狙うものの、金銭的な回収はあまり期待できない株主代表訴訟の場合にはほとんど会社から弁護士報酬が塡補されないことになる。仮に株主代表訴訟ではなく、監査役が会社を代表して責任追及をしていてもほぼ同額の弁護士報酬を要するという場合であっても、そのような弁護士報酬額の全額塡補は否定されるのであろうか。そうであれば、会社としては監査役ではなく株主に提訴してもらうことで得をすることになる。その結果、株主の請求に対して監査役は訴えを起こさないことが無難という結果になる。現実の回収を基準とするならば、原告株主が弁護士会の報酬規程に従って契約しても、相当の額の自己負担が考えられる。(25) 現実に回収できるかという点は、株主には当初の段階では予測不可能であり、結局費用の負担についてリスクを株主が負担することになってしまう。その意味で、この判決のもたらす株主代表訴訟への影響は小さくないと思われる。多額の損害賠償責任が認められ、抑止的効果の点で、他の株主にも有形無形の利益が生じているのに、原告株主が相当な負担をしなければならないということになれば、株主代表訴訟の提起が消極的になるというおそれもある。取締役の責任追及における抑止的効果という側面を重視して株主代表訴訟という制度を位置づけるべきではなかろうか。

(6) 二重代表訴訟

現在、法制審議会会社法制部会では「親子会社に関する規律」が会社法の改正検討項目として議論されている。この中には多重代表訴訟という論点がある。親会社株主が子会社取締役の責任を追及できるかどうかについては、永年議論されてきたところである。子会社も別会社であるという原則に従えば、親会社の株主が親会社取締役の責任を追及するのが筋であり、それが認められる可能性があれば（因果関係や損害の立証が難しい）、あえてこのような制度は不要かもしれない。二重代表訴訟の制度を導入するよりも、親会社取締役による子会社管理に関する責任の内容の明確化と精緻化を図るなど、親会社取締役の責任を追及しやすいようにするほうが簡単ともいえる[26]。また株主代表訴訟においては、損害塡補よりも抑止を重視すべきで、損害論によって手足を縛られないようにすることも考えるべきであろう。しかし、親会社への損害塡補の制度だけでは、子会社の健全なコーポレート・ガバナンスの実現は必ずしも実現されない。

一方、二重代表訴訟は、子会社取締役に対して子会社の利益に合致するよう行動させる手段としては有効であるが、親会社の単独株主の提訴を認めることについて、子会社に親会社以外の株主もいる場合には、別に考えるべきかもしれない。また、子会社といっても、それは親会社の一事業部門であり、その取締役はたとえば課長のランクであれば、株主代表訴訟の対象から外したほうがよいという議論がある。仮に二重代表訴訟を認めるとなると、会社の一部門を子会社化して、従業員を取締役とすると株主代表訴訟の対象になってしまうという問題がある。しかし、アンバランスの問題というのであれば、子会社の規模によっても変わるので一概にはいえないが、子会社の取締役が執行役員に相当するのであれば、本来執行役員が株主代表訴訟の対象となっていないことが問題なのではないであろうか[27]。

また、行為時株主原則について、従来わが国では導入することに否定的な立場が取られてきたが、二重代表訴訟を導入する場合には、親会社子会社関係の創設時点までの行為かどうか区別するという意味で、これとは異なる考え方を採るべきか検討の余地がある。

(16)　落合・前掲注(15)九頁では、経営の専門家でもない裁判官が、裁判官の常識に基づいて、その経営判断の過程・内容を積極的に逐一詳細に吟味・介入すべきではなく、一般的な経営者の常識からみても、特におかしなものである場合にのみ、経営者に善管注意義務違反があると判断すべきであるとする。この立場は経営裁量を比較的広くとらえる見解といえよう。

(17)　あるいは、岩原・前掲注(13)二〇六頁では、あまりにずさんな融資決定で、経営判断原則が問題となり得ない事件もあったとする。

(18)　取締役の融資判断について善管注意義務違反が問われた事案で、その際に連鎖倒産の防止や企業育成という要素を考慮する余地もあったが、最判平成二〇・一・二八判時一九九七号一四八頁は、当該銀行の取締役として銀行の経済的利益に合致するように融資判断を行ったかどうかで判断し、その責任を認めている。清水真＝阿南剛「北海道拓殖銀行カブトデコム事件最高裁判決の検討」商事法務一八九六号（二〇一〇年）四六頁、前記(2)の最判平成二一・一一・二七も同様。

(19)　福井地判平成一八・八・三〇公刊物未登載。そこでは、会社の行った寄附について、法令違反、および内部統制システムの構築等を含めて取締役の善管注意義務違反があったとして責任が追及されたが、裁判所は以下のように判示して、これを認めなかった。「企業として遵守すべき規範として、法令を超えてどのような規範を設けるかについては、当該企業の自主的判断に任されるべき事項であって、取締役には一定の裁量があるから、当該会社の状況及び会社を取り巻く社会経済情勢の下において、当該会社の属する業界における通常の経営者の有すべき知見及び経験を基準として、当該行為の社会的な非難可能性の有無等の観点から、当該行為をすることが著しく不相当といえないと評価される場合には、善管注意義務違反には当たらないと解するのが相当である。」、「本件寄附は、合理的な範囲内にあり、不相応な寄附とまではいえないから、被告らに取締役の善管注意義務違反があったということはできない。」と判示し、当該寄附が会社・株主の利益にどのようにかかわっているか、特に論じてはいない。

(20)　大阪高判平成一八・六・九判時一九七九号一一五頁は、「現に行われてしまった重大な違法行為によってA会社が受ける企業としての信頼喪失の損害を最小限度に止める方策を積極的に検討することこそが、このとき経営者に求められていたことは明らかである。ところが、前記のように、一審被告らはそのための方策を取締役会で明示的に議論することもなく、「自ら積極的には公表しない」などというあいまいで、成り行き任せの方針を、手続き的にもあいまいなままに黙示的に事実上承認したのである。それは、到底、『経営判断』というに値しないものというしかない。」と判示する。

(21) たとえば、Davis, supra note 2, at 388.

(22) 近藤光男「役員の対第三者責任の事例における最近の動向と今後の展開」企業会計六二巻七号（二〇一〇年）七八頁以下。

(23) 山田・前掲注(1)一九～二〇頁では、利他的な行動となる株主代表訴訟については、利用のインセンティブの付与に消極的であるのに対して、利己的な行動となる金商法上の民事責任の追及については強いインセンティブが付与されているので、これにより会社における経営陣の行為規範の確立や実質的な救済の付与という法実現の場は、株主代表訴訟から金商法上の民事責任の追及訴訟に移行することが予想され、情報開示が絡む領域では、法実現の場は株主代表訴訟から金商法上の民事責任の追及訴訟に移行するとする。

(24) 裁判所は会社が得た実際の救済に比して弁護士報酬が多額になる事態は生じないので、日本において株主代表訴訟の原告側の訴訟代理は弁護士にとって割のいい仕事ではないとの指摘もある。山田・前掲注(1)一七頁。

(25) 東京地判平成一六・三・二二判タ一一五八号二四四頁は、「前訴における弁護士の訴訟活動に対する相当報酬額は、前訴の経済的利益額二億円を基準として東京弁護士会報酬規定により算出される基準額を下らないというべきである」と述べる。

(26) 志村直子「二段階（多段階）代表訴訟」商事法務一九〇九号（二〇一〇年）二八頁。

(27) 高橋均『株主代表訴訟の理論と制度改正の課題』（同文館、二〇〇八年）三六九頁は、執行役員、上級管理職等にも株主代表訴訟の対象範囲として拡大するのか検討課題であるとする。

四　結　語

近時、コーポレート・ガバナンスの手段として、独立役員や監査制度の改革が検討されているほか、株主を保護するための手段として、直接の損害賠償請求や、株式買取請求等が検討されてきている。これらの議論によって、株主代表訴訟が株主の利益を保護する制度としてどのように位置づけられるべきなのか議論の方向が変わるかもしれない。とりわけ株主代表訴訟のように、原告株主の誠意を前提に、会社や他の株主にとって大きく負担のかかる制度に過大に期待して、経営監督を行うのが適切であるか疑問となる。本来取締役の経営判断に任せるべきことを一株主がどこまで介入すべきかの問題もある。

しかし、一方で、株主代表訴訟は元々株主にとっては割に合わない制度であるがゆえに、監督機能に期待する場面があるのであれば、その発動を容易にしておく必要がある。近時の株主代表訴訟の事例として注目されるのは、独占禁止法上の課徴金の支払いに基づく責任を始めとした社会的にみて許されない行為についての責任追及である。この種の行為に対する抑止的手段という意味では、株主代表訴訟の機能が期待される。社会的に望ましくない行為を抑止するのに株主代表訴訟は有益であり、損害塡補効果以上に抑止的効果を重視すべきであろう。

近時の最高裁判決も、あるべき株主代表訴訟を目指して、株主代表訴訟という特異な制度と他の会社制度との微妙なバランスをとろうとしているものと考えられる。

【追　記】　平成二六年の会社法改正により、多重代表訴訟が明文化された。ただし要件はきわめて厳格であるところに特徴がある。すなわち、多重代表訴訟を提起できるのは最終完全親会社の株主である。ここでいう最終完全親会社とは、ある会社の完全親会社であって、さらにその会社の完全親会社のないもののことである。六ヶ月前から引き続き会社の最終完全親会社等の総株主（完全無議決権株主を除く）の議決権の一〇〇分の一（これを下回る割合を定款で定めた場合にあっては、その割合）以上の議決権を有する株主、または当該最終完全親会社等の発行済株式（自己株式を除く）の一〇〇分の一（これを下回る割合を定款で定めた場合にあっては、その割合）以上の数の株式を有する株主は、子会社に対して責任追及等の提訴請求をすることができる（八四七条の三第一項）。

次に、対象となる責任はその子会社が親会社にとって重要な場合に限られている。すなわち責任の原因となった事実が生じた日において、当該会社の株式の帳簿価額が最終完全親会社等の総資産額の五分の一（定款で引き下げ可）を超える場合における責任である。また、責任追及の対象行為によって最終完全親会社に損害が生じていない場合には代表訴訟が認められない（同条一項二号）。たとえば当該行為により子会社に損害が生じていても、逆に最終完全親会社に利益が生じるときは責任追及ができない。

第九章　いわゆる「事実上の役員等」

——最近の裁判例の検討から

一　はじめに

会社法四二九条（平成一七年改正前商法二六六条ノ三）は、役員等が職務を行うについて悪意または重大な過失があったときは、当該役員等は、これによって第三者に生じた損害を賠償する責任を負う旨を定める。この規定は、従来から有力な反対説があったものの、現在では、役員等の地位に基づく法定の特別責任を課したとするのが通説・判例である。そもそも株式会社が事業に関して何らかの損害を第三者へもたらした場合、これを被った被害者は、その賠償責任を追及しようとする。この場合第三者は、会社自体に賠償を求めることをまず考えるが、問題の行為を惹起した会社の経営者の責任を追及することをも考える。とりわけ当該行為の違法性を論じ、行為者に制裁を与え行為の抑止を狙うのであれば、直接経営者自身の個人責任を追及することが有益であるし、小規模会社で会社に資力がない場合には、むしろ経営者の責任を追及することの方が効率的である。

ところで、四二九条における役員等とは、取締役、会計参与、監査役、執行役、会計監査人のことである（四二三条一項かっこ書き）。これらの者は、執行役（四〇二条二項）を除きいずれも株主総会で選任され（三二九条一項）、登記されることが求められていて、その範囲は明確である（九一一条三項）。しかし、小規模会社等においては、会社の実質的な経営者が正規の選任等の手続きを踏んでいない場合も少なくない。その結果、取締役として株主総会で選任されておらず、登記もされていない者は、いかに経営者的な行動をしていてもこのような責任負わないのかということが疑問になってくる。もちろんその者が第三者に不法行為を行ったと解することができるならば、第三者はこの者への不法行為責任（民法七〇九条等）の追及が可能である。問題は、会社法四二九条に基づく責任追及が可能かである。この点については既に学説において詳細に論じられており[(1)]、裁判例でも、これを論じた下級審裁判例が散見される。しかしながら、これを否定する裁判例もある一方で、最近になって積極的にこれを認めた裁判例が出ており、現時点で裁判例として必ずしも一貫した立場が見られるわけではなく、さらなる検討が必要である。また、従来この種の議論は、主に実質的な取締役が第三者に対して責任を負うのかという角度で論じられてきた。しかし、四二九条における役員等とは取締役に限られていないのであるから、実質的な者の責任は取締役の責任だけに留まらないのではないかという問題や、あるいは取締役でない者に取締役に類する効果を認めるのであれば、それは四二九条の適用に留まることなく、他の会社法の規定においても妥当するのか議論する必要がある。このような観点から、以下本章では、事実上の役員等について検討するものである。

（1）　代表的なものとして、石山卓磨『事実上の取締役理論とその展開』（成文堂、一九八四年）がある。また、昭和六一年における商法改正試案では、取締役と称する者による会社の業務執行につき、会社がこれを許容しているときは、会社が第三者に責任を負うし、当該取締役と称した者も会社および第三者に対し、取締役としての責任を負う旨の案が示されていた。この案では会社が許容して「取締役を称する者」が業務執行を行っていることが要件となっていた。ここでは事実上の取締役を、法律上正規に選任されていないが、実質的には取締役として内外から承認されているような場合であるとされる（大谷禎男「商法・有限会社法改正試案の解説（四）」商事法務一〇八〇号（一九八六年）二二頁）。事実上の取締役とされた者自身が第三者に対して責任を負うかという場面で、会社がどこまで許容していたのか、あるいは関与していたのかは必ずしも問題にする必要はないとの立場も考えられるが、そこでは会社の第三者に対する責任と事実上の取締役自身の責任とを並べて検討していたことが重要である。

二　対第三者責任

事実上の取締役についての学説の議論は、主として株主総会で取締役に選任されていない者が第三者に対して責任を負うかという点から論じられてきた。ただし、登記簿上の取締役、すなわち株主総会で選任されていない者であっても、取締役として登記された者、あるいは取締役の職を辞任しながら登記だけが残っている者、についての責任も既に学説・判例で多く論じられてきたところであるが、そこでは登記の記載についての信頼保護や、あるいは取締役としての形式があるという要素を重視する必要があり、同時に論じることは必ずしも適切ではない。以下では、株主総会で取締役や執行役に選任されていないし、登記簿上もそのような地位にないにもかかわらず、会社の経営支配に関与している者を事実上の経営者としたい。

まず事実上の取締役の対第三者責任に関する下級審裁判例を検討してみよう。

(1)　責任を認めなかった裁判例

以下の裁判例は、事実上の取締役という存在を認めるかどうかは別として対第三者責任を否定した事例である。

〔1〕　東京地裁昭和五五年一一月二六日判決（判時一〇一一号一一三頁）

「取締役として登記されていない者で原告の主張する『実質上の取締役』という立場にある者に対して商法二六六条ノ三に基づく責任を追求しうるかについては、疑問の存するところであるが、仮にこれを肯定する見解を採るとしても、ある者につき右『実質上の取締役』たる立場を肯認するためには、その者が、実際上、取締役と呼ばれることがあるのみでは足りず、会社の業務の運営、執行について、取締役に匹敵する権限を有し、これに準ずる活動をしていることを必要とすると解すべきである。」

「Y_2は、Y_1会社の社員から専務と呼ばれていたこと、Y_3が、Y_1会社の東京支店において、Y_4から、Y_4がXから受領した本件売買代金を受領した際に同席したこと、Y_1会社の事務に従事したことがあることを認めることができる《証拠判断省略》が、右認定の事実によっては、Y_2をY_1会社の『実質上の取締役』と推認することはできず、他にこれを認めるに足りる証拠はない。

また、商法二六二条の表見代表取締役の法理は、善意の第三者を保護するためのものではあるが、会社の責任に関するものであり、取締役の立場にある個人の責任を定めた商法二六六条ノ三における取締役の意義を右法理を適用して解釈することには問題があるのみならず、本件各売買契約の締結及び本件売買代金の原告からの受領にY_2が表見代表取締役として関与したことを認めるに足りる証拠はない。」

＊判旨は、はじめに事実上の取締役の考え方に疑問を呈するが、これを仮に認めたとしても、その要件としては、専務と呼ばれていただけでは十分ではなく、会社の業務の運営、執行について、取締役に匹敵する権限を有し、これに準ずる活動をしていることを挙げている。すなわち、権限を有することと、業務執行をしていたことが要求されるようである。また、ここでの問題を会社に対して責任を追及する場合の表見責任とは区別する。いずれの点も判旨は正当であろう。もっとも事実上の取締役の要件を具体的に示していることは、それが認められるならば事実上の取締役の責任を広く積極的に認める趣旨であるとするならば、そこには疑問も感じられる。

〔**2**〕　東京地裁平成五年三月二九日判決（判タ八七〇号二五二頁）

「当裁判所としては、およそ取締役として登記されていない者に対しては、仮にX主張のような行動が認定できたとしても、いわゆる『事実上の取締役』であることを理由として有限会社法三〇条ノ三に基づく取締役の責任を追及することは許されないものと解する。したがって、XのYに対する本訴請求はこの点において、既に理由がないものというべきである。

なお、付言するに、仮に、いわゆる『事実上の取締役』であることを理由として有限会社法三〇条ノ三に基づく取締役の責任を追及することを肯定する立場をとったとしても、ある者が右にいう『事実上の取締役』であると認めるためには、その者が実際上取締役と呼ばれるなどして取締役の外観を呈しているだけでは足りず、会社の業務の運営、執行について取締役に匹敵する重大な権限を有し、継続的に右のような権限を行使して会社の業務執行に従事していることを必要とするものと解すべきであるが（東京地判昭和五五・一一・二六判時一〇一一号一一三頁等参照）、本件においては、証拠上、Yには右のような要件に該当する事実が認められず、『事実上の取締役』ということはできないから、いずれにしても、XのYに対する請求は失当であり、棄却を免れない。」

＊旧有限会社法に基づく取締役の責任が問われた事案であるが、ここでも基本的に事実上の取締役の考え方に疑問を呈する。その上で、付言するという形で仮にこれを認める場合の要件を論じるが、それは、裁判例〔**1**〕を引用しこれと同様の立場であることを示している。外観、権限、業務執行への従事が要素となると解される。

〔**3**〕　東京地裁平成一四年六月二八日判決（判時一七九五号一五一頁）

「Y_2は、Y_1会社の取締役ではなく、また、事実上の取締役（会社の業務の運営、執行について、取締役に匹敵する権限を有し、これに準ずる活動をしている者）であるとまでは認められないから、有限会社法三〇条ノ三第一項に基づいて、損害賠償義務を負うことはないものというべきである。」

＊これも旧有限会社法に基づく取締役の責任が問われた事案である。結論としては責任を否定するものの、権限を有し、取締役に準ずる活動をしていれば事実上の取締役としての責任を積極的に認めると解されるような判示である。

〔**4**〕　東京高裁平成二〇年七月九日判決（金判一二九七号二〇頁）

「このように旧商法二六六条ノ三の責任は商法で認められた特別の責任であることに照らすと、株主総会において取締役として選任され、就任を承諾した取締役ではない者に対して、この旧商法二六六条ノ三の規定を類推適用して、会社に対する任務懈怠を理由に、第三者に対する損害賠償責任を負わせることができるかどうかについてはそもそも疑問があるところである。仮にこれを肯定する説に立ったとしても、取締役でない者に第三者に対する損害賠償責任を負わせるためには、その者が会社から事実上取締役としての任務の遂行をゆだねられ、同人も事実上その任務を引き受けて、会社に対し、取締役と同様の、善良な管理者としての注意義務を負うに至っていると評価されるような事実関係があり、かつ、実際にその者が取締役であるかのように対外的又は対内的に行動して、当該会社の活動はその者の職務執行に依存しているといえるような事実関係があることが必要であるというべきである。しかしながら、本件で被控訴人ら三ファンドにつきそのような事実関係があったことを認めるに足る証拠はない。」

＊この判示も、裁判例〔**1**〕と〔**2**〕に類似しており、基本的には事実上の取締役に取締役と同様の対第三者責任を課すという考え方に疑問を呈す。ただし、その上で、仮にこれを認めるとしてもより詳細かつ厳格な要件があるとしている。すなわち会社の意思、本人の意思、職務執行の事実関係を要求する。さらに、〔**1**〕や〔**2**〕に対して、会社の活動がその者の職務執行に依存していることを要件に加える。その者がいて初めて業務が成り立つような場合であろうか。これらの要件を満たすのはきわめて例外的な場合であるように思われる。正規の株主総会による選任決議はないものの、関係者の間の認識では、実質的にはそれに近い存在とする暗黙の合意があったような場合に限られるのではないかと思われる。また、任務懈怠という責任を追及するためには、本人が任務を引き受けたという事実を要件とすることは合理的と思われる。

〔**5**〕　大阪地裁平成二一年五月二一日判決（判時二〇六七号六二頁）

「Y_1は、A社の大株主として会社の経営を一定程度支配していたものと認められるが、その支配の態様は、上記認定のとおり、あくまで株主としての立場から、代表取締役社長のB、代表取締役副社長のY_2、専務取締役のY_3、監査役のY_4、Y_5、Y_6、Y_7営業部長らを通じて間接的に行われたものにすぎない。したがって、Y_1が、事実上の取締役として実質的に会社の経営を支配していたとまでは認められないから、Y_1には、商法二六六条ノ三第一項による第三者に対する損害賠償責任は認められない。なお、Y_1が、取次手数料や情報提供料として関連会社を通じて利益を得ていたとしても、その支払が不当であるとは認めるに足りないし、ましてそれによって会社の経営を破綻させたともいえない。

また、Y_1が大株主としてBやY_2らをC社から移籍させて受け入れ、A社の個人顧客に対する営業を強化しようとしたことは認められるが、Bらが、実際に違法な営業を行い、顧客に損害を与える営業活動をしていることを具体的にY_1が認識していたとは認められないから、Y_1が、違法な営業活動による顧客の損害を具体的可能性として予見できたとまでは認められない。」

「そして、Xが主張するような株主であるY_1も含め、A社が、組織全体として、過当営業を容認していたとまでは認めるに足りないのである。

また、Y_1が、大株主として、平成一三年一二月ころまでには、D公認会計士の監査報告やY_6ら監査役あるいは専務取締役であるY_3からの報告等により、Y_2らによる杜撰経理や過当営業によると思われる顧客からの損害賠償請求の多発の事実を認識したことは認められるが、そうであるからといって、取締役や監査役を越えて株主の立場にすぎないY_1がこれを改善する措置を講ずべき法的義務を負っていたとまでいうことはできない。

したがって、Y_1は、本件取引によるXの損害の発生に対する直接的な損害賠償責任も、XのA社に対する損害賠償請求権が同社の破綻によって実現不能になったという間接的な損害賠償責任も、そのいずれについても過失があったとは認められないから、民法七〇九条の不法行為による損害賠償責任（七一九条による共同不法行為責任を含む。）を負わない。」

＊ Y_1はあくまでも主要株主として、会社の経営について代表取締役を通じた間接的な支配をしていたに過ぎないことから、事実上の取締役として対第三者責任を負う者ではないとしている。また、民法七〇九条による不法行為責任も負わないとしている。たとえ経営に影響力をもっている主要株主であっても、主要株主としての責任と、事実上の取締役の責任とでは区別して考えるべきであろう。不法行為責任については、顧客の損害の発生についての予見可能性からこれを否定したことも支持できる。主要株主にあっては顧客への損害を回避する義務や、積極的に取締役等を監視する義務があるとはいえないのであろう。この判旨はそれまでの判旨とは異なり、事実上の取締役の考え方に必ずしも疑問を示しているのではない点が注目される。

(2)　責任を認めた裁判例

これに対して、次に示すのが、事実上の取締役としての責任を認めた事例である。

〔6〕　東京地裁平成二年九月三日判決（判時一三七六号一一〇頁）

「診療所は形式的には医師のAが開設者になっていたものの、実体はY_1会社そのものであったというべきであり、またY_2は登記簿上Y_1会社の取締役にはなっていないものの、Y_1会社の実質的経営者（事実上の代表取締役）であったものというべきである。」

「Y_2はY_1会社の取締役にはなっていなかったものの、対外的にも対内的にも重要事項についての決定権を有する実質的経営者（事実上の代表取締役）であったのであるから、本件においてはY_2はY_3と同様の義務を負うものと言うべきである。」

「Y_3は商法二六六条ノ三第一項により、Y_2はその類推適用によりXが被った損害を賠償する責任があると言うべきである。」

＊本件判旨ではY_2を対内的にも対外的にも事実上の代表取締役であるとしている。しかし、実質的に経営している者であるということと、事実上の代表取締役であるということでは同じことを意味するのであろうか。とりわけ対外的にY_2が会社を代表して行動していたのかどうかが疑問となる。判旨によれば、Y_2が自己資金で診療所を設立したことや重要事項を決定したことをもって事実上の代表取締役とした根拠としているようである。たしかにY_2は実質的経営者であると捉えることは理解できるが、対外的にみて事実上の代表取締役と言えたのかは疑問である。もっとも、本件は医薬品販売業者に対する責任であることから、医師であるY_2に相当の信頼を寄せていたのかも知れない。この点を重視して債権者としての販売業者を保護した結論は理解できなくもないが、やはり理論的に不明確であることは否めない。

〔**7**〕大阪地裁平成四年一月二七日判決（労判六一一号八二頁）

A会社ではY_1が代表取締役であり、Y_2は監査役であった。

「Y_2は、A会社の事実上の代表者として全権を有しながら、Bの経営が不良なまま、改善の手段を講じることもなく漫然と営業を続け、累積赤字を増大させたばかりか、Xに対し給料等の不払を頻発し、Xをして退職の止むなきに至らしめ、遂にはBの維持・再建の意思をも放棄し、A会社を事実上の倒産状態に陥らせたと認められる。

以上によると、Y_2は、故意または重大な過失によって、A会社の事実上の代表者としてA会社に対し負う忠実義務を怠り、その結果、Xに対し前記損害を被らせたというべきであるから、商法二六六条ノ三の類推適用により、Xに対し右損害賠償責任を負うと解される。」

＊本件は、Y_2に事実上の代表者としての賃金債権者に対する責任を認めた事例である。仮にY_2が取締役であれば、取締役としての任務懈怠、業務を適正に行う義務に違反したと言える事案である。[2] しかし、「事実上の代表者として全権を有していた」と認定するが、そこから当然倒産を防ぐ義務が生じるのかどうかが問題となる。もちろんY_2としても努力して会社を事実上の倒産状態に陥らせないことが望ましいが、それが会社法上取締役の任務懈怠となり対第三者責任をもたらすと判断すべきものなのであろうか。Y_2は取締役でない限り、そのような積極的な任務があったとは言い難い。もちろんY_2の行為態様によっては従業員に対する不法行為責任が認められる場合も考えられる。また形式的存在であったとしても他に取締役がいたはずであり、倒産を防ぐべく業務を適正に行わせるのは、正規の取締役の任務でもある。直接損害の事案であれば、加害行為をした者が事実上の取締役であっても債権者に対して責任を負うことは理解しやすい。しかし、直接加害を行ったのではない放漫経営の事案において、事実上の経営者についても、任務懈怠というものを考え、会社債権者に対して取締役と同様の責任を負うべきかどうかが問われることになる。

〔**8**〕京都地裁平成四年二月五日判決（判時一四三六号一一五頁）

「Y_1の言動とA社の経営状況の浮沈との間には密接な対応関係がみられるのであって、Y_1は、A社の経営と相当深い関係をもっており、親会社であるB社の代表取締役として、また、会社創設者であるCの相続人で、A社の実質的所有者として、事実上A社の業務執行を継続的に行ない、A社を支配していたものであって、A社の事実上の取締役に当たるというべきである。Y_1は、A社の事実上の取締役であり、A社は、親会社たるB社及びY_1の資産と信用を頼りに、銀行から資金を借り入れ営業を存続させていたものである。

A社は、Xとの本件取引開始直前の昭和六二年度決算期（同年末）には累積赤字が二億〇、一〇〇万円に達しており、主要取引銀行である甲銀行の意向に従って、同銀行に対する借入金弁済のために、同年一二月、B社の店舗を、売却して漸く資金繰りをつけたもので、相当な経営困難に陥っていた。その後、A社は、昭和六三年一月新社屋に移転したものの、親会社の資金援助とか、他からの借入金などを当てにしたものであって、確実な代金支払いの目処もないのに、その支払いのため満期を六か月先とする約束手形を振り出し、Xから本件格安商品を買受けて、成算の持てない極めて利益の薄い安売りを続け、同年四月以降は返品の続発もあってXからの仕入れた本件商品を原価割れのダンピングをするなどして急場を凌いでいたものである。

Y_1自身も、この頃、A社の経営不振について危機感をもち、帳簿類を調査したこともあるのに、単に利益の薄い取引であることを指摘して、注意を喚起したにすぎず、その後、自ら、取引銀行の甲銀行や乙に対して、取引打切りの申し出をしている。A社は、Xから本件商品を当初の同年一月の仕入れは一七五万五、〇〇〇円であったが、同年二月以降同年四月まで月額一、〇〇〇万円を超過する金額に達しており、同年五月は六三八万六、五〇〇円となり、急激に取引金額を増加させている。

Xとの取引による商品の代金は当初から一切支払われていない。

以上の各事実、弁論の全趣旨に照らすと、Y_1は、A社の事実上の取締役として、重大な過失によりY_2の前認定の任務懈怠行為に対する監視義務を怠ったものというべきであって、Y_1はこれにより生じたXの損害を事実上の取締役の第三者に対する責任として商法二六六条ノ三第一項により賠償すべき責任がある。」

＊本件は、監査役かつ親会社の代表取締役であった者について、会社の実質的所有者として、事実上会社の業務を執行し、会社を支配していたことから、事実上の取締役として第三者責任を認めたものである。まず本件では、何をもって事実上の取締役といえるのかが疑問となる。親会社の代表取締役であることも、会社の実質的所有者であることも、本来それだけでは決定的な意味を持たないはずである。しかも現実に積極的な業務執行も行っていなかったようである。つぎに、取締役に準じるとしても、ここでは何を任務懈怠と考えているのであろうか。被告に

どのような任務の履行を期待できるのであろうか。(3) 正規の取締役の任務解怠行為についての監視を期待しているようにも見える。たしかに債権者保護の見地から四二九条責任を拡張する必要がある場合もあるかもしれない。しかし、本来取締役としての地位のない者に監視義務違反を認めるにはやはり無理があるのではなかろうか。本件は問題となる業務執行に関与していた〔6〕や〔7〕とは異なる事案である。事実上の取締役についても監視義務の違反による責任を認めると、四二九条により第三者が保護される場面が広がることにはなるが、事実上の取締役の範囲を明確かつ制限的に捉えておかないと、それがいつでも公正な結果となるのか疑問に思える。ここでは、Y_1に何をなすことを期待できたのであろうか。なすべきことを適切に行っていなければ監視義務違反になるが、何もしていないといつでも監視義務違反というわけではないはずである。

〔9〕　名古屋地裁平成二二年五月一四日判決（判時二一一二号六六頁）

「Yは、A社の経営に関与していないどころか、実質的な経営者として、同社の財産を管理していたということができる。……Yは、A社の経営の実務も実際に行っていたというべきである。……実際上も、A社において、代表取締役（当初はB、後にC）を含め、すべての役員、従業員がYの部下のような状況であり、従業員らもYを実質的な経営者とみていた。

以上の諸事実からすれば、Yは、A社の事実上の（代表）取締役であったと認められる。」

「Yによる個人的な金員の取得ないし流用がなければ、A社の経営が破綻することはなく、前記一で認定したXらの損害を賠償することは容易であったと認められるから、事実上の（代表）取締役である被告の任務懈怠により原告らが損害を被ったということができる。」

＊Yによる金員の取得により会社が破綻したことから、会社債権者に対してYの実質的な経営者としての責任が認められた事例である。たしかに役員や従業員を自己の部下のような状況で会社の経営を行っていた者は、取締役

に近い存在と言えるかも知れない。しかし、四二九条責任を追及するには任務懈怠要件が問題となるが、取締役でもない本件のYに取締役と同様の任務というものを認めることが必要で適切であろうか。たしかに財産管理や実質経営を行っていたことを重視することで、事実上の経営者と解して任務懈怠を観念するという考え方も成り立つ。しかし、むしろYの行為は会社資金の不正流用であり、不法行為による責任追及を認めればよいのではないだろうか。実質的な経営者であるから会社資金を流用しやすかったとしても、あえて四二九条の責任にこだわる必要があったのであろうか。取締役としての任務懈怠と構成しなくても、会社資金の流用という不法行為と理解することも可能である。もちろん正規の取締役については監視義務違反が認められるべきであろう。

〔10〕　東京地裁平成二三年六月二日判決（判タ一三六四号二〇〇頁）

Y_1は、Z_1社の支配的株主（一〇四五株中七六二株の株主）であるY_2の父であり、少なくともY_2の株主としての権限行使を委任されており、Z_1社の会長と呼ばれ、Z_1社の最高実力者であった。Z_2をZ_1社の代表取締役に指名したのもY_1である。Y_1は、相談役としてZ_1社の取締役会に参加し、京都営業所の閉鎖を提案して、Z_1社の投資活動に関して取締役会からZ_2とともに一任されるなど代表取締役と同等の活動をしていた。Z_1社の資本政策・持株比率等はY_1が決定していた。Y_2名義およびZ_2名義の株式の譲渡に関して、その交渉をY_1が行い、Y_2名義の株式をCに譲渡するときには、事前に取締役会決議を経たが、Xに譲渡する際は、独断で決定し、事後的に取締役会の承認を得た。Xと本件株式譲渡契約1を締結する際に、Y_2は立ち会わず、Y_1が交渉した。XはY_2からZ_1社株式を購入したところ、株式は無価値であったとしてY_1らの責任を追及した。裁判所は、Y_1は、Z_1社の事実上の代表取締役であり、かつ、本件株式譲渡について実質的決定権を有する者であったとした上で以下のように判示した。

「Y_1は、本件株式が実質上無価値ないしそれに近いものであり、Xが事情を知れば、本件株式譲渡契約1を締結せず、その代金三億一六〇万円を支出することはなかったであろうことを知り、又は知り得たものというべきであり、Xに対し、不法行為責任を負うものというべきである。」

＊事実上の代表取締役と認めつつも、四二九条の責任については論じずに、不法行為責任を認めている。Y_1はZ_1社の経営を支配し、その実情をよく理解していた。とりわけ同社では売上げのほとんどが架空取引等に関するものであったといった会社の経営状態も知っていた。このような状況で会社の株式を譲渡すれば、これを不法行為と構成することは適切である。

(3)　裁判例のまとめ

以上近年の裁判例を概観して、事実上の経営者として対第三者責任が認められた事例を検討すると、それは、いわゆる間接損害の事案か、または監視義務違反（〔8〕事件）の事案であることが分かる。直接第三者に加害を行う直接損害の事案においては、事実上の経営者として責任が問われたものは見られない。そもそも最近では直接損害について四二九条責任が追及されることは必ずしも多くない。すなわち最近の対第三者責任が認められた事例では、直接第三者に加害を行った取締役等については不法行為責任を追及し、それ以外の取締役について任務懈怠として監視義務違反を追及するものが多いようである。このことから考えると、事実上の経営者による加害行為と思われる場合であっても、不法行為責任が追及できるのであれば、あえて四二九条を使わないことが適切であるように思える。これに対して、間接損害事案にあっては、第三者との関係で不法行為責任を認めることが難しい場合も考えられ、そのような場合に事実上の経営者の理論を用いて、四二九条責任を負わせようとしたのが〔6〕、〔7〕、〔9〕の判決であると思われる。(4)しかしながら、そのような事案にあっても、取締役の任務の懈怠は、本来は正規の取締役に問うべきものであろう。もちろんそれに実効性がない事案であるが故に問題となる。しかし、会社法上の任務や権限のない者に、任務懈怠を認めて四二九条の責任主体を拡大することには疑問がある。とくに監視義務違反の事案においては、監視義務として何をなすべきか、任務の不明確な者には曖昧であり、その違反による責任を認めることが躊躇される。もちろん従来から会社債権者を始め第三者である被害者を救済するために、会社財産だけでは十分でない場合、取締役について四二九条の責任追及が活用されてきた。このような機能を重視する場合に、会社経営を支配してきた者について、取締役として選任されていないことや、登記されていないことを必ずしも重視しなくても良いという考えは自然な発想とも言える。また、取締役にならないことで四二九条の責任を免れることができるのであれば、あえて取締役に就任しないことを選ぶ経営者が出現することも危惧される。〔**4**〕の判決が要件とするように、自ら任務を積極的に引き受けた場合はなおさらである。しかし、実質上経営活動をしていたから責任を負うというのは分かりやすい理論ではあるが、本来四二九条は取締役の法的地位に着目して責任を加重（要件緩和）した規定であることも軽視すべきではない。また、業務執行をしている者は、必然的に取締役としての監視義務を負うことになるのであろうか。その意味で、これに対して慎重な立場を示す裁判例（〔**1**〕〔**2**〕〔**4**〕）が見られており、これらの判示についてはよく理解することができる。[5]

(4)　事実上の経営者が責任を負う場合

ここで、仮に、事実上の経営者についても四二九条の責任を負わせるという立場を採用するならば、その場合の要件は何であろうか。[6]〔**1**〕〔**2**〕〔**4**〕の判決によれば、単なる信頼される外観だけでは足りず、会社の業務の運営、執行について取締役に匹敵する重大な権限を有し、継続的にそのような権限を行使して会社の業務執行に従事していることを必要とするとされている。さらに〔**4**〕判決は、会社から事実上取締役としての任務の遂行をゆだねられ、同人も事実上その任務を引き受けて、取締役と同様の善管注意義務を負うに至っていると評価されるような事実関係があり、かつ、実際にその者が取締役であるかのように対外的または対内的に行動して、当該会社の活動はその者の職務執行に依存していることを挙げており、さらに要件を厳格にしている。総会による選任決議と登記の点を除けば取締役と実質同様である者か、それ以上の積極的な行動が要求されるようであり、そうなれば単に取締役に匹敵するからというよりも、むしろ積極的な経営行動に基づく責任と考える方が適切かもしれない。また事実上の代表取締役という言葉を使う裁判例もあるが、ここでは必ずしも会社を代表する権限があるかどうかに関わらないはずであり、業務執行を行っているかどうかが問題となる。

〔**9**〕判決については、会社の重要業務に関する通例的な指揮を取締役に対して行うことが核心的要件であるとし、会社の資金管理、財産管理等、会社の重要業務に対する取締役への指揮指図の存在をもって事実上の取締役と捉えている。これについては、実質的に経営へ関与する者への経営責任の追及として妥当であると評価する立場があり、(7)任務懈怠に関しては、事実上の主宰者は取締役としての職務を引き受けていると考えられ、自ら取締役でないことを理由に義務責任を否定することが信義則上許されないと理解する。(8)さらに、その者が会社の業務を執行する意思および行為とそれについて会社の許容があることによって、明示か黙示かを問わず、取締役と同様の責任を負うべき法的関係にあると解すべきであると言う立場もある。(9)たしかに一方的に業務執行を引き受けただけで任務が生じるとは考えにくく、会社側の何らかの対応も要素になろう。なお、第三者が責任を追及するためには、被告が総会で選任された取締役ではないことを知らなかったことは、要件とはならないのであろう。四二九条が任務懈怠責任であることからすると、知っていたとしても第三者による責任追及を認める余地はある。〔**1**〕判決の述べるように原則として表見責任とは一線を画すべきであろう。

では、事実上の役員等として責任を負うのはどこまでか。法文言から考えれば、会社法四二九条一項では、役員等の責任となっており、ここでの役員等は四二三条一項の定義により、取締役、会計参与、監査役、執行役、会計監査人とされる。最高裁は、平成一七年改正前商法二六六条ノ三の定める取締役の責任について、「法は、株式会社が経済社会において重要な地位を占めていること、しかも株式会社の活動はその機関である取締役の職務執行に依存するものであることを考慮して、第三者保護の立場から」責任を規定したと判示した[10]。そうであれば、会社法の定める役員等も、会社に対して重要な職務を担当し義務を負うと考えられている者を定型的に限定列挙したと考えることができる。そこで、ここに広く「事実上の役員等」を認め法定の特別責任を課すことが適切であるかという疑問が生じる[11]。とりわけ事実上の監査役や事実上の会計監査人の責任を認めることには躊躇される。あるいは取締役についてのみ、事実上の主宰者[12]や事実上の経営者を含むと解すべきなのであろうか。会社法の下では、取締役であっても代表権もなければ業務執行権もない者もいるが、「事実上の取締役」の要件がなぜ業務執行や会社の代表なのであろうか（取締役会非設置会社であることが前提であれば分かるが）。また取締役会設置会社であっても、指名委員会等設置会社の場合には、取締役の職務は業務執行の決定や監視・監督となるため主たる機能が異なっており、むしろ事実上の執行役としての責任が問題になるかもしれない。また、指名委員会等設置会社の業務執行を行わない取締役であっても、四二九条の対象である。このことは同条の責任が業務執行についての責任ではなく、取締役という地位に立つ者の責任であることを示す。四二九条が監視や監督を含めた取締役たる地位の重要性に鑑みた責任規定であるとすれば、単に経営上の主宰者というだけで四二九条の適用を認めて良いのか疑問となる。

当該人物が経営活動を行っていたかどうかという要素だけではなく、当該会社において他の取締役の構成がどうなっていたか、正規の取締役との関係も重視すべき点である。他に取締役が選任されていれば、たとえその者に影響力を行使する実力者がいたとしても、事実上の取締役としての責任をいつでも問うべきかは疑問である。四二九条としては本来の取締役に責任を問うべきだからである。ただし、取締役が完全に名目的な存在であり他に経営活動を行う取締役がいない例外的な場合には、実質的経営者に四二九条の責任を負わせる余地がある。

なお、株主総会での取締役選任決議があったものの、そこに瑕疵があり決議が取り消された場合には、遡って他に取締役が存在しなくなることになる。この場合には、取り消されるまでは選任されていた取締役は事実上の取締役と解されること（あるいは表見法理）によって取引の相手方は保護される。[13] しかし、このような者の行った行為について会社が第三者に対して責任を負うかどうかという場面と、この者が第三者に対して責任を負うのかという場面とでは大きく異なる。後者では取締役として任務懈怠と評価できるかどうかが問題になってくるからである。この点について、取締役としての資格（三三一条）に欠ける者が取締役として選任されれば当該株主総会決議は無効となるが、この者が実質的に取締役としての行動を行えば、第三者責任が生じるとの立場が見られる。[14] たしかに会社破綻時の債権者等の保護を徹底させるために、このような者にも第三者責任を負わせることは意味があるが、やはり取締役でない者に任務懈怠を認めることには疑念が残り、明文規定がほしいところである。

次に、四二九条の責任を課すには、一般に悪意または重過失による任務懈怠が要件となると解されているが、事実上の取締役には任務が不明確である。この点について、経営指揮の事実と指揮を受けた取締役の悪意または重過失を立証すれば、事実上の主宰者の責任追及を認めよという見解がある。[15] しかし、任務懈怠を認定できない場合も予想される。事実上の主催者の責任を一切問わなくて良いとは思わないが、四二九条の責任である必要はない。

(5)　事実上の取締役の監視義務

事実上の経営者がたとえその立場を引き受けたとしても、法律上の取締役ではない以上、他の取締役を監視する義務を負うとは考えにくい。たしかに権利侵害の重大性や社内体制の杜撰さを問う余地はあるし、投資者保護、労働者保護等の第三者を保護する必要性の高い場面で、監視義務違反の責任を問うことも考えられる。しかし、事実上の経営者といってもすべての面で取締役と同一ではなく、そもそも職務や義務の関係が不明確な事実上の関係に基づき、監視義務違反による責任を拡大することには慎重であるべきであろう。特殊例外的な事案を別とすれば、範囲の不明確な事実上の取締役として認定して監視義務違反に基づき四二九条の責任を問うよりも、本来の正規の取締役の経営責任をむしろ厳格に問うべきであろう。会社法の下では、取締役でありながら取締役としての機能を果たしていない者の責任を否定する理由はない。かつて商法の旧規定の下で多くの裁判例が見られた名目的取締役については、厳格な責任を問うのが酷であった事案もあり、名目的取締役の責任を一方で否定しつつ、事実上の経営者の責任を問うことは合理的であったかもしれないが、取締役会設置会社とそれ以外とで区別する会社法の下では取締役に本来の機能を求めるのが筋であろう。(16)

また、事実上の取締役の責任発生の要素が、外観、権限、業務執行への従事であるとする裁判例が見られていたが、これらは、積極的経営活動についての責任には当てはまるものの、監視・監督という義務とは必ずしも合致しないように思われる。

もっとも、事実上の経営者が、自己の影響力の下にある者によって違法な業務を展開できるような組織を意図的に構築している場合には、積極的な行為が認められるのであって、単なる監視・監督の域を超えており、不法行為責任を認めるべきであろう。

(6)　事実上の経営者は第三者か

四二九条の適用において事実上の経営者を取締役と同等に扱うとするならば、事実上の経営者に該当する者が四二九条に基づく責任を追及する側になれないのかという反対方向の論点もある。事実上の経営者が、第三者として他の取締役について四二九条責任を追及できるかということである。以下がこれを論じた裁判例である。

〔11〕　横浜地裁昭和五八年三月一七日判決（判時一〇九五号一五〇頁）

従業員から実質上の取締役になったXがA会社取締役Yに対して平成一七年改正前商法二六六条ノ三により、給与や立替金等の支払いを求めたところ、Xは第三者には該当しないとして責任が否定された。

Xは、A会社の取締役として登記が経由されたことはなかったが、A会社代表取締役Bの勧めでA会社の経営に関与するようになった昭和五四年七月以降A会社に対し金四〇〇万円を出資し、営業資金に金一三二万円を貸し付けるなど資金面でA会社の経営に肩入れするとともに、自らもBに協力してその経営に当たっていた。昭和五四年一一月頃からはA会社の経理部長となり、おそくとも同五五年一月からは実質上の取締役となった。裁判所は、「A会社の倒産が代表取締役Bの放漫経営によるものであり、且つ取締役たるYらがBの業務の執行を監視すべき業務を怠つたとしてこれが責任を負担すべきものとしても、Xもまた実質上の経営担当者であり且つ取締役としてその責任の一端を担うべきものであるから、仮にA会社の倒産により出資金及び貸金の返還を受けられず、その他給与、立替金の支払いを受け得られなかったとしても、Xは商法第二六六条ノ三第一項の第三者に該当しないものというべきである」と判示した。

判決は、Xが実質上の取締役とみられている以上、当然の結論のようにも見える。たしかに四二九条における第三者とは、会社以外の者と解されるが、会社関係者である会社の役員や株主の扱いについては慎重な検討を要する。株主については、事案（または損害の種類）に応じて第三者性が認められる場合とそうでない場合があり得る。(17)取締役であったからということで、第三者から当然に除外して良いかは疑問である。(18)取締役は他の取締役を相手に四二九条の訴えを起こすことを認めるべきではないと一概に言えるのであろうか。まして、取締役として選任されていない場合には、たとえ実質的な経営者であるからとはいえ、（過失相殺は問題となりうるであろうが）第三者であることを否定することには疑問を感じる。とりわけ上級の従業員が実質上の経営者であるからといって四二九条の責任追及が閉ざされることには慎重であるべきであろう。

（2）　竹濱修「事実上の取締役の第三者に対する責任」立命館法学三〇三号（二〇〇五年）三〇五頁は、正規の取締役ではないから責任を負わないという解釈では法の潜脱を許す結果となると論じる。

(3)　竹濱・前掲注(2)三〇八頁によれば、この者は業務執行という性質の行為を行っていないのであり、事実上の取締役とした判旨には疑問であるとする。そして、会社としての任務がない者に監視義務違反を問うことは難しいと批判する。また、江頭憲治郎『株式会社法〔第四版〕』(有斐閣、二〇一一年)四七四頁も、親会社として子会社の業務に介入しなかったことが子会社債権者に対する責任を基礎づけるものとする点は、法人格否認の法理との権衡から見ても相当疑問とする。青竹正一『新会社法〔第三版〕』(信山社、二〇一〇年)三四六頁によれば、事実上の取締役としての責任を負わせるためには、会社の業務執行に関与していることが必要である、支配の要件だけでは責任を認めることはできないとする。

(4)　鳥山恭一「最新判例演習室　商法　第三者に対する損害賠償責任を負う事実上の取締役」法セ六八五号(二〇一二年)一一九頁によれば、実質上の支配者の行為により会社に生じた損害と第三者に生じた直接損害は不法行為で賠償を求めることができる。判例は、間接損害について四二九条責任を負わせるために、賠償責任を実質上の会社支配者に認めたとする。

(5)　取締役を退任した後も以前と同様に業務に関与していた場合には、事実上の取締役とされる可能性がある。この点について消極的に解したのが次の裁判例である。

静岡地判平成二四・五・二四判時二一五七号一一〇頁

「A社は、Y_1のワンマン経営が行われていた会社であり、Y_2もまた、Y_1の指示によって取締役に就任しあるいは取締役から退任したにすぎず、本件全証拠をもってしても、取締役退任後、A社が破産するに至るまで、Y_2が経営の根本に関する事項を決定し、あるいはかかる意思決定に関与する立場にあったと認めるに足りないというべきである。

Xらは、Y_2が取締役を退任した後も同人の権限や職務、待遇等に変化がなかったことをもって、Y_2が平成二〇年一一月ころにおいても事実上の取締役であったと主張するようであるが、(中略)Y_2についてもそもそも取締役在任中から取締役としての実質的な権限が与えられていなかったとみるのが相当であって、退任後も権限や職務等に変化がなかったからといって、Y_2が事実上の取締役といえる程の立場にあったと認めることはできないというべきである。」

(6)　昭和六一年の改正試案では「取締役を称する者」が業務執行を行っていることを要件としていた。これに対して、吉本健一『会社法』(中央経済社、二〇一〇年)二〇三頁では、会社の業務執行への継続的な関与とこれに対する会社の容認とする。

(7)　中村信男「判批」金判一三七九号(二〇一一年)六頁。

(8)　中村・前掲注(7)七頁。ただし立法論的には明文化が必要とも述べる。また中村信男「親子会社と影の取締役・事実上の主宰者の責任」日大法科大学院法務研究七号（二〇一一年）四二頁によれば、このような考え方について、四二九条一項の取締役の意義を実質的に捉え、経営指揮を行う者を取締役に準じて責任負担者たる取締役として扱い、その責任の追及を可能にするものであるから、対第三者責任の法的責任をめぐる理解の如何を問わず経営指揮を行う支配株主等の責任を導くことができる点で帰責法理として有用性があると論じる。

(9) 竹濱・前掲注(2)三一二〜三一三頁によれば、事実上の取締役が責任を負うべき根拠は、その者が会社の業務を執行する意思および行為とそれについて会社の許容があることによって、明示か黙示かを問わず、取締役と同様の責任を負うべき法的関係にあると解すべきであるとして、要件は、①実質的に取締役としての業務を行った者、②その者が業務を行った上で、取締役と同様の権限を引き受ける意思、③取締役としての業務を行うことについて会社の承諾・許容であるとする。

(10) 最判昭和四四・一一・二六民集二三巻一一号二一五〇頁。

(11) 竹濱・前掲注(2)三一四頁によれば、名称は執行役員でも、実態としては取締役と同等の相対的に独立の執行権限を与えられ、事業経営を担当する者は、取締役としての権限を引き受けていると解されるので、取締役と同様に第三者責任を負うべきであるとする。現在業務執行に関与する執行役員と呼ばれる存在は実務上珍しくない。彼らは取締役としての義務や責任を負わないと理解されている。例外的には事実上の取締役としての責任を認めるべき場合も考えられなくはないが、事実上の取締役として執行役員を四二九条責任の対象にすることには慎重であるべきであると思われる。なお、石山・前掲注(1)二七七頁では、事実上の監査役の概念の導入を論じている。

(12) 裁判例で事実上の主宰者であることが重視された事例として東京地判昭和五六・三・二六判時一〇一五号二七頁がある。ただしこの事件は、取締役が他の会社の事実上の主宰者となったことが競業避止義務違反に当たるとした事例であり、事実上の取締役が責任を負うかどうかとは無関係である。すなわち義務の主体の問題ではなく、義務違反行為の態様が問題となった事例である。

(13) 江頭・前掲注(3)三四九頁。

(14) 竹濱・前掲注(2)三一四頁。

(15) 中村・前掲注(7)四九頁は、不合理な業務執行の指示をし、そこに悪意または重過失があれば良いとする。経営指揮の事実と指揮を受けた取締役の悪意または重過失を立証すれば、事実上の主宰者の責任追及を認めるという見解である。

(16) 最近の裁判例として、大阪地判平成二三・一〇・三一判時二一三五号一二一頁は、数あわせの名目的な監査役について、第三者との関係で任務懈怠責任を免除、軽減はしないとする。

(17)　株主からの間接損害についての損害賠償責任追及を認めなかった裁判例として、東京高判平成一七・一・一八金判一二〇九号一〇頁がある。

(18)　たとえば東京地判平成一九・六・一四判時一九八二号一四九頁は、取締役が取締役会の退職慰労金議案の不当性による責任を追及したところ、「取締役報酬に関しては、報酬支給の対象である取締役（又は元取締役）は、議案を提案した取締役に対して、提案した議案の実質的内容が不当であることを提案取締役の義務違反として取締役に対する損害賠償請求をすることは、特段の事情がない限り、できないものというべきである。」とした。同様に、大阪高判平成一六・二・一二金判一一九〇号三八頁も、「Xは、A会社に対して、本件内規に基づく退職慰労金を請求する権利を有していたとは認められず、Yが、A会社の代表取締役として、Xに対して本件内規に従った退職慰労金の支払に関する議案を株主総会に提出するための取締役会を招集したり、取締役会において、上記議案を提案すべき義務を負っていたとは認められない。」として取締役の責任を否定した。これらは、取締役であっても四二九条に基づく請求をすること自体は認められることを前提にしている判示のように思われる。

三　会社に対する責任

以上検討したところは、対第三者責任を念頭に置いた事実上の経営者の責任についてである。それでは、事実上の取締役あるいは経営者として評価される者は、四二九条の場面を超えて、会社に対しても取締役と同様の責任を負うのであろうか。会社法上四二三条も四二九条も責任を負う主体は「役員等」であり、区別はされていない。しかしながら、第三者に対して責任を負う事実上の取締役は、会社に対する関係でも事実上の取締役として責任を負うべきなのであろうか(19)。これは、事実上の取締役の捉え方によるが、会社において許容していたということが前提であるならば、正規の取締役でない者に会社の経営行為を許容しておきながら、この者に取締役としての責任を問うことができるのかが問題となる。取締役として選任手続を取らないでいるのであるならば、取締役として責任追及することはできないとも考えられる。もちろん総株主の同意による免除（四二四条）であっても、債権者の利益を害することはできない（民法四二四条）と解されることから、会社が認めたからといってこの者の経営責任は否定されないとも考えられるが、本来会社の経営体制を整備すべき義務を負うのは会社である。あえて取締役の地位に就任させないでおきながら、責任だけは取締役と同等というのは、会社との関係では正当であろうか。あるいは職務執行の対価の有無にもかかわる。もっともこの者が任された地位を濫用して会社に損害を与えたような場合であれば、債務不履行責任や不法行為責任を追及する余地はあろう。事実上の経営者を容認しておきながら、事実上の経営者に四二三条による取締役としての会社に対する責任を認めるべきなのか疑問に思われる。(21)

(19)　中村・前掲注(7)四三頁によれば、事実上の主宰者概念を使えば、その者の会社に対する責任追及方法として株主代表訴訟の提起が認められるとする。

(20)　たとえば江頭・前掲注(3)四四六頁。

(21)　形式的な取締役については、第三者保護が問題とならない場面では、責任が否定されることとなろう。東京高判平成一五・九・三〇判時一八四三号一五〇頁では、「一人株主との事実上の合意、了解の下に、取締役としての職務、とりわけ経理、会計事務には全く関与していなかったものであるから、その限度において取締役としての善管注意義務や監視監督義務を免除されていたものというべきであり、会社の債権者その他の第三者に対する関係や責任についてはともかく、会社に対する関係においては、善管注意義務や監視監督義務の責任を負わないものと解するのが相当である。」としている。

四　事実上の取締役と会社の責任（三五〇条）

会社法三五〇条によれば、代表取締役その他の代表者がその職務を行うについて第三者に加えた損害を会社が賠償する責任を負うと規定する。すなわち同条の下で会社が第三者に責任を負うのは、会社を代表する資格のある取締役等が不法行為を行った場合が要件となっている。しかし、そのような場合に会社の責任を限定をし、それ以外の場合については会社が責任を負わないと解するべきか疑問となる。ここに事実上の経営者の行った行為について会社の責任が認められるべきかが問題となる。以下がそれに関する裁判例である。

〔12〕　東京地裁平成一一年一月二九日判決（判時一六八七号九四頁）

「Y_2は、商業登記簿上はY_1会社の代表者ではないものの、実質的にはY_1会社のいわゆるオーナー若しくは経営者として代表者の地位にあるものといわなければならない。Y_1会社は、Y_2は、Y_1会社の創業者で、かつ、大株主としての立場を利用して、Y_1会社に立ち入り、社内に保管されている会社ゴム印及び代表印を無断で盗用し、Xとの契約書に押印したものと推測されると主張するが、Y_2がこのようなことができること自体、Y_2がY_1会社の実質的経営者としての地位にあったことをうかがわせるものである。」

「Y_2の地位が前記のとおりであるとすれば、Y_2の不法行為によりXが損害を被ったことにより、Y_1会社は、民法四四条一項の類推適用により、Xの右損害を賠償すべき責任があるといわなければならない。

ところで、Y_2が、当時、Y_1会社の理事若しくは取締役に選任されておらず、その旨の登記もないことは前記のとおりであるが、前記認定のY_2のY_1会社における地位、Y_2が、Y_1会社の代表機関としての外形を有しており、Y_1会社もこの点につき責任があること、さらに、民法四四条一項の趣旨及び商法二六二条の趣旨を併せ考慮すれば、たとえ理事若しくは取締役に選任されておらず、その旨の登記もないとしても、Y_2は、民法四四条一項にいう『理事其他の代理人』に該当すると解するのが相当である。」

＊たしかに三五〇条は「代表取締役その他の代表者」の行為に限定している。そこでは、代表者の行為について会社に責任を負わせるのであって、その範囲は明確である。しかし、この判旨のように事実上の代表取締役にまで拡大すると適用範囲が不明確になってしまうことは否定できない。表見代表取締役の規定は代表取締役らしい者の

行為について会社が第三者に対して責任を負うという意味で類推の余地はあるが、この規定は名称信頼を基礎とし、信頼の対象はある程度明確である。一方三五〇条においては、「職務を行うについて」は一応外形的に考えればよいとしても、実質的経営者の職務範囲は不明確である。むしろこの事案においては、実質的経営者という不明確な基準よりも、会社の使用人ないし代理人に認定して、七一五条を適用または類推適用する方が事実認定において容易ではなかったのかと思われる(22)。もっとも会社の責任を認めた結論自体は正当のように思われる。

(22)　道野真弘「判批」ジュリ一二〇三号（二〇〇一年）一四〇頁。

五　むすび

事実上の取締役の議論においては、取締役とは小規模会社の取締役を主として念頭に置いて論じられてきたように思われる。会社法では取締役会設置会社か否かで取締役の権限は異なる。平成二六年における会社法の改正では、あらたに監査等委員会設置会社が設けられ、その委員たる取締役は他の取締役とは別個に株主総会で選任される。彼らの地位や権限は他の取締役と異なる。それは指名委員会等設置会社の取締役とも異なる。このように益々取締役の機能が多様化してきている。この場合、事実上の取締役というのはいかなる取締役を念頭に置くべきであろうか。

会社が経営破綻したような場合を念頭に置くと、債権者に対して、取締役として選任されていないが、会社の経営支配している者に一定の責任を負わせることは合理的である。しかし、それは取締役として選任されていない者も、事実上の経営行為等を根拠に取締役と同視して扱うというのではなく、第三者を保護することを意図し、現実に会社の業務を支配している者について責任を課すべきである。それは必ずしも四二九条の責任である必要はなく、不法行為の一類型と考えることもできる。直接損害の類型では事実上の経営者の不法行為責任と捉えるべきである。間接損害の事案では、事実上の取締役の責任を認める余地があったとしても、まず正規の取締役による経営活動についての責任を問うべきである。あるいは、事実上の経営者の不法行為責任を問うべきである。これに対して、監視義務違反を理由に事実上の取締役についてこれを問うことについては消極的であるべきである。事実上の経営者は、その任務が不明確であり、監視活動として何をなすべきか論じにくく、結果責任に近くなるおそれがある。仮に責任を認めるとしても、実質的経営者が名目的取締役を積極的に利用しているような例外的な場合に限るべきであろう。いずれにしても、事実上の経営行為等を根拠にすべての関係で取締役と同等と解することには慎重であるべきであろう。取締役としての登記がある場合や、瑕疵があっても株主総会の選任決議がある場合においては、取締役に類する扱いをすることが十分に考えられるが、事実上の経営活動だけを根拠に取締役に類する扱いをすることは、きわめて例外的な場合に限るべきであろう。

株式の所有関係は定型的に押さえられることから、支配株主の責任であれば明確である。これに対して事実上の経営者は、種々の事実関係から判断する必要がある。支配的な株主であることから由来する義務と、事実上経営していることから生じる義務とでは発想が異なる。支配株主の責任と事実上の主宰者の責任とは分けて論じるべきものであろう。

平成二三年一二月の会社法改正中間試案でも、親会社の責任について、利益相反取引による不利益についてのみ提案され、親会社、支配株主の責任については提案はなされていなかった。イギリス法における影の取締役のように、明文規定を置くことも考えられるが、現行法の解釈によって、事実上の取締役の責任を捉えようとする場合には、あいまいな事実上の主宰者概念と緩やかに解しうる監視義務違反の範囲により、過大な責任が生じるおそれがあることには注意すべきである。たしかに、実質的に見て会社の経営者に当たる者について、会社法上の取締役ではないため一切の責任を負わないというのは不当である。しかし、正規の取締役でないのであれば、原則としてそれが取締役としての会社法上の責任である必要はない。

責任を追及する第三者については、その悪意を問題とするか議論の余地がある。(23) 悪意者は責任追及が一切できないとするのは適切ではないが、取締役でないことを知っていた事情を責任の範囲を決めるに当たり考慮すべきであろう。

(23)　石山・前掲注(1)二二〇〜二二一頁は、既成事実尊重の理念を徹底するならば、第三者の善意悪意は問題にならなくなるであろうとする。

第一〇章　表見代表制度の再検討
——会社の機関構成の多様化を受けて

一　序

会社法は、三五四条において表見代表取締役制度を定め、四二一条において表見代表執行役制度を定める。表見代表の制度は、外観信頼に基づき第三者を保護するために、わが国では、昭和一三年の商法改正において初めて規定されたものである。しかしながら、制定当初と現在とでは、株式会社における機関構成、とりわけ取締役制度は大きく異なるものになってきている。この間に表見代表の規定をめぐり争われた事例は少なくなく、そこで示された裁判所の判断から、一定の判例法理が形成され、現在に至っている。しかしながら、現在の会社法の規定の下で、そこにはいくつかの疑問が生じる。

第一に、長年盛んに議論されてきたところであるが、現在の会社法九〇八条が定める登記の効力と表見代表制度の調整はいかになされているかという問題が依然として存在する。同条は登記により悪意が擬制されるとするのが現在の多数説である。しかし、登記によって第三者が悪意の扱いになったにもかかわらず、三五四条等の適用は排除されることなく、第三者は一定の場合に保護されると解されてきている(1)。この点を矛盾なく説明するために、表見代表が認められるのは、九〇八条一項における正当事由が認められる場合であるとする見解もあったが、多くの学説は三五四条が適用されるのは九〇八条の例外的場面、あるいは両者の規定は異次元のものと解してきた。しかし、はたして登記制度と表見代表制度との整合性はとれているのであろうか、依然として疑問が残る。

第二に、取締役制度は常に発展・変化してきている。もともと昭和一三年の表見代表取締役制度が制定された当時には、株式会社において商法は取締役会制度を法定しておらず、取締役は原則各自が代表権を有するものとされていた一方で、例外的に特定の取締役に代表権を付与することも認められていた。そこで、代表権を有するような取締役の中で上位のポストをもつ名称についての信頼が保護された。ところが昭和二五年の商法改正では、あらたに取締役会制度が法定され、代表取締役のみが会社を代表することとなった。このため、取締役についての名称信頼の基礎が変化した。すなわち代表取締役制度の下では、取締役であっても必然的に代表権があるわけではないにもかかわらず、第三者が専務取締役等の名称について信頼したことで、代表権を認める保護を与える結果となった。そしてその後、このような前提を大きく変えたのが、平成一七年の会社法である。同法三四九条二項によれば、取締役が各自会社を代表することを原則と定めることにより、昭和二五年改正前の取締役制度が復活したかのようになったからである。もっとも、それは株式会社の中でも取締役会を設置しない会社に限られている。取締役会設置会社においては従前の取締役制度と同様である。その結果、会社法制定後は、あらたに取締役会設置会社かどうかで名称信頼の意味が異なることになったのである。取締役会設置会社であるかどうかも登記事項であることから（九一一条三項一五号）、再び登記事項についての信頼保護という問題が加わることとなった。

第三に、平成一四年の商法改正によって新設された委員会等設置会社（現在の指名委員会等設置会社）では、会社を代表するのは代表執行役であり、代表取締役は存在しない。このため、会社法でも、表見代表取締役を定める三五四条とは別に四二一条で表見代表執行役制度が規定されている。この場合、執行役制度を採ることで表見代表の発想が異なるのであろうか。社長や副社長の名称が付されるのが執行役と取締役とでは差異が生じるのか、あるいは四二一条は三五四条が適用されないことを前提にしているのであろうかが疑問になる。すなわち指名委員会等設置会社においては表見代表取締役制度は排除され、取締役には表見代表が成立しないのかが問題となる。なお、平成二六年会社法改正で新設された監査等委員会設置会社の場合には、代表執行役や執行役が置かれることがなく、代表取締役が会社を代表するのを原則とするため、三五四条の適用がそのまま認められて良いように思える。

本章は、コーポレートガバナンスの改革の議論の中で、株式会社の機関制度に変更が加えられてきている状況において、以上の三つの視点を柱に現在の表見代表取締役制度および表見代表執行役制度について再検討を試みるものである。

（1）　加藤勝郎「表見代表取締役と商業登記」鈴木竹雄先生古稀記念『現代商法学の課題（下）』（有斐閣、一九七五年）一一八九頁によれば、取引に当たりいちいち登記簿を調査することを期待できない事情が存在し、登記の有無を絶対視するのが妥当でないとの一般的な認識があるときは、登記だけによる静的安全の保護を抑制するのが取引の相手方の公的一般的な信頼を保護し法秩序の全体的利益につながることになるとされる。

二　裁判例にみる適用状況

(1)　序

前述したように、商法の昭和二五年改正では、代表取締役制度が法定され、取締役が各自会社を代表する権限を有する制度は廃止された。この時点で表見代表取締役の制度を廃止することも十分に考えられたが、表見代表取締役の制度はそのまま残ることになった。このため、社長等の名称への信頼保護が、消極的信頼保護から積極的信頼創出へと転化したことになった。この点については、そのような機能は外観法理の機能的限界を超えるので、表見代表取締役の適用は限定的に解さなければならないとの主張も見られていた。[(2)] しかし、裁判所は、積極的な信頼保護という立場で表見代表取締役制度を理解し、昭和二五年改正後においても、学説の一部にあったような制限的な発想を採ることはしないで、名称信頼を積極的に保護してきたように思われる。一方、その過程において、表見代表取締役が成立するための要件が明らかにされていった。

(2)　会社の帰責事由

会社法三五四条は、「株式会社は、代表取締役以外の取締役に社長、副社長その他株式会社を代表する権限を有するものと認められる名称を付した場合には、当該取締役がした行為について、善意の第三者に対してその責任を負う。」としており、株式会社が名称を付したことを要件としている。このため、条文上は必ずしも明らかではないものの、外観法理の一般原則に従い、名称を付した場合の会社の責任を認めるためには、会社が名称を付したこともあるいは名称使用を許諾したこと等、会社の帰責性が前提となると解される。当該人物が自ら社長であると名乗っているだけでは、適用対象とならないことは当然である。それでは、いかなる状況の下に会社の帰責性を認めるべきであろうか。会社を代表する取締役や取締役会のような機関が、当該人物にそのような名称を積極的に付与していたのであれば、疑いなく帰責性は認められるが、そのような場合に限定したのでは第三者保護に欠けることとなる。たとえばそのような名称使用を会社が承認・黙認していれば、会社の帰責事由が認められるべきであろう。

最高裁によれば、表見代表取締役には、名称の使用を会社から黙認された取締役を含むものと解しており、当該代表取締役が単独で代表権限を行使できるものであると見られる名称を使用しているのに対し、これを会社が黙認していた場合をも含むものと解している（最判昭和四二・四・二八民集二一巻三号七九六頁）。そして、会社が許諾していたことが必要ではあるものの、代表取締役が名称使用を一回注意しただけでそれ以上の監督をしなかった場合についても、表見代表取締役による会社の責任が認められている下級審裁判例がある（東京地判昭和四九・一〇・一五下民集二五巻九～一二号八三二頁）。

問題は、代表取締役が黙認したとは言えない場合である。すなわち一部の取締役だけが名称使用を知っていた場合についてである。この点について学説では、取締役は、代表取締役や取締役会に知らせ違法状態を是正する職責があることから、取締役が一人でも知って放置すれば会社に責任を負わせるべきであるとの意見が見られる(3)。仮に、この解釈に従ったならば、指名委員会等設置会社の場合については、どのように解するべきであろうか。代表執行役を選定・解職するのは取締役会であるが、業務を執行するのは執行役である。したがって、取締役のほか執行役が黙認したかどうかが問題となるのであろうか。代表執行役は代表執行役を選定する取締役会の構成員とは限らないが、名称付与は代表執行役の同意や黙認でも良いのであろう。また取締役の過半数の同意または黙認があれば良いと思われるが、取締役の一人でも、あるいは執行役の一人でも知っていれば良いのかについて議論がある。しかし、この場合には僭称にも適用を認めざるを得なくなってしまうことから、これに反対する意見がある(4)。

これに対して、取締役一人であっても承認と一応言えるとするものの、それで直ちに表見代表取締役が適用されて第三者が保護されるわけではなく、重過失の判断が必要であり、その範囲で承認の程度は広く認めて良いとする見解が見られる(5)。結局のところ、名称付与あるいは会社の帰責性は第三者の重過失と関連づけて評価する必要があろう。

(3)　取締役以外の者への名称付与

三五四条は、代表取締役以外の取締役に名称を付与した場合について規定しているが、最高裁によれば、従業員への名称を付与した場合についても適用を認めている（最判昭和三五・一〇・一四民集一四巻一二号二四九九頁）。一般に、取締役でなくても会社に関わる者であれば表見代表が成立する余地があるのであろうか。たとえば会社と雇傭関係のある者が副社長等の名称を使用していた場合には、同様に第三者を保護するとも言えるが、従業員でもない外部者の場合には、原則としてこれを否定すべきであろう。この点に関しては、浦和地裁平成一一年八月六日判決（金判一〇九四号五四頁）に、従業員でない者が専務取締役の名刺を使った事例が見られる。裁判所は、取締役でも、従業員もでない外部の者については、会社の業務に従事しているわけではなく、会社から指揮監督を受ける立場にないのが通常であるから、平成一七年改正前商法二六二条の類推適用はできないとしつつ、会社は名板貸しの責任を負うとされた。ここで会社の業務従事と指揮監督と言う要素が挙げられていることが注目される。表見代表取締役制度の下で、名称だけを信頼すれば保護されるわけではなく、会社における通常の業務執行関係を前提とすべきであると思われる(6)。

なお、名板貸しと表見代表との関係も検討が必要である。商法一四条は、「自己の商号を使用して営業又は事業を行うことを他人に許諾した商人は、当該商人が当該営業を行うものと誤認して当該他人と取引をした者に対し、当該他人と連帯して、当該取引によって生じた債務を弁済する責任を負う。」と規定し、同様に会社法九条は、「自己の商号を使用して事業又は営業を行うことを他人に許諾した会社は、当該会社が当該事業を行うものと誤認して当該他人と取引をした者に対し、当該他人と連帯して、当該取引によって生じた債務を弁済する責任を負う。」と定める。いずれも平成一七年改正前と比較して要件を厳格化して、それまで条文にあった「氏、氏名」をあえて外し、商号に限定している。名板貸しの立法趣旨からして、ある種の名称を外部者に付与（または使用の黙認）したことのみから当然に会社や営業主が責任を負うことになるかといえば、それを肯定することは名板貸しを広い外観保護制度に近いものとして理解することになる。外部者への名称を付与（または使用の黙認）したことで名板貸し責任が当然生じると解するには、名板貸しと表見代表両制度の趣旨を考えた上で要件の差異について慎重な判断が求められる。

(4) 名　称

会社法では、表見代表取締役の名称の例として、社長と副社長を例に挙げる。平成一七年改正前商法ではこの他、専務と常務が挙げられていた。常務取締役に代表権がある会社は実際に必ずしも多くないことから、常務についても表見代表取締役が認められることには疑問も感じられていたが、実際に裁判例で常務取締役の名称信頼を保護したものが見られている（最判昭和四〇・四・九民集一九巻三号六三二頁）。もちろん条文に挙げられた名称は例示であり、その他代表権限を有する名称であればよいが、「取締役」というだけの名称は対象外であろう。東京地裁平成七年六月二八日判決（判タ九一二号二四一頁）では、Y_1は、Y_2に対し、単に「取締役」の名称を付与したのみで、会社を代表する権限を有するものと認むべき名称を付与していないことが明らかであるから、XのY_1に対する商法二六二条に基づく請求はその前提を欠いているとしている。

しかしながら、有限会社について取締役の名称に表見代表取締役を認めた裁判例がある。東京地裁平成五年一月二八日判決（判タ八三九号二四六頁）である。この事件では、X_1会社においては取締役Bを代表取締役として定める旨の登記がなされており、X_2にX_1会社を代表する権限はなかった。本件土地について、X_1会社の取締役X_2と買主Aとの間で本件売買契約が結ばれた。判旨は、「X_2はX_1会社の取締役であり、本件売買契約にあたり、X_1会社の取締役として、かつ、取締役の名称を使用表示して、これをなしたものであって、買受人たるAも、X_2が取締役であることから本件土地をX_1会社のために売却する権限があるものと信じて買い受けたものであるから、そうとすると、X_1会社は、有限会社法三二条によって準用される商法二六二条の類推適用により、A買受人に対し、本件売買契約による責任を免れることはできないものというべきである。けだし、有限会社においては、数人の取締役があるときでもその各自が取締役という資格において単独で会社を代表する権限を有するのが法律上の原則であり（有限会社法二七条）、取締役に加えられた代表権の制限を知らなかった善意の第三者は保護されるべきであるからである。」と述べている。

この判旨については、取締役という名称への信頼が法的に保護されるべきと解することは、代表権のない取締役の存在を認め、かつそれを登記で公示させ保護を与えたことと矛盾する。取締役なる名称は表見的名称に当たらないのであり、代表権のない取締役に取締役の名称を付与しても直ちに会社に帰責性ありとは言えないとの批判が見られる。(7)

これに対して、他の取締役を特定代表取締役に定める一方で、代表権を喪失した取締役に代表権があるかのようにして取引をすることを知りながら防止しないこと自体を、会社による黙示の付与として評価すべきとの立場も見られる。(8)これは旧有限会社法の事案であり、同法の下では取締役は各自代表権を有することを原則としていた。会社法の下では、株式会社法のうち取締役会非設置会社では、旧有限会社法と同じ原則になっており、上記判旨からは、この種の会社では一般に取締役との名称でも信頼保護が成立することになりそうであるが、この点は相手方の重過失を通して慎重に考えるべきであろう。(9)

それでは、代表取締役という名称はどうであろうか。東京高裁平成元年九月一二日判決（金法一二四七号二六頁）がその例である。判旨は以下のように述べている。

「A社の前身のB社からCへの持分権移転について、Y_1は右会社の代表取締役ではなかつたことが認められるけれども、Y_1は、昭和五七年七月二三日当時右会社の取締役であり、自己が会社を代表する者として行動し、『B株式会社　代表取締役Y_1』と記載のある名刺を所持し、右記載のある資格証明書、印鑑証明書を持参し、所有権移転登記の委任状にもその旨記載し、Dからその旨の宛名の記載のある領収証を異議なく受領したのであり、CもY₁に代表権があることを疑わなかつたことが認められ、さらにA社の前身のB社もA社もその後本訴に至るまでY₁のこれらの行為について何らかの異議を述べた形跡は本件全証拠によっても認められず、しかも前示認定のとおりY₁が代表者であるY₂社は後にA社を吸収合併しており、Y₁のA社に対する支配力は強いと認められることからすると、A社の前身のB社は、Y₁が代表権を失つた後も、代表取締役として行動し、前記契約をなすことを承認していたものと認められる。そうすると、A社の前身のB社は商法二六二条によりY₁が代表取締役としてCとの間になした契約についてその責に任じなければならないというべきである。」

この事案は、代表取締役ではないのに代表取締役の名刺を示したものであり、社長、副社長等の肩書きは付されてはいないものの、代表権限を有するものと認められる名称を使用したことになり、相手方を保護すべきことは疑いないであろう。

(5) 重過失

主観的要件について、三五四条では善意の第三者は保護されるとするが、[10] 重過失がある場合には保護されないとするのが最高裁の立場（最判昭和五二・一〇・一四民集三一巻六号八二五頁）であり、学説の多くもこれを支持する。[11] 裁判例はこの第三者の重過失の判断を通して、公正な結果を達成しようとしているように思われる。

たとえば、東京地裁平成一一年三月二五日判決（金判一〇七一号四九頁）では、Y会社は、C常務に常務取締役の名称を付していたのであるから、旧商法二六二条の規定により、C常務の代表権の欠缺について善意でありかつ重過失のない第三者に対しては、C常務の代表権の欠缺を主張することができないと判示した。その上で、Xの重過失の有無について以下のように詳細に事案を検討して判断した。

「本件金銭消費貸借契約証書の調印に至るまでの過程においてはXからみると外観上格別の問題はなかったのであって、調印の段階において始めて本件金銭消費貸借契約証書上のY会社を代表ないし代理する者がC常務及びD部長であってその名下の押印が個人印であることが判明した。しかし、一般に総合建設業を営む株式会社においては全社一括して代表取締役社長名で契約を締結することが常態であるということはできず、むしろ、地域ごと若しくは部門ごとに取締役の地位を有する者の名前で契約を締結することも多い。株式会社を相手方として契約を締結するに当たっては、格別の疑念を生じさせるような特段の事情のない限り契約書上において株式会社を代表ないし代理する者の権限については逐一調査しないのが通常であると考えられることからすれば、X側においてC常務に本件金銭消費貸借契約締結の権限があると信じたことを著しい落ち度であるということはできない。Y会社は中堅ゼネコンであり、ゼネコンにおいては地域ごと若しくは部門ごとに取締役の地位を有する者の名前で契約を締結することも多く、また、C常務はY会社本店事務所内で白昼堂々と本件金銭消費貸借契約証書に調印したのであるから、Fが自らは代表権を有していないことからC常務の代表権の存在についても当然これを疑うべきであったとまでいうことはできず、この点からXの重過失を基礎付けることもできない。」

判旨では、建設業界の実態を重視していることが注目される。ここで明らかなように、表見代表取締役としての会社に責任を負わせるに当たり、名称信頼以外の要素をも慎重に判断していることである。重過失の判断と言う形を通して、表見責任一般の成立が認められるかどうかという程度に審査しているようである。

(6)　表見支配人

会社法一三条は、「会社の本店又は支店の事業の主任者であることを示す名称を付した使用人は、当該本店又は支店の事業に関し、一切の裁判外の行為をする権限を有するものとみなす。ただし、相手方が悪意であったときは、この限りでない。」と規定する。この表見支配人に関する裁判例は従来から多く、表見代表取締役を検討するに当たり参考になる。表見支配人制度も名称信頼に基礎を置くからである。ただし、以前から判例においては、表見支配人として認められるためには、営業所の実質があること、その主任者たる名称に限定されている（最判昭和三七・五・一民集一六巻五号一〇三一頁）。

この立場は一貫して維持されており、たとえば、東京高裁平成九年一月二八日判決（判タ九六七号二二一頁）では、「東京通信システム営業本部は、内部組織上及び取引活動の外観上も、Y社の経営管理活動を分担しているとか、本社を離れて独立の営業活動を決定しうる権限があったとはいえず、したがって、商法上の営業所の実質を備えているということはできない。他に東京通信システム営業本部が商法上の営業所の実体を備えていると認めるに足りる証拠はない。してみれば、Aが商法四二条〔著者注・現二四条〕にいう表見支配人に該当するとのXの右主張は、その前提を欠くものであって、採用し難い」と判示している。

また、主任者たる名称という場合に、次の事例のように、一般取引上の見地から、支店長という名称でいつでも表見支配人が認められるわけではない。

東京高裁平成元年六月七日判決（金法一二四九号三〇頁）では、「信用金庫の支店長は、なるほど、その名称は支店の営業の主任者であることを示す名称ではあるものの、その支店の取引についてもその権限に多くの制約が存し、通常右の如き包括的権限を有するものではないこと、換言すれば、支配人としての代理権を授与されているものでないことは一般取引上の見地からも明らかであるというべきである。従って、支店長の権限が右のとおり包括的なものではないことを知っている者は、その支店長が支配人でないことについて悪意であると解される。」と判示している。

なお、表見支配人として営業主の責任が認められるには、本店・支店の主任者たる名称を付したという要件だけではなく、条文上明らかではないが、営業所としての実質、営業主との雇用関係〔あるいは委任関係〕が必要であると解するべきである。裁判所も同様の立場であると思われる。たとえば、仙台高裁昭和六一年一〇月二三日判決〔判タ六二四号二一八頁〕では、以下のように判示する。「商法四二条〔著者注・現二四条〕の表見支配人に関する規定は、営業主が支配人でない使用人に対し本店又は支店の営業の主任者であることを示す名称を附した場合に適用される規定であるところ、そもそもAはYとは全く別個独立に営業を行っていたものであり、Yと同人との間に使用者、被傭者の関係即ち、同人がYの使用人であるとの関係になかつたことは右にみたところから明らかであるから、右規定をもとに、Yに前記売買に基づく債務についての責任を肯定することはできない」。

(2)　酒巻俊雄『取締役の責任と会社支配』〔成文堂、一九六七年〕一〇八頁。また、中村信男「有限会社法上の表見代表取締役に関する一考察――有限会社の代表権なき取締役が取締役の名称で行った取引と会社の責任」早稲田商学三六六・三六七号〔一九九六年〕三四九頁は、各自代表原則が採られない株式会社については、表見代表取締役規定はその法的基礎を欠いているとする。そして積極的信頼保護へと変容し、外観信頼保護規定としては過ぎたるものであり、取締役の各自代表原則を採る有限会社において表見代表が本来の機能を維持するものと論じている。もっとも、昭和二五年改正前から実際には定款で社長等にのみ代表権を有する例が非常に多かったのであり、同年改正による取締役制度の変更は考慮しなくて良いとの見解もある。上柳克郎ほか編『新版注釈会社法(6)』〔有斐閣、一九八七年〕一八二頁〔山口幸五郎〕。

(3)　鈴木竹雄＝竹内昭夫『会社法〔第三版〕』〔有斐閣、一九九四年〕二八七頁、龍田節『会社法大要』〔有斐閣、二〇〇七年〕一〇九頁。

(4)　酒巻俊雄ほか編『逐条解説会社法〔第五巻〕』〔中央経済社、二〇一一年〕三四三～三四四頁〔野田博〕。

(5)　宮城京子「表見代表取締役制度――商法二六二条不要論と表見代表取締役制度の存在意義」龍谷大学大学院法学研究七号〔二〇〇五年〕二九七頁。

(6)　伊藤壽英「判批」金判一〇九四号〔二〇〇〇年〕五八頁によれば、雇用関係がない場合でも業務執行の関与の事情によっては平成一七年改正前商法二六二条の類推の可能性が否定できないとする一方、会社の業務執行に何ら関与しない行為については類推が否定されるとする。江頭憲治郎＝中村直人編著『論点体系会社法〔第三巻〕』〔第一法規、二〇一二年〕一一四頁〔酒井太郎〕は、対外的取引にかかる権限を会社から何らか付与されていたか、または事実上そのような権限を会社の黙認の下に行使していたことをもって判断されているとする。

(7)　来住野究「判批」法学研究七一巻七号（一九九八年）一〇一〜一〇二頁。

(8)　落合誠一編『会社法コンメンタール(8)』（商事法務、二〇〇九年）四九頁〔落合誠一〕。

(9)　江頭憲治郎『株式会社法〔第四版〕』（有斐閣、二〇一一年）三八三頁も、特殊な事案であり、一般化できないと解すべきであろうとする。

(10)　山下友信「判批」法協九七巻一〇号（一九八〇年）一五四三頁によれば、民法一〇九条と同じ要件にすると表見代表取締役の存在意義がなくなるのであり、商取引における取引の迅速安全の要請と定型的な表示と結びついた外観信頼の保護の要請は、主観的要件を緩和させるとする。

(11)　重過失が認められた事例として、東京地判昭和四八・四・二五下民集二四巻一〜四号二一六頁は、以下のように判示する。「当該取締役の代表権の有無を疑うに足りる十分な理由がある場合に登記簿の閲覧ないし会社の支払担当者等への照会を怠った者は、たとえ善意であってもその善意につき重大な過失があるものというべく、このような場合には、公平の見地からいって、善意の第三者といえども商法二六二条の保護に値しないと解するのが相当である」。

三　取締役会設置会社と取締役会非設置会社

会社法では、取締役会非設置会社については三四九条二項で「取締役が二人以上ある場合には、取締役は、各自、株式会社を代表する。」と定めるが、取締役会設置会社については三六二条三項では、「取締役会は、取締役の中から代表取締役を選定しなければならない。」としており、取締役会設置会社では、代表取締役のみが代表権を有する。取締役会非設置会社では取締役という名称には代表権の外観が備わっていると解されるから、表見代表をめぐる状況は一九三八年当初に回帰した一面があるとの指摘がある(12)。たしかに取締役会非設置会社ではそうである。しかし、取締役会設置会社では会社法制定前と異ならない。そこで、表見代表取締役制度を取締役会設置会社とそうでない会社に分けて検討する必要があることになる。社長や副社長以外の名称については、取締役会設置会社とそうではない会社とで保護の必要性が異なる余地がある。[13]取締役非設置会社であれば専務取締役と言う名称を付された取締役に代表権があると信頼した場合に保護されると言える。これに対して、取締役会設置会社である場合については、取締役というだけでそのような名称から代表権ありと信頼した場合に、どこまで保護されるべきか疑問となる。しかも、取締役会設置会社かどうかは登記事項であり、九〇八条一項の問題となる。当該会社は取締役会設置会社でないと思った第三者については、専務取締役と言う名称についての信頼が取締役会非設置会社と同程度に保護されるのであろうか。取締役会設置会社として登記されていれば、九〇八条一項で相手方の悪意が擬制されるから、このような第三者は保護しなくても良いと一応言えるかもしれないが、表見代表取締役と九〇八条の関係に鑑みるとこのような割り切りには疑問も生じる。[14]

(12)　酒巻俊雄ほか編『逐条解説会社法（第四巻）』（中央経済社、二〇〇八年）四一九頁〔石山卓磨〕。

(13)　江頭・前掲注(9)も、表見代表取締役制度を取締役会設置会社とそうでない会社に分けて検討する。同書四〇二頁によれば、取締役会設置会社については、各自代表の原則がとられていないこと、実務における代表取締役の通常の名称に鑑みるとき取締役会設置会社では専務取締役、常務取締役の名称が代表権を推測させる肩書きであるかどうか疑わしいとする。

(14)　会社法制定前に存在し、登記事項であった共同代表制度（平成一七年改正前商法二六一条二項）の下で、単独で代表権を行使した場合にも表見代表取締役が類推適用されるというのが最高裁判例であった。最判昭和四二・四・二八民集二一巻三号七九六頁。

四　指名委員会等設置会社の表見代表

会社法四二一条は、「指名委員会等設置会社は、代表執行役以外の執行役に社長、副社長その他指名委員会等設置会社を代表する権限を有するものと認められる名称を付した場合には、当該執行役がした行為について、善意の第三者に対してその責任を負う。」と規定する。この規定は三五四条を排除するものか、あるいは三五四条の適用があることを前提にして、その上に適用されるのか検討を要する。換言すれば、指名委員会等設置会社では取締役について社長等の名称信頼についても保護があるのか。あるいは指名委員会等設置会社では表見代表執行役だけが認められるのであろうか。三五四条と四二一条の文言上はどちらも考えられなくはないが、立法者の意図は会社の代表権は代表執行役に任せており、指名委員会等設置会社に表見代表取締役が認められる余地はないのであろう。執行役に社長等の名称が付された場合については、すでに表見代表取締役について述べたことと同様のことが当てはまるのであろう。

しかし、指名委員会等設置会社において、たとえば会長取締役[15]という名称を付された取締役に代表権があると信頼した第三者は保護されないのであろうか。指名委員会等設置会社で取締役に代表権があると信頼することは重過失であるという考えも成り立つかも知れない。ただし、指名委員会等設置会社であることを知らない第三者が会長取締役との名称を信頼した場合が問題となる。指名委員会等設置会社として登記されれば、九〇八条一項で相手側は指名委員会等設置会社であることについて悪意となり、取締役に代表権があることの信頼は保護されないのであろうか。この場面においても、指名委員会等設置会社かどうかは登記を見れば分かるのであって、登記されれば悪意が擬制されるのであろうか。

既に見たように、指名委員会等設置会社以外についての裁判所の考え方は、社長、副社長という肩書きを信頼すれば、取締役であろうと従業員であろうと保護される余地を認めてきた。そうであれば、四二一条も執行役に限定していると解する必要はないかも知れない。たとえば執行役と紛らわしい執行役員に専務との名称が付与された場合も第三者の保護が必要ということとなろう[16]。そうなれば、取締役についても表見代表を認める余地はないのであろうか。指名委員会等設置会社において、社長取締役と社長執行役とでは、同程度に保護の必要性があるのではなかろうか。

しかし、指名委員会等設置会社の取締役（執行役兼務ではない者）に会社が社長の名称使用を黙認したが、業務執行に一切関与させなかった場合には、表見代表執行役と認めることは消極的であるべきである。というのは、執行役が取締役を兼任することがあるものの（四〇二条六項）、そのような場合を除けば指名委員会等設置会社の取締役は、原則として指名委員会等設置会社の業務を執行することができない（四一五条）。会社の業務を執行することができない者についていえば、代表権があるという信頼は、保護する必要はないのではなかろうか。表見代表の制度では、第三者から見て会社の業務執行に関わっている者が名称を付していることが前提に思われる。その結果、第三者が当該会社は指名委員会等設置会社ではなく、会長取締役に代表権があると信頼したとしても、指名委員会等設置会社としての登記がなされている場合には、第三者は保護されないこととなろう。

そもそも、執行役という名前に代表権があると信頼することに保護の必要性はあるのであろうか。この点は取締役に比べると執行役であれば代表権があるという蓋然性が低く[17]、また指名委員会等設置会社を採用する会社が少なく、執行役自体に馴染みが薄い場合に、四二一条の存在意義がどこまであるのか疑問なしとしない[18]。執行役と言う名前に代表権の信頼は当然にはないし、四二一条はあえて設けなくても良かった条文とも言える。ただし、指名委員会等設置会社の業務に関与する者への名称信頼を保護し、三五四条を排除して、執行に関与しない取締役には表見代表取締役を認めないという意味があると思われる。

(15)　指名委員会等設置会社以外の会社について、東京地判昭和四八・四・二五・前掲注(11)は、以下のように判示して取締役会長に表見代表取締役を認める。「一般に、取締役会長とは取締役会における主席たる地位にある取締役を指すものと考えられるので、代表権を有するのが通常である。もっとも、会長の外に社長が別に設けられている場合には、取締役会長とは合議体の議長たる地位を指し必ずしも代表権を有するのが通常であるとはいえないとの見解もあり得ようが、社長が別に設けられているか否かは第三者には必ずしも明らかでなく、個々の会社の内部組織によって取扱いを異にするのは取引の安全保護を目的とする商法二六二条の趣旨からいつて適当ではないので、取締役会長はすべて同法のいわゆる表見代表取締役に当ると解するのが相当である。」

(16)　江頭憲治郎ほか編『論点体系会社法（第三巻）』（第一法規、二〇一二年）三七九頁〔受川環太〕では、表見代表執行役の名称に専務や常務も含まれるとする。その上で同書三八二頁は、執行役員に専務や常務が付与されることも多く、このような委員会設置会社の実態や使用人にも認めた昭和三五年判決を考慮すると、執行役以外の使用人にも認めるべきであるとする。

(17)　代表執行役制度ができた時点では誤認される名称があったわけではないので、ここに表見代表執行役という名称信頼保護を設けることは疑問である。近藤光男「執行役」民商一二六巻四・五号（二〇〇二年）九三頁参照。

(18)　酒巻ほか編・前掲注(4)三四二頁〔野田〕によれば、執行役各自代表の原則はとられておらず、専務執行役や常務執行役が代表権を推測させる名称であるという社会通念が存するとは言えないから、代表権を有するものと認められる名称であるとすることは困難であるとする。

五　九〇八条と表見代表

表見代表による保護が与えられるには、第三者は善意（判例により無重過失）が求められる。一方九〇八条一項は、「この法律の規定により登記すべき事項は、登記の後でなければ、これをもって善意の第三者に対抗することができない。登記の後であっても、第三者が正当な事由によってその登記があることを知らなかったときは、同様とする。」と規定する。代表取締役および代表執行役の氏名・住所は登記事項であり、登記によって善意者にも対抗できることから、登記後第三者は善意者として保護を受ける余地はないのではないかと言う点が長年盛んに議論されてきた。この点判例は、第三者は善意・無重過失であれば三五四条等で保護されるという結論はとるものの、外観信頼保護規定と商業登記の効力との関係につきいかなる法的理論構成をとるのかについて、必ずしもはっきりしない状況にあると評価されている[19]。

学説では、表見代表は登記制度の次元が異なるとの立場や、登記事項を対抗できない正当事由がある場合と解する立場、悪意擬制を否定する立場等が見られている[20]。しかし、九〇八条（商法旧一二条）と三五四条（商法旧二六二条）は外観保護の点では同一次元と解するべきで、次元が異なるとの意味は不明であると論じられている[21]。なお、表見代理を定める民法一一二条と登記事項との関係については、最高裁昭和四九年三月二二日判決（民集二八巻二号三六八頁）が以下のように判示して、民法一一二条の適用する余地を否定する。「商法は、商人に関する取引上重要な一定の事項を登記事項と定め、かつ、商法一二条〔筆者注・現九条、会社法九〇八条〕において、商人は、右登記事項については、登記及び公告をしないかぎりこれを善意の第三者に対抗することができないとするとともに、反面、登記及び公告をしたときは善意の第三者にもこれを対抗することができ、第三者は同条所定の『正当ノ事由』のない限りこれを否定することができない旨定めている……。商法が右のように定めているのは、商人の取引活動が、一般私人の場合に比し、大量的、反復的に行われ、一方これに利害関係をもつ第三者も不特定多数の広い範囲の者に及ぶことから、商人と第三者の利害の調整を図るために、登記事項を定め、一般私法である民法とは別に、特に登記に右のような効力を賦与することを必要とし、又相当とするからに外ならない。ところで、株式会社の代表取締役の退任及び代表権喪失は、商法一八八条〔筆者注・現会社法九一一条〕及び一五条〔筆者注・現会社法九〇九条〕によって登記事項とされているのであるから、前記法の趣旨に鑑みると、これについてはもっぱら商法一二条〔筆者注・現九条、会社法九〇八条〕のみが適用され、右の登記後は同条所定の『正当ノ事由』がないかぎり、善意の第三者にも対抗することができるのであって、別に民法一一二条を適用ないし類推適用する余地はないものと解すべきである[22]。」。

一方、正当事由を弾力的に解する立場は、登記と矛盾する、または登記自体を紛らわしくするような登記当事者の行為や事情に起因して、通常誰しもが登記を調査する必要性を感じさせられなかったであろうと客観的に見うる場合は、正当事由に当たると解してよいと論じる。[23] しかし、正当事由を安易に認めることは登記制度を損ないかねないことが問題となる。

さらに、登記の積極的公示力は、登記された者に代表権があることに生じるだけで、代表権のある者はほかにいないことを示すものではないとする見解もあるが、[24] 取締役であったことや、退任すればその旨が記載されるのであり、九〇八条と三五四条との間には衝突はある。[25]

結局の所、商業登記の原則的な効力も、会社代表に関しては、原則を貫徹することで第三者に酷な場合があり得るので、原則の例外を認めなければならないと言うことに尽きると思われる。[26] 正当事由の柔軟化が難しいのであれば、悪意擬制を修正することも考えられる。しかし、例外を認める場合は、必ずしも名称だけが決め手になるわけではない。[27] 三五四条等は名称信頼と言ってもそれだけで決まることはまれであり、会社の帰責事由、相手方の状況（重過失の有無）によって決まるのであり、総合的な信頼保護としても良いのではなかろうか。[28] すなわち九〇八条の原則にもかかわらず、第三者を保護する例外を認める必要のある場合が存することは否定しがたいが、実際には裁判所も総合的な事情を考慮しており、現行の表見代表取締役制度を維持していくことにどこまで大きな意味があるのかは疑わしい。

ところで九〇八条からは、指名委員会等設置会社であることや取締役会設置会社であることは登記事項であり、これらを確認していない第三者は、機関構成について誤解をしていても保護されないことになる。この点で名称信頼保護の限界がある。この点で表見支配人制度は、本店支店の主任者たる名称であり、表見代表取締役に比較して保護すべき範囲が明確かも知れない。しかし、判例によれば、営業所の実質があることが要件であり、第三者は名称を信頼しただけで保護されるわけではない。

仮に表見代表制度を廃止する場合には、会社法九〇八条の悪意擬制を否定するか、正当事由を広く解するという考え方をとらなければ、第三者保護に欠けることになる。もっとも登記事項すべてについて同様に解する必要は無く、たとえば九〇八条一項の厳格な悪意擬制の例外を会社代表に限り認めることも考えられなくはない。それを名称信頼の場合に留めるかどうかの問題である。

(19) 落合編・前掲注(8)四三頁〔落合〕。

(20) 龍田節「代表取締役の退任・代表権喪失の登記と民法一一二条（最判昭和四九・三・二二）」法学論叢九七巻二号（一九七五年）八五～八六頁では、商法（旧）一二条を過大視するのは不当だが、無視するのも妥当ではないとして、同条に推定的効力を認めるにとどめ、登記後は第三者が善意を立証して初めて悪意の推定を覆すことができ、表見責任の要件を満たさなければならないと論じる。

　このほか、登記後の第三者には登記事項についての善意を対抗できないだけであって、悪意が擬制されるわけではないとの見解が見られる。宮城・前掲注(5)二九八頁。

(21) 加藤・前掲注(1)一二八九頁。

(22) 同様に、最判平成六・四・一九民集四八巻三号九二二頁が、登記事項について民法一一二条適用を否定する。すなわち原審大阪高判平成三・四・二六判時一三九六号一三八頁では、「一般私人の場合に比し、取引活動が大量的・反復的に行われる商人の場合には、これに利害関係をもつ第三者も不特定多数の広い範囲に及ぶことから商人と第三者の利害の調整を図るためには商法一二条〔筆者注・現九条、会社法九〇八条〕の規定のみが適用され、別に民法一一二条を適用ないし類推適用する余地はないけれども、社会福祉事業法に基づき設立された社会福祉法人の場合にはそのような要請が少なく、個別の事情により第三者との利害の調整を図ることが可能であり、またその必要がある。」とした。これに対して最高裁は、「社会福祉法人の理事の退任すなわち代表権の喪失は、社会福祉事業法二七条一項、組合等登記令（昭和三九年政令第二九号）一条、二条により、登記しなければならない事項とされているのであるから、前記規定の趣旨に照らせば、社会福祉法人が理事の退任につき登記をしたときは、右理事の退任すなわち代表権の喪失を第三者に対抗することができ、その後その者が右法人の代表者として第三者とした取引については、交通・通信の途絶、登記簿の滅失など登記簿の閲覧につき客観的な障害があり、第三者が登記簿を閲覧することが不可能ないし著しく困難であるような特段の事情があった場合を除いて、民法一一二条の規定を適用ないし類推適用する余地はないものと解すべきである。」

とする。

(23) 加藤・前掲注(1)一二九四頁。

(24) 大塚龍児「商業登記（および公告）の対抗力について」江頭憲治郎編『八〇年代商事法の諸相——鴻常夫先生還暦記念』（有斐閣、一九八五年）二一一頁以下。

(25) 柴田和史『会社法詳解』（商事法務、二〇〇九年）一九二頁。

(26) 落合編・前掲注(8)四六頁〔落合〕。

(27) 加藤・前掲注(1)一二九四〜一二九五頁は、信憑性ある外観は名称のみならず、これを許容する本人の態度も合わせて成立し、信頼の原因となる。登記と矛盾ないし紛らわしくするような事情や行為に当たれば与因していると解すべきとする。また、社長以外の名称では、名称付与だけではなく、付加的事情を加味するとする。

(28) 表見代表の制度は、一般の表見法理の中でも名称信頼に特化して相手方を保護するものであるが、そのような立法趣旨は必ずしも活かされていないような判例もある。

最判昭和五六・四・二四判時一〇〇一号一一〇頁では、代表取締役に通知しないで招集された取締役会において代表取締役に選任された取締役が、この選任決議に基づき代表取締役としてその職務を行ったときは、右選任が有効な取締役会の代表取締役選任決議として認められず、無効である場合であっても、会社は、平成一七年改正前商法二六二条の規定の類推適用により、代表取締役としてした取締役の行為について、善意の第三者に対してその責に任ずべきものと解するのが相当であると判示している。ここで判旨は、表見代表取締役の類推適用と述べているが、単に一般的な表見法理を適用しているようにも見える。そうであれば、わざわざ表見代表取締役を持ち出すことなく、一般的な表見法理として解決すれば良さそうであるが、九〇八条との関係がやはり問題になるのであろう。

六　結　語

株式会社においては、取締役および代表取締役の氏名は登記事項であり、また取締役会設置会社であるか否か、指名委員会等設置会社であるか否かも登記事項である。したがって、株式会社と取引する者は、登記を見ない限り当該人物が会社を代表できるのかどうか判断できないようになっている。しかし、登記の確認をいつでも求めるのでは株式会社と取引する第三者の保護に欠けるとも考えられ、誰が会社を代表する者であるかという場面において、九〇八条一項の例外を認めざるを得ない。

この点について登記での確認を怠った者は、登記事項であるにもかかわらず代表取締役については三五四条で、代表執行役については四二一条で保護される余地があるが、一方で取締役会設置会社であることや指名委員会等設置会社であることは登記で確認しておく必要があり、会社の形態を誤解していたと言っても保護されないものと思われる。たとえ名称信頼には会社の形態の信頼まで含まれるとしても、第三者に重過失が認められる可能性がある。

指名委員会等設置会社における「取締役会長」については、指名委員会等設置会社では取締役に代表権があることはあり得ないので、表見代表取締役は認められないと解すべきであろう。そもそも指名委員会等設置会社では取締役には業務執行権がないからである。表見代表取締役となる者は業務の執行に関与していることが前提であると解すべきである。これは表見支配人における営業所の実質を要求することに対応するとも思える。業務の執行に関与していない者を代表者と信頼した場合には、原則として重過失を認めて良いと思われる。

九〇八条に例外が必要なことは否定できない。九〇八条は登記事項を善意者にも対抗できるとしている。その例外として三五四条は名称を付与した場合に善意の第三者を保護するとするが、名称信頼による現行の表見代表制度で良いのかは再検討すべきことである。名称付与のほか、相手方の態様や名称を持つ者が業務執行をしていることを要件とすべきであり、実際に裁判例ではこの点を考慮しているし、相手方に重過失ある場合は保護されない。代表取締役であると信頼するに足りる事情があった場合については、そこに九〇八条の正当事由を認めるという考え方も成り立つが、そのような解釈では、他の登記事項まで波及してしまうことが危惧される。三五四条の要件を明確化して適用範囲を一定範囲におさめるべきかもしれない。たとえば、社長以外の名称について表見代表を成立させるには、業務執行の態様や相手方の過失の程度等の総合考慮が必要である。取締役会設置会社においては取締役以外に、指名委員会等設置会社においては執行役以外に、表見代表を認めることは例外的であるべきであろう。しかし、これを具体的に明文化することは難しく、現行制度に変更を加えないと言う選択肢を採るのであれば、表見代表制度には単なる名称信頼以外の要素が大きいこと、九〇八条一項には例外が必要であることにとくに留意すべきであろう。

第一一章　金融商品取引法の責任と会社法の責任
――虚偽開示をめぐる役員の責任を中心に

一　はじめに

金融商品取引法と会社法との関係については、かなり前から盛んに論じられるようになっていたが、近年では、公開会社法という視点での議論もなされ、それぞれの法の独自性を過度に強調することよりも、むしろ両者の法律の関連性を重視した上で、法規定が相互に依拠するという傾向が益々強くなってきているように思われる。いずれにしても金融商品取引法と会社法との関係はいかにあるべきかを論じることが、一つの近時の重要なテーマになってきている。ただし、二つの法律の関係を広く全般的に論じることは必ずしも容易なことではないと考えられることから、本章では二つの法律における民事責任について、その中でも対象を役員の責任に限定した上で、比較検討することとしたい。

たとえば、株式会社の財務書類に虚偽または不実記載がなされた場合に、この会社の役員は、株主・投資者に対する関係だけを見ても、主として金融商品取引法の虚偽開示の責任のほか、民法上の不法行為責任と、会社法の対第三者責任といった、三種類の責任を問われる可能性が生じることになる。しかし、役員は、これらの責任について異なる別個の責任として負うことになるのであろうか。もちろん、そもそも、それぞれの法規定の趣旨が違うと考えるのであれば、それを肯定するような結論は当然とも言える。しかしながら、そうなれば、そこには不必要な重複があるのではないかという疑問や、各責任の間には調整が十分になされていないところがあるのではないかとの思いも強くするところである。

もちろん、会社法の開示の責任は株主と債権者を保護し、金融商品取引法の責任は投資者を保護すると、一応言えるかもしれないが、それに留まるものではなさそうである。このように考えられるのは、以下の二つの観点からの疑問が生じるからであり、そのような検討をすることの必要性を強く感じるところである。

第一に、かつて旧証券取引法の昭和二八年改正においては、虚偽記載に関して取締役をあえて責任対象から外した。そこでは取締役については現在の会社法四二九条に相当する商法二六六条の三が責任を定めていることが考慮されていたようである(1)。たしかに、会社法四二九条二項は、虚偽記載をはじめとして一定の列挙された行為を行ったことについて、比較的広く役員等の責任を定めている。しかしながら、二項の責任は、一項の責任に比べてみれば、追及されることは多いとはいえないし、責任が認められた事例はどちらかと言えば少ないと言える。また、従来の学説においても議論の対象は一項に集中しており、二項が学説上議論されることも多くはなかった。しかし、たとえば一項については、判例や通説によれば、不法行為責任と異なる特別の法定責任とされるが、二項についても同様の責任と解すべきかが問題となり、これを否定することも考えられる。このような規定の理解からは、それに応じて、四二九条二項の責任によって救済される対象の範囲が異なることになる。その場合には、企業内容についての情報開示では、金融商品取引法の規制が会社法の規制と重なる面が生じることになると考えられる。

第二に、金融商品取引法と会社法の関係については、近時、興味深い判断を下した裁判例が見られている。すなわち、名古屋高裁の決定によれば、会社法一二五条に基づく株主名簿の閲覧請求権行使について、会社法の閲覧請求の前提となる権利行使は会社法の権利行使を対象とするのであり、金融商品取引法による責任追及は対象とならないことを述べて、そのような目的での閲覧請求を否定している。しかし、この裁判所の判断に対しては、二つの法律に基づく責任追及は異なるものなのか、あるいは異質なものと言い切ることができるのかという疑問が生じる。もっとも、この事件が集団訴訟によるものであることや、本件が株主名簿の閲覧請求が認められるかどうかという限られた範囲内での議論に留まると捉えてしまうこともできるが、判旨は一般に、会社法の損害賠償請求と金融商品取引法の損害賠償請求について、両者をどこまで異質なものとしての扱いをすることが適切なのであろうかという疑問を惹起し、この観点からの検討をする必要があると感じさせるところである。

（1）　小田寛＝三輪力＝角政也『改正証券取引法・証券信託法解説』（港出版合作社、一九五四年）五三頁。

二　株主保護と投資者保護

金融商品取引法二一条、二二条、二四条の四の各規定によれば、有価証券届出書や有価証券報告書のうちに重要な事項について虚偽の記載があり、または記載すべき重要な事項若しくは誤解を生じさせないために必要な重要な事実の記載が欠けている場合について、役員は責任を負う旨が規定されている。すなわち、有価証券届出書等を提出した会社のその提出時における役員が、記載が虚偽であり又は欠けていることを知らず、かつ、相当な注意を用いたにもかかわらず知ることができなかったことを立証する場合を除き責任を負うとされており、そして、その責任の内容としては、有価証券を取得した者に対して、記載が虚偽であり又は欠けていることにより生じた損害を、賠償する責めに任ずるとされている。

しかし、上記のような会社による虚偽記載があった場合については、株主・投資者はこのような金融商品取引法による責任追及のほか、民法の不法行為責任、および会社法による責任の追及が可能となる場合も予想されるところである。それでは、それぞれの関係はどのように理解すべきなのであろうか。救済される者、救済される損害において差異はなく、ほぼ重なるものなのであろうか、あるいはこの点については、そもそも責任の趣旨や性質からして両者は異質なものと理解できるのであろうか。

金融商品取引法は、そもそも法の目的をどこに置いているのかについては、大いに議論のあるところであるが、同法一条によれば、国民経済の健全な発展及び投資者の保護に資することを目的とする旨が規定されており、投資者保護をその大きな柱の一つとしている。一方会社法は、会社をめぐる利害関係者の調整を図るが、株式会社であれば、会社、株主の利益あるいは会社債権者の保護が重視される。しかし、金融商品取引法が主として意図する投資者保護と会社法の主として意図する株主の利益保護とは、必ずしも一致しない場面もあると予想される。なぜならば、会社法における株主保護は、個々の具体的な株主の保護のみならず、当該会社の株主全体の利益の保護を意図する場面もある。しかしながら、これに対して、金融商品取引法においては、会社株主全体の利益という発想はほとんど見られないのではなかろうか。もちろん、一方で、金融商品取引法は金融市場の信頼性確保、投資者たる属性を持つ者の保護を意図するが、それと会社株主全体の利益とは明らかに異なるものであると考えられる。また会社法は会社関係者の私的利益の調整を主に意図するものである。

以上のことから、役員の損害賠償責任のあり方についても、両者は異なるものとなることが予想されるところである。すなわち、金融商品取引法における損害賠償は、投資者の直接被る損害を念頭に置いているものと思われる。(2)

この点に関して、金融商品取引法は日本の金融資本市場の活性化を目指した政策立法であって、これに対して会社法は、直接そのような政策を掲げるものではなく、中立的に利害調整を行うものであり、この意味で二つの法は同じく役員について損害賠償責任を追及するという場面でも、必ずしも調和しているわけではないとの意見や、金融商品取引法においては会社株主全体の利益や、企業価値の向上よりも、投資者の利益、株主価値が優先するとの見解が見られるところである。(3)

以上の立場に立つとすれば、役員が賠償すべき損害の範囲や性質において、金融商品取引法の責任と会社法の責任とでは異なることになる。

もちろん会社法も単なる私的利益の調整に留まらず、公的な利益を考慮すべきであることは当然であるが、そのことは法の本質を変えるものではないであろう。

(2)　もっとも、ライブドア損害賠償事件における最判平成二四・三・一三判時二一四六号三三頁では、岡部裁判官の補足意見が、間接損害、直接損害という分類をしている点が注目される。すなわち、会社の信用毀損による株主の間接損害を便宜上「株価下落損害」とよび、この損害は株主であることによって全株主が被る損害であるとする。株価下落損害の賠償請求権は、利益虚偽記載という高値取得損害を生じさせた事実と同一の事実によって生じたものではあっても、被侵害利益が異なるのであって、高値取得損害の賠償を求める権利とは異なるとしている。金商法の規定からすると、同法二一条の二は、発行市場、流通市場の区別を持たない株価下落損害の賠償請求権については触れていないと解すべきであるとし、間接損害である株価下落損害の賠償については適用することはできないとしている。ここで、投資者は会社からの損害賠償請求を期待するが、金商法においては会社の損害を経由した投資者の損害を賠償させるとか、あるいは会社の利益を保護するという発想はしていないのであろうかという点が争点になろう。

(3)　中村直人「会社法と金融商品取引法の関係および公開会社法構想について」門口正人判事退官記念『新しい時代の民事司法』(商事法務、二〇一一年）四五七～四五八頁参照。

三　不法行為責任と金融商品取引法の責任

不法行為にもとづく責任と金融商品取引法の責任とでは内容が異なるものなのであろうか。この点については、役員の責任から少し離れるが、会社の責任において検討しておきたい。

流通市場における虚偽開示について発行会社の責任を追及する場合には、従前、金融商品取引法には明文規定がなかったことから、投資者は民法の不法行為にもとづき責任追及を行ってきたところである。しかし、金融商品取引法二一条の二が施行されて以降は、流通市場の虚偽開示に関しては、不法行為責任ではなく同条にもとづいて発行会社の責任を追及すると考えられた。しかし、同条は不法行為責任の特則と考えられており、従来通り、そのような場面においても、投資者が依然としてあえて不法行為責任を追及することもできないわけではないと思われる。

わが国では、米国法等と異なり民法による不法行為責任の成立要件が柔軟であると言われている。このため、民事責任規定を特別に置くことの意義は絶対的なものとは言えないのではないかと論じられることもあったが、金融商品取引法二一条の二では責任の成立要件や責任が認められる場合の賠償額について法定するなどの意義があったと思われる(4)。すなわち一般にわが国の不法行為責任においては、責任追及の対象となしうる場面が広いため、金融商品取引法に基づく責任を別個に追及する意味は少ないと言えなくもないところであるが、金融商品取引法に基づく責任を追及する場合には、以下のように、同法による責任追及の方が、投資者は責任追及をしやすくなっていると言うことができる。

すなわち金融商品取引法の虚偽開示について、要件および効果において不法行為責任に比べて、投資者が責任を追及しやすくなっていることは、二一条の二第三項で損害額の推定があるほか、同条では会社の責任は無過失責任であり(5)、また投資者が、当該虚偽記載等がなければこれを取得することがなかったとみるべき場合かどうかにかかわらず、請求できることになっている点に見られる。すなわち、そこでは信頼は要件とはされていないのであり、投資判断の重要な要素としたかどうかにかかわらず責任が課せられる(6)。金融商品取引法二一条の二第一項では虚偽記載を知っていた者は除外されるものの、実際に有価証券報告書等の記載内容を信用してそれを投資判断の重要な要素としたかどうかは要件ではない。投資者が虚偽であることを知っている場合には請求することができないだけである。

一方、不法行為責任よりも金融商品取引法の責任の方が狭いところもあり、そこでは不法行為責任を追及することによって、初めて賠償を得られることになる。

すなわち（平成二六年改正前）金融商品取引法二一条の二では、損害賠償を請求できる者は虚偽記載等のある書類が公衆の縦覧に供されている間に、公表前取得者に限定されており、とくに虚偽記載により公表前に証券を処分してしまった者は、三項による推定はもちろん一項の責任を使えないから、不法行為責任を追及することになると考えられた。すなわち同条は取得者に限定して損害額が推定されているだけではなく、無過失責任を追及できるのは取得者としていることから、処分者は不法行為責任を提訴する必要があるわけであった。

また、二一条の二で損害賠償を請求する際には、損害賠償額は一九条一項の規定の例により算出した額を超えない限度においてとされており、ここに上限が置かれている。一九条一項の上限は、一般の不法行為に基づく損害賠償請求は排除されていないという前提で、推定規定の下となる賠償規定として、過度に拡大して使われすぎないための割り切りであると解される(7)。この点不法行為責任にはこのような上限には拘束されないと解する余地もある。

さらに、金融商品取引法では、大量かつ迅速に行われる証券取引について早期に解決する目的で、（二〇条により一八条責任について、二一条の三により二一条の二責任について）短期消滅時効が定められている。とくに流通市場では、発行市場に比べて発行者の責任が広範囲のものとなり得ることに配慮して、短期の時効が定められた。これに対して、不法行為責任については、民法七二四条の制限の下に置かれることになる。

しかしながら、条文の上からは、二つの法の責任はこのように大きく異なるものであるが、具体的な事案において、裁判所が金融商品取引法の責任と不法行為責任とでは、異なる結果となることを意図していると言えるかといえば、その点は必ずしも明らかではないように思われる。すなわち、同じく虚偽の開示について争われた西武鉄道事件では不法行為責任が追及されているが、最高裁判決によれば、その損害について原状回復的な損害を原則としたと解される。一方、ライブドア事件では不法行為責任ではなく金融商品取引法二一条の二を適用したが、同条五項の解釈として原状回復的な発想に近い立場を示している。

しかし、この点に関して、金融商品取引法の損害賠償請求での損害は、不法行為的なものではなく、保護法益の中に何らかの資本市場法の観点からのものが含まれ、不法行為の一般理論が自動的に及ぶのではないとする見解が見られる(8)。金融商品取引法の損害賠償については、損害回復は手段であって、市場の機能を保護するのが目的であって、そこには市場の信頼を回復するためにはいかにすべきかが重視される(9)。金融商品取引法が賠償責任で保護しようとしているのは、民法と同様投資者の自己決定権の侵害や、単に投資者の私的利益を保護しているのではなく、価格形成機能という市場の機能の保護を目的としたものであるとの見解が見られる(10)。金融商品取引法二一条の二は、流通市場の虚偽開示責任の特殊性から、不法行為責任とは別に、高値取得損害説の立場、あるいは市場信頼保護のため取得時差額を損害とする立場から損害を推定したと解するのが自然のようにも思われる。

いずれにしても、二一条の二で請求できる損害額を超えた損害額も、不法行為責任を追及することで、請求ができるという余地も否定できない。したがって不法行為責任を追及しても、金融商品取引法責任を追及しても、結果は必ずしも同じであるというわけではないようにも思われる。

（4）　山下友信＝神田秀樹編著『金融商品取引法概説』（有斐閣、二〇一〇年）四五七頁。

（5）　東京地判平成二〇・六・一三（ライブドア事件地裁判決）。

（6）　平成二六年改正前の条文。

（7）　岩原伸作ほか『金融商品取引法セミナー（開示制度・不公正取引・業規制編）』（有斐閣、二〇一一年）二一六頁〔三井秀範発言〕。

（8）岩原ほか・前掲注（6）二一七頁〔神作裕之発言〕。
（9）岩原ほか・前掲注（6）一三五頁〔神田秀樹発言〕。
（10）岩原ほか・前掲注（6）二二九頁〔神作裕之発言〕。

四　フタバ産業事件

投資者が、虚偽開示にもとづく責任を役員に追及する場合には、金融商品取引法二一条や二四条の四に基づき行うことが考えられるところであるが、会社法四二九条二項を使っても役員の虚偽開示についての責任を追及することは可能である。ここに、損害賠償請求権の性質としては、会社法と金融商品取引法との間で差異があるのか、という点が疑問になる。この点について強く意識させたのがフタバ産業事件[11]の決定である。この事件では、以下のように、虚偽記載のある有価証券報告書を提出した会社において、株主が金融商品取引法上の損害賠償請求をすることを目的として、株主名簿の閲覧請求をすることが認められるかどうかが争われている。

この事件では、株主が会社に対して、会社法一二五条に基づき株主名簿の謄写の仮処分を求めている。当該株主は、有価証券報告書虚偽記載に端を発した発行会社および発行会社の経営陣の責任について追及することを意図していた。会社法一二五条三項によれば、株式会社は、株主名簿の閲覧請求があったときは、次のいずれかに該当する場合を除き、これを拒むことができないとし、三項は一号から五号までの場合を列挙するが、その一号では、当該請求を行う株主または債権者がその権利の確保又は行使に関する調査以外の目的で請求を行ったときを挙げている。本件における株主は、本件申立てにおいて、株主名簿謄写請求の目的として五つを明示していた。その中には、「金融商品取引法上の損害賠償請求訴訟の原告を募る目的等、会計帳簿閲覧謄写請求権の行使に賛同する株主を募る目的」が挙げられていた。本件で会社側は、他の目的での閲覧には応じようとしていたのに対して、株主側が納得しなかった。なお、当時、当該会社は既に有価証券報告書の虚偽記載により金融庁から課徴金納付命令を受けていた。

名古屋地裁岡崎支部の決定(12)では、「金融商品取引法上の損害賠償請求権自体についてみれば、会社法一二五条三項一号の「株主の権利」が一般的に想定する株主の共益権的権利ではないものの、株式という有価証券の購入者という立場と、株式保有を通じて会社に対して権利を有する株主という立場は、少なくとも現在も株式を所有している株主にとっては、密接に関連しているということができ、それ自体、株主の権利の確保又は行使に関する調査の目的と認める余地がないとはいえない。しかし、同損害賠償請求権は債権者個人の権利であり単独で行使することが可能であり、原告を募って集団訴訟とすることは必要とされておらず、この点で、賛同者を募ることが権利実現のために不可欠な場合とは決定的に異なる。そうであるとすれば、集団訴訟の原告を募集する目的で株主名簿を謄写することは、会社法一二五条三項一号のいう株主の権利の確保又は行使に関する調査以外の目的に当たると解すべきである。したがって、債権者の主張する集団訴訟の原告募集目的は同条項の拒否事由に当たる。」としている。もっとも、債権者の掲げるこれ以外の四つの目的は、それぞれ債権者が謄写を求める主たる目的の一つであると認められるので、債務者には、債権者の請求に応じて株主名簿を謄写させる義務が認められるとしつつ、株主名簿は個人情報を含むこと、債務者としては、上記で拒否事由に該当すると認められた集団訴訟の原告募集目的を除く債権者主張の謄写目的については、謄写に応じる姿勢を本件申立て以降一貫して見せていることなどから、裁判所の結論としては、本案訴訟の結果を待たずに仮処分により株主名簿の謄写をさせるべき緊急の必要性は認められないとした。

これに対して、株主側が即時抗告をした。

名古屋高裁は、以下のように述べて抗告を棄却した。

「抗告人は、抗告人が金融商品取引法（以下「金商法」という）上の損害賠償請求訴訟の原告を募るために株主名簿を閲覧又は謄写することは、会社法一二五条三項一号の「株主または債権者がその権利の確保又は行使に関する調査」のための閲覧又は謄写（以下「閲覧等」という）に該当する旨主張する。

しかしながら、金商法で認められている損害賠償請求権は、虚偽記載のある有価証券報告書等重要書類の記載を信じて有価証券を取得した投資家を保護するため、それが虚偽であることによって被った損害を賠償するために認められた権利であって、当該権利を行使するためには現に株主である必要はないのに対し、株主の株主名簿閲覧等請求権は、株主を保護するために、株主として有する権利を適切に行使するために認められたものであり、権利の行使には株主であることが当然の前提となるものであって、金商法上の損害賠償請求とはその制度趣旨を異にするものである。したがって、金商法上の損害賠償請求権を行使するための調査は、会社法一二五条三項一号の『株主の権利の確保又は行使に関する調査』には該当しないというべきである。」

なお、最高裁は、原審の判断は、正当として是認することができるとしている。[13]

地裁の判断は、ここでの論点を集団訴訟とすることが必要であるか否かの問題と捉えて、金融商品取引法上の損害賠償請求訴訟の原告を募るために株主名簿を閲覧又は謄写することを理由とする場合には、請求を拒否することを認めるとの結論を導いている。しかし、「株式という有価証券の購入者という立場と、株式保有を通じて会社に対して権利を有する株主という立場は、少なくとも現在も株式を所有している株主にとっては、密接に関連しているということができ」と述べており、おそらくこの場合の金融商品取引法における責任の性質と会社法における責任の性質とでは、接しているという立場をとっているとも見える（高裁とは異なる）。このように地裁は集団訴訟で追及する必要はなく単独で行使できる権利であるとして、閲覧請求を拒否することを認めたのに対して、高裁は、金融商品取引法の損害賠償請求が株主であることを前提とする権利ではないとした上で、閲覧請求を拒否することを認めている。そして、そこでは株主としての権利行使と金融商品取引法上の損害賠償請求とはその制度趣旨を異にすることを強調していることが注目される。

ここで、株主が株主名簿の閲覧謄写を請求するには、「現に株主であることを要件としている権利」を行使することが要求され、そのときにのみ閲覧が認められるのかが問題となる。高裁決定の考え方からすると、将来において株主となる者または過去において株主であった者として権利行使する場合については、その権利行使が対象外となるかのようでもある。そして、この点こそが会社法による損害賠償請求と金融商品取引法による損害賠償請求との差異となって現れてくると言えなくもないように思えるが、はたしてそうであろうか。仮に虚偽記載に基づき株式を取得した者が会社法四二九条二項に基づき責任を追及する場合には、会社法上の権利行使であり、結論としては株主として株主名簿の閲覧謄写が認められることになると思われるが、その場合には責任追及が現に株主であることが前提になっているのか、あるいは債権者としてとらえるのであろうか。そもそも株主が投資者、株式取得者として権利行使をする場合には、会社法一二五条における株主の権利行使ではないのであろうかが問題となろう。

さらに高裁決定によれば、金融商品取引法上の損害賠償請求権と会社法上の損害賠償請求権とは性質が異なるものであると考えているようにも読める。そうであれば、これは会社法の責任と金融商品取引法の責任とを峻別する発想であるかのように思える。しかし、株主名簿の閲覧謄写が会社法上の制度だからと言って、閲覧謄写の目的を会社法上の目的に限ったり、閲覧謄写を請求する主体を請求時点の株主に限ったりする必要はないのではなかろうか(14)。

この事件は、金融商品取引法上の虚偽記載の責任を追及するための株主名簿の閲覧謄写請求に関する事案であり、いわばきわめて限られた場面における議論であるという理解もできなくはないが、この裁判所の判断の波及効果は意外と大きいかも知れない。

一方で、株主には、広く過去に株主であった者または将来株主となるであろう投資者も含まれるとなると、金融商品取引法上の権利行使等が広く株主の権利行使として認めざるを得ないことにもなる。この点については、会社法は会社・株主全体の利益の保護を意図しているのであって、それとは必ずしも調和しない金融商品取引法上の権利行使は含まれないと解することは不可能ではない。

他方で、現に株主であることを前提とすると、たとえば、公開買付けを行う前提として株主構成を把握する目的や公開買付けへの応募を呼びかける目的で、株主名簿の閲覧謄写を請求することについて、会社はその閲覧謄写請求を拒絶できるということになるかもしれない。企業買収を効率的かつ公正に行うためには、公開買付けは不可欠な手段であると考えられるのであって、会社法の重視する会社株主全体の利益を考えた場合であっても、公開買付けを活用して経営者の交代や企業再編を行うことは有益であり、公開買付けを利用しやすくすることは否定されるものではない。このため、公開買付けが金融商品取引法の権利行使であることを理由として、株主名簿の閲覧謄写を認めないことの是非が問われることとなろう。この点については、金融商品取引法の公開買付規制には会社法的側面があると言われていること[15]を無視できない。また、金融商品取引法と会社法は相互に補完しあって今日の市場経済を支えていること、株主は投資者としての側面も有すること等から、少なくとも株主の有する金融商品取引法上の権利については一号の株主の権利に含めるべきであるとする見解が見られる[16]。これに対して、公開買付けへの利用が、直ちに株主権の行使といえるかどうかには議論があるとの立場も見られる[17]。この点に関して、東京地裁[18]の決定には、株式公開買付けの場面においては、対象会社の株主に直接接触し、個別の勧誘行為を行うことは、買付者にとって、重要な意義を有するのであり、株主に対し個別に接触し勧誘するためには、本件株主名簿に記載された株主の氏名、住所等を把握する必要性が高い等と論じ、株主名簿の閲覧謄写の仮処分命令の必要があると認めたものがある。[19]

中間的な考え方として、とりあえず虚偽開示についての金融商品取引法の損害賠償請求等については、これを会社法上の損害賠償請求と同質的なものと位置づけるという立場もあり得るところである。同質的な権利行使である以上、株主による権利行使として扱うことになる。この立場では、一二五条等の株主の権利行使という中には、金融商品取引法の損害賠償請求が含まれることになる。金融商品取引法の損害賠償を請求する場合と会社法上の損害賠償を請求する場合とで異なる結論はなるべく避ける必要があるというのであれば、このような結論になろう。しかし、両者の責任を同質的にとらえることが、はたして正しいかどうかがまさに問題となる。

そもそも金融商品取引法上の損害賠償請求は投資者を保護するためのもので、株主であることは要件とはなっていない。一方、会社法上、株主は会社の経営状態や業績を監視することが期待されている。株主のもつ会社や役員に対する損害賠償請求権は一般債権者に劣後しており、また損害賠償請求の結果、株主相互間に不平等が生じるような結果は極力避けるべく制約されることになる。また、会社・株主全体の利益という視点が常に伴うことになる。これに対して、金融商品取引法においては、会社法上株主であれば請求することが認められない可能性のある責任(株主間に不平等が生じる場合や株主全員に生じる損害)についても、投資者が追及することも認められており、会社および役員から賠償を得ることも可能である。しかし、このような賠償が実現したとしても会社には直接利益をもたらすものではなく、むしろ会社財産が減少し、株主間で利益が移転するという結果につながるのである。[20] このように考えると、両者の責任は性質の異なることとなり、株主名簿の閲覧謄写に関しては同じ扱いをすべきであるということも躊躇される。

このように、両者は性質の異なる責任であり、他の利害関係者との調整も同じではないと考えて、様々な点において異なる結果となることも合理的であると考える立場があり得る一方で、金融商品取引法と会社法の融合・調整が必要であって、両者で異なる結論はなるべく避ける必要があるという立場があり得るのであって、どちらをとるのが適切かがまさに問題となる。

(11) 名古屋高決平成二二・六・一七資料版商事法務三一六号一九八頁。
(12) 名古屋地岡崎支決平成二二・三・二九資料版商事法務三一六号一九八頁。
(13) 最決平成二二・九・一四資料版商事法務三二一号五八頁。
(14) 松井智予「フタバ産業株主名簿謄写仮処分命令申立事件と会社法・金商法の課題〔最高裁平成二二・九・一四決定〕」商事法務一九二五号（二〇一一年）一二頁。
(15) 岩原紳作「『会社法制の見直しに関する要綱案』の解説（Ⅵ・完）」商事法務一九八〇号（二〇一二年）五頁。
(16) 荒谷裕子「判批」別冊ジュリ平成二三年度重要判例解説（二〇一二年）九九頁。
(17) 会社法上の株主の利益と金融商品取引法上の投資者の利益を峻別する意見もある。稲葉威雄『会社法の解明』（中央経済社、二〇一〇年）三二七頁参照。
(18) 東京地決平成二四・一二・二一金商一四〇八号五二頁。
(19) もっとも、この議論を突き進めていった場合に、さらにたとえば金融商品販売法等といった、金融商品取引法以外の法律に基づく権利行使もここでの権利行使に含まれるかという問題も検討する必要性がある。
(20) 松井・前掲注(14)九頁。

五　金融商品取引法と会社法における役員の責任

会社法四二九条二項によれば、取締役及び執行役は、計算書類及び事業報告並びにこれらの附属明細書並びに臨時計算書類に記載し、または記録すべき重要な事項についての虚偽の記載または記録がなされた場合等や、監査役及び監査委員が監査報告に記載し、または記録すべき重要な事項についての虚偽の記載または記録がなされた場合等に、その者が当該行為をすることについて注意を怠らなかったことを証明したときを除いて、当該役員等は、これによって第三者に生じた損害を賠償する責任を負うとされる。一方、金融商品取引法によれば、有価証券届出書や有価証券報告書のうちに重要な事項について虚偽の記載があるか、また必要な重要な事実の記載が欠けている場合について、提出の時における役員が、記載が虚偽でありまたは欠けていることを知らず、かつ、相当な注意を用いたにもかかわらず知ることができなかったことを立証する場合を除き、有価証券取得者に対し損害賠償責任を負うとされている。

このように虚偽開示をめぐって、いずれも役員等の責任を定めているが、両者の関係はどのように整理すべきなのであろうか。その要件は異なるので、または責任の性質が異なるので、両者の責任は役割分担ができていると考えるべきであろうか。あるいは責任が同質であるにもかかわらず、十分に調整がなされていないと理解するべきなのであろうか。

これらの責任の要件について、その具体的な解釈をめぐっては議論がある。それは、とりわけ金融商品取引法においては責任を負う対象と、どこまで注意を尽くさなければならないのかという点が問題となろう。有価証券報告書等の財務諸表の作成手続きが会社法上は明確でないことに注意すべきであろう。

会社法については、四二九条が役員等の責任の規定であるとされており、役員等とは取締役、会計参与、監査役、執行役、会計監査人と定義されている（四二三条一項）ので、責任を負う者の範囲は明確である。ただし四二九条二項は役員等のすべてではなく、当該虚偽記載を行った者の責任について定めているに留まる。これに対して、金融商品取引法二一条一項一号では、責任の対象を「その提出の時における役員（取締役、会計参与、監査役若しくは執行役又はこれらに準ずる者をいう。第百六十三条から第百六十七条までを除き、以下同じ。）又は当該会社の発起人」と規定するところであるが、「これらに準ずる者」とは何を指すかが問題となる。とりわけ問題になるのは執行役員等がそこに含まれるのかということである。ただし準ずる者とは、株式会社以外の組織を念頭に置き、それらの組織における取締役や監査役に相当する役員の地位を占める者に限定されるという狭い解釈もとれなくはない[21]。しかし、いずれにしても対象となる者の範囲は広いことになる。

金融商品取引法においては、役員については過失の立証を転換した過失責任であり、相当な注意を用いたにもかかわらず知ることができなかったことを立証しなければ責任を免れないこととなる（金商二一条、二一条二項一号二号）。提出の時における役員全員は、虚偽開示を知らなくても相当な注意をしなければならない。作成したかどうか、あるいは作成義務があるかどうかにかかわらず、すべて同様の責任を負うことになる。この意味で責任の認められる範囲は広くなっている。そして、ここでの取締役の責任は書類を作成したことによる責任ではなく、それらの書類の正確性および完全性について相当の注意をしなかったことによる責任ということになる[22]。

ここでいう相当な注意は、善管注意義務の内容とは一応異なるものと考えることができる。「相当な注意」の具体的内容については、各役員が会社に占めている地位に応じて具体的に検討すべきであろう。たとえば、会社の取引内容や財務状態を熟知している財務担当取締役や社長といった上級経営者たる取締役は、実際上相当の注意を用いたけれど知ることができなかったと証明することは困難となる。一方、技術担当取締役や社外取締役等は容易に証明できるとされる。ただ、いずれの取締役も営業財務状態の全般にわたって調査して、記載の正確性を判断すべきである[23]。このように書類が正確かつ完全であることを積極的に調査するという重い義務があると考えられている。また、会社法とは異なり、金融商品取引法では社外取締役か社内取締役か、業務執行権限の有無等による区別はなされていない。

ところで、上場会社一般では、金融商品取引法の法定開示書類について取締役全員や、監査役による事前実査等は通常行われていないようである。開示書類の作成は、日常的な業務執行の一環と位置づけられることから、たとえば社外取締役等はその作成に個別具体的に関与することが無いといわれている。また、監査人の監査対象となる財務諸表については、そこに適正意見が付されていれば、すべての役員に対して実効性のあるレビューは期待できないといわれている。このような状況の下では、相当な注意を払っていると主張することは容易ではない。このような場合にも責任が認められるのであれば、会社法上の善管注意義務のほかに、「相当な注意」によって、金融商品取引法は別個特別の注意義務を課しているとの見方もできることになる。(24)もちろん、法定開示書類の作成はその他重要な業務執行に含まれると解することができるならば、取締役会の決議が一応必要にはなるものの、取締役会で配布されない書類もあり得るところである。職位等に応じて適切に参画すれば少なくとも一定範囲ではその責任が果たされたと考えるべきであるとの意見が見られる。(25)監査役については、金融商品取引法の書類が取締役会に上程されないときは、重要な業務執行として取締役会決議事項である旨指摘して、事前に書類を確認して、意見を述べる機会を確保する必要があるとの意見もある。(26)すべての役員に事前の実査を要求すべきかが問題となる。

会社法四二九条二項も、当該行為をすることについて注意を怠らなかったことの立証を役員等に課している。この規定からは、虚偽記載については、直接関与した役員等だけが責任を負うように見えるが、虚偽記載をした取締役以外の取締役は四二九条一項に基づく監視義務違反の責任が問われることになる。もちろん計算書類を作成した役員等は積極的な行為をしたといえるが、そこに注意を怠らなかったならば責任はない。それ以外の役員等については、任務懈怠として四二九条一項責任が生じる余地があるわけである。すなわち一項の場合には善管注意義務の責任を負うことになる。（平成一七年改正前にあっては、商法二六六条二項が取締役会決議に基づく場合には決議に賛成した取締役は行為をしたものとみなされ、同三項で議事録に異議を留めないと賛成した者と推定されたので、この責任は重かった。）

以上の結果、金融商品取引法二一条等の責任は、役員について監視義務違反的な責任をも含んでいることになる。

一方、会社法四二九条では役員等はもちろん監視義務を負うが、その責任は一項によることになり、そこでは立証責任の転換はない点が異なっている。金融商品取引法における相当の注意基準は、金融商品取引法が会社法に比べとくにより重い義務を課したものと解する余地がある。とりわけ業務執行に関与しない者にも責任が課せられる恐れが少なくない。もっとも、四二九条一項における取締役の任務懈怠、すなわち会社に対する義務という点では、内部統制システムの整備が大きな意味を持つこととなろう(27)。

四二九条二項の責任については、それが任務懈怠の一類型と考えるべきかどうか議論がある。すなわち同条一項は通説によれば任務懈怠を要件とするが、同条二項の責任についても、一項の直接損害の特殊類型と解する余地がある。しかし、二項の責任は不法行為的性質を有する責任と解するのが合理的であろう。このような解釈を採る場合には、一項と異なり二項では、会社に対する任務懈怠が問題となるわけではなく、株主を含む第三者保護を目的とする不実表示を理由とする不法行為責任とされるわけである(28)。

それでは、会社法四二九条と（平成二六年改正前）金融商品取引法二二条はどのように棲み分けがなされていたのであろうか。まず、責任追及が可能なのは、金融商品取引法の責任では有価証券の取得者に限られるが、会社法四二九条では虚偽開示について、そこから損害を受けた者となり範囲が広いこととなる。第三者には株主が含まれると解され、ここに株主や過去に株主であった者も会社法四二九条の第三者になり得ると解される。もっとも、株主全員に生じた損害については（公開会社である株式会社の業績が取締役の過失により悪化して株価が下落するなど、全株主が平等に不利益を受けた場合）、一般に四二九条の責任は追及できないと解されてきているのに対して(29)、理論上は金融商品取引法に基づく責任としては、この種の損害も損害賠償を求めることが可能とも言える。

ただし、（平成二六年改正前）金融商品取引法二一条や二三条では虚偽記載についての役員の責任を追及できるのは、証券を取得した者に限られていた。この点で流通市場においては、あやまった情報に基づいて不本意な処分をさせられた投資者の保護も図らねばならないと考えられる。会社の実際の状態よりも悪く見せかける場合、それにより形成された不当に低い市価で証券を処分した投資者は損害を被ると考えられるからである。この点について、平成一七年改正前商法二六六条の三第二項（会社法四二九条二項）の運用によって救済が図られるからその必要は大きくないとの意見も見られていた(30)。この立場は、民商法が定める民事責任とは別に金融商品取引法が特別の規定を置くのは、証券をめぐる問題は複雑であり、とくに一般投資者からすれば立証の困難な場合が多いので、要件を明確にして追及を容易にするためであるとされ、金融商品取引法の対象とならなかった場合も四二九条で救済されるとする(31)。すなわち両法の責任について同質的な位置づけをする立場と思われる。

これに対して、責任の実質として、金融商品取引法は市場規制と公正な価格形成をゆがめることに対する民事制裁であるのに対して、会社法は私的利益の調整として一応異質であると言うこともできる。この点から、市場で売った者や取引を断念した者まで四二九条の原告となり得るのか疑問であるとして、市場を経由した損害については金融商品取引法の責任規定が会社法の責任規定の限界を画するのであり、金融商品取引法が会社法に優先し株式を取得した者のみが請求できるとの見解もある(32)。しかし、金融商品取引法は市場法であるとしても、会社法の責任に優先するのであろうか。また市場を経由した損害を四二九条の対象外とする解釈は採りにくいのではなかろうか。

はたして会社法と金融商品取引法では責任の趣旨が異なるのか。両者が重なり合う部分があるが、基本的に異質なのか。たまたま規定されている法律が異なるだけか、本質的に異なる責任なのかが、やはり問われることになる。金融商品取引法は市場法であり市場の機能を確保し投資者保護を意図しているが、会社法は私的利益の調整が主である。開示の対象も、前者では投資者や市場であるが、後者では株主、債権者取引先等である。金融商品取引法が網羅的に投資者保護を実現しているようになれば、会社法の不実開示責任の存在意義は小さくなるのであろうか。市場法としての金融商品取引法による虚偽開示の責任は、個々の投資者の保護よりも主として抑止を意図しているのではなかろうか。その意味で責任に広がりがある一方で限界があると思われる。

かつては不実開示を発見するのは一般投資者にとって容易ではないとか、どれだけの損害が生じたのか、その立証が難しいと言われてきた。しかし、金融商品取引法の役員責任については課徴金納付命令の段階で開示書類の虚偽記載が認定され、それを前提として損害賠償請求が提起され、役員に巨額の損害賠償責任を負わされる可能性がある。一生懸命注意義務を尽くした場合にも巨額の損害賠償責任を負う恐れがあるとなると、社外取締役のなり手が乏しくなるとの意見も見られている(33)。しかも金融商品取引法の責任は、代表訴訟よりも株主にとって提訴のインセンティブが大きい(34)といえるのであれば、責任の脅威は大きいこととなる。すなわち、株主代表訴訟は会社への賠償となるが、金融商品取引法の責任や四二九条の責任は投資者個人への賠償となるため、インセンティブは異なるのである。後者は個人のリスク、個人の利益で追及されるのに対して、前者は会社全体の利益が考慮される。しかも相当の注意基準は金融商品取引法が会社法に比べとくにより重い義務を課したと解する余地があるのであり、業務執行に関与しない者にも責任が課せられる恐れがある。したがって、金融商品取引法の役員責任のリスクは小さくない。社外取締役にどこまで期待するかにも関わるが、それに応じて、相当な注意としてどこまですればよいのかを明確にしておく必要がある。

(21) 吉川純「金商法開示と役員責任」資料版商事法務三三八号（二〇一二年）三八頁。
(22) 神崎克郎『新版商法Ⅱ（会社法）第三版』（青林書院新社、一九九一年）三〇九頁。
(23) 神崎克郎「証券取引法上の民事責任」大森忠夫先生還暦記念『商法・保険法の諸問題』（有斐閣、一九七二年）二二一頁。
(24) 吉川・前掲注(21)三九頁。
(25) 吉川・前掲注(21)四〇頁。
(26) 稲葉威雄「会社法と金融商品取引法の交錯とその調整——その現状と課題（下）」ビジネス法務二〇一一年一一月号一一〇頁。
(27) たとえば、最判平成二一・七・九集民二三一号二四一頁では、株式会社の従業員らが営業成績を上げる目的で架空の売上げを計上した。このため有価証券報告書に不実の記載がされた。その後その事実が公表されて、同社の株価が下落した。公表前に同社の株式を取得した投資者が損害を被ったとして、取締役の義務違反を理由に会社の責任を追及した。裁判所は、本件不正行為を防止するためのリスク管理体制を構築すべき義務に違反した過失があるということはできないとして会社の損害賠償責任を否定している。しかし、「相当の注意」の解釈に当たっては、これがどのように評価されるのかは不明である。

(28)　森本滋『会社法・商行為法手形法講義』（成文堂、二〇一一年）二九三頁。
(29)　東京高判平成一七・一・一八金商一二〇九号一〇頁参照。なお、この判旨では民法七〇九条による責任追及もできないとする。
(30)　『新版注釈会社法(6)』（有斐閣、一九八七年）三五三頁〔龍田節〕。
(31)　龍田・前掲注(30)三四五頁。
(32)　上村達夫・会社法判例百選（第二版）（有斐閣、二〇一一年）一五三頁。
(33)　神田秀樹他「金融商品取引法――実務上の課題と展望」ジュリ一三九〇号（二〇〇九年）一二頁〔松尾直彦発言〕。
(34)　吉川・前掲注(21)三七頁。

六　会社の責任と取締役の責任

虚偽開示の責任について、主としてそれを負うべきなのは会社なのであろうか取締役なのであろうか。金融商品取引法では会社の責任と役員の責任を並べて規定している。しかし、同一の行為について会社は無過失責任だが、役員の責任は役員が相当の注意を立証する責任を負う過失責任であり、会社の責任の方が追及しやすいことになっていた（平成二六年改正まで）。したがって会社が賠償した後、役員へ求償することが意図されているようにも思える。一方会社法では、金融商品取引法の規定とは異なり、虚偽記載について会社の責任については直接言及していないが、同法三五〇条や不法行為により会社が責任を負うことが想定されている。ただし、そもそも会社法では株主が、役員ではなく、会社に賠償を求められる場面は例外的であり、会社法の利害調整と金融商品取引法とでは異なっている。取締役は、会社に対する責任とは別に、第三者に対する賠償が求められる。

金融商品取引法が想定する場面は、二一条の二で会社に賠償させて、これを取締役に求償するのであろうか。会社の責任は取締役個人の資力が足りないことを考慮して定めたに過ぎないとも考えられるし、会社自体への制裁の意味もあろう。一方、取締役が損害賠償を行っても、取締役から会社へ求償することはあり得ず、究極的には取締役に負担させることが意図されているようにも思える。他方、会社にのみ損害推定規定を置くのは、抑止的効果を会社に働かせようとしたからではないのかとも思われる。その意味では、金融商品取引法は会社の責任を重視しているという考え方も成り立つところである。

七　裁判例の検討

以下では、近時における虚偽開示に基づく役員責任の事案を検討したい。

(1)　会社法四二九条二項（平成一七年改正前商法二六六条ノ三第二項）による役員の責任

責任を認められた事例もあるが、因果関係がないとして責任が認められなかった事例も少なくない。すなわち、同条を使えば、第三者として広く虚偽開示の責任を追及できるというわけではない。

〔1〕　名古屋高裁昭和五八年七月一日判決（判時一〇九六号一三四頁）

この事件は、昭和五六年改正前商法二六六条ノ三第一項後段（現在の会社法四二九条二項）は、同項所掲の書類の記載を信頼して会社と直接の取引関係に入った者または当該会社の株式・社債を公開の流通市場において取得した者等を保護するために取締役に重い責任を負担させたものであるから、会社振出の約束手形を取得するにあたり手形の経済的価値を判定するため会社四季報の当該会社に関する記載を閲読したにすぎない者は同項の保護の範囲外にあると判示した著名な事件である。

「各書類の記載に虚偽がある場合において、これを信頼して会社と直接の取引関係に入った者あるいは会社と直接の取引関係はなくとも当該会社の株式又は社債を公開の流通市場において取得した者（その大多数を占める一般投資家としては前記各書類を信頼する以外に投資活動に伴う危険から自己を防衛する手段を有しない。）等を保護することにあり、これを確実なものにするため取締役に対し個人責任として故意・過失の存在を要しない極めて重い責任を負担させていると解されるのであり、従って会社以外の者との間の取引において生じた必要から会社の資力、業績等を判定する資料として右各書類を閲読したに止まる第三者一般について右規定による保護を及ぼすことは、時として右規定による責任を無過失責任とした本来の趣旨を超えて取締役に過大の犠牲を強いることになり、相当でないといわなければならない。このことは、同条二項により計算書類の承認決議に賛成したことのみを理由に責任を問われる取締役の場合において特に顕著である。」

まず、この判決は、同条の責任は投資者保護を意図したものであるとの理解である。しかし、この判決に対して、本条は不実開示の危険性を重視してそれ自体を責任原因としたのであり、不実記載のある計算書類等を直接見たことを要件にするのは、開示された情報が媒体を通じて広まることを考えると狭すぎるとの見解[35]が見られる。また、債権の流動化が進展した現在でも、会社と直接の取引関係に入った者、または会社の株式または社債を公開の流通市場で取得した者等を保護するに限定するとする本件判旨が妥当するか疑問とする見解[36]も見られる。あまり厳格な因果関係の証明（第三者が虚偽表示を信頼したこと、その信頼が取引の原因となったこと）を要求されると、責任規定の存在が無意味になる。虚偽情報等が種々の媒体を通じて拡散し第三者の損害を惹起することは当然取締役が予想すべき事態であるから、因果関係が認められる限り、手形取引業者等にも保護を否定すべき理由はないと批判がなされている。(37)もっとも、本件当時の昭和五六年商法改正以前にあっては、ここでの責任は無過失責任とされていたこと等から、裁判所は責任を負う範囲を制限したとも考えられる。

〔2〕　横浜地裁平成一一年六月二四日判決（判時一七一六号一四四頁）

下請建設業者が金融機関を通じて元請会社の信用調査を行ったところ、元請会社が行った粉飾決算に係る決算書類に依拠した調査報告を受けた。下請業者はこれを信用して工事を受注し、その結果損害を被ったという事案である。裁判所は、粉飾決算に関与した取締役またはそれを見逃した取締役（元請会社の取締役）について、下請建設業者に対する損害賠償請求を認めている。

「Y_1は、本件粉飾決算に係る決算書類の作成に携わっていなかったことが認められる。Y_1は、常務取締役という代表取締役に次ぐ地位にあったにもかかわらず、本件粉飾決算という会社にとって極めて重要な事実を把握せず、これをそのまま見逃したことになるから、取締役としての監視義務を怠ったことが明らかであり、任務懈怠の責めを負わなければならない。」

「被告Y_2は本件粉飾決算に係る決算書類を作成したことが認められるから、Y_2については商法二六六条ノ三第二項ただし書の無過失の証明が問題となる。右事実によれば、Y_2が右決算書類を作成するについて注意を怠らなかったとは到底認められない。

また、Y_2が本件粉飾決算に係る決算書類の作成に異議を述べることが困難であった事情はないから、これを阻止する期待可能性がなかったとの主張も採用できない。」

以上の判旨によれば、第三者が直接虚偽記載ある計算書類を見たことが要件ではないとの解釈がとられているようである。

〔3〕　千葉地裁平成五年三月二二日判決（判例自治一二二号五一頁）

商法二八一条一項所定の計算書類に虚偽の記載をしたとし、同法二六六条ノ三第二項所定の責任を負うとするが、計算書類への虚偽記載を理由とする同条所定の責任は、会社の計算書類を公示することにより、会社と取引に入ろうとする者が会社の財産状況を把握できるようにするという商法の公示の制度を受け、計算書類の内容の真正を担保し取引相手に判断を誤らないようにさせるためのものであるから、これにより損害賠償を請求することができるのは、虚偽記載のされた書類の内容を前提に取引をし、これによって損害を被ったという関係があることを要するものと解すべきところ、原告（会社債権者）は、右の点について何ら主張しないので、原告の右主張は、その余の点について判断するまでもなく、失当といわねばならない。

ここでは、虚偽記載のされた書類の内容を前提に取引をしたことを要件とされている。

〔**4**〕東京地裁平成一七年六月二七日判決（判時一九二三号一三九頁）

会社の計算書類の虚偽記載を理由に、会社債権者より取締役に対してなされた損害賠償請求がなされた事案である。裁判所は、会社債権者は取引開始に当たり、計算書類上の数字を吟味するだけではなく、営業戦略等の見地から、会社の業績が悪化しつつあることを認識しつつ、信用限度枠の増枠を決定していたとして、計算書類の虚偽記載と損害との間には因果関係が認められないとされた。

このような判示からは、因果関係の立証ができないことを理由に投資者が賠償を得られない可能性もあるということになろう。

(2)　金融商品取引法による役員の虚偽開示責任

〔**5**〕東京地裁平成二一年五月二一日判決（判時二〇四七号三六頁）では、不法行為、旧商法二六六条ノ三、金融商品取引法の責任が追及された。

金融商品取引法二一条一項にいう役員（取締役、会計参与、監査役若しくは執行役又はこれらに準ずる者をいう）の責任について、以下のように判示した。

①　有価証券報告書の記載事項は、企業の概況、事業の概況、設備の状況、提出会社の状況、経理の状況等、当該企業の全般にわたる極めて広範なものである。そうだとすると、「取締役に準ずる者」として上記の責任を負うと認められるためには、その者に、会社の全般についての業務執行決定及び業務執行の監督を行う取締役会の一員である取締役とほぼ同等の地位や権限が与えられていることを要すると解するのが相当である。

②　「相当な注意を用いたにもかかわらず知ることができなかった」（旧証取法二一条二項一号）と認めることはできないというべきであるとした。

③　親会社の一取締役にすぎない被告Y_8が、その地位に基づいて当然に監視義務を負うということはできない。被告Y_8は、被告ＬＤＭのした上記各虚偽公表に関して、旧商法二六六条ノ三第一項の責任を負わないというべきであり、原告らの上記主張は理由がない。

④　被告Y_{11}は、監査役として、被告Y_3監査法人に対し、なぜ被告Y_1社の連結財務諸表に無限定適正意見を示すに至ったのかについて具体的に報告を求め（旧商法特例法八条二項参照）、Y_1社の取締役や執行役員に対して、なぜ架空との疑念が持たれるほどの多額の売上げを期末に計上するに至ったのかについて報告を求める（旧商法二七四条二項参照）などして、Y_1社の会計処理の適正を確認する義務があったものというべきであり、少なくとも重過失により自らの任務を懈怠した者であるから、Y_1社株式を取得した者に対し、本件有価証券報告書の虚偽記載によって生じた損害を賠償する責任を負うというべきである（旧商法二八〇条一項、二六六条ノ三第一項）。そうだとすると、被告Y_{11}が、賠償範囲の同じ旧商法二八〇条二項、二六六条ノ三第二項の責任を負うかどうかの点を判断するまでもない。

この判旨では以下のように注目すべき点が見られる。①では、会社の資本政策や投資者向け広報活動をしていた執行役員は「取締役に準ずる者」に当たらないとされたわけである。②では、技術系の米国駐在取締役でも、他の取締役や執行役に連結経常利益の根拠について確認すべきであったと解している。④では、任務懈怠責任が認められるのであれば、虚偽開示の責任を論じるまでもないとの立場が示されている。

〔6〕　東京地裁平成二一年七月九日判決（判タ一三三八号一五六頁）は、旧商法二六六条ノ三第二項は、有価証券報告書に虚偽記載がある場合にも適用されるべきであるから、被告Y_2は、本件有価証券報告書の虚偽記載について、Y_1社株式等を取得した原告らに対し、同項の責任を負うとの主張に対して、「被告Y_2は、上記ア及びイのとおり、本件有価証券報告書の提出につき旧証取法上の責任及び不法行為責任を負う以上、当該責任による賠償範囲がこれらに含まれると解される旧商法二六六条ノ三第二項の責任を負うかどうかの点は判断するまでもない」と判示した。

その上でほかの被告についてはおおよそ以下のように判示した。

被告Y_3、$Y_4$$Y_5$も、上記ア及びイのとおり、本件有価証券報告書の提出につき旧証取法上の責任及び不法行為責任を負う以上、当該責任による賠償範囲がこれらに含まれると解される旧商法二六六条ノ三第二項の責任を負うかどうかの点は判断するまでもない。

被告Y_6及び被告Y_7は、平成一六年一一月八日の時点でも被告Y_8監査法人がB社及びC社に対する売上げが架空でないかという疑いをもっていることを認識していたのであるから、業務一般の監査権を持ち、会社に対して善管注意義務及び忠実義務を負う監査役として（旧商法二八〇条一項、二五四条三項、民法六四四条、旧商法二五四条ノ三）、被告Y_8監査法人に対し、なぜ被告Y_1社の連結財務諸表に無限定適正意見を示すに至ったのかについて具体的に報告を求め（旧商法特例法八条二項参照）、被告Y_1社の取締役や執行役員に対して、なぜ架空との疑念が持たれるほどの多額の売上げを期末に計上するに至ったのかについて報告を求める（旧商法二七四条二項参照）などして、被告Y_1社

の会計処理の適正を確認する義務があったものというべきである。そうだとすると、このような措置を何ら行わなかった被告Y_6及び被告Y_7は、「相当の注意を用いた」（旧証取法二一条二項一号）とは認められない。

本件監査役会監査報告書には、「会計監査人Y_8（監査法人）の監査の方法及び結果は相当であると認めます。」との記載がある。この前提として、Y_1社の平成一六年九月期の単体の損益計算書等についてY_8が会計監査人として作成し取締役及び監査役会に提出した監査報告書に記載された適法意見という監査結果が、架空売上げの計上を看過した不適性なものであったことは明らかである。そうだとすると、本件監査役会監査報告書の上記記載は、監査報告書の重要な事項に虚偽の記載をしたものというべきである。そして、当該虚偽の記載について、被告Y_6及び被告Y_7が注意を怠らなかったこと（旧商法二六六条ノ三第二項ただし書）を認めるに足りる証拠はないから、被告Y_6及び被告Y_7は、当該虚偽記載により損害を受けた者がいれば、当該者に対して、旧商法特例法一八条の四第二項、旧商法二六六条ノ三第二項に基づく賠償責任を負うことになる。

ここでは、虚偽記載のある証取法責任および不法行為責任による賠償範囲は、旧商法二六六条ノ三の賠償範囲を含むものと解したようである。これは役員の証取法（金商法）にもとづく責任については同法二一条の二が類推適用されたとしても、そのように解するべきか疑問となる。本件では旧商法二六六条ノ三の責任と金融商品取引法の責任がどのように整理されているのか、判断が難しい。

〔**7**〕　東京地裁平成二四年六月二二日判決（金商一三九七号三〇頁）

本件は、金商法二四条の五第五項の準用する同法二二条一項にもとづき臨時報告書虚偽記載についての役員の責任が認められた事例である。

①　臨時報告書及び有価証券報告書には、少なくとも、提出会社の利害関係人が投融資を行い、又は権利を行使するに当たって、その判断に影響を与える重要な情報の記載が求められているものと解され、手取金の使途につい

ても、このような観点から、その内容及び金額について重要な情報を具体的に記載することが求められているというべきである。投資者等に対し、本件新株予約権付社債の発行によって取得する三〇〇億円の資金の全額を、即座に短期借入金等の返済に充てることが可能であるとの誤解を生じさせるに足るものである。重要な事実の記載を欠いた本件臨時報告書等の記載は、「記載すべき重要な事項若しくは誤解を生じさせないために必要な重要な事実の記載が欠けている」ものというべきである。

②　役員に求められる「相当の注意」の具体的内容は、当該役員が当該会社において占めている地位、担当職務の内容、当時認識していた事実等に応じて個別に検討すべきである。

【準備関与取締役について】

本件取引は、会社がいつ、いくらの資金を取得することができるのかが確定しない取引であり、かつ、その手取金の総額が三〇〇億円に満たず、大きな損失を被る可能性のある取引であったところ、そのことは、本件取引の検討過程に関与した者であれば、作成担当者から本件取引の仕組みの説明を受けるなどすることにより認識し得るものであったといえるから、作成担当者が実務経験の豊富な者であったとか、検討過程に当事者双方の弁護士が関与していたからといって、準備関与取締役が当然に免責されるというものではない。準備関与取締役は、C弁護士から上記のような指摘が現にあったのであるから、自らの職責として、資金使途の記載についての疑問点を作成担当者にただすなどしていれば、本件契約の存在及び内容を非開示とすることの問題点を理解することができたというべきである。準備関与取締役が相当な注意を用いたということはできない。

【取締役会出席役員について】

本件取引を行うべきかどうかが本件取締役会の議題であったということができる。そして、本件臨時報告書の資金使途の項に本件スワップ契約の締結を含めて本件取引の概要を記載するかどうかは、付議事項である本件取引の実行と密接に関連する事項である上、会社の利害関係人が投融資等に関する合理的な判断を行うに当たって影響を与える重要な情報であったことは前示のとおりであるから、取締役会出席役員としては、本件臨時報告書の資金使途の記載が適正に行われているかどうかについて、取締役会での審議を通じて、監視を行うべき立場にあったというべきである。C弁護士は、本件臨時報告書の記載を適法であるとの見解に立っていない。取締役会出席役員は、本件臨時報告書等の記載内容について疑問を持ったならば、C弁護士とのやり取りについて具体的に報告を求めるなどして本件臨時報告書等の記載内容に問題があるとの認識に到達し得た。取締役会出席役員について相当な注意を用いたものということはできない。

【取締役会欠席役員について】

「株式会社の取締役は、会社の業務執行全般についての監視義務を負うが、それは取締役会を通じて行うのが原則である。そして、会社の業務執行の決定は、迅速に行われるべき要請があるから、相当程度大規模な株式会社において、各取締役の担当する職務の分掌が定められている場合には、各取締役は、自分の関与しない職務については、他の取締役の職務執行について、特に疑うべき事情がない限り、これを信頼したからといって監視義務違反にはならないと解するのが相当である。」

「当時の会社においては、準備関与取締役は、インサイダー情報の管理の観点等から、非関与役員に対しては本件取引に関する情報を与えないという方針をとっており、そのこと自体は必ずしも不合理なこととは言い難いのであるから、本件取引の準備段階において、非関与取締役が、本件取引の存在を知り、その上で、臨時報告書等に虚偽記載等がされるのではないかとの疑問を持つことは、相当な注意を払ったとしても困難であったと言わざるを得ない。」

そして、「本件取締役会を欠席したというのも、無理からぬものであり、本件取締役会の欠席をもって任務懈怠を基礎付ける事実ということもできない。そうすると、上記被告両名については、本件臨時報告書に記載すべき重要な事項等の記載が欠けていることについて、『相当な注意』を用いても知ることができなかったというべきである。」

監査役である上記四名の被告らが本件取締役会を欠席したことについて上記四名の被告らの任務懈怠を認めることもできない。そうすると、上記四名の被告らについても、本件臨時報告書等に記載すべき重要な事項等の記載が欠けていることについて、「相当な注意」を用いても知ることができなかったというべきである。

本判決で注目されるのが、相当な注意を用いたかについて、当該会社において占めている地位、職務内容、認識していた事実等に応じて詳細に検討されること、取締役会に欠席していたならば責任が否定される可能性が出てくることである。しかし一方で臨時報告書の作成を職務としていない取締役についても責任が認められている点が注目される。[38]責任を免れるには欠席すれば良いと解されるならば問題である。[39]

また、損害額について、二二条の責任には、二一条の二は準用されていないが、同条二項以下を参考にし、民事訴訟法二四八条にもとづき裁判所の裁量で額を算定するとしている点も注目される。

(35)　龍田節『会社法大要』（有斐閣、二〇〇七年）九六頁。
(36)　江頭憲治郎＝中村直人編『論点体系会社法3』（第一法規、二〇一二年）四五八頁〔江頭執筆〕。
(37)　江頭憲治郎『株式会社法（第四版）』（有斐閣、二〇一一年）四七五頁。
(38)　弥永真生「判批」ジュリ一四四五号（二〇一二年）三頁。
(39)　東京地判平成二五・二・二二金法一九七六号一一三頁では、常任取締役について相当な注意を用いたにもかかわらず知ることができなかったとして、責任が否定された。当該取締役は相当期間取締役に在任し取締役会に出席していたが、その間に継続的に粉飾決算が行われた。しかし、財務に直接携わっていなかったこと、巧妙に虚偽記載がなされたこと、被告を謀議から外し秘密裏に事を進めていたことが指摘されている。

八　結　語

一般に会社法の責任と金融商品取引法の責任とではどのような役割分担がなされているのか、または両者の関係をどのように整理すべきなのか必ずしも明らかではない。東京地裁平成二一年七月九日判決などから考えると、裁判所は両者の責任の性質が大きく異なるとは理解していないように思える。すなわち取締役について言えば、対象とする開示書類や請求者の範囲が異なるだけであり、責任の性質自体は異ならないし、重複していると解しているようにも思える。しかし、そうなると平成二二年の名古屋高裁の決定についての評価も変わってくる。

不法行為責任を使えば広く投資者は責任追及が可能であるが、立証の負担が重い。会社法四二九条二項を使えば、一定の書類の虚偽開示を行った者の責任を追及でき、しかも無過失の立証責任を被告が負う。ただし行為した者自身に限定される。これに対して、金融商品取引法は広く提出時役員の責任を追及できるといえるが、その反面「相当の注意」という要件が作成者以外の役員とりわけ社外取締役にとっては重荷になりうることから、どこまでのことをしておけば相当な注意をしたことになるかを判断するのが難しい。会社法四二九条一項にもとづき監視義務違反の責任を認める裁判例も多いが、役員にとって相当の注意を求める金融商品取引法に比べれば、監視義務として重い負担を求めてはいないのかもしれない。そこで、果たして役員一般に金融商品取引法のような重い責任が必要であろうか。とりわけ流通市場開示においての主要な目的としては、虚偽開示を抑止することであるのであれば、ここまで厳格な責任である必要があるのかという疑問も生じる。

会社法四二九条二項を任務懈怠に由来する直接損害の一つと解する立場は、虚偽表示の責任もコーポレートガバナンスの実効性の確保（あるいは債権者保護）にウエイトがおかれることになる。一方金融商品取引法は投資者の損害を塡補することを主に意図していると考えられなくもないが、たとえば賠償能力を減じる効果がある課徴金制度を広く採用していることを考えると、金融商品取引法では虚偽開示の防止に主眼があるようにも思える。

しかし、会社法四二九条は第三者の損害を塡補し、金融商品取引法は投資者の損害を塡補する面は大きく、この点で両者の責任には実質的な差異がないとの立場を採ることもできる。会社法四二九条は直接取締役個人に賠償を求めることを規定する。とりわけ会社が破綻したときにこの規定が活用されてきた歴史がある。一方金融商品取引法二一条の二では、虚偽開示を行った役員等からではなく、まず会社に損害額の推定で賠償させた上で（会社が存続している場合）、役員に求償することを期待するといわれる（会社が存続しない場合には役員の責任が問われよう）。このことは金融商品取引法も、会社が賠償することには議論があるものの、流通市場開示についてもこれを定めた平成一六年の時点で、抑止よりも投資者救済に足を踏み出したと評価できる。

結局、抑止か損害塡補か、どちらかをとくに重視したとも言いがたく、その点は会社法四二九条も金融商品取引法も大きく変わらないのではなかろうか。もっとも、金融商品取引法では、他の株主（場合によっては債権者も）が犠牲になることは考慮せずに、投資者に会社が賠償するという政策を採っている点では大きく異なる。したがって、金融商品取引法の役員の責任と会社法四二九条の責任は異なる面があり、また重複する面もあるということになろう。

第一二章　近時の裁判例から見た金融商品取引法上の民事責任の課題と展望

一　序

従来、証券取引法の時代から、金融商品取引に関わる民事責任のあり方が議論されることは少なくなかった。これは、一方で法のエンフォースメントにおける民事責任の重要性は否定しがたく、抑止的効果および投資家の損害填補の面から大いに期待されていたからである。すなわち民事責任は、違法な行為により損害を受けた投資家等が損害賠償責任を追及することを通して、違法行為を是正し、法のエンフォースメントを図るものである。他方で、必ずしも違法な行為について提訴され民事責任が追及されることが多かったとは言えず、現実には投資家保護が十分達成されていると言える状況ではなかったし、その実効性に疑問が持たれていたことも事実であった(1)。わが国においてはエンフォースメントの責務が規制当局にあることが強調され、かつエンフォースメント手段として刑事に頼りすぎている傾向にあった(2)。しかしながら、近時の法改正では（とりわけ二〇〇四年の改正法は）民事責任規定の実効性を高めることが意図され、民事責任の規定の整備が進んできたのみならず、実際の裁判例においても、説明義務違反等を理由として、投資家から金融商品取引業者を相手にした損害賠償を請求する事案や、有価証券報告書等の虚偽記載について民法の不法行為責任や金融商品取引法に基づき投資家が発行会社の責任を追及する事例が多々見られるようになり、裁判所が損害賠償責任を認めたものが続いている。このように近時は、金融商品取引法をめぐる民事責任追及が活性化の方向に向かってきていると言える。しかし、このことは金融商品取引法規制のあり方、当事者間の責任分担、リスク負担等について新たな問題を惹起し、その検討を余儀なくさせているようにも思われる。そこで本章は、金融商品取引法の規制の意義を検討し、民事責任のあり方を再考してみようとするものである。

（1）　平成一四年総合規制改革会議による「規制改革の推進に関する第二次答申」では、①一般投資者の市場に対する信頼感の醸成、エンフォースメント手段の強化拡充および複線化、罰則の強化・見直し、②厳格な構成要件が要求される刑事罰、課徴金の導入、③被害拡大の早期防止、機動的な投資家保護差止命令、④民事責任規定の実効性を高めることが指摘されていた。その後、金融審議会金融分科会第一部会による平成一七年一二月二二日の報告書「投資サービス法（仮称）に向けて」では、法の執行についてとりわけ民事責任および行政規制が中心に置かれた。これを受けた平成一八年の法改正では、罰則強化、見せ玉規制、金融商品販売法の改正がなされており、いずれの面からも規制の実効性確保が図られている。

（2）　岩原紳作ほか『金融商品取引法セミナー（開示制度・不公正取引・業規制編）』（有斐閣、二〇一一年）一四五頁〔三井秀範発言〕。

二　不実記載に基づく民事責任

(1)　流通市場開示と民事責任

かつて、法定開示書類の虚偽記載の事例が散見されながら、わが国では投資家が民事責任を追及することは稀であった。不実開示が行われれば大量の被害者が生じるはずであるのに、多くの投資家は不実開示に関する民事責任規定を利用して訴訟を提起しようとはしなかった。このような状況にあった理由としては、不実開示と因果関係のある損害額の算定・立証が困難であることや、違反行為の発見自体が困難であること、さらには個々の投資家の損害が必ずしも大きくないこと等が挙げられてきた(3)。もっとも、発行開示に関しては、詳細な規定が置かれ、要件効果において不法行為責任に比べ投資家による責任追及がしやすくなっていた。そこでは発行開示に関わる関係者(役員、売出し人、監査証明をした監査法人・会計監査人、元引受業者)にも厳しい民事責任を課しており、発行会社には原状回復的な損害賠償を定めていた(旧証取一九条)。これに対して、流通市場開示の虚偽記載については、かつては発行会社について民事責任を定める規定がなかったものの、平成一六年改正によって、投資家の責任追及を容易にする無過失責任、損害賠償額の推定を盛り込んだ画期的な規定(旧証取二一条の二)が設けられた。しかも、法改正と前後して、不実の有価証券報告書を提出した発行会社の民事責任を追及する訴訟が提起されることが実際に多くなった(4)。改正法施行前の事例にあっては、民法の不法行為責任が追及されたが、裁判所が発行会社の民事責任を認めるものは少なくなかった。このような訴訟は、不法行為に基づいて責任が認められる場合と金融商品取引法二一条の二に基づいて責任が認められる場合との関係、とりわけ損害額の算定をめぐって新たな議論を惹起して、学説でも盛んに論じられるようになった。

流通市場においても投資家のために正確な企業情報を発行者は開示しなければならないのであり、流通市場でも適正に開示がなされるものと思っている投資家が損害を被った場合に、虚偽記載について投資家による損害賠償責任の追及を容易にすることは必要で合理的な立法であった。しかしその反面、発行会社の責任に消極的な立場が従来主張してきた論拠(会社と投資家との間には何らの取引が行われていないことや、他の会社債権者による請求とのバランス等)は全く考慮に値しないことではなく、発行会社の責任の公正なあり方を検討するに当たっては依然として軽視できない要素であるとも思われる。

(2)　会社の責任と役員の責任

民事責任を金融商品取引法のエンフォースメント手段として捉えた場合に、その責任追及の対象は会社とその役員等が考えられるが、主たる対象として考えるべきなのは本来どちらなのであろうか。

虚偽記載に関与した役員が責任を負うのは当然とも思える。有価証券報告書の虚偽記載の責任について言えば、発行会社の責任を定めていなかった平成一六年改正前にあっても、役員の責任は定められており、また違法な行為を予防するという意味では役員個人の責任が重要であろう。しかし、以下の問題がある。損害賠償を請求するに当たって、損害額を推定する規定は役員の責任には置かれていない。一方で、巨額の賠償を求めても役員個人の資力には限界があり、多数の投資家が巨額の損害賠償を請求するような事案においては、役員個人では負担しがたく、その意味では会社が責任を負わなければ救済の意味がないとも言える。また、取締役の会社に対する損害賠償では、会社と取締役とのリスク負担の問題として取締役の責任を制限する理由もあるが、投資家に対する役員の責任については、これを制限する根拠は見いだしがたく、役員の賠償額は限定されない。また被告となる役員を特定することは難しいものの、一方で監視・監督義務違反に基づく責任を広く認めていくと、結果として、取締役にとって過大な責任が生じるおそれもある(5)。

それでは会社の責任を重視すべきであろうか。賠償という意味では資力のある会社が責任を負うのが適切である。しかし、会社の責任は株主の負担、あるいは会社債権者の負担につながることは無視できない。流通市場における虚偽表示の場合を考えたとき、株主となることを判断した投資家が（もちろん、どこまで適切に判断できたかが問題であるが）、多様な影響により変動する株価を前にして、損害としてどこまで賠償という形で会社（究極は他の株主等）から得ることが公正かという難問に直面する。

もっとも、金融商品取引法二一条の二によってまず発行会社が投資家に損害賠償を行った場合であれば、発行会社から取締役等に積極的に求償することで、上記の問題点は多少解消される。抑止的効果という意味で、また虚偽記載前から保有する株主の立場からしても、虚偽記載等に直接関与した取締役等自身に賠償をさせるべきであると思える。

ところで、虚偽記載等の行為者である役員の責任を問うことで抑止的効果を高めることを狙うのであれば、会社に対してなされた他の経済的な制裁についても役員に求償することが考えられるのであろうか。たとえば発行会社に罰金や課徴金が課された場合について、そもそも原因を作った取締役等を特定して、会社が取締役等を相手に罰金額や課徴金額を損害額として、取締役等の任務懈怠責任（会社四二三条）を追及することが考えられる。この点については会社に罰金や課徴金を課す金融商品取引法の立法目的、法体系全体の整合性等からの考察が必要であり、(6)会社の負担した罰金等について取締役の損害賠償責任を認めるべき場合があることは否定できないものの、それは限定的な場合と解するべきであろう。その意味では、罰金等が最終的には当該会社の株主の負担に帰する場面は少なくない。なお、会社法の適用される場面では、株主が、取締役ではなく会社の責任を追及できる場面はきわめて限られている。(7)

(3)　賠償すべき損害額

発行会社の責任は、最終的には株主の負担となるので、他の株主との関係で虚偽記載による損害としてどこまで請求を認めるべきか、賠償を求める当該投資家と他の株主との間でどのように負担を分かち合うかに関わる。虚偽記載を契機に会社の株価が下落を続けていった場合に、虚偽記載の前後で賠償を請求する者とされる者とが二分される。虚偽記載の前に株式を取得した投資家は、株価が取得価格を大きく下回っていっても、虚偽記載による株価下落の損害賠償を会社（役員等ではなく）に請求できないだけではなく、虚偽記載後（公表前）の取得者からの賠償を（会社を通して）負担させられることとなる。流通市場の虚偽表示に基づく責任は、多数の投資家から巨額の賠償を請求される可能性があることから、損害額をどのように捉えるかが重要な争点となる。西武鉄道事件において最高裁判所(8)は、不法行為に基づく有価証券報告書の虚偽記載の責任について、当該虚偽記載がなければこれを取得することはなかったと見るべき場合、虚偽記載と相当因果関係のある損害の額は、投資者が当該虚偽記載の公表後、処分したときは取得価額と処分価額との差額を、保有し続けているときは取得価額と事実審の口頭弁論終結時の上記株式の市場価額との差額をそれぞれ基礎とするという立場を示している。たしかに虚偽記載がなければ、当該株式を取得することは全くあり得なかったと言える投資家に対しては、不法行為責任として、原状回復的な賠償が適切かもしれない(9)。しかしそのような条件を満たさない投資家にも原状回復的な賠償を認めることは、結局当該投資家は株式保有中の市場リスク負担をしなかったことになるのであり、虚偽記載前に取得した株主との関係でバランスのとれた結論か疑問が生じる(10)。

一方ライブドア事件では金融商品取引法二一条の二が適用された事案であるが、最高裁判所(11)は同条五項の減額についても、原状回復的な発想を採る。すなわち同条五項にいう「虚偽記載等によって生ずべき当該有価証券の値下り」とは、取得時差額相当分の値下りに限られず、有価証券報告書等の虚偽記載等と相当因果関係のある値下りのすべてを言うものと解する。たしかに取得自体を損害と解すべき場合も予想できるが、そもそもそのような場合は例外的なものと捉えるべきである。同条は、資本市場の信頼を確保するという金融商品取引法の目的を実現するために、無過失責任を定め（当時）、公表前後の差額による推定規定を置いていることから、同条を用いる場合の損害は高値取得額を出発点にしていると理解すべきではなかろうか。流通市場の虚偽表示に限れば、無過失責任と原状回復的な賠償の組合せを広く認めることはバランスを失すると考えられる。この点最高裁は、二一条の二第一項にいう「損害」とは、一般不法行為の規定に基づきその賠償を請求することができる損害と同様に、虚偽記載等と相当因果関係のある損害をすべて含むとするが、二一条の二は取得者の請求に限定した上で不法行為責任とは異なる金融商品取引法の無過失責任を定めるものであろう。二一条の二第一項で虚偽記載の無過失責任を追及しつつ、二項以下の推定規定（高値取得額）を使わず、原状回復（取得価格マイナス売却価格）を請求することも理論上可能であるが、それが一般に適切と言えるのであろうか。同条について、無過失責任を前提に取得自体損害説を広くとるならば、「重要な虚偽記載」という限定があるものの、発行会社の賠償額は抑止的効果を狙うには過大なものとなる恐れがある。したがって、少なくとも立法論としては、二一条の二による賠償額は原則として高値取得額とするか、そもそも同条を過失責任とすべきであると思われる(12)。

なお、上記最高裁判決における岡部喜代子裁判官の反対意見では、投資家の損害を直接損害と間接損害とに分け、二一条の二によって請求できるものを直接損害に限定する。確かに株主全体の利益との調整、あるいは他の株主との関係から考えれば、賠償を直接損害に限定することは合理的にも思える。しかしこれらの規定が不法行為の特則であるという理解から出発するときに、間接損害であっても因果関係が認められるのであり、解釈論としてそのような限定ができるのか疑問がある。

(3)　齋藤尚雄「不実開示に関する民事責任の拡充・課徴金制度の導入を通じた市場規律の回復と関係当事者への影響（上）」商事法務一七一四号（二〇〇四年）一七～一九頁。

(4)　同法施行前に責任が認められた事例としては、一連の西武鉄道事件判決のほか、東京地判平成一九・一一・二六判時一九九八号一四一頁、大分地判平成二〇・三・三金判一二九〇号五三頁がある。一方、東京地判平成一三・一二・二〇判タ一一三三号一六一頁は、損害の立証ができなかったため責任が否定された。

(5)　神田秀樹ほか「〈パネルディスカッション〉金融商品取引法――実務上の課題と展望」ジュリ一三九〇号（二〇〇九年）二二頁〔松尾直彦発言〕は、課徴金納付命令の段階で開示書類の虚偽記載が認定され、それを前提として損害賠償請求が起きて、会社や役員に巨額の損害賠償責任を負わされる懸念があり、社外取締役のなり手が乏しくなることを指摘する。

(6)　齋藤尚雄「不実開示に関する民事責任の拡充・課徴金制度の導入を通じた市場規律の回復と関係当事者への影響（下）」商事

法務一七二二号（二〇〇五年）六〇頁、松井秀征「会社に対する金銭的制裁と取締役の会社法上の責任」江頭憲治郎先生還暦記念『企業法の理論（上）』（商事法務、二〇〇七年）五五一頁以下、森本滋「会社法の下における取締役の責任」金法一八四一号（二〇〇八年）二一頁等参照。

(7)　田中亘「判批」ジュリ一四〇五号（二〇一〇年）一八八頁は、会社法三五〇条の第三者には株主は含まれないとする。

(8)　最判平成二三・九・一三民集六五巻六号二五一一頁。

(9)　森田章「金融商品取引法二一条の二の政策理由」奥島孝康先生古稀記念論文集第一巻（下篇）『現代企業法学の理論と動態』（成文堂、二〇一一年）一〇四〇頁は、証券詐欺に該当する重要な事項の虚偽記載等でない場合は、原状回復的救済を与える必要がないと主張する。

(10)　詳細は、近藤光男「有価証券報告書の虚偽記載に基づく損害賠償責任（下）」商事法務一九五三号（二〇一一年）二五頁参照。

(11)　最判平成二四・三・一三金判一三九〇号一六頁。

(12)　高橋康文編著『平成一六年証券取引法改正のすべて』（第一法規、二〇〇五年）四八頁では、発行市場の責任との平仄や、虚偽記載がある場合には発行者の故意・過失がないということは考えられないことから、無過失責任にしたとする。黒沼悦郎「証券取引法における民事責任規定の見直し」商事法務一七〇八号（二〇〇四年）五頁では、無過失責任は損害額推定規定の必要条件ではないとする。一方、最判平成二一・七・九判時二〇五五号一四七頁では、有価証券報告書の不実記載について、会社の代表者に従業員らによる架空売上げの計上を防止するためのリスク管理体制構築義務違反の過失がないとして会社の損害賠償責任（会社法三五〇条にもとづく）が否定された。

三　不公正取引と民事責任

インサイダー取引や相場操縦といった行為は、証券市場の健全性や信頼性をきわめて大きく害する行為であり、証券取引法および金融商品取引法がいずれも厳格に規制しようとしてきたところである。このような不公正取引の規制手段として民事責任はいかなる位置づけになるのであろうか。

たとえば一方で会社役員が内部情報を利用して株価下落前に株式を売却し、他方で内部情報を知らない一般投資家が証券取引所において株式を購入した場合、投資家は役員に対して損害賠償を請求できるであろうか。東京地裁平成三年一〇月二九日判決（金判八九八号二九頁）では、「被告の売り注文と原告の買い注文とが証券取引所において現実に結び付けられて売買が成立したことを推認することはできない」として、証券取引所において株式を購入する者が、特定の売主がインサイダー取引をしたとして損害賠償を請求することを認めなかった。このような裁判所の考え方をもってすれば、インサイダー取引によって損害を受けた投資家は内部者から賠償金を取り立てる方法はないことになろう[13]。これに対して、内部情報を開示すべき時から内部情報が市場に暴露され十分に吸収され、かつ有価証券の価格に適正に反映されることになるまで、市場で反対の取引を行った者に対して、内部者は責任を負うべきであるとの立場もある[14]。反対取引を行った者は広く賠償請求ができるとの考え方を採用するならばともかく、相対取引を除けばインサイダー取引については、個別の被害者の特定が難しいこと、各被害者の損害額が少ないこと、具体的に違反者の資力から損害額を賠償請求することは容易なことではないこと等から、民事責任にあまり期待はできない。これに対して、課徴金の制度や短期売買差益の返還請求（金商一六四条。課徴金の制度が機能すれば短期売買差益の制度は存在意義が小さいとも言える）が、民事責任に期待される役割の一部であるところの経済的な支払による抑止的効果を十分に発揮すると考えられる。さらに、課徴金を被害者に分配するという制度が整備されるようになれば[15]、インサイダー取引についての民事責任追及が理論的には可能でも実際には難しいことは、それほど大きな問題ではないかもしれない。刑事責任よりも課徴金の役割には期待が寄せられる[16]。

インサイダー取引の場合と異なり、相場操縦については民事責任規定が明文で置かれている（金商一六〇条）。これは、不法行為責任の特則を設け、相場操縦行為と投資家が取引等により受けた損害との因果関係の立証を不要として投資者保護を図ったものとする裁判例もあるが[17]、同条に基づき責任を追及する場合でも通常の不法行為と同様の因果関係の証明が必要であると解される(18)。ただし、他の不公正取引にはこのような明文の民事責任規定がないにもかかわらず、ここで明文規定が置かれているのは、金融商品取引法が相場操縦に対して厳格な姿勢を示すものと理解できる。しかし、現実にはこの規定が活用されているとはとても言えない。金融商品取引法一五九条の定義する相場操縦行為があったこと、取引した価格が相場操縦行為によって形成された価格であることの立証は必ずしも容易ではないからであろう。

広く詐欺的な不公正取引を視野に置いている金融商品取引法一五七条の活用については、長年議論の絶えないところであるが、同条に基づき損害賠償責任を課すということで民事責任が不公正行為を抑止する可能性もないわけではないが、現状ではそれは難しい。現時点では個別の不公正行為について主として刑事責任または課徴金による抑止がなされている。とりわけ課徴金制度の適切な運用は、経済的制裁として大いに期待される。

(13)　河本一郎＝大武泰南『金融商品取引法読本〔第二版〕』（有斐閣、二〇一一年）四七五頁。
(14)　牛丸與志夫「判批」リマークス七号（一九九三年）一〇二頁。
(15)　黒沼悦郎「投資者保護のための法執行」商事法務一九〇七号（二〇一〇年）四三頁以下では、金商法は市場の公正確保とともに投資者利益保護を考えているから、課徴金を被害者に分配しても目的に反しないとして、このような制度を検討する。
(16)　日野正晴『詳解金融商品取引法〔第三版〕』（中央経済社、二〇一一年）一〇八九頁は、内部者取引の事案では、課徴金制度導入以前であれば当然刑事事件として公訴提起されていたであろうが、課徴金制度の導入によって刑事訴追を免れるようになったと指摘する。前田雅弘「インサイダー取引規制のあり方」商事法務一九〇七号（二〇一〇年）三〇頁も課徴金の活用に期待する。
(17)　大阪高判平成六・二・一八判時一五二四号五一頁。
(18)　神田秀樹ほか『金融商品取引法コンメンタール4』（商事法務、二〇一一年）四八頁〔藤田友敬〕。

四　業者規制と民事責任

一般投資家、とりわけ専門的な知識のない投資家が金融商品取引業者から不適切な勧誘行為を受け、その結果リスクの高い金融商品を購入し大きな損害を被るといった事案は、以前から跡を絶たない。このような場合には、金融商品取引業者を相手に損害賠償責任が追及されてきた。金融商品取引業者が経験の乏しい一般投資家の無知に乗じたという場合も多く、裁判所が説明義務等違反を理由として、業者の不法行為責任を認めることは少なくなかった。このことは、一般投資家を保護し違法行為を行う悪質な金融商品取引業者に制裁を課すという機能を果たしてきたことを意味するのであり、金融商品取引法の目的が民事責任を通じて達成されている場面と評価することができる。もっとも、金融商品取引における自己責任原則との関係では、投資家がリスクを一切負わないという結論がいつでも支持されるわけではなく、裁判所は過失相殺を使い、適切な結論への到達を図ってきたと言える。すなわち民事責任を通して業者への制裁が適切に課されてきたと考えることができる。

この分野でとくに重要なのが、説明義務違反と適合性原則違反である。説明義務違反による業者責任が認められた事例はきわめて多数におよぶが、とりわけ注目される一例が、大阪高裁平成二〇年一一月二〇日判決（判時二〇四一号五〇頁）である。この事件では、証券会社の従業員の勧めにより顧客が上場会社である甲会社の社債を購入したところ、甲会社が経営破綻したことにより損失を被ったことにつき、証券会社に対して信用情報の説明義務違反を理由に顧客が不法行為責任を追及した。裁判所は、一部の原告の請求を認めず、請求を認めた原告についても、年齢及び投資経験からすると社債の一般的仕組みや抽象的リスクについて理解する能力を有していたとして、大きな割合で過失相殺を行っている。裁判所は、訴訟リスクを懸念して証券会社が投資活動を萎縮させないかという点をも考慮しつつ、投資家保護と業者の負担とのバランスに配慮して結論を出していると言えよう。[19]

一方、適合性原則違反については、それだけで業者の賠償責任が認められるのか議論もあった。そもそも業者規制の違反と民事責任の発生とはその基準を必ずしも同一に解する必要はないのであり、業者の規制がそのまま民事責任に直結するわけではないものと考えられる。[20] ただし、最高裁は、[21] 適合性原則違反のみでも不法行為責任が成立する旨を述べている。適合性原則から著しく逸脱した証券取引の勧誘は不法行為責任を認めるべきであろう。[22]

説明義務や適合性原則については、金融商品販売法も規定する。同法は、本来、民法上の一般不法行為規定に比べ、損害賠償責任の法定や損害額の推定により、損害を被った顧客の民事的救済に有利に規定されている。しかし、それにもかかわらず、従来は裁判例上あまり利用した例が見られなかったが、業者による説明義務違反によって生じた損害は元本欠損額と推定する旨の規定（金販六条一項）は、今後広く活用されることも予想される。なお、同法に基づく損害賠償請求においても過失相殺が適用されることは当然である。[23]

法に違反する業者に対する制裁手段として民事責任が機能する場面は限定的であると考えられるが、その範囲に限って見れば、民事責任の意味は小さくない。

(19)　志谷匡史「マイカル債購入をめぐる損害賠償請求事件の検討」商事法務一八七一号（二〇〇九年）二四頁参照。一方、裁判所は大幅な過失相殺を認める傾向にあるが、その過失をどのように認定したのか、あまり根拠が明確でないものが多く検討課題である。河本＝大武・前掲注(13)二九五頁。

(20)　川口恭弘「判批」リマークス三五号（二〇〇七年）八三頁。

(21)　最判平成一七・七・一四民集五九巻六号一三二三頁。もっとも判旨の結論としては責任が否定されている。また、潮見佳男「判批」リマークス三三号（二〇〇六年）六八頁では、本件判旨について、民事不法を基礎づけるためには単に適合性原則に違反したという事実のみを摘示しただけでは足りないことを示唆しているとする。

(22)　大阪地判平成一八・四・二六判時一九四七号一二二頁参照。

(23)　東京地判平成一五・四・九判時一八四六号七六頁。

五　むすび

金融商品取引法において、民事責任はエンフォースメントの手段としてどこまで期待すべきか考えておく必要がある。被害者の賠償を通して規制の目的を達成することには限界もあろう。かつてはアンダーエンフォースメントの状態であると言われた。その点は現在十分に解消されているとは言えないが、一方で特定分野での民事責任追及は今後増えることも予想される。機関投資家や、弁護士等が被害者の会という形で零細な投資家に訴訟参加を呼びかけ、集団的な民事訴訟を提起することや、被害者が、課徴金納付命令にかかる審判手続の事件記録について、利害関係人として閲覧謄写を請求できること（金商一八五条の一三）で損害賠償請求が容易になっていることが注目される。(24)

金融商品取引法はその目的として一条で国民経済の健全な発展と投資者の保護とを並列させている。金商法のエンフォースメントの手段として民事責任に実効性を持たせることが緊要であるが、一方で既存株主へのマイナス効果、経済萎縮効果等をもたらさない適切なものとなるようにも留意しておくべきであろう。今後一層民事責任によって投資家保護と資本市場の発展が実現されることを期待したい。

(24)　山下友信＝神田秀樹編『金融商品取引法概説』（有斐閣、二〇一〇年）四五七～四五八頁。

【追　記】　平成二六年の金融商品取引法の改正により、二一条の三第二項は、「賠償の責めに任ずべき者は、当該書類の虚偽記載等について故意又は過失がなかつたことを証明したときは、同項に規定する賠償の責めに任じない。」と規定されるようになり、発行会社の責任は過失責任と変更された。無過失の立証は会社側に課せられている。しかし、いかなる場合に発行会社が無過失であったと言えるのか判断は難しい。

また、同年の改正では、損害賠償を請求できるのは、取得者のみならず処分者も含まれることとなった。

第一三章　代表取締役と会社の責任

一　序

取締役が職務を行うに当たって、第三者に損害を与えた場合には、当該取締役が責任を負うだけではなく、株式会社自体も第三者に責任を負うべき場合があることは、損害を受けた第三者を保護する必要性から当然のように思われる。会社法三五〇条は、そのような場合に関して規定しており、株式会社は、代表取締役その他の代表者がその職務を行うについて第三者に加えた損害を賠償する責任を負うと定めている。この規定は報償責任の考え方に由来している。すなわち、代表者の行為によって活動を行い利益を得ている株式会社は、代表取締役の行為によって第三者に損害を与えた場合には、株式会社が損害賠償を行うことで、第三者を保護することが衡平にかなうという考えに基づくものである(1)。

この規定（および平成一七年改正以前の商法二六一条三項も同様）に基づき、株式会社の責任が認められた裁判例は、すでに多数見られるところである。しかし、このような裁判例を概観するとき、いくつかの疑問が生じる。

第一に、株式会社が責任を負うのは、代表取締役が職務を行うについてなされた加害行為に限られるのであろうか。もちろん使用者の行為であれば民法七一五条が適用される場面となるが、加害者が代表取締役にも使用者にも該当しない場合はどうであろうか。たとえば代表権のない取締役であれば、その行為については、会社に責任が生じないと解されるのであろうか。仮にここで代表権の有無によって結論が変わることになると考えるのであれば、そのような考え方に対しては、ここでは対外的な契約の効力が問題となるのではないのであり、会社の業務執行に関連して損害を第三者に与えるのは、代表権の有無とは関係ないのではないかとの疑問が生まれる。(2) また、株式会社の機関としては代表取締役のほかにも取締役会や株主総会等もあるが、これらの機関は執行機関ではないが、当該機関の決定により第三者に損害を与えた場合には、会社が責任を負うと考えられるのであろうか疑問となる。

第二に、職務を行うについて第三者に加えた損害を賠償する責任と言えば、会社法四二九条が取締役の対第三者責任を課している。それでは、四二九条の責任と三五〇条の責任とはどのような関係に立つのであろうか。この点については、三五〇条にもとづき会社が負うのは不法行為責任であると考えられているのであって、会社が同条の責任を負う場合には、代表取締役も不法行為責任を負うことが前提であると解する者が多いようである。これに対して、四二九条の責任は判例（最判昭和四四・一一・二六民集二三巻一一号二一五〇頁）および通説によれば、不法行為責任ではなく、特別の法定責任であると解されている。そうであれば、四二九条の責任が生じる場合と三五〇条の責任が生じる場合とは必ずしも一致しないと考えるべきなのであろうか。たとえば、代表取締役が四二九条責任を負う場合であっても、なお会社が三五〇条責任を負わないという場合はあり得るのであろうか。これに関連して、取締役の責任と会社の責任とはどのような関係に立つと理解するべきなのであろうかという問題が生じる。そもそも会社の業務に関連して第三者に損害が生じた場合に、主として責任を負うのは会社なのか、あるいは取締役なのであろうかという点が問われるところである。(3)

第三に、株主であっても、三五〇条にもとづき会社の責任を追及できるのであろうか。四二九条の責任をめぐっては、株主は第三者に当たるかどうかについて、従前から活発に議論がなされてきたところである。たとえば、取締役の放漫ずさんな経営によって会社の株価が低迷するなどの損害が株主一般に生じた場合については、通説によれば株主が取締役の四二九条の責任を追及することはできないと解されているが、このことは会社法は、株主が会社に対して損害賠償を請求することも否定しているのであろうかという疑問が生じる。そこで、本章は会社法三五〇条をめぐる裁判例を検討することにより、これらの問題点を考察しようとするものである。

(1)　『会社法コンメンタール第八巻』（商事法務、二〇〇九年）二二頁〔落合誠一〕は、三五〇条を代表者が無資力の場合に第三者保護するための規定とする。また、『逐条解説会社法第四巻』（中央経済社、二〇〇八年）三九三頁から三九四頁〔稲葉威雄〕では、法人の代表者による代表行為の効果は、法人に帰属する。その行為によって第三者に損害が生じたときは、法人がその賠償義務を負うのが、第三者保護のためには妥当である。法人である株式会社の活動は、代表によってするほかない。その行為によって他人に加えて損害については会社自身も責任を負うことが公平の見地から当然とする。江頭憲治郎＝中村直人編『論点体系・会社法3』（第一法規、二〇一二年）八七頁〔尾崎悠一〕は、三五〇条は、会社は代表者の職務執行によって利益を得ている以上、それによって生じる損失も負担すべきであるという報償責任の考え方を基礎とすると説明する。

(2)　一般法人法七八条も、代表理事その他の代表者がその職務を行うについて第三者に加えた損害について法人の責任を規定する。この点について、潮見佳男『不法行為法Ⅱ（第二版）』（信山社、二〇一一年）七二頁参照。

(3)　鈴木竹雄＝竹内昭夫『会社法〔第三版〕』（有斐閣、一九九四年）三〇六頁によれば、改正前商法二六六条ノ三の責任について、取締役の任務違反により第三者が損害を受けた場合に、会社がその第三者に対して責任を負うのは当然であるが、それでは不十分なので第三者の保護を厚くするために法定された特別の責任であるとする。この記述からは、まず会社の責任が負った上で、取締役の責任も生じると解する余地もある。

二　行為の主体

会社法三五〇条では、株式会社は、代表取締役、その他の代表者がその職務を行うについて第三者に加えた損害を賠償する責任を負うと規定し、あたかも会社が責任を負うのは代表取締役（あるいは代表権のある者）の行為に限定されるかのように読める。このことは、一般法人法七八条でも同様であり、一般社団法人は、代表理事その他の代表者がその職務を行うについて第三者に加えた損害を賠償する責任を負うと規定する。さらに。同法一九七条では一般財団法人にもこの規定が準用されている。すなわち一般法人においても、代表者が職務を行うについて行った行為について、法人の責任を定めているのである。かつて民法においては、不法行為についての一般的規定である民法七〇九条とは別に、特に法人の不法行為責任についての規定としては民法四四条が置かれており、これが一般法人法七八条に受け継がれたといえる。そして、平成一七年改正前の商法にあっても、同法二六一条三項が同法七八条二項を準用し、同法七八条二項は民法四四条を準用していたところであった。この点において、実質的に見て、会社法が制定された平成一七年の前後において法制度が異なるものになったわけではない。

法文言上は、このように代表者に限定しているが、学説には会社が第三者に責任を負うのは代表者の行為に限らず、業務担当取締役（業務執行取締役）が職務を行うについて不法行為をした場合も同様であるとする見解もある(4)。さらに、包括的な代表権をもつ者だけではなく(5)、部分的代表者（たとえば取締役会社間の訴訟における代表者）にも及び、監査役による監査のための職務行為についても責任を負うと述べるものもある(6)。もちろん、権利義務者（三五一条一項）や仮代表取締役（同条二項）のように、代表取締役と同様の代表権を有する者が含まれることは当然であるが、代表権のない者にも本条の類推適用を認めるべきであろうか。たしかに、代表取締役以外の者の行為により第三者が損害を受けた場合にも、会社の責任を認めることが適切な場合は否定されない。しかしそのような解釈を採っていく場合には三五〇条の適用範囲が不明確になるおそれがある。しかも、一般に代表取締役は包括的代表権と業務執行権を有し、業務執行取締役や使用人兼務取締役はその指揮命令下にあることを重視すれば、むしろ、三五〇条の拡大解釈をするのではなく、これらの者については、民法七一五条の類推適用を通して会社の責任を認める方が妥当に思われる。[7] なお、表見代表取締役や登記簿上の代表取締役に過ぎない者であれば、相手方に悪意・重過失がない限り、三五〇条の代表取締役と解することには違和感がないであろう。[8] 第三者による代表権があるという外観の信頼を保護し、これらの者が受けた損害を塡補する必要があるからである。

しかし、いわゆる事実上の代表取締役にまでこれを拡大すべきであろうか。これを認める立場に立つのが、〔**1**〕東京地裁平成一一年一月二九日判決（判時一六八七号九四頁）である。その判旨によれば、以下のように論じられている。

「Y_2は、商業登記簿上はY_1会社の代表者ではないものの、実質的にはY_1会社のいわゆるオーナー若しくは経営者として代表者の地位にあるものといわなければならない。Y_1会社は、Y_2は、Y_1会社の創業者で、かつ、大株主としての立場を利用して、Y_1会社に立ち入り、社内に保管されている会社ゴム印及び代表印を無断で盗用し、Xとの契約書に押印したものと推測されると主張するが、Y_2がこのようなことができること自体、Y_2がY_1会社の実質的経営者としての地位にあったことをうかがわせるものである。」

「Y_2の地位が前記のとおりであるとすれば、Y_2の不法行為によりXが損害を被ったことにより、Y_1会社は、民法四四条一項の類推適用により、Xの右損害を賠償すべき責任があるといわなければならない。

ところで、Y_2が、当時、Y_1会社の理事若しくは取締役に選任されておらず、その旨の登記もないことは前記のとおりであるが、前記認定のY_2のY_1会社における地位、Y_2が、Y_1会社の代表機関としての外形を有しており、Y_1会社もこの点につき責任があること、さらに、民法四四条一項の趣旨及び商法二六二条の趣旨を併せ考慮すれば、たとえ理事若しくは取締役に選任されておらず、その旨の登記もないとしても、Y_2は、民法四四条一項にいう『理事其他の代理人』に該当すると解するのが相当である。」

＊ここで判旨のように事実上の代表取締役の行為についてまで会社責任の範囲を拡大することになれば、三五〇条の適用範囲は相当程度に不明確なものになる。たしかに代表取締役らしい者の行為ということであり、そこから生じた損害についても第三者の保護を図る必要があるかも知れない。しかし、判旨には疑問を感じる。なぜならば、そもそもどのような行為をしていれば事実上の代表取締役と認定できるのか不明であるし、ここであえて無理に三五〇条を適用するよりも、むしろこの場合には民法七一五条の類推適用をする方が適切であると思えるからである(9)。

次に、代表取締役ではないが、取締役会が決定したという場合には、これを根拠に三五〇条の会社責任が生じるであろうか。取締役会は株式会社の機関であり、その決定は会社としての意思決定である。この点についていくつかの裁判例が論じている。

〔2〕　大阪高裁平成一九年三月三〇日判決（判タ一二六六号二九五頁）

退任した取締役に対して退職慰労金を支給しないとの議案を総会に提出することが取締役会で決議された。これに対して、退任取締役は、代表取締役や会社に対して不法行為責任を追及した。

裁判所は、以下のように判示した。退任した取締役は、内規に基づく退職慰労金の従前の支給状況、並びに控訴人らの勤続年数・地位及び過去の功労を総合勘案すると、取締役会が本件内規に基づく退職慰労金の支給を前提とする議案を速やかに株主総会に提出し、これが可決されて退職慰労金の支給を受けられるという強い期待を抱いていたことには、まことに無理からぬところがあったというべきである。にもかかわらず、Y_1会社の取締役会は、退任から約二年を経過した時期に至って本件議案を本件株主総会に提出し、結局、不支給というXらの期待に反する結果を惹起したものであるから、取締役会の措置は、Xらの上記期待を裏切り、その人格権的利益を侵害した違法があるといわざるをえない。

そして、取締役会の前記措置について、その構成員であるY_2ら個人の代表取締役ないし取締役としての具体的な責任原因までは特定できないが、取締役会は、Y_2ら個人を含む取締役による多数決原理に基づき、Xらの退職慰労金に関する本件議案の決定を含む措置を講じたというべきであるから、Y_1会社は、その機関である取締役会の措置〔取締役の行為〕につき、不法行為責任を負うというべきであると判示した。

＊ここでは、取締役らの不法行為責任を否定したにもかかわらず、機関としての取締役会の不法行為を認定し、それにより三五〇条の適用に基づき会社の責任を認めた珍しい事例と言える。Xらの退職慰労金を会社に支払わせるのが正当であるとの結論から採られた解釈であろうか。ただし、退職慰労金は総会決議を経ずに支給することはできないのに、支給しない決議案についての取締役会による決定を不法行為として、結局は退職慰労金を会社に支払わせるのは矛盾していると感じなくもない。会社は取締役等に求償することはできないのである。

これに対して、取締役会の行為に基づく会社の責任を否定したのが次の裁判例である。

〔3〕 東京地裁平成一〇年二月一〇日判決（判タ一〇〇八号二四二頁）

株主総会は内規の支給基準に従って退職慰労金の決定を取締役会に一任したところ、取締役会は基準よりも低い額を決議した。

裁判所はおおよそ以下のように判示した。

取締役会における本決定は何ら合理的理由に基づいておらず、かつ、株主総会が役員退職慰労金内規に基づいて原告に退職慰労金を支払う旨の決議の趣旨に反しているものであるから、違法であり、不法行為を構成するといわなければならない。

Xは、Y_1会社の機関である取締役会が不法行為を行ったのであるから、Y_1会社は民法四四条により不法行為に基づく損害賠償責任を負うと主張するけれども、同条は法人の理事その他の代表機関がその職務を行うについて他人に損害を加えた場合の規定であり、取締役会は代表機関ではないから、取締役会が行った行為についてY₁会社に同条に基づく責任は生じないものというべきである。

Y_1会社の代表取締役は、定時株主総会において役員退職慰労金内規に基づいてXに退職慰労金を支払う旨の決議がなされたこと及び同内規の内容を承知しながら、取締役会を招集し、右決議の趣旨に反して、自ら本決定の原案を提案して本決定を得て、その後、代表取締役として本決定を執行するに至っていることが認められるから、Y_2の右の職務行為に基づいて、Y_1会社には民法四四条による不法行為に基づく損害賠償責任が認められる。

＊結局会社の責任を認めるのが正当である場合、取締役会の決議を執行するのが代表取締役であれば、その行為をもって三五〇条の職務行為と解することができるのであるから、本件判旨は正当に思われる。先の大阪高裁判決のように、取締役会による不法行為という解釈をとる必要はないのではなかろうか。なお、〔**4**〕東京地裁平成六年一二月二〇日判決（判タ八九三号二六〇頁）では、株主総会がその決議により、取締役会に対して、内規に基づいて退任慰労金を算定し、その支給時期、方法等を具体的に定めるべき義務を課していたのに、取締役会の決議がなされなかった事例について、取締役（代表取締役を含む）は、本件株主総会決議に従って原告に対する退任慰労金の具体的な金額、支給時期、方法等を定めるべき義務に違反した任務懈怠があるとして、会社の不法行為責任を認めている。

ところで、代表取締役の行為についてはもちろん、会社法三五〇条についてもとくに言及することなく、会社の不法行為責任を認めた裁判例もいくつか見られる。これは企業の不法行為責任という理解であろう[(10)]。たとえば、〔**5**〕最高裁平成八年一一月一二日判決（判時一五九八号一五二頁）では、以下のように判示する。

「株式会社は、同じ株主総会に出席する株主に対しては合理的な理由のない限り、同一の取扱いをすべきである。本件において、Y会社が前記一の2のとおり本件株主総会前の原発反対派の動向から本件株主総会の議事進行の妨害等の事態が発生するおそれがあると考えたことについては、やむを得ない面もあったということができるが、そのおそれのあることをもって、Y会社が従業員株主らを他の株主よりも先に会場に入場させて株主席の前方に着席させる措置を採ることの合理的な理由に当たるものと解することはできず、Y会社の右措置は、適切なものではなかったといわざるを得ない。しかしながら、Xは、希望する席に座る機会を失ったとはいえ、本件株主総会において、会場の中央部付近に着席した上、現に議長からの指名を受けて動議を提出しているのであって、具体的に株主の権利の行使を妨げられたということはできず、Y会社の本件株主総会に関する措置によってXの法的利益が侵害されたということはできない。そうすると、Y会社が不法行為の責任を負わないとした原審の判断は、是認することができ、原判決に所論の違法はない。」

＊判旨は、特定の代表取締役の行為について具体的に論じることなく、会社の行為が不法行為に該当しないと論じる。もっとも、一般には総会の議長や総会の運営責任者は代表取締役であり、彼らが株主について差別的な扱いをしており、それが前提となって会社の不法行為責任が認められていると言えなくもないが、判旨にはそのような言及はない。

また、〔**6**〕大阪地裁平成一七年一一月一八日判決（判時一九二七号一四八頁）でも、外国為替証拠金取引の勧誘において、顧客に対し、外国為替取引会社が実際には外国為替取引を行っていない会社であることを認識しながら虚偽の説明をし、自らの売買注文が米国有数の外国為替取引企業である会社により、外国為替市場で実行されるものと誤信させて証拠金を送金させた行為は、不法行為を構成するとする。そこでは、とくに三五〇条が言及されていない。

あるいは結論として会社の責任を認めるのが妥当であれば、単に根拠規定だけの問題で、会社法三五〇条を使っても使わなくても変わらないのかもしれない。ただし、株式会社の規模等によって適用すべき適切な規定が変わることも考えられる(11)。

(4)　『新版注釈会社法(6)』二六一条〔有斐閣、一九八七年〕一五八頁〔山口幸五郎〕によれば、本条は代表取締役に限らず、対内的な業務執行の機関たる業務担当取締役がその職務遂行上不法行為をした場合にも適用され、故意または過失は当該取締役の職務の執行につき存することを要する。ただし使用人兼務取締役が商業使用人としての職務の遂行上なした不法行為の責任関係はすべて民法七一五条によるべきであるとする。落合・前掲注(1)二四頁によれば、業務執行取締役も、その業務執行権限の範囲内で本条の代表者としてよいとする。尾崎・前掲注(1)八八頁も業務執行取締役もその業務執行権限の範囲において業務執行を行った場合には本条の代表者に当たるとする。

(5)　支配人は会社の事業に関して包括的に代理する権限を有するが〔一一条〕、使用人であることから、三五〇条の対象にはならないと解される。大判大正六・四・七民録二三輯六九〇頁も、会社の支配人が第三者に損害を加えた場合、会社が支配人の選任監督に過失のあるときは、民法七一五条によって賠償責任を負うべきで、同法四四条の準用〔商法旧一七〇条二項・六二条二項〕によって責任を負うのではないとする。

(6)　稲葉・前掲注(1)三九四～三九五頁は、代表行為に限らず、会社の機関として行う業務執行行為についてすべて本条が適用されると広く解する。本条では部分的な代表者、権利義務者、仮代表取締役も含むとする。つまり包括的な代表権だけではなく、部分的代表者〔たとえば取締役会社間の訴訟〕にも及ぶとする。さらに、監査役の監査のための職務行為も責任を負うと述べる。監査役の監査のための職務執行は、その職務を行うにつき第三者に加えた損害については本条の類推適用を認め、会社が責任を負うと述べる。

(7)　森本滋『会社法商行為法手形法講義〔第四版〕』〔成文堂、二〇一四年〕八一頁は、業務担当取締役に三五〇条の類推適用する見解も有力であるが、業務担当取締役は代表取締役の指揮命令に従う会社の代理人であり、民法七一五条の類推適用に合理性があると論じる。なお、一般法人法七八条については、潮見・前掲注(2)七一頁によれば、代表理事から委任を受けた復代理人や、代表権のない理事は含まれないのであり、この者たちの行為により法人が責任を負うとしても民法七一五条によるとする。

(8)　落合・前掲注(1)二五頁では、辞任後残存登記の代表取締役も九〇八条二項の類推適用が認められるので、本条の責任があるとする。尾崎・前掲注(1)八八頁は、表見代表取締役もその他の代表者に当たり、不実登記のある者も、九〇八条二項を媒介にその者が現実に業務執行を行っているのであれば、事実上の経営者として本条を適用すべきであると論じる。

(9)　近藤光男「いわゆる『事実上の役員等』」石川正先生古稀記念論文集『経済社会と法の役割』(商事法務、二〇一三年)七八九頁、道野真弘「判批」ジュリ一二〇三号(二〇〇一年)一四〇頁参照。

(10)　窪田充見『不法行為法』(有斐閣、二〇〇七年)七〇頁から七四頁では、企業自体の過失を認め、民法七一五条によるのではなく企業自体に同七〇九条の責任を認める。ミスや欠陥を放置したままでなされた企業の活動自体を不法行為として把握する方が問題の本質に合致するという。ただし、かつての裁判例はたとえば以下のように企業責任を否定した。東京高判昭和六三・三・一一判時一二七一号三頁は、「被告製薬会社のような法人の不法行為責任は、当該法人がいかに企業規模が大きくて社会的、外見的にはいかにも実在の人間のように活動しているかにみえても、それは結局のところ機関の存在を不可欠としており、具体的、法律的には右機関を通じて活動するほかないものであるとともに、立法論としては兎も角、我国の民法における法人の不法行為に関する実定法の体系上は、法人の不法行為については、民法四四条ないしは同法七一五条によつてこれをみるほかなく、同法七〇九条によつてこれをみるべきものではないというべきであり、不法行為の主観的構成要素である故意または過失とは自然人の精神的容態であり、法人の不法行為法上の故意、過失とは、具体的には、法人の機関、株式会社においては代表取締役の故意、過失を意味するのであり、代表取締役が職務を行うにつき故意または過失により他人に損害を加えたときは、商法二六一条三項、七八条二項の準用する民法四四条一項の規定により会社が損害賠償責任を負い、代表取締役以外の企業構成員が会社業務の執行につき故意または過失により他人に損害を加えたときは、民法七一五条一項の規定により会社が損害賠償責任を負うことになり、右各損害賠償責任はその発生要件及び効果を異にしているというべきである」。

(11)　西原道雄「企業の過失責任」西原寛一先生追悼論文集『企業と法・下』(有斐閣、一九九五年)九四頁は、法人たる企業の不法行為責任を追及する場合、その法律構成は二者択一、三者択一の関係にあるわけではないから、これが重複して適用される場合もありうる。ただ、それぞれに最も適合した社会的類型を考えることはできるとして、七〇九条を直接に適用する構成は、比較的大規模で複雑な組織をもつ団体に、恒常的・継続的な不法行為、その団体の人的・物的組織の多くが関与しているような加害行為に適合する。代表者や被用者も責任とは両立するが、必ずしもこれを前提とするわけではないとする。

三　行為者の責任

会社法三五〇条では、行為を行った代表取締役の責任についてはとくに言及していない。もっとも、代表取締役は、不適切な職務執行を行い会社に損害を与えたと解されるので、善管注意義務違反が認められ、一般に、会社に対しては会社法四二三条の任務懈怠によって責任が追及されると考えられる。一方、第三者に対してはどうであろうか。一般法人法七八条については、加害行為をした代表理事も民法七〇九条で不法行為責任を負うとされ、法人の損害賠償責任と代表理事等の損害賠償責任とは不真正連帯の関係にあるとされる。そして、法人は善管注意義務違反を理由に代表機関に対して求償できると解されている(12)。

判例は、会社が三五〇条の責任を負う場合には、代表取締役が不法行為責任を負うことを前提にしているようである。すなわち〔**7**〕最高裁昭和四九年二月二八日判決（判時七三五号九七頁）では、「株式会社の代表取締役が、その職務を行なうにつき不法行為をして他人に損害を加えたため、右株式会社がその賠償の責に任ずる場合には、右代表取締役も、個人として不法行為責任を負うものと解すべきであるから、原審の適法に確定した事実関係のもとにおいては、Y_1会社の代表取締役であるY_2は、Xに対し、個人としてXの被つた損害を賠償する義務があるもの」と判示している。

学説においても、この立場が多数であると思われる(13)。

たしかに違法な行為をしたのが代表取締役であるとすれば、三五〇条は当該代表取締役に責任を追及できることを前提に、会社に対して責任を追及できることにしたものと考えやすい。しかし、会社が責任を負う場合と取締役が責任を負う場合とは完全に合致するのであろうか。第一に、取締役の不法行為責任が認められない場合でも会社は責任を負うという場合はないのであろうか。もちろん、会社が責任を負うのであるから、代表取締役自身には責任を負わせる必要が無いということにはならない。第二に、会社の不法行為責任は認められないが代表取締役に責任を負わせるという場合はないのであろうかと言う疑問も生じる。前者の問題は、たとえば代表取締役が不法行為責任を負わないが、会社法四二九条の下では第三者に責任を負うという場合に、会社の責任が生じないかという形で具体的な論点となる(14)。

会社法四二九条の責任は不法行為責任とは別個の法定の特別責任とするのが判例である（最判昭和四四・一一・二六民集二三巻一一号二一五〇頁）。この著名な判例によれば、不法行為責任と会社法四二九条（平成一七年改正前商法二六六条ノ三）の責任との関係について、次のように判示する。「取締役がその職務を行なうにつき故意または過失により直接第三者に損害を加えた場合に、一般不法行為の規定によつて、その損害を賠償する義務を負うことを妨げるものではないが、取締役の任務懈怠により損害を受けた第三者としては、その任務懈怠につき取締役の悪意または重大な過失を主張し立証しさえすれば、自己に対する加害につき故意または過失のあることを主張し立証するまでもなく、商法二六六条ノ三の規定により、取締役に対し損害の賠償を求めることができるわけであり、また、同条の規定に基づいて第三者が取締役に対し損害の賠償を求めることができるのは、取締役の第三者への加害に対する故意または過失を前提として会社自体が民法四四条の規定によつて第三者に対し損害の賠償義務を負う場合に限る必要もないわけである。」すなわち、会社の責任と取締役の四二九条の責任は直接の関係はなく、競合する場合もあるし、どちらかだけ（あるいは不法行為責任だけ）が成立することがあり得るとする。それでは、四二九条の責任が成立するのに会社の責任が否定される場合はあるのであろうか。裁判例では、以下に挙げるように、三五〇条の責任は代表取締役に四二九条ではなく不法行為責任が成立することを要件ととらえる。

〔8〕　千葉地裁平成二二年一月二八日判決（判時二〇七六号一四四頁）

この事件では、顧客に対して損失リスクについて十分説明することなく、取引による売買差損金の発生後も、その事実を報告せず、利益が出ている旨虚偽の報告を続けていたことから、海外商品先物取引について説明義務違反を理由に顧客が会社・取締役の責任を追及したところ、裁判所はおおよそ以下のように述べてこれを認めた。

Y_2は、Y_1会社の代表取締役として、同社の従業員が違法な営業活動を行うことのないよう指導監督する義務を負っており、これを認識していたにもかかわらず、被告担当者の営業活動の実態を十分把握することもせず、指導監督を怠っていたことが明らかである。

Y_3及びY_4は、本件取引の担当者として、共同して直接Xを勧誘し、不法行為を行ったものと認められるから、民法七〇九条、同法七一九条に基づき不法行為責任を負う。Y_2についても、民法七〇九条による不法行為責任が認められるというべきである。なお、仮に、Y_2について、上記不法行為責任が認められないとしても、Y_2による代表取締役としての任務懈怠（監視監督義務の不履行）は明白であり、Y_2が会社法四二九条一項に基づく責任を負うことは明らかである。

Y_3及びY_4の不法行為は、使用者であるY_1会社の業務の執行について行われたものであることが明らかであるから、Y_1会社は、民法七一五条により、原告に対して損害を賠償する責任を負う。

＊本件では、会社の責任を認めているが、三五〇条ではなく、民法七一五条を根拠にする。たしかに代表取締役には監督義務の違反が認められており、これを理由に三五〇条の責任を認める余地もなくはなかった。しかし、その様な任務懈怠による代表取締役の責任について、判旨は不法行為責任ではなく会社法四二九条の責任ととらえたことから、右のように七一五条責任に依拠したものと考えられる。しかしながら、そこからは、三五〇条の責任が認められるためには、代表取締役の不法行為責任の成立が前提になるのであって、代表取締役の四二九条の責任だけでは不十分なのであろうかが疑問となる。

〔9〕　名古屋高裁平成二五年三月一五日判決（判時二一八九号一二九頁）

「Y_1会社の従業員らは、Xから必要な証拠金を徴収することなく（無敷・薄敷）、また、本件取引の期間中、Xがまとまった資金を保有していないとの疑いを当然に抱くべき事情があったにもかかわらず、取引の拡大によりXが多額の損失を被る危険を抑制するための指導・助言を行うこともなく、手数料稼ぎの目的で、次々と投資可能資金額及び証拠金額を増額させ、相当回数に及ぶ特定売買を含め、Xの資産状況等に照らして明らかに過大な取引を勧誘、受託してXに多額の損失を被らせたものであるから、Y_1会社の従業員らによる上記行為は、取引継続段階における適合性の原則、Xに対する指導・助言義務、更にはXに対する善管注意義務ないし誠実公正義務に違反するものと認められる。」

Y_2ら五名は、Y_1会社の従業員が適合性原則違反などの違法行為をして委託者に損害を与える可能性があることを十分に認識しながら、法令遵守のための従業員教育、懲戒制度の活用等の適切な措置を執ることなく、また、従業員による違法行為を抑止し、再発を防止するための実効的な方策や、会社法及び同法施行規則所定の内部統制システムを適切に整備、運営することを怠り、業務の執行又はその管理を重過失により懈怠したものというべきである。そして、Y_2らの上記職務懈怠と、本件取引における控訴人会社の従業員らの違法行為及び被控訴人が被った損害との間には相当因果関係があると認められる。

したがって、Y_2ら五名は、Xに対し、連帯して、会社法四二九条一項に基づく損害賠償責任を負うものというべきである（同法四三〇条）。

Xは、Y_1会社の代表者が職務につき不法行為を行ったとして、Y_1会社が、Xに対し、民法七〇九条、七一九条、会社法三五〇条に基づく損害賠償責任を負うと主張する。

しかし、前記のとおり、Y_1会社の代表者が不法行為をしたとは認められない（会社法四二九条一項に基づく責任は法が特に認めた責任であって不法行為責任ではない）から、Xの主張はその前提を欠くものであり、採用できない。

＊四二九条は第三者保護のために取締役の第三者責任を定めたものである。代表取締役が任務懈怠を行い第三者に損害を与えた場合に、とくに第三者を保護する必要性が高い事例においては、会社も責任を負うべきではないのかという疑問が生じる。監視義務違反、内部統制構築義務違反は、取締役の任務懈怠には該当するが、会社の不法行為責任を認めるべき事例には該当しないと言うことなのであろうか。かつて会社法四二九条は、主に破綻に瀕した小規模会社から弁済を得られない債権者を保護するために、取締役の責任を認めてきたという歴史がある。しかし現在の四二九条においては、そのような会社無資力の事例に限らず、広く第三者を保護している裁判例が見られている。その意味では、このような事例で会社の責任を論じる実益がある。

たとえば、次の事例がある。

〔10〕　大阪地裁平成二四年二月八日判決（自保ジャーナル一八八〇号一七六頁）

Y_1会社は、亡Bの業務が過重なものとなり、同人の健康を損なうことがないように、労働時間、休憩時間及び休日等について適正な労働条件を確保すべき不法行為上の注意義務を負っていたといえる。

そして、A部長は、亡Bが平日の午前七時ころ出勤し、午後七時ころに退勤していたことを認識しており、また土曜日にも、大半の管理職が出勤していたことから、亡Bが出勤していたことが認識されていたものと解され、これらによれば、Y_1会社は、亡Bが恒常的に長時間労働に従事していたことを認識していたといえる。加えて、Y_1会社は、亡Bの年齢（発症時六二歳）や健康診断結果（後記のとおり、複数回、高血圧との診断がされていた）を把握していたのであるから、亡Bに対し、それらの事情を踏まえて担当業務量を調整し、労働時間について指導するなどの措置をとるべき注意義務を負っていたというべきであるが、それらの措置をとらず、上記注意義務に違反したといえる。

以上によれば、Y_1会社は、不法行為に基づき、本件発症及び本件死亡によりXらが被った損害を賠償すべき責任を負うというべきである。

Y_2（代表取締役）は、亡Bが前記のとおり長期間にわたり恒常的な長時間労働に従事していたこと及び広範かつ多様な業務を担当していたことを認識していたものと推認され、亡Bの年齢（本件発症時六二歳）に照らせば、上記過重な業務に伴う慢性の疲労や過度のストレスの持続により、健康被害が生じる危険性を認識することができたというべきであるが、亡Bに対し、担当業務量を調整し、労働時間について指導するなどの措置をとらなかったものである。

以上によれば、Y_2は、その職務を行うにつき重大な過失があったというべきであり、その結果、亡Bの本件発症及び本件死亡という結果を招いたから、改正前の商法二六六条ノ三第一項に基づき、Xらに対し、Y_1会社と同一の責任を負うものと解される。

＊この事件では、会社の責任として不法行為責任を認めるが、三五〇条にはとくに言及していない。一方代表取締役には不法行為責任ではなく、四二九条の責任を認めている。この場合、四二九条の要件と会社の責任の要件は無関係といえるのであろうか。判旨においては、両者の関係が不明確である。

もっとも、従業員は不法行為責任、代表取締役は監視義務違反の四二九条の責任と捉えたところで、民法七一五条で会社の責任を問えれば問題はないということになろう。

なお、〔**11**〕東京地裁平成二一年七月二八日判決（判時二〇五一号三頁）では代表取締役については会社法四二九条の責任を認めながら、会社については三五〇条の責任を認めている点が注目される。もっとも、この判決の判旨には、代表取締役の不法行為責任を認定する記述もあるので、〔**9**〕で示されたような原則が修正されたのではないのかも知れない。

四二九条の責任が不法行為責任とは異なるとしても、そこから、代表取締役が四二九条の責任を負うに過ぎない場合には三五〇条の責任を否定すべきなのであろうか。代表取締役が任務を懈怠したものの、第三者への加害についての故意または過失が認められないときには、三五〇条による会社の責任をすべて否定してしまってよいのか疑問は残ろう。たとえば、そのような例として、他の取締役の違法行為を十分に監視しなかった代表取締役については、第三者に対する直接の不法行為責任は生じないと考えられるが、四二九条に基づく対第三者責任が生じる可能性がある。そのような事例において、会社が責任を負わないとすることが不適切な場合も少なくないと思われる。もっとも、そのような場合には、他の取締役の行為自体について不法行為責任が認められ、民法七一五条の類推適用を認めることで、会社の責任が認められることも考えられるのであり、その可能性が高いのであれば、このような議論を展開するまでもないことになる。

(12)　潮見・前掲注(2)七五頁。
(13)　山口幸五郎・前掲注(4)一五八頁によれば、本条は会社と被害者との関係をのみ定めたもので、当該不法行為をなした取締役自身も責任を免れないことはいうまでもないとする。また、落合・前掲注(1)二二頁によれば、三五〇条の責任は代表取締役が不法行為責任を負うことを前提とすると述べる。
(14)　落合・前掲注(1)二三頁によれば、四二九条一項で代表取締役が責任を負う場合であっても、当然には会社の責任は生じないとする。第三者に対する加害についての故意または過失が必要であり、四二九条一項は主観的要件が職務を行うについて必要とされているのとは異なるとする。四二九条一項の責任が生じていても当然には会社の責任を発生させるものではない。また、実際には会社に資力が無いときに四二九条の責任が追及されるようなので会社の責任を問題にする必要性はないとする。尾崎・前掲注(1)八九頁も、取締役が第三者に四二九条で責任を負う場合、不法行為責任ではないので、会社が本条に基づく責任を負うわけではない。第三者に不法行為責任をも負うことを主張立証して初めて本条の責任が生じるとする。

四　株主に対する責任

会社法三五〇条は会社が第三者に損害賠償責任を負う旨を定め、会社法四二九条は取締役が第三者に損害賠償責任を負う旨を定めるが、この二つの規定における第三者とは同じ範囲と考えて良いのであろうか。とくに四二九条においては、株主が第三者に含まれるかどうかを巡って永年論争のあるところである。現在のところ、下級審裁判例や学説の多数は、直接損害に関しては株主は四二九条に基づき取締役の責任を追及できるが、原則として、間接損害についてては株主はそのような請求はできないと解されている。

たとえば、〔12〕東京高裁平成一七年一月一八日判決（金判一二一〇九号一〇頁）は、以下のように判示する。

「株式が証券取引所などに上場され公開取引がなされている公開会社である株式会社の業績が取締役の過失により悪化して株価が下落するなど、全株主が平等に不利益を受けた場合、株主が取締役に対しその責任を追及するためには、特段の事情のない限り、商法二六七条〔筆者注：現八四七条〕に定める会社に代位して会社に対し損害賠償をすることを求める株主代表訴訟を提起する方法によらなければならず、直接民法七〇九条に基づき株主に対し損害賠償をすることを求める訴えを提起することはできないものと解すべきである。その理由は、①上記の場合、会社が損害を回復すれば株主の損害も回復するという関係にあること、②仮に株主代表訴訟のほかに個々の株主に対する直接の損害賠償請求ができるとすると、取締役は、会社及び株主に対し、二重の責任を負うことになりかねず、これを避けるため、取締役が株主に対し直接その損害を賠償することにより会社に対する責任が免責されるとすると、取締役が会社に対して負う法令違反等の責任を免れるためには総株主の同意を要すると定めている商法二六六条五項〔筆者注：現四二四条〕と矛盾し、資本維持の原則にも反する上、会社債権者に劣後すべき株主が債権者に先んじて会社財産を取得する結果を招くことになるほか、株主相互間でも不平等を生ずることになることである。以上のことを考慮して、株式会社の取締役の株主に対する責任については、商法二六六条〔筆者注：現四二三条〕が会社に対する責任として定め、その責任を実現させる方法として商法二六七条が株主の代表訴訟等を規定したものと解すべきである。そして、その結果として、株主は、特段の事情のない限り、商法二六六条の三〔筆者注：現四二九条〕や民法七〇九条により取締役に対し直接損害賠償請求することは認められないと解すべきである。」

＊このような立場によれば、株主全員に平等に生じた損害については、取締役は会社に賠償すべきであり、株主は取締役に対しては七〇九条でも四二九条（現行法）でも責任を追及できないことになる。(15) 取締役の限られた資産を、一部の株主だけの賠償に使うよりも、株主全員すなわち会社に賠償させる方が、株主あるいは債権者の利益に合致すると言える。これに対して、虚偽記載等に信頼して株式を取得して損害を受けた株主は、全株主の一部でありかつ直接損害を受けたことになるので、四二九条二項にもとづき取締役の責任を追及できることと解されている。

それでは、三五〇条で会社に対して損害賠償請求をする場合もそうであろうか。多数説は、第三者には株主も含まれるとする。(16) これに対して、ここでの第三者には株主が含まれないとする有力説がある。この立場は、三五〇条も七一五条も報償責任であり、代表者の行為で利益を得るものは損失も受けるべしとするものであって、会社残余権者として会社経営の利益を享受する株主に、会社債権者の損失の下に、これらの規定の利用を認めることは規定本来の目的とは正反対の効果を生むとする。株主が一般的にその地位に基づく損害については間接・直接損害を問わず、適用されないのであり、会社自体における不法行為責任においても同じであり、いずれも報償責任の趣旨に立脚するからであるという立場である。(17)

結局ある株主が会社から賠償されることは、会社の資産の減少を通じて、他の株主に対して負担を負わせることになる。そこで、直接損害を受けたとは言え、株主間に財の移転を認めるべきかどうかが問題となる。また、そもそも会社法の領域では、会社が株主から株主としての立場で損害賠償責任を追及されることは例外的であるとも考えられる[18]。会社内部の利害調整の問題と考えれば、株主に責任を負うのは取締役のはずである。

会社法四二九条の取締役の責任を株主に否定する理由は、株主全員に生じる損害は、会社の損害と受け止めた方が、株主間の不平等を避けられるからであり、この種の損害を株主が損害賠償請求すること自体理論的には認められないものではない。たとえば新株の不公正発行の場合でも、既存株主は会社に対して三五〇条による損害賠償を請求する余地があるとも解される[19]。一方、三五〇条の会社責任を株主に否定すべき理由があるとすれば、究極的には一部の株主が他の株主の資産をもって賠償してもらうことの是非であり、この点には事案に応じた慎重な判断が必要である。

(15)　なお、千葉地判平成八・八・二八判時一五九一号一一三頁では、会社の経営支配権の侵奪を目的として、違法・無効な手続により選任された代表取締役が、定款上定められた株主の新株引受権を無視して、違法・無効な手続により行った公募名目の新株発行について、会社は株主に対して民法四四条一項に基づく不法行為責任を負うとされた。

(16)　落合・前掲注（1）一二三頁。

(17)　田中亘「判批」ジュリ一四〇五号（二〇一〇年）一八八頁。

(18)　金融商品取引法では、株主は投資家として会社に責任を追及する場面は多い。たとえば、有価証券報告書の虚偽記載にもとづいて市場で株式を購入し（または処分し）損害を被った投資家は、発行会社に対して損害賠償を請求できることが規定されている（金商二一条の二）。しかし、流通市場で株式を取得した場合（または処分した場合）に、会社すなわち他の株主の負担で損害賠償責任を負うことの是非については、法定前はもちろん今でも意見の対立がないわけではない。なお、自己株式の公開買付に関して虚偽の公表について会社が責任を負うとされている（金商二七条の二二の四）。

(19)　東京地判平成一二・五・二四判タ一〇五四号二六〇頁が参考になる。この裁判例は、Y社の代表取締役Aが行った第三者割当ての方法による新株の発行につき、Y社の株主又は取締役であったXらが、同新株の発行は、代表取締役の会社支配を強化するという不公正な目的の下に、取締役会決議及び株主総会の特別決議を経ずに、第三者に有利な価格で行われたものであり、この不法行為によって、Xらの株主又は取締役としての権利又は利益が侵害されたとして、Y社に対し損害賠償を求めた事案である。裁判所は、本件各新株発行は、手続的に瑕疵があるということはできず、目的も不公正なものということはできないから、本件各新株発行におけるAの行為はXらに対する不法行為を構成するとはいえないと判示した。本件判旨は、本件新株発行が不公正発行や有利発行であると認定されたならば、株主は会社に対して損害賠償を請求できる余地を残していると読めなくはない。

五　結　語

本章では、会社法三五〇条を巡り、いくつかの論点に絞って検討してきた。取締役の業務執行により第三者が損害を被った場合には、報償責任の考え方から、会社が第三者に対して損害賠償責任を負うことが公正妥当に思われる。しかしながら、会社法三五〇条は、その要件を代表取締役が職務を行うについての加害としている。このことから、取締役の任務懈怠に起因する損害が第三者に生じながら、会社が責任を負わないでよい場合がありうることになる。しかし、第三者の利益を保護すべく、使用者責任の類推適用、あるいは企業自体の責任によってその隙間をある程度埋めることは不可避であるように思われる。しかし、一方で、会社の責任と言っても、究極的には株主資産の減少に繋がるのであって、いつでも会社の責任を認めることが最適な結論になるかというと、そうではない場合もあり得る。とりわけ、株主が会社に対して不法行為責任を追及する場面において、その損害を全て会社に賠償させることは他の株主との関係で公正な結果となるのか、慎重な判断が求められる。

第三編　株主と役員をめぐる日米の判例研究

一　社外取締役の独立性

〔In re Oracle Corp. Derivative Litigation, 824 A. 2d 917 (Del. Ch. 2003)〕

【事実の概要】

Oracle社（以下、「O社」という）は二〇〇一年三月に第3四半期についての収益を公表する予定を立てていた。ところが、同年一月に四名の同社の取締役は、多数の同社普通株式を一株三〇ドルから三三ドルで売却していた。同社は、三月一〇日に収益は当初予測の一株一二セントを下回る一〇セントであること等を公表したが、その結果同社の株価は大きく下がり、一株一五ドルから一六ドルになった。そこで、株主が提起する代表訴訟によって以下四名の取締役（以下、「取引被告」という）について、内部者取引の責任が追及された。

Ellison（以下、「E」という）は、同社の議長でCEOであり、議決権ある株式を約二五％保有する最大株主であった。Henley（以下、「H」という）は、同社のCFOで副社長であった。Lucas（以下、「L」という）は、同社の執行委員会、財務監査委員会の議長である。Boskin（以下、「B」という）はスタンフォード大学（以下、「S大学」という）の経済学の教授、かつ取締役で報酬委員会の議長で、財務監査委員会のメンバーである。Lは大変愛校心のあるS大学の同窓生であった。彼は、四二万四、〇〇〇ドルをSIEPR（スタンフォード経済政策研究所）へ、そして一四万九、〇〇〇ドルをStanford Law Schoolへ寄付した。Eは、S大学の位置する地域社会および情報技術業界における重要人物の一人である。彼は理事をしているE Medical基金を通じてS大学とその研究施設へ巨額の寄付を行った。EがCEOであったときに、会社は三〇万ドルを超える寄付をS大学に行った。

原告は、取引被告は同社が第3四半期について二〇〇〇年一二月に市場に提供した収益指標を満たしていないことや、同社の販売成長力が大きく落ちるといった未公開重要情報を有しながら、同社株の売却を行ったことについて、内部情報を不正に流用した忠実義務に違反する行為であると主張した。

二〇〇二年二月一日にO社はこの代表訴訟を判断するために訴訟委員会を設置し、二人の取締役会メンバーを委員に指名した。両名は二〇〇一年一〇月一五日（つまり、二〇〇一年の第3四半期が終了した後）に取締役に就任したもので、テニュアーのあるS大学教授であった。両名ともBの助けも借りて、主にLが登用したものであった。そのうちの一人は、Hector Garcia-Molina（以下、「M」という）教授で、S大学のコンピューター科学部の長であり著名な専門家である。彼は学位をS大学で得ていた。もう一人は、Joseph Grundfest 教授（以下、「G」という）で、S大学の法とビジネスの教授である。彼はS大学に来る直前までの五年間SECのコミッショナーであった。彼も学位はS大学で取得していた。彼はSIEPRの運営委員である。なお、Bは一九七〇年代にGを教えたことがあり、当時GはPh. D. 取得候補者であった。BはGの指導教授ではなかったし、共同研究もしていなかったが、何年もの間交流があり、時々公共政策について論じ合っていた。さらに、両者はSIEPRの上席研究者でありSIEPRの運営委員でもあった。BとGはSIEPRの支援の下で論文を公表していた。なお、Lは、SIEPRの諮問委員会の議長でS大学の同窓生である。EはS大学に何百万ドルもの寄付を、個人基金を使ってあるいは同社を通じて行ってきたが、二〇〇一年八月にさらに寄付を検討していた。

訴訟委員会による調査は、客観的な手法を用い広範にわたった。さまざまな記録を吟味し七〇人もの証人と面接した。しかも原告にも面接すべき証人を尋ねた。訴訟委員会メンバー、特にGは調査にかなりの時間を費やした。最終的に一、一一〇頁にもわたるきわめて詳細な報告書を作成した。内容を要約すると、以下のとおりである。

第3四半期の企業業績についてのすべての情報を一二月と一月に持っていた役員がたとえいたとしても、彼は収益指標を満たさないとの重要で未公開の情報は持たなかったであろう。会社が収益指標を満たさなくなることを示す信頼できる情報はなかったからである。しかもEは九年以上保有し、二〇〇一年八月までを行使期限とするオプションを行使しただけであって、売却後も持株の九八％を保持しており、故意に不当な利益を得ようとしたのではない。Hも持株の七％を売却しただけである。ＬもＢも未公開情報に基づく取引によって現金を作る差し迫った必要性はなかった。そこで、訴訟委員会は、取引被告が重要で未公開情報を有していたことを否定するとの結論に基づき、本代表訴訟の終了を求めた。

【判　旨】

会社の取締役は一般に社会の組織に深く絡まっている。そのような組織は、明示的または黙示的に、その運営に参加する者の行動へ影響を与えたり、流れを変えたりする期待を持っている。法は取締役がそのような社会からの抑制に無関心である勇者であると仮定すべきではない。根本的に独立性の問題は、取締役が何らかの実質的な理由で、会社の最善の収益だけを考えて判断を下すことができないかどうかに関わるとの考えをデラウエア州最高裁は採っていると解される。

私は、訴訟委員会は独立性についての重要な事実上の問題がない旨の立証責任を果たしていないと結論づける。それは、訴訟委員会、取引被告、Ｓ大学の三者の間の結びつきにはかなり強いものがあり、取引を行った被告に対する訴訟を提起すべきか否かについて、訴訟委員会が公平に判断できるか合理的な疑いをもたらすからである。

Ｂについては、たとえ彼が訴訟委員会メンバーと異なる学部・組織に属していたとしても、彼がＳ大学教授組織に属していることは、過敏で組織に忠誠心を持つ者にとっては、無視できないことである。仲間の教授を内部者取引で訴えることは、たとえもっとも厳格な大学人にとっても、小さなこととはいえない。Ｂに関して、ＧはＭに比べて、より複雑な難問に直面する。Ｂは彼を指導した教授であって、何年もの間交流があった。二人の学問的関心領域は隣接しており、Ｂと直接でないとしてもその同僚と定期的に連絡を取っていた。さらにＳＩＥＰＲにおける上席研究者の称号は名誉職であったとしても、Ｇが喜んでそれを受け入れ、その地位を得た選ばれた教授であったことは事実である。運営委員会メンバーについても同様である。このような関係を持ち、Ｇは、同僚教授ではない者、Ｂの学生でなかった者、彼と交流がなかった者、ＳＩＥＰＲの運営委員になっていない者に比べて、客観的にＢが不当な内部者取引に従事したかどうかを判断することが困難になっていたと思われる。

Ｇはこれらの事情をすべて無視することができる特別の人間かもしれないが、訴訟委員会はそのような証拠を提出していない。この点に関して、私は、そのような関係を持たない人に比べて、GはBに対する訴えを提起することを推奨する可能性が少ないと推論するわけではないことに注意することが重要である。私の推論するのは、Gの立場にある人は、Bの行為を彼との交際、相互交流を考慮することなく評価することが難しいということである。これらの関係は、厳格かまたは寛容かいずれの方向でバイアスをもたらすかもしれないが、推論されることは、一方でこのような関係が心にのしかかりながら、関係を持つ者に対して重大な訴訟を提起すべきか否か判断しなければならないという立場に置かれることになるということである。

Lに関しても同様である。GがLに対して内部者取引の責任追及をする訴訟に賛成すると、Gは、最近S大学ロー・スクールに多額の寄付を行った者に対して責任追及をすることを要求したことになる。GおよびMは、訴訟委員の職務から、きわめて気前のよい影響力のある同窓生を訴えるかどうかという判断を行わなければならない。彼らは資金調達の責任者ではないが、良識ある教授として、S大学にいかに重要で大きな貢献がなされているか疑いもなく認識していた。彼らは豊かな基金のあるS大学に勤務することで恩恵に与っている。理性ある教授であれば、彼の決定がS大学とLとの関係に与える影響を明らかに考慮するであろう。Gは訴訟委員会の構成の半分を占め、もっとも活動的なメンバーであった。彼の非独立性はそれだけで訴訟委員会の推奨を否定することを要求するに十分である。LのS大学との関係はきわめて重要である。テニュアーのある教員にとっては巨額の寄付者に無関心であるという訴訟委員会からの主張には説得されない。BおよびLとの関係からだけでも訴訟委員会は独立性の問題の立証責任を果たしていない。Eについての事実はこれを補強する。地域社会の重要な人物を重要な違法行為で訴えることは小さなことではない。BとLに絡む関係の上に積み上げてみると、彼とS大学との関係は私に一般的な疑いをもたらす。GとMが同社の取締役会に加わったときに、Eは巨額の寄付を考えていたことを公表していた。Eが寄付をする可能性を公衆が知っていたということから考えると、EがS大学に多額の寄付をする可能性を、訴訟委員会の構成員が認識していたのではないかと疑わないことは困難である。

私は、独立性にきわめて大きな疑いがあると判断するが、委員会構成員の主観的な誠実性について何の認定をも行っていない。委員会構成員が、取引を行った被告に有利になるような行為、あるいは誠実に職務を果たすこととは別のことを行おうとしていると結論づけるものではない。このことは独立性の審査の目的ではない。誠実で名声ある人物も彼らが重要な交流を持つ人物に不利な判断をしなければならないというときには、彼らの行動に妥協が生じうることが認識される。私は、二人の教授が要求されている程度に公平に行動することに適していないと結論づけるにすぎない。

【解　説】

一　本件は、Oracle 社の取締役の責任を追及する代表訴訟について、同社の訴訟委員会が訴え却下の申立てを行ったのに対して、デラウエア州衡平法裁判所がそれを認めなかった事件である。裁判所は、同州の判例である Zapata 判決（Zapata v. Maldonado, 430 A. 2d 779, 788-89（Del. 1981））に基づき、訴訟委員会はその独立性に疑念を抱かせるような重要な事実問題がないことを立証する責任があるとした上で、結論としては、訴訟委員会のメンバーの独立性に疑念を持ち、却下の申立てを退けた。本件は、従来の判例よりも社外取締役の独立性を厳格にとらえ、訴訟委員会の構成員である社外取締役の独立性を否定する判断を下した、きわめて興味深い裁判例である。本件は訴訟委員会委員について独立性が問われたものであるが、広く社外取締役の独立性という問題に一石を投じる判決である。

二　アメリカでは、代表訴訟が提起された場合に、会社の取締役会が訴訟委員会を構成し、当該訴訟を終了させるべきかを判断させることが多い。訴訟委員会が当該代表訴訟は会社の最善の利益に合致しないとして、訴えを終了させるべきであるとの判断を下した場合に、裁判所はこの判断を尊重するかが問題になる。この点についての判例は前掲 Zapata 判決であり、本件裁判所もこれに従い、訴えを終了させるためには、①委員会の独立性、②委員会の行動の誠実性および③委員会による推奨の根拠の合理性を、訴訟委員会が立証しなければならないと判断している。これらの立証を満たしたならば、裁判所はその司法判断として、訴訟の進行が会社の最善の利益に適うかどうか判断するが、①〜③の点について疑念を持たせる事実が存するならば、裁判所は訴訟委員会の申立てを否定することになる。そこで、まず委員会の独立性が吟味される。

三　従来デラウエアの裁判所は、独立性については、訴訟委員会メンバーと被告取締役の経済的な関係に焦点を置いてきたが、個人的・職業的関係、その他の関係は考慮してこなかった(1)。独立性の定義についての先例は、デラウエア州最高裁判所の Aronson v. Lewis, 473 A. 2d. 805 (Del. 1984) がある。同判決では、取締役の独立性の判断は外部的な考慮や影響ではなく、会社における利害に基づいてなされるとする。その後も同州のほとんどの裁判例は、外部的な考慮や影響を重視することなく、独立性が否定される場合を会社における重要な金銭的な利害を持つ取締役に限定してきた。すなわち、友人関係や仕事関係だけでは独立性は否定されないとしてきた。一方、連邦法でも、非金銭的利害は独立性を損なわないとの認識が示されており、Sarbanes-Oxley 法でも監査委員の独立性について直接・間接会社から取締役の報酬以外で支払いを受けない者としている(2)。

これに対して、Strine 次席判事による本件決定はデラウエア州裁判所の重要な発想の転換を示す。支配力の行使や金銭的関係が認められない場合に独立性を否定した本件の考え方は、アメリカでも意外なものと映ったようであるが、Strine 次席判事自身は、すでに二〇〇二年の論文(3)で、デラウエア州裁判所は最近の会社の不祥事に鑑みて、独立性の基準を再考すべきであると論じており、これを読めば当然予想することのできた判断であるともいえる(4)。いずれにしても、本決定は訴訟委員会の判断により代表訴訟を終了させるという手法をきわめて利用しにくいものとしたといえよう。

四　本決定の背景としては、エンロン事件やワールドコム事件といった企業不祥事が無視できない。独立取締役は長い間アメリカのコーポレート・ガバナンスにおいて希望の星の一つであった。しかしエンロン事件等は、それまでの独立取締役も重大な会計不正や驚くべき経営者の不正行為を発見したり妨げたりすることができなかったことを示した[5]。これに対して、二〇〇二年のSarbanes-Oxley法の制定により、連邦政府の対応は早かったが、それとは対照的に州法の対応は鈍かった。取締役や経営者に強硬でない州の司法や立法に対しては、結局連邦政府による会社法の領域への侵略をもたらすとのおそれを感じる者も少なくなかった。これに対して、二〇〇三年にデラウェア州の裁判所がわずかに対応したのが本件およびDisney事件であり[6]、いずれもデラウェア州の裁判所の厳格な態度を示し、Sarbanes-Oxley法以上に取締役や役員に大きな制約を課している[7]。

同法や取引所上場基準は取締役会の監視機能を重視する。ニューヨーク証券取引所の上場基準は独立性の定義を明確化かつ強化し、家族の一員が独立性を否定する関係にあるときも、独立性を否定する。確かに、このような上場基準は金銭的利益衝突に関する規定を強化しただけではなく、取締役の独立性を損なう非金銭的な力にも注意を払う制度となっている。それは家族的なつながりについても言及している。しかしながら、取締役の独立性に関して社会的関係の持つ重要なインパクトには注意を払っていない[8]。

この点で本件裁判所が非金銭的側面および社会的な関係に綿密な注意を払っていることは注目されよう。そもそも独立性を明文規定で網羅的に規定することには無理があり、独立性には数量化できない基準が必要なのかもしれない。本件では取引所の基準等の下では独立の者も、他の要素を考慮することにより独立でないとした。これに対して、あくまでも明文規定の客観的基準の下に独立性の判断を求めるべきであると言うのであれば、本件のように裁判所が独立性について注意深く吟味するという対応をとることは困難になるであろうという指摘がなされている[9]。

（1）　Jeffrey D. Her, Delaware Courts' Delicate Response To The Corporate Governance Scandals of 2001 And 2002 : Heightening Judicial Scrutiny on Directors of Corporations, 41 *Willamette L. Rev.* 207, 223（2005）. アメリカ法律協会（ＡＬＩ）のコーポレート・ガバナンスの原理 §1.23 でも、取締役の利害関係については、経済的利害を重視する。

（2）　J. Robert Brown, The Irrelevance of State Corporate Law In The Governance of Public Companies, 38 *U. Rich. L. Rev.* 317, 376（2004）.

（3）　Strine, Derivative Impact? Some Early Reflections on the Corporation Law Implications of the Enron Dabates, 57 *Bus. Law.* 1371, 1373–1374 (2002).

（4）　Troy A. Paredes, A Systems Approach To Corporate Governance Reform : Why Importing U.S. Corporate Law Isn't The Answer, 45 *William and Mary L. Rev.* 1055, 1092 (2004).

（5）　Developments in the Law-Corporations and Society II. And Now, The Independent Director! Have Congress, The NYSE, And NASDAQ Finally Figured Out How to Make The Independent Director Actually Work?, 117 *Harv. L. Rev.* 2181 (2004).

（6）　In re Walt Disney Co. Derivative Litigation, 825 A. 2d 275 (Del. Ch. 2003).

（7）　Brett H. Mcdonnell, In the Wake of Corporate Reform : One Year in the Life of Sarbanes-Oxley-a Critical Review Symposium Issue, 2004 *Mich. St. L. Rev.* 505, 528 (2004).

（8）　Developments in the Law, *supra* note 5, at 2187–2190, 2198.

（9）　Mark J. Loewenstein, The Quiet Transformation of corporate Law, 57 *S.M.U.L. Rev.* 353, 364 (2004).

二　行為時保有原則における行為時

〔In re Bank of N.Y. Derivative Litigation, 320 F. 3d 291 (2d Cir. 2003)〕

【事実の概要】

Bank of N.Y.（以下「NY銀行」という）はニュー・ヨーク州法に基づき設立された金融機関であり、その株主は完全親会社である持株会社である。一九九〇年に同銀行はロシアの銀行市場への事業拡大を計画し始めた。その動きは一九九一年のソビエト連邦の崩壊によって、加速された。何人かの役員が新たに作られた東欧部門で「Prokutki」等と呼ばれる計画を策定したが、これはロシアから米国ドルやその他の資産を非合法に移動するのを隠匿することを意図するものであった。彼らはこれらの資産を海外口座へ移動させ、資産価値に応じて手数料をとっていた。これらの役員は、口座を管理するシステムと秘密裏に取引の交渉ができる暗号化コードを作った。このような違法なシステムは、一九九二年に考案されたものだが、同年に完全に稼働の状態となり、一九九〇年代半ばまで拡大し続けた。

Kaliski一家は、一九九八年七月二一日に（持株会社の）株式を買い入れた。同年八月に他銀行（R.B.N.Y.）が財務省に提出した（不審な行動に関する）報告書には、NY銀行が異常な量のロシア口座における送金をしていた旨が記載されていた。これけを受けて、FBIおよびNY南部地区の検察は同銀行の調査を開始し、その結果、何件かの起訴を行った。少なくとも三名の同銀行行員は連邦法違反について罪を認める旨の答弁を行った。

一九九九年八月一九日ニュー・ヨークタイムズは、トップページにNY銀行の違法行為について暴露する記事を載せた。これらの動きを受けて、同銀行の取締役は一九九九年九月にマネーロンダリング監視委員会を設置したが、Kaliski一家によれば、その調査は限定的であり、いくつかの異常な活動を発見したものの、同銀行のロシアにおけるほとんどの業務の継続を許していた。

一九九九年九月二三日にKaliski一家は、違法な行為に関与したとされるNY銀行の役員のみならず、同銀行および持株会社の取締役をも被告とする代表訴訟を提起した。そこでは、取締役等は当該状況の下で適切と合理的に考えられる程度まで、ロシアでの銀行業務について十分情報を得て監視していなかったことから、信任義務に違反したと主張している。取締役は、政府や規制機関、民間の調査機関によって発せられたロシアでの銀行業務システムは組織的犯罪にかかわっているとの複数かつ具体的な警告を、無視したと、原告は主張した。

原告の主張によれば、違法な企ては主に一九九二年から一九九六年の間に行われたが、違法な行為の一部は一九九〇年代後半まで継続していたとされた。たとえば、一九九六年以降にも海外口座について、共謀者間の取り分について、および海外資金の送金について電話での会話や会合が多くみられたと主張されている。共謀相手のロシアの銀行の一つであるモスクワ国際銀行との違法な関係は、早くも一九九六年春に始まりその後数年続いたと述べられた。またKaliski一家は、NY銀行が東欧の銀行と関係を持ち、違法な取引が一九九九年または二〇〇〇年まで続いたことを示す報告書を提出した。

なお、一九九九年一〇月二八日までに、他の複数の株主が本訴と同じ被告に対してニュー・ヨーク州裁判所に代表訴訟を提起し、これらは併合されている。

二〇〇一年八月三一日、被告は、連邦民事訴訟規則二三・一およびニュー・ヨーク事業会社法六二六条b項に定められている行為時保有原則に基づき原告適格に欠ける等の理由で訴えの却下を申し立てた。右のいずれの規定も、代表訴訟を提起するためには、主張する違法行為時に原告は株式を所有していることを求めていた。これに対して、Kaliski一家は、被告の違法行為は、株式購入前に開始されたが、その後も違法行為は継続されていたので、違法の継続の理論により、原告適格があると主張した。

原審の地方裁判所は以下のように述べて、略式判決により訴え却下を認めた。第二巡回区において違法の継続の理論が法として採用されているかどうか不明であり、この理論を認めたとしても、その適用は抑制的であるべきで、本件ではこの理論を適用すべきではない。一連の行動は多くの行為からなるが、すべての重要な行為は一九九八年七月以前に起こっている。原告は、実質的にすべての違法行為が終わった後で、しかも報道発表により訴訟原因となる事実を知った後に、株式を取得している。本件では継続の理論を適用すべきでない。原告は訴訟を買うために株式を取得したという状況もみられ、重大な損害を被っておらず、本件を代表する利害を有しない。本件では別の代表訴訟が州裁判所で提起されているので、本訴の却下による不利益はない。

【判　旨】

連邦民事訴訟規則二三・一は、原告が当該行為時において株主でなかったならば、代表訴訟を提起する資格を持たないと定める。同様のことはニュー・ヨーク事業会社法六二六条b項に定められている。このいわゆる行為時保有原則は、買い取った不満を訴えるために裁判所を利用することを防ぐことに主たる目的がある。この要件を解釈するに当たり、連邦裁判所は「一連の違法な行為が行われたと主張され、そのうちの一部は原告が株主になる前に起こったが、他の行為はその後になされたという場合には、原告の訴訟は後の行為に基づいてのみ提起できる」と判示した。しかし、行為時保有原則の下で、一つの行為とは厳密には何かについて意見は分かれる。一連の事件は一つの行為であると解する判決もあり、このような解釈は、違法の継続の理論として知られている。この理論は、行為時保有原則の衡平法上の一つの例外と考えられるので、裁判所は多くの場合、行為時保有原則の下にある政策を考慮し、原告が株式購入以前に違法行為を知っていたかどうかについてとくに考慮してきた。しかし、違法の継続の理論は行為時保有原則の例外というよりも、むしろ規則二三・一にいう行為とは何かについての拡大した定義である。

原告は、NY銀行が東欧の銀行と一九九九年および二〇〇〇年まで関係を維持したこと、電信送金の記録から一九九八年七月二一日以降もNY銀行によるマネーロンダリングが続いていた旨を主張する。これらの主張は、行為時保有原則を充たすには不十分である。当裁判所は、「行為」の拡大解釈の採用を拒否する。

本件で原告は、違法行為はロシア金融機関とのリスクの高い事業および他の事業への参入によって行われたと主張する。同銀行のロシアの銀行業務参入は一九九二年と一九九六年との間に行われており、問題行動の中心は原告が株式を購入するかなり前に起こっていた。

原告は一九九六年を「超えて、その後」も問題の行動が行われていたと主張するが、そのような言葉を付加するだけでは原告適格を認めるには不十分である。

行為時保有原則の下で、原告適格を認められるには、主張の主たる根拠となる一連の行動の間中株式を保有していなければならない。事件のすべての過程を通じての株式保有は求められないが、原告は主張する違法な行動の核となる部分が行われる前に株を保有しなければならない。本件の原告は行為時保有原則を充たしていない。

【解　説】

一　本件は、株主代表訴訟の提訴要件を定める連邦民事訴訟規則二三・一の解釈をめぐって争われた事件である。同規則では、原告は代表訴訟で責任を追及しようとする問題の行為の時点で株主でなければならない旨を定めている。これは、行為時保有原則（Contemporaneous Ownership Rule）と呼ばれるが、このような定めが置かれているのは、第一に、株式を買うことによって訴訟を買うという行為を防ぎ、第二に、代表訴訟が、現実に損害を被り事件の結果について利害を持つ株主によって提起されるという制度趣旨を守り、第三に、株主が持株を州外に移転することで連邦裁判管轄を得るように企てることを防ぐことを目的にするものであるといわれている。(1) しかし、具体的事案において、行為時とはいつのことかという問題が生じる。この点に関して、本件連邦第二巡回区控訴裁判所は、先例である連邦第五巡回区控訴裁判所と異なる解釈を採用したことが注目される。

そもそも連邦民事訴訟規則では「行為」を正確に定義していないため混乱が生じているのかもしれない。代表訴訟の対象となるのは単純な一個の事実とみられる場合もあれば、一連の事実の場合もある。事件が一連の事実からなる場合には、以下の三つの株式保有の形態が問題となる。①違法行為を形成する一連の事件を通して株式を保有する。②一連の事実の一部分の期間だけ株式を保有する。③違法行為の効果が継続する時点で株式を保有する。行為時保有原則を厳格にとらえると、①が求められるようだが、第五巡回区控訴裁判所は、この点に関して、違法の継続の理論を展開した。この理論は、たとえ原告株主の株式取得の前に当該行為が行われていても、③のように株主が株式を保有している時に当該行為による損害の発生が継続しているならば、株主は代表訴訟を提起できるというものである。つまり、違法の継続の理論の下では、違法行為の影響が株式保有時に及んでいることで、行為時保有原則を充たしていると解して、原告適格を認めるというものである(2)。

二　このような違法の継続の理論は、連邦控訴裁判所判決としては、Bateson 事件(3)において明確に判示された。この事件で原告株主は、詐欺的行為、信任義務違反等を理由に会社の取締役の責任を追及した。会社の取締役は、個人的に使用する目的で会社に飛行機を購入させたり、会社に不当な金銭を支払わせていた。原告は一〇年以上同社の株主であって、取締役の不正行為を知り、代表訴訟を提起しようとしていたのであるが、不注意により持株を売却してしまった。その後二カ月余り経って再び株式を買い戻し株主となった上で、代表訴訟を提起した。原告は、ずっとこのような責任を追及する代表訴訟を提起するとの考えを持っていたと主張した。これに対して、原審の地方裁判所は行為時保有原則を充たしていないとして訴えを却下した。ところが、第五巡回区控訴裁判所は、違法が継続している場合には原告適格は認められ、原告が株式を買い戻したときにまだ違法が継続していたとして、代表訴訟の原告適格を認めたのである。確かに、原告株主が株式を買い戻したときに、問題の飛行機はまだ利用されていたし、会社の不当な支払が続いていた事案であった。

違法についての損害賠償等の救済がなされるまでは、問題の行為はすでに完了していても、行為の効果が会社を害し続けるという理由で、違法が継続していると論じることはできるかもしれないが、このような立場は明らかに連邦民事訴訟規則の要件を緩めてしまうものである(4)。しかし、連邦裁判所が広くこの理論を採用しているというわけではない。また、何をもって継続というのかその判断は容易ではなく、違法行為が継続しているのか完了したのか議論となる。すべての違法はある意味では、損害賠償等の救済がなされない限り継続しているともいえる。たとえば、取締役が違法な取引を行った場合に、会社や株主に多大な損害をもたらしたが、違法行為の終了後も、取締役が影響力を行使したため、何ら是正手段が講じられなかったとしよう。有害な取引の効果はまだ広く知られておらず、一般投資家が、同社の株式を持つ友人から違法行為を知り、この友人から株式を（市場価格以上で）買い入れて、その後に代表訴訟を提起した場合、違法の継続の理論によれば、行為時保有原則を充たす可能性が高い。このため違法の継続の理論では、未だ是正されていない時点での株式取得者も原告適格が認められることになるが、このような解釈の是非が問題となろう。(5)

三　これに対して、本件第二巡回区控訴裁判所は、行為時保有原則による濫訴防止等の効果が違法の継続の理論によって損なわれることを批判し、違法の継続の理論を否定する立場を明確に示した。もっとも、原告が当該一連の事件の全体を通して株式を保有しなければならないという考えは採用していない。そして、原告は違法行為の核となる部分が行われる前までに株式を取得しなければならないとの立場を打ち出している。この立場は違法の継続の理論に対して行為時保有原則を厳格に解するものであるが、何をもって違法行為の核となるかが問題とはなる。本件で第二巡回区控訴裁判所は、一九九九年および二〇〇〇年までＮＹ銀行が多くの東欧の銀行と関係を維持したとの原告の主張では、行為時保有原則を充たすのに十分ではないとしている。このことから、違法行為の核とは、救済を得られていない違法行為の有害な効果以上のものと考えているものと思われ、違法行為の作出、組織化、履行のある部分が含まれるが、単なる害をもたらす効果だけでは足りないと解されるのであろう。(6)

しかし、行為時保有原則には批判的な見解もあるし、本件判決については、行為時保有原則のもたらす潜在的な不公正な結果を見落としているという批判がある。(7)アメリカでは代表訴訟の濫用が危惧されるため行為時保有原則

を課したが、いくつかの州は独自の提訴要件を定め、行為時保有原則を修正しているのである。(8)

そもそも一九三八年に濫訴防止等を考慮して、連邦最高裁判所は規則二三を策定したが、これは代表訴訟についての規定をクラス・アクションに追加する形で定められたものであった。その後一九六六年に議会はこれを改めて二三・一として別に制定した。二三・一の目的は、代表訴訟が株主ではなく、会社の利益を保護するために提起されることを保障することにある。最大の関心は、損害を受けた会社を探して株式を買うというプロ原告によってなされる訴訟を買う行為を防止することである。このように当初行為時保有原則はクラス・アクションと一緒に規定されており、議会は適切な代表に関心があった。このため、厳格な所有要件により、原告がすべての株主の代表であることを要求したのである。

しかし、このような原則には以下のような批判もある。この原則は熱心な訴訟遂行についての個人的な関心を確保するという目的を損ねているし、濫訴防止に何ら役に立っていない。後から多数の株式を取得した者と長期間少数の株式を持つ者とどちらに提訴のインセンティブがあるか疑問でもある。問題は会社の価値を反映した低値で取得しながら、違法が継続していれば提訴資格を認めるべきかどうかであるが、これについては、原告が違法行為を知っていたならば、裁判所は原告適格を否定すればよいと論じられているのである。(9)

アメリカ法律協会によるコーポレート・ガバナンス原理§七・〇二(a)(1)は、違法行為に関する重要な事実が、公表されるか、株主が知っていたか、または私的に伝達される時点までに、株式を保有する者は誰でも原告適格が認められるとしている。これは、行為時保有原則の適用可能性が広すぎることに配慮して、州会社法の多数の立場に従うことなく、カリフォルニア州等の少数派の立法例に従うものである。濫用的な訴訟を防ぐには、違法行為の重要な情報が認識し得るものであったかどうかを問題とする立場である。(10)

確かに、濫用的な代表訴訟を防止することは長年のアメリカ法の課題となってきたが、むしろ濫訴を防止し公正な結果を達成するためには、別の方法もとるべきではないかとの考えもみられている。たとえば、持株数の要件を課したり、原告に違法行為の結果実際の損害を被ったことを立証させる。プロ原告を排除するには、最近関与した他の代表訴訟の数を開示することを要求する。原告に合理的なコストのみが塡補されるべきことや、弁護士報酬を制限すべきこと等である。裁判所は、原告が会社および他の株主を公平かつ適切に代表しているか判断し、和解を監視し、会社の最善の利益に留意すべき等々といった考え方である。(11)

裁判所にとってもっとも重要なことは、公正な結果と損害塡補である。行為が完了するまでは、ほとんどの不正行為が株主によって発見されないことは珍しくない。行為が終わった後で、スキャンダルが暴露され株価が下がれば、それまでに株式を取得した者は、より大きな損害を被ることになる。このような株主は会社の訴訟を熱心に追及しようとするインセンティブを持つのであって、たとえ行為時後の株主であっても、裁判所は代表訴訟を妨げるべきではないかもしれない。行為時保有原則は市場の効率性を前提とするが、株式取得者は必ずしも会社のすべての損害を認識しているわけでもないし、損害が即座に株価に反映されるわけでもない。訴えを買ったとされる株主であっても最良の結果（抑止、損害塡補）の達成にインセンティブがあるとの意見もある。(12)

四　代表訴訟によって株式会社に公正な結果をもたらすためには、一方で、濫用的な代表訴訟を防止する必要があり、他方で、違法な行為に制裁を与えこれを抑止する必要がある。行為時保有原則は、濫用的な代表訴訟を防止する効果がないとはいえないが、提訴権者を制限する結果、違法行為の是正が実現されなくなるおそれもある。その意味では、問題の違法行為の後に株式を取得した者の提訴をいつでも否定することが公正とは思われない。一方で、違法の継続の理論を使うと、効果が継続していることを理由に、行為時保有原則が骨抜きにされる事態も予想される。他方で、本件判旨のように核となる行為という新たな概念を設けることは混乱をもたらす。本件では、他の株主の代表訴訟が州の裁判所で提起されているという事実が、原告の請求却下の判断を容易にしたのかもしれない。むしろ濫訴防止のためには、このような行為時保有原則が果たして適切かどうかが問題となろう。わが国においても、このような原則の導入を提案する意見が見られるが、従来から立法がその採用にきわめて慎重であるのは賢明であると思われる。[13]

(1) Note, A New Interpretation of the Contemporaneous Ownership Requirement in Shareholder Derivative Suits : In re Bank of New York Derivative litigation and the Elimination of the Continuing Wrong Doctrine, 2005 *B. Y. U. L. Rev.* 229, 250 (2005).
(2) Note, supra note (1), at 235–236.
(3) Bateson v. Magna Oil Corp. 414 F. 2d 128 (5th Cir. 1969). この判決は、これより先に、第五巡回区控訴裁判所で違法の継続を認めたPalmer v. Morris, 316 F. 2d 649 (5th Cir. 1963) の考え方を支持したものである。
(4) Note, supra note (1), at 247.
(5) Id. at 251. 実際の裁判例でも、たとえば違法な契約について、不動産購入による高額のローンの支払いは、違法の継続でないとされ（Goldie v. Yaker, 432 P. 2d 841 (N. M. 1967)）、一方で、取引による高額のレンタル料の支払いは違法の継続であるとした（Palmer v. Morris, 316 F. 2d 649 (5th Cir. 1963)）ものがある。
(6) Note, supra note (1), at 248–249.
(7) Comment, Maintaining Standing in a Shareholder Derivative Action, 38 *U. C. Davis L. Rev.* 343, 346 (2004).
(8) アメリカの州会社法の多くが代表訴訟に関する規定を設け、行為時保有原則の規定を民事訴訟手続規則に入れており、そのほとんどが、連邦民事訴訟規則にほぼ沿った内容となっている。ただし、カリフォルニア、ペンシルベニア等は行為時保有原則に例外を置き、行為時に株式を取得していない株主にも提訴する余地を認めている。
(9) Comment, supra note (7), at 367–368.
(10) ALI, Principles of Corporate Governance voll, 37–38 (1992).
(11) Comment, supra note (7), at 370.
(12) Id. at 360–365.
(13) 平成一五年の「会社法制の現代化に関する要綱試案」第四部・第四・八・ロ・iにおいても、このような提案がなされたが、平成一七年の会社法では採用されなかった。

三　従業員に対する監視義務と誠実義務

〔Stone v. Ritter, 911 A. 2d 362 (Del. 2006)〕

【事実の概要】

AmSouth Bank（以下「A銀行」という）は、アラバマ州バーミンガム市に本店を置き、六つの州に六〇〇の支店を有する商業銀行である。従業員は約一万一、六〇〇人である。AmSouth Bancorporation（以下「A社」という）はA銀行の一〇〇％の株式を保有する持株会社であり、デラウエア州の会社である。

二〇〇〇年八月、弁護士であるHamricは、投資顧問であるNanceとともにA銀行のテネシー州の支店を訪れ、あるベンチャービジネスに投資する投資家のための預託口座の開設を依頼した。その投資対象は海外での医療クリニックを建設する事業であった。

Nanceは投資の性格やリスクについての不実表示をして、四〇人以上の投資家に高い利益を得るとされる証券（promissory notes）への投資を勧誘した。一方、A銀行のテネシー州支店の従業員は、HamricとNanceによる不実表示を信頼し、投資家のための預託口座の提供に同意し、Hamric振出しの小切手を受け取ったならば、Nanceからの指示を受けた上で、各口座に毎月利息を入金する旨を合意した。

彼らの計画は、二〇〇二年三月に投資家が月ごとに支払われるはずの利息の支払いを受けなかったことから、その問題が発覚した。そこで、ミシシッピー南部地区の検事局、連邦準備局、FinCEN（財務省の一部局である経済犯罪エンフォースメント・ネットワーク）、アラバマ銀行局によって調査が行われ、連邦銀行機密法および種々のマネーロンダリング防止規定によって要求される「疑わしい取引についての報告」をA銀行が提出していなかったことが明らかになった。これらの規制によれば、最低五、〇〇〇ドルに関する取引で、違法行為によるもの、または違法行為による基金や資産を隠匿または偽装する目的で行われたとの疑いを持つもの、または疑うべき理由を持つものがあればいつでも、銀行は報告書をFinCENへ提出しなければならないとされていたのである。

その後、HamricとNanceは、詐欺を受けた投資家からのいくつかの民事訴訟を提起され、連邦マネーロンダリング法違反により有罪の判決を受けた。

二〇〇四年一〇月、A社は、四、〇〇〇万ドルの罰金を支払うことになった。それは、同社の従業員の少なくとも一人が、Hamricによって違法の可能性のある計画が実施されるとの疑いを感じていたにもかかわらず、連邦銀行機密法（BSA）およびその規則によって要求されている疑わしい取引についての報告書を、適時に提出しなかったことが理由となっていた。ただし、取締役会や各取締役の責任は問題とならなかった。また、同年にA社およびA銀行は、十分なマネーロンダリング防止プログラムを稼動させなかったこと、および問題行為の報告書提出を怠ったことを理由に、FinCENおよび連邦準備局に一、〇〇〇万ドルの民事制裁金を支払うこととなった。ただし、各取締役については、いかなる罰金も制裁金も、また行政規制も加えられなかった。FinCENによれば、同社のプログラムは取締役会および経営陣による十分な監視が欠けており、監視のための経営陣への報告や法令遵守活動の監督について重大な欠陥があったとしている（この点についてA社は、肯定も否定もしていない）。

Stone（原告）はA社の普通株式を問題の時点を含めて有する株主である。Stoneは、同社一五名の現任取締役および退任取締役に対して株主代表訴訟を提起した。本訴での被告である取締役一五名のうち、八名は現在も取締役であり、七名はすでに退任した者である。現任の八名のうち七名は社外取締役である。他の一名は議長であり、役員である。ただし、Stoneは責任追及にかかる事前のデマンドを取締役会に行わなかった。

衡平法裁判所は、原告が、デマンドが無益であるとの主張を十分に行っていないとして、株主代表訴訟を却下した。その際、衡平法裁判所は、原告が赤い旗の存在、すなわち取締役会が会社の内部コントロールシステムが不十分であり、その結果違法な行為が行われるであろうことを認識しつつ、何もしないことを選択したとの事実を主張していないと判示した。これに対して原告は上訴審で、被告取締役が注意すべき問題を認識できるようにする何らかの監視、報告、情報の制度を設置すべきことを怠っていたと主張し、取締役は監視義務に違反し、その結果法令遵守を確保する政策や手続を稼動させる誠実な行動をまったくとらなかったと主張した。

【判　旨】

デマンド免除について重要なことは、取締役の潜在的な責任がA社の基本定款にある会社法一〇二条(b)項(7)号により免責されるかどうかによって決まる。この規定は、取締役の注意義務違反による損害賠償責任を免責する。ただし誠実ではない行為や忠実義務違反の行為は除かれる。監視義務を果たすに当たり誠実に行動したかどうかの基準は、Graham 事件判決に始まり、最近の Disney 事件判決にもみられる。

いわゆる監督責任について、Caremark 基準は、取締役が誠実に行動しないことに深く依拠している。この考え方は、最近の Disney 事件に合致する。しかし、誠実に行動しないことは、それ自体直接信認義務の責任を課すものではない。誠実に行動する要求は基本的な忠実義務の副次的要素、または条件である。Disney 事件や Caremark 事件の意味で不誠実の立証は取締役の監督責任の認定にとって重要なので、この行為による違反となる信認義務は忠実義務である。

誠実は三つの信認義務の一つとされているが、誠実に行動する義務は、注意義務と忠実義務と同列の独立した信認義務を確立するものではない。注意義務と忠実義務のみが、その違反により直接の責任を生じさせるが、一方、誠実に行動しない義務の違反はそうではなく、間接的にのみ責任が生じる。忠実義務は、金銭的なまたはその他認識し得る利益衝突の場合にのみ適用されるものではなく、誠実に行動しない場合をも包含する。

本件は取締役会が会社の重要な決定を注意深くしなかったのではなく、不十分な内部統制のゆえに取締役会に情報が伝わらなかった事案である。後知恵によれば、同社の内部統制が不十分であることは疑いない。両当事者は内部統制の欠如により五、〇〇〇万ドルという罰金が課せられたことは争わない。しかし、これらの損害の事実は、裁判所に取締役会の過半数はデマンドを検討する資格がないとの結論を出させるに十分ではない。

The KPMG Report は、本件で取締役が情報・報告システムを確立する監督責任を果たしていただけではなく、同社のシステムは、同社が法令遵守をしているかどうか定期的に取締役が監視することを可能にしていたとの立場に立っている。The KPMG Report は、取締役会がさまざまな時点で銀行機密法・反マネーロンダリング法遵守を確保することを意図する政策や手続を定めていることを示している。

本件でデマンドが免除されるとの原告の主張が十分かどうかは、取締役でない従業員による書類不提出について、被告取締役が個人責任を負う可能性があることを示すに十分な事実を主張しているかどうかにかかる。しかし、取締役が従業員の任務懈怠により個人責任を負うとの主張は、原告が勝訴判決を得るための会社法でもっとも難しい理論である。

誠実の欠如を、一貫した組織的で合理的な監視の懈怠によって証明するという責任のテストは、きわめて高度である。The KPMG Report は、取締役が合理的な銀行機密法遵守と報告システムの存在を確保するための必要な手段を講じていなかったとの主張を反駁する。従業員には取締役会への制度の不備についての報告の懈怠があったかもしれないが、そのような従業員の懈怠は、取締役に個人的な責任を負わせる監視義務による請求の根拠とはならないのである。

原告は後知恵により、悪い結果を不誠実と同等なものにしようとしている。原告の議論の欠点は、取締役の誠実な監視義務の履行は、必ずしも従業員による刑事法違反や会社に莫大な金銭的責任を招く行為を防げるものではないことである。赤い旗がないときには、監視における誠実は、取締役が合理的な情報・報告システムを確保することによって判断すべきであり、意図しない不利な結果が生じた従業員の行為がなされてから、事後的に後知恵で判断すべきではない。衡平法裁判所は適切に Caremark 判決を適用した上で、原告は取締役が誠実に監視の責務を果たしていることについて合理的な疑いを持たせる詳細な事実の主張をしておらず、デマンドは免除されないとして原告の主張を斥けたのであり、したがって衡平法裁判所の判断は指示される。

【解　説】

一　本件は、従業員による違法行為を防止できなかった取締役の損害賠償責任を追及する株主代表訴訟に関して、原告が事前のデマンドを行っていなかったため、事前のデマンドが免除される事案であるかどうかが争われた事件である。

デラウエア一般会社法一四一条(a)項によれば、会社の事業および業務は取締役会の指揮の下で経営される。したがって、会社が訴訟を提起するかどうかの判断は取締役会に任されるのが原則である。しかし、株主代表訴訟ではまず株主が責任追及を判断するので、取締役の経営裁量に介入することになる。このため、株主代表訴訟では、株主が取締役に訴え提起のデマンドを行いそれが違法に拒絶されたとき、または、取締役が訴訟について公正な判断を下すことができないためデマンドが免除される場合に限って、訴え提起の権利が認められることになっている（民事訴訟規則、本件では Court of Chancery Rule 23.1）。したがって、株主代表訴訟を提起しようとする株主は、デマンドを行い取締役会に提訴について経営判断を行わせるのが原則である。もしも原告がデマンドをしないのであれば、その理由を明確に主張しなければならないし、その理由について裁判所の審査を受ける。

本件判旨も引用する Rales 事件判決(1)によれば、デマンドの免除を認めるに当たって裁判所は、原告の主張する事実から、訴え提起時において、取締役会がデマンドについて独立して利害なき判断を適切に下すことについて合理的な疑いが生じるかどうかを、審査しなければならないとされている。原告は、本件現任の取締役は、責任を負う可能性がきわめて高く、判断の結果について個人的に利害を持っており、独立していないと主張している。

二　そこで、本件被告の中でも現任の取締役について、損害賠償責任を負う可能性が高いかどうかが問われることになる。この点について、デラウエア州会社法では、会社が基本定款で定めるならば取締役の責任免除が可能となっており、A社の基本定款でもその旨の定めがあった。もっとも、同法では不誠実行為や忠実義務違反は責任免除の対象外となっている。そこで被告取締役は監督責任を誠実に履行していたかどうかが問われることになった。本件判旨はこの点に関して、先例として Graham 事件判決(2)および Caremark 事件判決(3)を引用している。

Graham 事件では、原告が取締役は従業員の違法な行為を知るべきであったとして株主代表訴訟を提起したが、裁判所は、疑うべき理由がない限り、取締役は違法行為をすべて探り出すようなスパイシステムを設けこれを稼動させる義務はないとした。

Caremark 事件判決では、原告が取締役は会社の役員および従業員が連邦法違反に関与することを知るべきであったと主張して株主代表訴訟を提起した。株主代表訴訟の和解の承認に当たり裁判所は、先例となる Graham 判決の解釈としては、情報・報告のシステムを確保することなしに、取締役会が合理的な情報を得る義務を満たし得ると解するのは間違いであるとの立場を示した。しかし、情報を得るために誠実に行動する義務は、取締役に企業の運営に関するすべての局面についての詳細な情報を持つことを要求するものとは考えることはできないのであり、一貫した組織的な監視の欠如だけが誠実の欠如となるとした。

Caremark 判決では、取締役の監督責任を認めるための二つの条件を挙げている。①取締役が完全に報告または情報のシステムまたはコントロールの構築を怠ったこと。②そのようなシステムを構築したが、意識的にその稼動について監視せず、そのため注意すべきリスクや問題を知り得なかったこと。取締役が行動すべき義務を認識していたにもかかわらず、責務を意識的に無視した場合には、信認義務を誠実に履行しなかったことにより忠実義務違反となる。本件は、②が問題となっている。

本件判旨は、これらの判例から従業員の不正行為についての監視義務違反を理由として取締役の責任が認められる場合を制限的にとらえようとしている。

三　次に判旨は、外部者による報告書（The KPMG Report）を重視していることが注目される。すなわち、二〇〇四年一〇月一二日、連邦準備局とアラバマ銀行局はA社に対して排除命令を出して、銀行機密法およびマネーロンダリング防止法プログラムの改善を求めた。そして、連邦準備局とアラバマ銀行局は、A社に対して、独立コンサルタントによる銀行の反マネーロンダリング法遵守プログラムについての包括的な審査を受けるように求めた。その結果、同年一二月に作成されたのが The KPMG Report であり、これによれば、同社のプログラムのさまざまな構成要素は、法令遵守の程度を示しているとされる。また、The KPMG Report は、法令遵守のための多数の同社の従業員、部門、取締役会の委員会について記述している。すなわち、銀行機密法担当役員（BSA Officer）、銀行機密法・反マネーロンダリング遵守部門（BSA/AML Compliance Department）、会社セキュリティ部門（Corporate Security Department）、疑わしい行為監視委員会（Suspicious Activity Oversight Committee）である。

The KPMG Report は、本件の取締役会が情報・報告システムを確立する監督責任を果たしていただけではなく、システムが、同社が法令遵守をしているかどうかについて定期的に取締役によって監視することができるようになっていたとする。The KPMG Report は、取締役会がさまざまな時点で銀行機密法や反マネーロンダリング法の遵守を確保することを意図する政策や手続を定めていることを示していた。

四　以上のような判断は、デラウエア州の判例に従っており、最近の Disney 事件判決(4)にも合致している。そして、判旨は、誠実に行動しないことはそれ自体直接信認義務の責任を課すものではないと断定している。誠実に行動する要求は基本的な忠実義務の副次的要素、条件であるとする。

Disney 事件では、取締役の誠実義務違反の責任を強調している。このため、裁判所が、第三の義務として誠実義務をとらえていると解する余地もあった。学説でも、誠実義務を、注意義務と忠実義務に並ぶ、第三の信認義務として位置づけるものが多い。その中で代表的な見解は、アイゼンバーク教授によるものであり、それによれば取締役・役員は会社に対して、注意義務、忠実義務のほか誠実義務を負うとする。そして、伝統的な注意・忠実の義務ではすべての不適切行為を網羅しないし、判例法でも故意に会社の法令違反をさせないことは誠実義務から生じると理解している。取締役は会社・株主の利益を図る義務を負うことになっているが、たとえ会社に利益を与える行為であっても、故意に違法行為を行ったり、第三者に違法を行ったりする行為は誠実な行動とはいえない。アイゼンバーク教授は、忠実義務と誠実義務とは異なるものであり、その違いについては以下のように論じる。不正な政府や不正の組織、不正の人に対して忠誠（allegiance）をもって行動した場合には、誠実に行動したことにならない。誠実はいつでも望ましいが、忠誠は必ずしもそうではなく、忠誠を尽くしても不誠実となることもあり得る(5)。

これに対して、本件判旨は、誠実に行動する義務は注意義務や忠実義務と同列に論じるべき独立した信認義務を確立するものではないとしている。取締役の責任が生じる義務としては、注意義務と忠実義務のみであり、誠実に行動しない義務の違反は、間接的にのみ責任が生じるにすぎないと解している。これは誠実義務を忠実義務に含ませる立場であり、忠実義務について、その内容を広くとらえており、忠実義務違反は金銭的な、またはその他認識し得る利益衝突の場合に限られるものではなく、誠実に行動しない場合も忠実義務違反に包含されるという立場を示している。

五　裁判所は、本件を不十分な内部統制のゆえに取締役会に情報が伝わらなかった事案であるとした上で、後知恵によれば、同社の内部統制が不十分であったことは疑いないとする。また、内部統制の欠如により五、〇〇〇万ドルという制裁が課せられたが、これらの損害の事実は裁判所に取締役会の過半数はデマンドを検討する資格がないとの結論を出させるに十分ではないと判断している。確かに、事後的評価によって、社外取締役が従業員の行為について監督義務違反の責任を広く問われることには問題があろう。本件で示されたのは、取締役に責任の有無自体の判断ではなく、デマンドの免除が認められるかどうかの判断ではあるが、この場面でも取締役の責任を制限的にとらえたところが注目される。

（1） Rales v. Blasband, 634 A. 2d 927 (Del. 1993).
（2） Graham v. Allis-Chalmers Mfg. Co., 41 Del. Ch. 78, 188 A. 2d 125 (Del. 1963).

（3）In re Caremark Int'l Inc. Deriv. Litig., 698 A. 2d 959, 967 (Del. Ch. 1996).
（4）In re Walt Disney Co. Deriv. Litig., 906 A. 2d 27 (Del. 2006).
（5）Melvin Eisenberg, The Duty of Good Faith in Corporate Law, 31 Del. J. Corp. L. 1, 3–16 (2006).

四　取締役の選任手続に関する株主提案の可否

〔American Federation of State County and Municipal Employees, Employees Pension Plan v. Amarican International Group, Inc., 462 F.3d 121（2d Cir. 2006）〕

【事実の概要】

原告（AFSCME）は、州その他自治体等の全米最大級の職員労働組合であり、その年金基金によって、多数の会社の株式を保有していた。原告は被告AIG社（保険・金融サービス事業を多数の国で展開する会社）の株式を二万七、〇〇〇株近く保有していた。二〇〇四年一二月一日原告は被告に対して、株主提案権を行使し、二〇〇五年の年次株主総会の委任状説明書に以下の附属定款の変更議案を記載するよう求めた。すなわち、取締役の選任に当たり、株主は自己が指名する候補者を委任状説明書に記載するよう会社に要求できるという附属定款の規定を設けるものであった。ただしこの附属定款には、株主一人につき一人の候補者のみを指名できるにすぎないこと、提案株主は最低一年間社外株式の三％以上の実質的保有者であること、一定の時期までに書面を会社の秘書役に送ることなどの規定が置かれることとなっていた。

被告は当該提案は、SEC規定一四a－八(i)(8)の下で排除し得るのではないかと考えた。そこで、被告はSECの担当部（コーポレートファイナンス部）へ、選挙に関する提案であることを理由に委任状説明書の記載から除外できるかどうか回答を求めた。これに対して、SECはノーアクション・レターを出した。そこで、ノーアクション・レターに依拠して、被告は本件株主提案を委任状説明書の記載から除外した。これに対して原告は、株主提案を記載しないことはSEC規則一四a－八に反すると主張し、被告に対して委任状説明書に当該提案を記載するように求めて本訴を提起した。原審の連邦地裁は、原告の提案は選挙に関する提案にほかならないとして、原告の主張を斥けた。そこで原告は、控訴した。

【判　旨】　被棄差戻し

本件の問題が複雑なのは、規則が曖昧なことによるだけではなく、規則についてのSECによる一九七六年における解釈とその後の解釈が異なることによる。SECは一九七六年以後一九九〇年まで、一つの解釈を維持した。しかし、一九九〇年に異なる解釈を法定助言者として示し始め、新たな解釈へ徐々に移行した。

われわれは、曖昧な規則については、SECが解釈変更について十分な理由を示さない限り、規則が施行された当時、または改正された当時におけるSECの解釈が支配すべきであると信じる。

したがって、株主が指名した候補者を会社の委任状資料に記載することを認める手続を定めた附属定款の変更を求める株主提案は、規則に言う選挙に関係する提案ではなく、同規則の下で委任状資料から除外することはできない。

法律を解釈する場合と同様に、行政規則を解釈するときにも、当該規定の文言の吟味から始めなければならない。an election という文言は適用範囲を限定し、選挙一般ではなく特定の選挙に関する提案に適用を限定することが意図されているとも考えられる。しかし、比較的より広く選挙一般が意図されているとも解し得る。

規則の文言が曖昧な場合には、当該規則を制定した機関であるSECの解釈に手がかりを探すことになる。一つはSECが法定助言者として述べたことに示されているものであり、一つは、一九七六年にSECが公表した見解である。一九七六年は選挙を除外事由とする規定についてSEC規則が最後に改正された年である。SECが曖昧な法律について解釈するものは、法的効力はなく尊重されないが、曖昧な規則について解釈するものは、通常尊重される。

SECは法定助言者として規則一四a－八(i)(8)を解釈し、競争的な選挙になるような株主提案は記載から除外できるとした。そして同規則の趣旨から、当該提案が取締役の指名する者に反対する選挙運動の手段か、会社に対して株主が指名する候補者を委任状資料に記載させることを要求する手段であるならば、株主提案は競争的選挙となると説明している。この解釈からすれば、本件の株主提案も除外可能となる。なぜならば、本件株主提案は、AIG社の委任状資料に株主の指名する候補者を記載させることを要求する手段であるからである。しかし、この解釈は一九七六年のSECの解釈とは合致しない。同年SECはこの規則を改正し、選挙除外規定の目的を明らかにしようとした。その際にこの規則は選挙運動をするための妥当な手段ではないし、この種の選挙における改革を行うための妥当な手段ではない。なぜならば、SEC規則一四a－一一を始めとする他の委任状規則が選挙提案に適用されるからであると説明されている。同年改正された規則一四a－八は、当初の案（会社の選挙、政治上の選挙、その他選挙に関する提案を除外できるとする）を採用しなかった。それは、累積投票の権利、取締役の資格、政治への寄付といった、それまで除外できないとしてきた提案を除外対象としようとする目的で、SECが除外事由を拡大しようとしているのではないかと間違えてとられることを避けようとしたためであり、その結果現行規定（選挙に関する）になったのである。

一九七六年の解釈において、SECは、規則一四a－八(i)(8)は、選挙についての修正一般ではなく、一四a－一一を含めた他の委任状規則の適用対象となるようなある種の選挙の修正を求める株主提案を除外することを意図するとしていた。同規則は現行規則一四a－一二であり、取締役の選・解任に関し、ある者による委任状勧誘に対抗するためになされる委任状勧誘の場合に一定の開示を求めるものであった。

われわれは一九七六年の解釈に基づくSECの見解に同意する。つまり、株主提案は、直接的な選挙争いになるならば、選挙除外条項により排除される。特定の選挙における候補者を指名する委任状勧誘は、会社の委任状勧誘に対抗するためのものであり、したがって現行規則一四a－一二が明らかに適用されるのである。経営陣の指名する候補者に対抗することを求めるような株主提案は、規則一四a－八(i)(8)の下で排除し得る。

これに対して、附属定款の変更で株主が委任状へ接近する可能性を高める提案は、取締役の選・解任に関する委任状勧誘に対抗することを含まないので、現行規則一四a－一二は適用されない。この点について、単に株主が将来の選挙争いを行うプロセスを確立するものであっても、規則一四a－八(i)(8)に違反するというSECの意見には同意できない。

SECは一九七六年の説明の四カ月後に、選挙の除外条項の適用範囲は累積投票や一般の取締役の資格要件といったこと（どちらも選挙争いの可能性を高めるものではあるが）に関する株主提案には及ばないとの考えを示していた。SECには新しい解釈を採用する裁量はあるが、過去のものからの変更については説明する義務がある。

したがって、規則が実質的に変更された最後の時点である一九七六年におけるSECの解釈に従うことが適切である。

選挙除外条項は特定の選挙に関する株主提案について適用され、ＡＦＳＣＭＥによる提案のように選挙一般に関する手続を定めるような提案には適用されない。

なお、われわれは、会社の選任投票における株主によるアクセスに関する政策論争について、特定の立場をとるものではない。議会はこのような論争は司法ではなく、ＳＥＣの管轄であると適切に判断しているのである。

【解　説】

一　本件は、株主が株主提案権として、会社の作成する委任状説明書や委任状用紙にどこまで記載することを求められるかについて、連邦控訴裁判所による判断が示された注目すべき判決である。その後のＳＥＣの対応を含めて検討すると、アメリカにおける株主提案権制度のあり方を示すものとして、本件判決はきわめて意義深い。
わが国でも最近、機関投資家を始めとする株主の活動の活発化がみられており、株主による提案権の行使が今後も増加することが予想される。しかしながら、わが国の株主提案権制度と異なり、アメリカの株主提案権制度では、取締役選任提案を認めてこなかったところに特徴がある。

一九三四年連邦証券取引所法一四条ａ項は、ＳＥＣに委任状勧誘の条件、委任状用紙・委任状説明書に株主提案の記載を求めるべきかどうか判断する権限を与えている。これに基づき、ＳＥＣは規則一四ａ－八を制定している。同規則はタウン・ミーティング規則とも呼ばれており、株主提案を規制するものである。同規則によれば、株主が市場価格で二、〇〇〇ドルまたは議決権ある株式の一％を最低一年間継続して保有しているという要件を満たせば、株主は株主提案権を行使することができるのであり、会社は当該株主提案を委任状説明書に記載し、委任状用紙に提案として明らかにすることが求められることになる（(b)項(1)号）。

もっとも、濫用的な権利行使を防止する目的から、株主は、一つの総会に一つの提案しか提出はできないし（(c)

項)、当該株主提案が同規則(i)項一号〜一三号に列挙されている一三の事由のいずれかに該当する場合には、会社は、委任状用紙等の記載から当該提案を排除することができることになっている。(1)

二　本件で問題となったのは、その八号であり、同号は取締役会またはこれに類する会社の機関の構成員の選挙に関する提案を委任状用紙等の記載から省略できるとしている。本件における原告の提案は、取締役の選任に関する附属定款変更であり、これに該当するという解釈も成り立つ。

原告は八号における an election という文言を重視し、八号のいう株主提案は特定の選挙の特定の議席を対象とするものであり、選挙一般を対象にするものではないという解釈を採っている。

これに対して、被告は、このような考え方を否定するわけであるが、その際に、SECのノーアクション・レターを得ている。

すなわち、会社がある株主提案を委任状用紙等の記載から除外しようと判断したときには、書簡をSECの担当部に送り、その判断を求める。担当部の職員が除外可能と判断したときにはノーアクション・レターを出し、当該提案を記載から除外しても、職員はSECが規則違反を理由に訴えを提起することを推奨しない旨を表明することになる。ただしこれは非公式の対応であり、SECの公式解釈ではないとされている。(2)

八号に関するSECの解釈はすでに一九七六年に示されていた。そして、一九七六年から一九九〇年までSECは、株主による取締役の候補者を指名する手続についての提案を会社が除外できるという立場をとってこなかった。ところが、一九九〇年になると、SECはノーアクション・レターを出して、取締役の選挙闘争につながる手続を定める提案の除外を許した。(3) その後、一九九八年から一〇年間も、繰り返しこの立場を示してきた。

本件裁判所は、SECが解釈変更の理由を示していないとして、後の解釈に依拠することはしないで、むしろSECの一九七六年の解釈に依拠する判断を下している。これは、規則改正当時のSECによる解釈によって判断されるべきで、その後の解釈の変更は重視しないという立場を採ったものである(4)。また裁判所は、一九七六年の改正趣旨から考えると、八号で除外される提案は、会社による候補者に直接対抗して候補者を立てるような場合であると解している。

三　学説には、本件判旨を支持し、むしろ株主の委任状へのアクセスを容易にすべきであるという立場がみられる。規則一四a－八は、株主の委任状用紙・委任状説明書へのアクセスについて重要性を示したものである。株主には、州会社法上議決権のあるすべての事項、たとえば取締役の選任について会社の委任状へアクセスできるようにすべきであるという見解である(5)。

しかし、本件のような株主提案が排除されないことになれば、株主にとっては、別個に委任状勧誘を行うことなく、またSECに直接開示を行うことなく、選挙闘争を行うことができることになってしまう。つまり、委任状勧誘もなく、必要な情報が開示されることなく、選挙闘争の頻度が増すというおそれがある。また、株主提案を広く認めることは、会社の費用が増すほか、他の株主に求められるコスト（時間や注意）が増すことになる。近年、SECは株主のアクセスを控え目ながら増加させる提案を行ったが、政治的な反発にあった。現職の経営者からは、株主が取締役を指名できることを許すことが重大な脅威であると考えられ、激しく反対されたようである。特に取締役の指名に関して、株主のアクセスを増加させることは、取締役会の同質的な環境を壊し、会社を機能不全にするという主張がみられている(6)。

これに対する反論が以下のように展開されている。過度の同質性は有害でもある。もしも同質性が重要であり、株主の指名が会社の機能不全をもたらすのであるならば、株主が現職の候補者を選べばよいだけである。同質性重視は株主の議決権を制約するには根拠としては弱い。この規則は直接・間接に、株主の議決権に実質的な影響をもたらすものではない。単に株主が州法の議決権行使をより効果的に行使することを可能にするものにすぎない。連邦委任状規則の目的は、委任状による意思疎通を改善し、委任状提出者に総会に出席したのと同様に効果的に会社を支配することを可能にすることである。ＳＥＣは株主のアクセスを議決権行使に対応したものとすべきであると論じられている。(7)

四　本件判決が下された後、同規則についての解釈が不確実になったとして、ＳＥＣは株主のアクセスについて再検討を行った。解釈が不確実なことは会社にも株主にも利益をもたらさないし、投資家を保護するというＳＥＣの責務に反することになる。そこで、ＳＥＣが長年採っていた立場を規則として明文化することとなった。これによって本件判決によってもたらされた不確実性を解消しようとしたわけである。

すなわち、指名・選任の手続についての株主提案をも排除すべく二〇〇七年一二月にＳＥＣ規則一四ａ－八(i)(8)の改正が採択され、翌年一月から施行された。(8)ＳＥＣは以下のように論じる。

株主による取締役候補者を会社の委任状用紙・委任状説明書に記載することは、取締役の選挙闘争をもたらすことであるから、投資家に十分で正確な開示を与えることを意図した委任状勧誘規則の保護は、この場面できわめて重要である。株主の候補者を記載する手段として使うことを許す結果となるような規則一四ａ－八(i)(8)の解釈は、実際には取締役の誠実性を確保することを意図する他の委任状規則の適用を妨げることになる。規則一四ａ－一二は、委任状闘争を規制し、投資家が選挙において情報を得た上で投票できるように十分な開示を得られるように意図されている。他の勧誘に対抗して委任状勧誘をするときに初めて連邦委任状規則のさまざまな保護が働く。したがって、選挙の除外条項が取締役の選任プロセスを定める提案に適用されないとすると、開示をすることなく選挙闘争ができることになってしまう。(9)

改正法の「手続」という文言は、提案がなされた年または、以後の年において選挙闘争がもたらされるような手続に関する株主提案が含まれることを意味すると考えられる。したがって、改正規則の下では、本件のような株主提案は、会社の委任状用紙・委任状説明書を利用して取締役の候補者を指名することになるものであることから、記載から除外できることとなった。この改正の結果、株主が取締役選任プロセスについてアクセスすることは減じられることになるという批判が当然予想されるが、判旨の最後に述べられているように、本件裁判所は、それはＳＥＣが政策判断することであるという立場をとっている。

しかし、その後二〇一〇年に規則一四ａ－八(i)(8)は再びＳＥＣによって改正され、その結果、株主は本件のような株主提案についても委任状説明書や委任状用紙への記載を求められるようになった。[10]

(1)　持株要件や、提案数の制限は、同規則の一九八三年の改正によって設けられたものである。この点については、近藤光男『会社支配と株主の権利』（神戸大学研究双書刊行会、一九九三年）四四頁以下参照。

(2)　462 F. 3d 121, 123 nl 参照。

(3)　たとえば、Bank of Boston, SEC No-Action Letter, 1990 WL 285947 (Jan. 26, 1990).

(4)　しかし、Long Island Care at Home, Ltd. v. Coke, 127 S. Ct. 2339 (2007) で、連邦最高裁は、ＳＥＣが解釈を変更したことだけでは、ＳＥＣの現在の解釈を無視すべき独立の根拠とはならない旨を判示していることに注意すべきである。

(5)　Julian Velasco, Taking Shareholder Rights Seriously, 41 *U. C. Davis L. Rev.* 605, 662 (2007).

(6)　*Id.*, at 661-666.

(7)　*Id.*, at 667-669.

(8)　二〇〇七年改正後の八号は、Relates to election : If the proposal relates to a nomination or an election for membership on the company's board of directors or analogous governing body *or a procedure for such nomination or election* となった。斜字体とした部分が追加された部分である。

(9)　Release No. 34-56914 ; IC-28075 ; File No. S7-17-07, 72 FR 70450 参照。

(10)　Facilitating Shareholder Director Nominations, Securities Act Release No. 9136, Exchange Act Release No. 62, 764, Investment Company Act Release No. 29, 384, 2010 WL 3343532.

五　委任状による議決権行使と利益供与

〔東京地裁平成一九年一二月六日判決　判例タイムズ一二五八号六九頁、金融法務事情一八二五号四八頁、金融・商事判例一二八一号三七頁〕

【判決のポイント】

株主提案に賛成する旨の委任状が、会社提案について反対するものとして扱うべきであるとされた事例。会社提案への賛否にかかわらず、議決権行使をした株主には会社が五〇〇円のプリペイドカードを交付することが利益供与に当たるとされた事例。

【事　案】

Y社は、東京証券取引所市場第一部に上場している株式会社で、平成一九年三月三一日現在の発行済株式の総数は一三八二万四九二八株、資本金の額は三三億二〇一七万〇二二九円、議決権を有する株主数は九五八六名（議決権総数一三万八二二七個）である。Xは、同日現在、Y社の株式一五六万四九〇〇株（持株比率一一・三一％）を保有しているY社の第一順位株主である。

Y社の定款においては、取締役の員数は八名以内、監査役の員数は四名以内とされていた。Y社の同年六月二七日開催の定時株主総会（本件株主総会）においては、取締役について最大八名、監査役について最大三名の後任者を選任することが予定されていた。そこで、Xらは、同年四月一九日株主提案権を行使し、「取締役八名選任の件」（候補者は、A、B、C、D、X、E、F及びG）及び「監査役三名選任の件」（候補者は、H、I及びJ）を本件株主総会の目的とすることを請求した。そしてXは、同年六月六日からY社の議決権を有する全株主に対して委任状及び参考書類等を順次送付し、議決権の代理行使の勧誘を開始した。この委任状には、賛否の指示をしていない場合、原案に対し修正案が提出された場合（Y社から原案と同一の議題について議案が提出された場合等を含む。）及び原案の取り扱いその他の株主総会の運営に関する動議はいずれも白紙委任とする旨の記載があり、本件株主提案について、「取締役八名選任の件」と「監査役三名選任の件」の別に、被勧誘者の賛否を記載する欄が設けられている。

Y社は、同年六月一一日議決権を有する全株主に対し、会社提案に係る第二号議案として「取締役八名選任の件」（候補者は、Y、K、L、M、N、O、P及びQ。以下「第二号議案」という。）及び第三号議案として「監査役三名選任の件」（候補者は、H、R及びS。）、株主提案に係る第四号議案として「取締役八名選任の件」（候補者は、A、B、C、D、X、E、F及びG。以下「第四号議案」という。）及び第五号議案として「監査役三名選任の件」（候補者は、H、I及びJ。以下「第五号議案」という。）が記載された本件株主総会に係る招集通知、議決権行使書面及び「『議決権行使』のお願い」と題する書面等を発送した。その議決権行使書面には、第一号議案から第五号議案まで議案ごとに株主の賛否を記載する欄及び第二号議案から第五号議案までの議案について「下の候補者を除く」との記載の下に氏名又は番号を記載する欄が設けられるとともに、「各議案につき賛否の表示をされない場合は、会社提案については賛、株主提案については否の表示があったものとしてお取扱いいたします。」と記載されていた。また、本件書面には、有効に議決権行使をした株主一名につきＱｕｏカード一枚（五〇〇円分）を贈呈する旨が記載されるとともに、「※各議案に賛成された方も反対された方も、また委任状により議決権を行使された株主様にも同様に贈呈いたします。なお、議決権行使書に賛否のご記入が無い場合は、議決権行使書の注意書きにございますように、会社提案に賛成の表示があったものとして取扱います。」との記載がなされていた。

Y社は同月一四日議決権を有する全株主に対し、議決権を行使して頂いた株主には、Ｑｕｏカードを進呈する旨の記載と、会社提案に賛同のうえ議決権を行使して頂きたい旨の記載がなされたはがきを送付した。

本件株主総会では、取締役選任に関する第二・第四議案、監査役選任に関する第三・第五議案がそれぞれ一括して審議され、採決された。ところが、出席議決権数の過半数を算出するに際し、本件委任状に係る議決権数を会社提案については出席議決権数に含めず、株主提案についてのみ出席議決権数に含めて算出したことから、会社提案と株主提案との間で出席議決権数に差異が生じ、会社提案について出席議決権数に含めていれば過半数の賛成を得られなかったであろう二名の候補者を含めて、会社提案の候補者全員について出席議決権の過半数の賛成が得られたことになった。

そこでXは、Y社の平成一九年六月二七日開催の本件株主総会における第二号議案（取締役八名選任の件）及び第三号議案（監査役三名選任の件）について、①Xに提出された委任状に係る議決権の個数を出席議決権数に含めなかったこと、②違法な利益供与の申出を手段として議決権行使の勧誘を行ったことはいずれも違法であると主張し、本件各決議の取消しを求めた。

【判　旨】

一　「本件株主提案と本件会社提案とはそれぞれ別個の議題を構成するものではなく、「取締役八名選任の件」及び「監査役三名選任の件」というそれぞれ一つの議題について、双方から提案された候補者の数だけ議案が存在すると解するのが相当である。」

二　「本件においては、XらとY社経営陣との間で経営権の獲得を巡って紛争が生じていることから、Xらがその提案に係る取締役及び監査役候補者の選任に関する議案を提出し、株主に対して議決権の代理行使の勧誘を行ってきた場合に、Y社からもいずれその提案に係る候補者の選任に関する議案が提出されるであろうことは、株主にとって顕著であったものと認められ、……Y社の定款に定められた員数の関係から、本件株主総会において選任できる取締役の員数は最大で八名、監査役の員数は最大で三名であって、本件株主提案に賛成し、Xに議決権行使の代理権を授与した株主は、本件会社提案に係る候補者については賛成の議決権行使をする余地がない。」

「このような状況下においては、本件株主提案に賛成して本件委任状をXに提出した株主は、委任事項における「白紙委任」との記載にかかわらず、本件委任状によって、本件会社提案については賛成しない趣旨で、Xに対して議決権行使の代理権の授与を行ったと解するのが相当である。」

「以上によれば、本件会社提案に係る議案の採決に際しては、本件委任状に係る議決権数は、出席議決権に算入し、かつ本件会社提案に対し反対の議決権行使があったものと取り扱うべきであった。」それにもかかわらず、本件会社提案が出席議決権数の過半数の賛成を得たものとして可決承認された旨宣言したのであるから、本件各決議は、その方法が法令に違反したものとして決議取消事由を有する。

三　「株主の権利の行使に関して行われる財産上の利益の供与は、原則としてすべて禁止されるのであるが、上記の趣旨に照らし、当該利益が、株主の権利行使に影響を及ぼすおそれのない正当な目的に基づき供与される場合であって、かつ、個々の株主に供与される額が社会通念上許容される範囲のものであり、株主全体に供与される総額も会社の財産的基礎に影響を及ぼすものでないときには、例外的に違法性を有しないものとして許容される場合があると解すべきである。」

本件において個々の株主に対して供与されたＱｕｏカードの金額は五〇〇円であり、一応、社会通念上許容される範囲のものとみることができる。また、株主全体に供与されたＱｕｏカードの総額は四五二万一九九〇円であるところ、上記の総額は会社の財産的基礎に影響を及ぼすとまではいえない。「Ｙ社が議決権を有する全株主に送付した本件はがきには、「議決権を行使（委任状による行使を含む）」した株主には、Ｑｕｏカードを贈呈する旨を記載しつつも、「【重要】」とした上で、「是非とも、会社提案に賛同のうえ、議決権を行使して頂きたくお願い申し上げます。」と記載し、Ｑｕｏカードの贈呈の記載と重要事項の記載に、それぞれ下線と傍点を施して、相互の関連を印象付ける記載がされていることが認められる。Ｙ社は、昨年の定時株主総会まではＱｕｏカードの提供等、議決権の行使を条件とした利益の提供は行っておらず、Ｘとの間で株主の賛成票の獲得を巡って対立関係が生じた本件株主総会において初めて行ったものであることが認められる。本件株主総会における議決権行使比率は八一・六二％で例年に比較して約三〇パーセントの増加となっていること、白紙で返送された議決権行使書は本件会社提案に賛成したものとして取り扱われるところ、白紙でＹ社に議決権行使書を返送した株主数は一三四九名（議決権数一万四五四五個）に及ぶこと等から、Ｑｕｏカードの提供が株主による議決権行使に少なからぬ影響を及ぼしたことが窺われる。

「本件贈呈は、その額においては、社会通念上相当な範囲に止まり、また、会社の財産的基礎に影響を及ぼすとまではいえないと一応いうことができるものの、本件会社提案に賛成する議決権行使の獲得をも目的としたものであって、株主の権利行使に影響を及ぼすおそれのない正当な目的によるものということはできないから、例外的に違法性を有しないものとして許容される場合に該当するとは解し得ず、結論として、本件贈呈は、会社法一二〇条一項の禁止する利益供与に該当するというべきである。

そうであれば、本件株主総会における本件各決議は、会社法一二〇条一項の禁止する利益供与を受けた議決権行使により可決されたものであって、その方法が法令に違反したものといわざるを得ず、取消しを免れない。また、株主の権利行使に関する利益供与禁止違反の事実は重大であって、本件贈呈が株主による議決権行使に少なからぬ影響を及ぼしたことが窺われることは上記判示のとおりであるから、会社法八三一条二項により請求を棄却することもできない。」

【先例・学説】

本件は株主提案に賛成する旨の委任状が、会社提案についてどのように扱われるべきかが争点となった。この点を明確に論じた先例はない。関連する論点として挙げられるのが役員選任を行う際の議案のとらえ方である。本件判旨は、株主提案と会社提案とはそれぞれ別個の議題を構成するものではなく、「取締役八名選任の件」及び「監査役三名選任の件」というそれぞれ一つの議題について、双方から提案された候補者の数だけ議案が存在するとしている。候補者毎に別の議案であると捉えるのであれば、それぞれ別個に定足数を満たし、過半数の賛成を得なければ決議が成立しないこととなる。この点は学説も同様の立場であると解される(1)。会社法施行規則六六条一項一号イも、この立場で規定されていると理解することができる。

次に、議決権行使をした株主にプリペイドカードを交付することが利益供与に当たるか、もしも当たるとした場合には、議決権行使がなされた株主総会決議が取消の対象となるか争われている。この点、会社が株主の権利の行使に関して利益を供与しても、それが正当な目的による場合には本条の禁止には当たらないと解されてきた。先例としては、会社が持株会会員に対してなす奨励金の支払いは、従業員に対する福利厚生の一環等の目的をもってしたものと認めるのが相当であり、その支払いが正当目的によるものとされた判決がある。(2) また、高松高判平成二・四・一一金判八五九号三頁は、株主優待乗車券の交付に関して、会社には株主らの権利の行使に関してこれを行うという意図はなかったとして、利益供与禁止には違反しないとした。学説も、決議成立に必要な定足数に不足する可能性があるので議決権行使促進のために、取締役は会社の費用負担で何らかの処置を執りうるし、むしろ配慮するのが取締役の善管注意義務であって、議決権行使書面を返送した者に粗品を送るのも、外見的には利益供与になるが、会社の正当な利益擁護の目的に出るもので禁止には該当しないと論じられている。(3)

本件では、決議方法の法令違反として総会決議の取消しを認めている。株主による議決権行使書の返送又は株主総会における議決権行使は決議そのものであって、議決権行使を条件としてＱｕｏカードを贈呈するということは法令に違反した決議の方法というほかないと解したからである。しかし議決権の代理行使の勧誘について、東京地判平成一七・七・七判時一九一五号一五〇頁は、株主総会の決議の前段階の事実行為であって、株主総会の決議の方法ということはできないから、上場株式の議決権の代理行使の勧誘に関する内閣府令（以下府令と略す）の規定をもって、株主総会の決議の方法を規定する法令ということはできないと判示している。たしかに委任状勧誘と書面による議決権行使とでは性質が異なるとも言えるが、本件との整合性を論じる余地もある。

（1）江頭憲治郎『株式会社法〔第二版〕』（有斐閣、二〇〇八年）三五八頁。
（2）福井地判昭和六〇・三・二九判タ五五九号二七五頁。
（3）河本一郎＝今井宏『鑑定意見会社法・証券取引法』（商事法務、二〇〇五年）六八〜六九頁。

【評　論】

一　本件では、株主提案に賛成する旨の委任状が、賛否を示していない会社提案についても議決権行使の代理権授与がなされたと解することができるかどうかが問題になった。これが肯定されれば、この委任状を出席議決権数に含めずに集計した会社の処理が違法となるからである。

この点は議題および議案のとらえ方によって整理の仕方が異なってくる。判旨は、取締役八名選任の件と監査役三名選任の件とをそれぞれ一つの議題と解し、役員選任議案にあっては、各候補者ごとに議案を構成すると考えた上で、この点を肯定するとの解釈をとっている。もっとも、株主提案と会社提案とで候補者の数が異なる場合でも議題をそのように解することができるのか、また議案をこのように理解した場合に、株主提案と会社提案とをそれぞれ一括して審議して一括採決することが可能か問題ともなる(4)。

本件委任状においては、会社提案について賛否を記載する欄が設けられていなかった。にもかかわらず、判旨は、本件委任状を会社提案には反対する旨の代理権授与を行ったものと解するのが相当であるとしている。もちろん株主提案に賛成する旨の委任状について会社提案反対と解することがいつでも当然に認められるものではない。しかし、本件事案の解決としては、委任状は会社提案についても有効であり、その議決権数を出席議決権数に含めて計算するとの結論は正当であろう。それは、判旨が述べる以下の点からである。

第一に、本件では株主提案による役員の候補者数が定員上限にまで及んでいた。この株主提案に賛成することは、当然提出されると予測される会社提案には反対であることを意味する。もっとも、株主提案が定数未満の候補者のみを原案としている場合にはこの理由付けが当てはまらない(5)。また、候補者毎に議案があると考えたときに、理論的には株主提案賛成が当然に会社提案反対と解して良いのか疑問が全くないわけではないが、本件のような取締役選任をめぐって会社と提案株主とが対立している事例では、判旨の考え方は常識的な判断であろう。

次に、本件では、会社提案を見た後に、株主提案に反対したいと考えた株主には、当初の委任状を撤回できる機会が十分にあった。また、そもそもそのような株主は総会当日出席さえすれば、自由に議決権行使が可能である。その意味では、株主が十分な情報なしに判断をするという不利益はなかったといえる。ただし、当該委任状勧誘が委任状勧誘規制の趣旨に反したと解される場合であっても、代理権授与の効果が否定されないかという論点は別に残っている。(6)

なお判旨は、株主側が会社提案を含めて委任状勧誘をすることは技術的に難しい点を挙げている。委任状勧誘を行う株主には、勧誘の期間を確保する必要性から、会社による招集通知前に勧誘することが通常であるため、会社提案を知らないで勧誘をせざるを得ず、会社提案を参考書類に記載することも（府令二一条）、賛否の記載を設けることもできない（府令四三条）。この点は、立法論的には招集通知を二週間よりも前倒することにより、会社提案についても委任状勧誘ができるようにすべきであろう。(7) 近時わが国でも会社の支配権取得をめぐって委任状合戦が盛んに行われており、これは、現経営陣と対立株主との間の公平性を確保するために必要な対応であろう。もっとも、この点は本件で考慮すべき事情には違いないが、それ自体が結論の決め手となるものではない。

また、本件委任状には会社提案について白紙委任の記載があり、株主が会社提案について白紙委任していることから判断するという立場もとり得たが、あえて裁判所はこの方法をとっていない。これは、白紙委任を禁じる府令四三条に違反する代理権行使の効力という問題を回避したものと解される。(8)

なお、ここで取消事由ありとされたのは会社提案のうちの二名の取締役選任に限られている。選任決議としては取締役八名全員の選任が一つの議案であり、採決の集計計算方法の瑕疵であるから、八名全員についての決議が取り消されるという解釈もとりえなくはないが、(9) 判旨は一人一人を議案と考えて、上のように解したと思われる。

二　株主の権利の行使に関して行われる財産上の利益の供与は、原則としてすべて禁止される。しかし、本件判旨は、利益供与に該当しそうな場合でも、当該利益が株主の権利行使に影響を及ぼすおそれのない正当な目的に基づき供与される場合であって、かつ個々の株主に供与される額が社会通念上許容される範囲のものであり、株主全体に供与される総額も会社の財産的基礎に影響を及ぼすものでないときには、例外的に違法性を有しないものとして許容される場合があるとしている。

昭和五六年の商法改正において利益供与禁止の規定が新設されたが、当時、総会屋の根絶は、改正の一大眼目であり、この改正では、三重、四重の措置を講じて、総会屋の根絶を図ろうとしていると論じられていた。(10) その結果、当初から利益供与禁止規定は、単なる総会屋対策を超えて適用範囲が広がる可能性をもっていた。もちろん、この規定（現行会社法では一二〇条）を活用して、会社の不健全な運営を防止することは正しいが、あえて違法とするまでもない利益の提供について禁止すべきかどうか明確な基準がないと混乱してしまうという問題がつきまとっていた。このため、持株会への奨励金等、株主の権利行使に影響を及ぼすおそれのない正当な目的に基づき供与される場合には違法ではないとの解釈がとられてきた。(11) この点について、本件判旨は、供与の目的と供与の額（総額）の二つの角度から基準を明らかにしている。学説には、正当目的が認められれば、高額な供与も規制の対象にはならないとの見解もある。(12) ただし、正当な目的であっても、巨額なものであれば、株主平等原則の見地から正当性が争われる可能性がある。また、機会均等が守られており株主平等原則に抵触しない場合には、不当な目的の下で行われた贈呈ではないとの意見もある。(13) しかし、たとえすべての株主に利益が提供される機会があったとしても、そこに違法な目的が見られる場合も想定できなくはないことから、すべての株主が等しく利益を得られる機会があるだけでは正当化できないと思われる。

一般論としては、定足数を確保するために株主の議決権行使を促し、このためにカード等を交付することは正当化されるのではないかと思われる。その結果、事実上どちらかというと会社提案に有利となることも、そもそも経営陣の責任の下に株主総会が開催されることを考えると、やむを得ないのかも知れない。もちろん利益供与禁止の規定を広く活用して疑わしい経済的利益の提供を一切止めさせるというのも一つの考え方だが、株主の総会参加を促すため常識的な額のカードの交付を違法とする必要があるのかどうかが問題となる。総会出席者へのおみやげや、趣旨は少し異なるが株主優待制度と整合的にとらえる必要があろう。

しかし問題は、本件カードの交付が看過されるレベルを超えた会社提案有利の状況をもたらすものであるかどうかである。この点については、以下の点が重視されるべきである。株主に送付されたはがきの記載には、カードの贈呈と会社提案に賛同を求める記載が相互の関連性を印象づけるものになっていた。白紙による議決権行使は、会社提案に賛成するものとして扱われることになっており、実際にそのような議決権行使が多かった。このようなカードの交付は例年行っておらず、その結果、この年の議決権行使が例年よりも約三〇％も増えていた。また、カードの交付に会社提案に賛成することが前提であるとの誤解を与えていたかどうかが問題であり、本件ではそのようなおそれが生じていた。

一方、判旨は、カードの交付が会社提案賛成の議決権行使の獲得をも目的としていると論じているが、定足数を確保する際には会社提案の可決を全く意識していないことはあり得ないし、それだけで違法となると解するのであれば問題があろう。まして取締役の主観的な目的が正当かどうかを問題にすると解するのであれば(14)、定足数の確保を目的にしたカード等の交付は多くの場合に違法となるおそれがある。しかし、善管注意義務を尽くしていることが前提ではあるが、取締役が最善と信じる議案を可決させたいという意識をもつことは許容されることであろう。むしろここで重要なことは、客観的に見て不当に株主の判断なり、議決権行使が歪められるかどうかである。すなわち議案には関心がなく、カードの贈呈にだけ関心のある者をすべて会社提案に賛成と扱って良いかを問題にすべきである。

もしも、本件でのカードの交付が一二〇条に違反する利益供与と考えられるのであれば、本件総会各決議が法令違反として取消が認められることは当然のことである。

結局は本件の特殊な事情が、結論につながったと考えられる。その意味では、判旨の結論を一般化することには注意が必要であろう。とくに、議決権行使促進のためのプリペイドカードの交付はいつでも利益供与に当たると一般化してしまうことは問題である。

(4) 弥永真生「本件判批」ジュリ一三六二号（二〇〇八年）一〇三頁。
(5) 弥永・前掲注(4)一〇三頁。
(6) 奈良輝久「判批」金判一二八八号（二〇〇八年）四頁参照。
(7) 鳥山恭一「最新判例演習」法セミ六二九号（二〇〇八年）一一四頁。
(8) 田中亘「本件判批」ジュリ一三六五号（二〇〇八年）一三六頁。
(9) 新山雄三「本件判批」金判一二八五号（二〇〇八年）七頁。
(10) 竹内昭夫『改正株式会社法解説〔新版〕』（有斐閣、一九八三年）二四七～二四八頁。
(11) 前田庸『会社法入門〔第一一版補訂版〕』（有斐閣、二〇〇八年）三六七頁参照。
(12) 鳥山・前掲注(7)一一四頁。
(13) 新山・前掲注(9)九頁。
(14) 中村直人「モリテックス事件判決とその実務の対応」商事法務一八二三号（二〇〇八年）二八頁参照。

六　農業協同組合の組合員代表訴訟における提訴請求

〔最高裁第三小法廷平成二一年三月三一日判決　民集六三巻三号四七二頁〕

【判決のポイント】

農業協同組合の理事に対する代表訴訟を提起しようとする組合員が、提訴請求書に組合の代表者として代表理事を記載した場合であっても、監事に訴訟を提起すべきか否かを自ら判断する機会があったといえるときには、適式な提訴請求書があらかじめ農業協同組合に送付されていたのと同視できるとして、組合員の提起した代表訴訟が却下されなかった事例。

【事　案】

X_1およびX_2は、C農業協同組合（以下「C農協」という）の組合員であり、X_3およびX_4は、D農業協同組合（以下「D農協」という）の組合員であった。Y_1等は、平成一二年度及び平成一三年度のA農業協同組合（以下「A農協」という）の理事若しくは監事であった者又はその相続人である。

A農協、E農業協同組合（以下「E農協」という）、C農協及びD農協は、平成一三年二月一五日において、同年九月一日に合併してB農業協同組合（以下「B農協」という）を新設する旨の契約を締結した。この合併契約では、四条一項で「被合併組合は合併日における財産目録、貸借対照表を基礎とする全財産を新組合に引き継ぐとともに、新組合は、被合併組合の一切の権利義務を継承する。」と定め、五条一項で「前条に規定する合併日の財産目録及び貸借対照表並びにこれに附属する各種書類に、故意又は重大な過失による誤びゅう脱落若しくは隠れた瑕疵があったため、新組合が損害を受けたときは、その損害を与えた被合併組合の役員は、各個人の資格において連帯して賠償の責に任ずるものとする。」

（本件賠償条項）と定めていた。

A農協は、同年二月二五日に開催された臨時総会において、同農協が本件合併契約を締結したことなどを承認する旨の決議をした。同年五月一六日に開催されたA農協の通常総会では、不良債権を適正に評価し、必要な貸倒引当金を計上し、財務の健全化に努め、自己資本比率の維持、向上を図った旨の平成一二年度の事業報告がされ、個別貸倒引当金として二億五三九七万六〇〇〇円が計上されるなどした同年度（平成一三年二月二八日現在）の貸借対照表、損益計算書及び附属明細書が承認された。なお、A農協の平成一三年度（同年八月三一日現在）の貸借対照表等には、個別貸倒引当金として二億六五四七万一〇〇〇円が計上されていた。

同年九月一日に本件合併の効力が生じ、Xらは、新設されたB農協の組合員となった。

その後、A農協の貸借対照表等において個別貸倒引当金が過少に計上されていることが判明したことなどから、B農協は、個別貸倒引当金を一億円以上積み増すことを余儀なくされ、平成一三年度（平成一四年二月二八日現在）の貸借対照表等において、個別貸倒引当金として五億三五一五万四〇〇〇円が計上され、当期損失金として一億七二九二万三〇〇〇円が計上された。平成一三年二月二八日の時点で、A農協においては個別貸倒引当金の計上額が本来計上すべき金額より三億八四六七万八〇〇〇円不足しており、同農協、E農協及びD農協を合わせると個別貸倒引当金の計上額が合計四億五〇二三万二〇〇〇円不足していたことが判明した。

X_1及びX_2は、平成一五年六月二六日、B農協に対し、A農協が貸倒引当金を過少に計上するなどしていたとして、本件賠償条項に基づき、同農協の理事及び監事であった者に対して同農協の貸倒引当金の不足額等をB農協に支払うことを求める訴訟を提起するよう請求する書面を送付したが、同書面には、同農協の代表者として代表理事組合長であるY_1が記載されていた（Y_1、Y_2、Y_3、Y_4、Y_5及びY_6は、本件提訴請求の時点で、同農協の理事であった）。

Y_1は、同年六月三〇日に開催されたB農協の理事会において、出席していた理事及び監事に対し、本件提訴請求についての審議を求め、理事会において、監事出席の下、上記記載内容に沿ってA農協の理事及び監事であった者に対する訴訟を提起することを決議した。これを受けて、B農協から委任を受けた弁護士は、同年八月二二日、Y_1らに対し、本件賠償条項に基づき損害賠償を請求する旨の書面を送付した。しかし、B農協は、更に財務状況が悪化し、事業譲渡等の措置を執らなければならない状況となったことから、内部において訴訟問題等で紛糾している時ではないとして、同年一二月二二日に開催された理事会において、訴訟を提起しないことを決議した。そこで、X_1及びX_2は、平成一六年二月一七日、本件訴訟を提起した。

原審（東京高判平成一九・一二・一二民集六三巻三号五二四頁）は、X_1らがB農協に送付した本件提訴請求書では、同農協の代表者として監事とすべきところ、代表理事組合長であるY_1が記載されていたのであるから、本件訴えのうち本件提訴請求の時点で同農協の理事であった被上告人Y_1らに関する部分は、適式な提訴請求を欠くものとして不適法であるとして、本件訴えのうちY_1らに関する部分を却下した。

【判　旨】

以下のように判示して、原判決を破棄した。

一「監事が農業協同組合を代表することとされているのは、組合員代表訴訟の相手方が代表理事の同僚である理事の場合には、代表理事が農業協同組合の代表者として提訴請求書の送付を受けたとしても、農業協同組合の利益よりも当該理事の利益を優先させ、当該理事に対する訴訟を提起しないおそれがあるので、これを防止するため、理事とは独立した立場にある監事に、上記請求書の記載内容に沿って農業協同組合として当該理事に対する訴訟を提起すべきか否かを判断させる必要があるからであると解される。

そうすると、農業協同組合の理事に対する代表訴訟を提起しようとする組合員が、農業協同組合の代表者として監事ではなく代表理事を記載した提訴請求書を農業協同組合に対して送付した場合であっても、監事において、上記請求書の記載内容を正確に認識した上で当該理事に対する訴訟を提起すべきか否かを自ら判断する機会があったといえるときには、監事は、農業協同組合の代表者として監事が記載された提訴請求書の送付を受けたのと異ならない状態に置かれたものといえるから、上記組合員が提起した代表訴訟については、代表者として監事が記載された適式な提訴請求書があらかじめ農業協同組合に送付されていたのと同視することができ、これを不適法として却下することはできないというべきである。」

二　「A農協の理事会に出席して同農協が本件合併契約を締結することに賛成した理事又はこれに異議を述べなかった監事に該当する者については、本件合併契約の中に、旧四農協のうちのいずれかの農業協同組合の貸借対照表等に誤びゅう脱落等があったためにB農協が損害を受けた場合には、そのことに故意又は重過失がある当該農業協同組合の役員は個人の資格において賠償する責任を負う旨を明記した本件賠償条項が含まれていることを十分に承知した上で、A農協が本件合併契約を締結することに賛成するなどして、その締結手続を代表理事にゆだねているのであるから、同農協の代表理事を介して、旧四農協に対し、個人として本件賠償条項に基づく責任を負う旨の意思表示をしたものと認めるのが相当である。また、旧四農協においても、本件合併契約の締結に至っている以上、上記の意思表示について承諾したものと認めるのが相当である。そうすると、少なくとも、被上告人Y_7らのうち上記のような理事又は監事に該当する者については、旧四農協の権利義務を承継したB農協に対する関係でも、本件賠償条項に基づく責任を免れない。」

【先例・学説】

本件は農業協同組合の組合員代表訴訟の事案ではあるが、本件当時の農業協同組合法三九条二項においては、平成一七年改正前の商法二七五条ノ四を準用していた。また、現行農業協同組合法四〇条の二でも、役員の責任を追及する訴えについては会社法第七編第二章第二節の規定を準用し、株主代表訴訟と農業協同組合における組合員代表訴訟とをほぼ対応させた制度として定めており、以下では株主代表訴訟と併せて論じることにする（代表理事は代表取締役に、監事は監査役に対応）。

株主代表訴訟においては、株主が取締役の責任を追及する場合には、まず会社に対して提起の請求を行うことが求められており（会社八四七条一項三項）、この場合、会社を代表するのは監査役設置会社では監査役とされているから（会社三八六条二項一号）、株主は監査役に対して提訴請求しなければならない。もしもこのような請求を行わないで代表訴訟を提起した場合には、当然に訴えが却下されるのであろうか。この点については、下級審裁判例には柔軟な発想をするものとこの要件を厳格に解する立場に分かれている。

柔軟に対応した裁判例としては、以下のものがある。《提訴請求が適法になされていなかったが、会社が訴訟参加した事案》①東京地判昭和三九・一〇・一二下民集一五巻一〇号二四三二頁は、原告株主は会社に対する提訴請求をすることなく、取締役および監査役の責任を追及する代表訴訟を提起したが、本訴提起後、会社が、本件訴訟手続に参加し、被告に対して原告らと同旨の請求をなすに至った。裁判所は、株主が提訴請求という所定の手続を履践しない場合でも、会社がその訴訟手続に参加したときは、株主の提起した右代表訴訟は手続欠缺による瑕疵は治癒され、裁判所は他に特段の訴訟要件の欠缺のないかぎりは、訴を却下し得ないと判示している。②大阪地判平成一二・六・二一判時一七四二号一四六頁でも、裁判所は、代表訴訟には手続上の瑕疵が存在するが、株主代表訴訟において事前に提訴請求を求めているのは、取締役の責任を追及する義務を負う会社に対し、訴訟を提起することの要否を検討する機会を与えるためであり、事前の提訴請求を受ける利益を有する会社が、手続上の瑕疵について問題とすることなく、進んで被告らに補助参加している本件では、事前の提訴請求を受ける利益を有する会社が、いわば、被告ら取締役に対してその責任を追及する意思のないことを表明しているとした。《請求の宛名を明示しなかった事案》③大阪地判平成一二・五・三一判時一七四二号一四一頁では、株主が従業員に対して提訴請求書面を手渡し、しかも、宛名として監査役又は代表取締役を明示していなかった事案で、裁判所は以下のように述べて、代表訴訟を却下しなかった。株式会社においては、たとえ当該書面の処理を担当する部署が明示されていなくても、当該部署に回付されるような仕組みが整備されているものと考えられる。本件で原告が従業員に手渡した書面は、会社の代表取締役兼取締役及び監査役に対する責任追及の訴えを提起することを求める内容であり、名宛人を明示していないのに止まり、誤った名宛人を記載したものではないから、右のような回付の仕組みにより、監査役及び代表取締役に回付されているものと考えられる。本件においては、被告らに対する責任追及の訴えを提起することの要否及び当否について検討する機会が確保されていたから、従業員に手渡した提訴請求の書面に、宛名として同書面を受領すべき監査役又は代表取締役を明示していないという形式的な不備があったとしても、本件訴えの提起が不適法で却下を免れないとまでは言えない。《宛名を間違えて請求して代表訴訟提起した後、改めて会社に対する提訴請求をした事案》④大阪地判昭和五七・五・二五判タ四八七号一七三頁では、裁判所は、株主に会社に対し取締役の責任追及の訴えの提起を請求すること及び一定期間内に会社がその訴えを提起しないことを代表訴訟提起の要件としたのは、会社に対し会社自ら取締役の責任を追及するべき義務の懈怠を是正する機会を与えるとともに、株主にも慎重な手続を踏ませることによって濫訴の弊を防ごうとするところにその目的があるものと解した上で、本件では二つの目的は実質的に充たされており、かつ、仮に本件訴えを不適法のものとして却下したとしても、原告は改めて直ちに本訴と同一の訴えを適法に提起することができるのであって、これを却下する実益に乏しく、また、訴訟経済にも合致しないものといわざるをえないと判示した。

以上に対して、提訴請求要件を厳格に解する次の裁判例がある。⑤大阪地判昭和四一・一二・一六下民集一七巻一一＝一二号一二頁では、会社が提訴を知れば提訴請求は不要になるかが争われ、裁判所は、仮に会社が代表訴訟提起の事実を既に知り、かつ口頭弁論終結迄に三〇日を経過しているとしても、これにより瑕疵が治癒されないとした。⑥東京地判平成四・二・一三判時一四二七号一三七頁は、名宛人を間違えた事案で、原告が本訴の提起前に会社に対してした請求は、その請求を受けるについて代表権を有しない代表取締役に対してされたものであるから、その効力がないことが明らかであり、また、本件においては、会社に対する訴え提起の請求後三〇日の経過により会社に回復すべからざる損害を生ずるおそれがあったとは認められないとして、事前請求することなく提起した代表訴訟は、不適法であるとし却下した。⑦大阪地判平成一一・九・二二判時一七一九号一四二頁では、会社に対する事前の提訴請求を怠った場合には、たとえ、その後会社が株主代表訴訟が提起された事実を知りながら取締役等の責任を追及する訴えを提起しなかった場合においても、手続上の瑕疵は重大であって、右株主代表訴訟は不適法であり、却下を免れないと判示されている。

さらに、以上とは別の争点として、本件では、組合間あるいは会社間の合併契約に置かれた賠償条項によって取締役は個人責任を負うことになるかどうかも争われている。この点についての先例である大判昭和六・一一・二八新聞三三四五号一七頁は、両会社の合併契約以外に当事者間でとくに合意をした場合でなければ、個人賠償を負わせる契約の効力は生じないと判示していた。

【評　論】

一　農業協同組合の組合員が理事の責任を追及するために代表訴訟を提起しようとする場合には、まず組合員は組合に対して提訴請求を行う必要があり、その際には監事が農業協同組合を代表する。本件は、組合員代表訴訟を提起するに当たり、組合員が監事に対してではなく代表理事に対して提訴請求を行った場合に、この組合員によって提起された組合員代表訴訟が不適法なものとして却下されるかどうか争われ、最高裁は却下できないとした事例である。本件判旨は、監査役設置会社である株式会社において、株主が提訴請求を監査役ではなく代表取締役に対してなした場合に、代表訴訟を適法に提起できるかという論点についても、最高裁としての見解を示すものと解することができる。それは、前述したように農業協同組合における組合員代表訴訟は株式会社の株主代表訴訟を準用した制度だからである。

二　そもそも代表訴訟において提訴請求がなぜ要求されているのか。一般に権利主体である会社に対して訴訟を提起するかどうかの判断の機会を与えるためのものであるとされている(1)。もっとも、提訴請求は単に会社に判断の機会を与えるだけであり、アメリカ法と異なり、わが国では会社が提訴しないと判断しても六〇日が経過すれば株主はその判断を無視して代表訴訟を提起できるようになっている（会社八四七条三項）。また、提訴請求では、株主に慎重な手続を踏ませることによって濫訴を防ぐことも目的として挙げることもできる。(2) 会社法八四七条一項ただし書きでは、責任追及等の訴えが当該株主若しくは第三者の不正な利益を図り又は当該株式会社に損害を加えることを目的とする場合は、（六〇二条のように代表訴訟の提起ができない旨を定めるのではなく）このような請求ができないと定めている。この点は、会社法では濫訴を請求段階で抑止するという趣旨が、旧商法の規定よりも明らかになっていると言えよう。いずれの目的を重視するかによって、ここでの論点について結論が大きく変わるものではないが、会社の提訴判断の機会を重視する場合には、監査役が提訴について実質的に判断できたかどうかが問われ、提訴請求があったかどうかについてやや厳格に解する方向になるのではないかと思われる。なお代表訴訟の範囲について、最高裁（⑧最判平成二一・三・一〇民集六三巻三号三六一頁）は、従来の限定債務説のような狭い考え方を否定し、取締役の地位に基づく責任のほか、取締役の会社に対する取引債務についての責任も含まれると解している。このような立場を前提にするのであれば、提訴判断は経営判断に接してくるため、会社による提訴判断の機会の保障がより強く求められることとなろう。一方、濫訴防止という点を重視するならば、原告株主の行為態様が問われることとなろう。

学説には、この要件を柔軟にとらえて、株主が提訴請求をしていないとか、請求の宛先を誤っても、会社が共同訴訟参加又は取締役側への補助参加により責任追及について意思表明をしていれば、手続き上の瑕疵を理由に不適法とはしないという立場がある。(3) しかし、補助参加することは代表取締役が決定し、監査役は同意をするだけなので（会社八四九条三項）、補助参加をした場合でも監査役として実質的に提訴判断の機会があったといつでも言えるのか疑問は残る。ただし、正式の提訴請求がないにも関わらず、監査役の方で提訴しない旨とその理由を原告株主に伝えた場合には、八四七条四項の趣旨から株主は代表訴訟を適法に提起できると解すべきであろう。

三　本来代表訴訟を提起しようとする株主は、監査役設置会社であれば監査役を宛名とする提訴請求を監査役に送ることが必要となる。しかし、提訴請求の宛名が誰かという点と、提訴請求を誰に渡したかという点は別に論じるべきであろう。たとえば名宛人を監査役にしていれば、たとえ提訴請求書を取締役や従業員に渡していても、提訴請求をしたことになる。それは、会社に送付されている以上監査役に回付すべしという裁判例③の考えである。また、宛名が監査役ではなく会社となっており、このため代表取締役に渡った場合にも、③の判決は代表取締役としては監査役に渡す回付義務があると解するようである。それでは、宛名を間違えて代表取締役とした場合はどうであろうか。この場合も回付義務がないとはいえないが、瑕疵の治癒への積極的協力を会社側に求めることはできないのであり、[4]代表取締役に回付義務があるとしても、監査役に回付されず提訴判断ができなかった場合に、当然に提訴要件が満たされていることになると解すべきではない。[5]③の判決でも宛名を間違えた場合には、救済しないようである。

本件では、組合の代表者として監事ではなく代表理事を記載した提訴請求書であり、適法な請求がなされたことにならないはずである（⑥の判決もこの立場である）。もっとも、日本の代表訴訟制度では監査役の判断は株主の提訴を妨げられないことから、事前の提訴請求の意味を重視しない見解もある。[6]しかし、法定の要件である監査役への適法な提訴請求がなされない限り、代表訴訟の提起は認められないと解すべきである。請求の重みがない代わりに、請求の負担も株主にとって過大ではない。[7]また、旧商法下と異なり、会社法の下では監査役は請求をした者に対し、遅滞なく、責任追及等の訴えを提起しない理由を書面その他の法務省令で定める方法により通知しなければならないと定め（会社八四七条四項）、いわゆる不提訴理由（書）の提出が求められていることからすれば（会社法施行規則二一八条）、監査役による提訴判断のもつ実質的機能を法が強く期待していると考えられる。[8]

しかし、この場合であっても、取締役の責任を追及する訴訟について、監査役が独立して判断する機会が実質的にあったかどうかを問題とすべきである。事前請求が必要という原則は、監査役が実質的に判断をしていた場合には、その例外を認めるべきであろう。本件は最高裁がその例外を認めた事案と解することができる。ただし、本件で最高裁は代表理事を記載した提訴請求書を組合に対して送付した場合について、代表訴訟提起の要件を満たすことを広く認めたものではない。本件ではB農協において監事の出席する理事会ですでに提訴判断をしていたという事実をとくに重視すべきである。(9) 本件判旨は、あくまでも監事が請求書の記載内容を正確に認識した上で判断する機会が実際にあった場合について、例外的に適法としたにすぎないと理解すべきであり、その意味で正当な判断であろう。

四　本件の理事は、B農協に対する任務懈怠責任（農協三五条の六第一項）が問われているのではなく、合併契約に含まれていた賠償条項に基づく責任が問われている。その意味では、本件は代表訴訟の対象には取引上の債務が含まれるという前掲⑧の判例を前提にしたものと解される。(10) しかし、賠償条項は合併契約に置かれたものであるため、これを根拠に合併当事者（組合）の理事の個人責任を追及できるかという疑問も生じる。この点については、合併契約に直接関与していた理事はもちろんのこと、その理事に権限を与えたそれ以外の理事も、賠償条項が含まれていることを十分に承知した上で、合併契約を締結することに賛成したのであれば、理事は個人として本件賠償条項に基づく責任を負う旨の意思表示をしたと解すべきであり、(11) この点も本件最高裁の判断を支持したい。もっとも組合のための契約に役員の個人責任を定める規定があったとしても、この判旨がいつでも妥当するわけではない。(12)

最後に、合併によりA農協の財産をB農協はそのまま引き継いでおり、具体的な損害が生じていない本件では、賠償条項における「新組合が損害を受けたとき」に該当するか否かが争われている。しかし本件賠償条項は旧四農協の貸借対照表等が正確であることを担保させることにその趣旨があるのであり、貸倒引当金が過少に計上され、そのことに故意又は重過失のある理事及び監事に対して、引当不足額相当額を塡補する義務を負わせるとの結論も妥当であると思われる。たしかに狭い意味で新組合に損害は生じていないとしても、予定されていた引当金が不足していることも、ここで言う損害に含まれることが意図されていたと考えられる。そう解さないと本件賠償条項の意味が無くなるであろう。(13)

(1) 江頭憲治郎『株式会社法〔第三版〕』(有斐閣、二〇〇九年) 四五六頁。
(2) 吉本健一「判批」商事法務一四三四号 (一九九六年) 三二頁参照。
(3) 青竹正一『新会社法〔第三版〕』(信山社。一九九八年) 三五一頁。
(4) 佐久間敦「判批」平成二一年度重判解八二頁。
(5) 同旨、吉本・前掲注(2)三三頁。
(6) 上柳克郎ほか編『新版注釈会社法(6)』(有斐閣、一九八七年) 三七一頁〔北沢正啓〕。
(7) 東京地判平成二〇・一・一七判時二〇一二号一一七頁参照。
(8) 近藤光男「代表訴訟と監査役の機能」江頭憲治郎先生還暦記念『企業法の理論〔上巻〕』(商事法務、二〇〇七年) 五〇八頁。
(9) 細川泰毅「時の判例」ジュリ一四〇一号 (二〇一〇年) 八五頁。
(10) 佐久間・前掲注(4)八二頁。
(11) 上柳克郎『会社法・小切手法論集』(有斐閣、一九八〇年) 二一四頁、上柳克郎ほか編『新版注釈会社法(13)』(有斐閣、一九九〇年) 一九一頁〔今井宏〕参照。
(12) 佐久間・前掲注(4)八二頁。
(13) 絹川・前掲注(9)八六頁。

七　株主代表訴訟の提起と帳簿等閲覧権

〔King v. VeriFone Holdings, Inc., 12 A. 3d 1140, 1145 (Del. 2011)〕

【事実の概要】

V社（VeriFone Holdings, Inc.）は、主たる事業の場所をカリフォルニア州サンノゼ市に置くデラウエア州の会社であり、電子決済システムについての企画、販売、サービスの提供を行う会社である。二〇〇六年一一月一日に同社はイスラエルに本拠を置くL社（Lipman Electronic Engineering Ltd.）を買収し、電子決済ソリューションおよび関連サービスを提供する世界最大の会社となった。

二〇〇七年一二月三日、V社は、同年直近3四半期において報告していた収益と純利益を修正するとの公表を行った。いずれの数値もL社の在庫システムをV社のものに統合する際に誤りがあり、重大な過大計上がなされていたとするものであった。この公表後V社の株価は四五％以上下落し、同社は司法および行政機関による調査対象となった。同社の株主数名はカリフォルニア北部地区連邦裁判所に種々の連邦証券詐欺を主張して、同社、およびそのCEOとCFOを相手にクラスアクションを提起した。SECも調査を開始し、V社が連邦証券法に違反するとしてカリフォルニア北部地区連邦裁判所に民事訴訟を提起した。

K氏（King氏）はV社の株式を三、〇〇〇株実質上保有する株主である。彼は、二〇〇七年一二月一四日（前記公表の直後）同社取締役および役員を相手にカリフォルニア北部地区連邦裁判所に代表訴訟を提起した。同社の取締役等に対しては、他にも三つの代表訴訟が提起されたがすべて併合され、K氏が代表原告（指導的原告）として選任された。その後、二〇〇八年一〇月三一日K氏は併合、修正された訴状を提出し、V社の多数の取締役・役員が信任義務違反および会社資産の浪費を行ったと主張した。具体的には、①取締役・役員がSECおよび公衆に対して重大な虚偽のある財務書類を作成したこと、②会社によって効果的な内部統制が実現していると公表されていながら、取締役役員は財務報告についての内部統制に重大な欠陥が存することを許していた点で信任義務に違反していること、③八名の取締役（または）および役員は、重要な内部情報を持ちながら、同社株式を売却して四億六、二〇〇万ドルの利益を得たことを主張した（会社は、種々の証券訴訟における責任に直面したことにより損害を被っていると主張した）。

これに対して、V社は、K氏が連邦民事訴訟規則二三・一(b)(3)による取締役会への事前のデマンドをしていないとして却下を申し立てた。二〇〇九年五月二六日にカリフォルニア北部地区連邦裁判所は、K氏の訴えでは事前のデマンドを免除する詳細な事実を述べていないとして（実体的効果のない）却下をした。また、連邦裁判所はK氏に対して、まずV社へデラウエア州一般会社法（以下、単に「会社法」という）二二〇条の請求をして詳細な事実を主張するためのさらなる調査を行うように助言した。同裁判所としては、K氏の目的は新たな可能性のある請求を調査することではなく、デマンド無益の主張が十分にできるように必要な詳細な事実を得ること、および会社の違法を証明することにあるのであり、関係ある期間中のV社における記録や書類にK氏はアクセスできるべきであると考えた。

二〇〇九年六月九日、K氏はV社に対して特定種類の書類の閲覧を認めるよう書面をもって請求した。これに対して、同社はK氏の要求すべてに応じたが、監査委員会報告書を除外した。監査委員会報告書には、二〇〇七年一二月三日の公表後に行われたV社の会計・財務統制システムについての内部調査の結果が記載されていた。そこでK氏は、二〇〇九年一一月六日、衡平法裁判所において、同報告書およびその作成の際に依拠した記録について、閲覧許可の命令を求めて会社法二二〇条による訴訟を提起した。K氏は、V社経営者および監査委員会の独立調査によって明らかにされた議論の結果、経営者は同社の財務報告について有効な内部統制を行っていなかったという結論に達したとのV社のプレスリリースを引用した。K氏によれば、このプレスリリースは、彼がカリフォルニアの連邦訴訟でデマンド無益の主張を可能にするために同報告書が重要であることを示すものであるとした。その理由として、同報告書は、V社の役員や取締役会は会社の財務報告についての統制が不十分であることを知っていたが、それにもかかわらずその事実を意識的に無視しており忠実義務に違反していることを示している可能性があるからであるとした。

衡平法裁判所は、原告はすでにカリフォルニア北部地区連邦裁判所に代表訴訟を提起することを選択していることから、会社法二二〇条の適切な目的を有していないとして、原告の請求を却下し、以下のように判示した。代表訴訟を提起するかどうかを判断するために帳簿や書類の閲覧を求める株主は、代表訴訟を提起する前にそれを行うべきである。ひとたび原告が代表訴訟の提起を選択したならば、彼は自ら順路を選んだことになり、彼はその順路を変更することや、代表訴訟におけるディスカバリーでは得られない情報を得るといった目的で別の訴訟で会社に負担を課すことはできない。このように解さなければ、公序に反することとなるし、裁判所への非効率な競争を促進することになろう。

【判　旨】　原審判断を破棄した。

会社法二二〇条は、明文でデラウエア州の会社の株主に帳簿や記録を閲覧する権利を与える。この権利は絶対的なものではなく、株主は閲覧を求めるには正当な目的を立証しなければならない。正当な目的とは、株主としての利害に合理的に関連するものと定義されている。K氏のいう目的である会社の経営の不適正を調査することも正当目的である。

デラウエア州の裁判所は、連邦民事訴訟規則二三・一のデマンド無益要件を満たすために、原告株主が代表訴訟を提起する前に会社法二二〇条を利用することを強く促してきた。デマンド無益を立証するためには、代表訴訟の原告株主は取締役会に対して行動を求める努力をしなかったことを正当化する理由を明確に主張しなければならない。まず始めに会社法二二〇条の請求により、原告株主は後の代表訴訟でデマンド免除となる具体的事実を発見することができるであろう。

しかしこの特定の順路を進まなかったことは、望ましいわけではないが、致命的とはみなされてこなかった。多くの場合、原告株主は、会社法二二〇条の訴訟を始めに起こすことなく、代表訴訟を提起した。デマンド無益を十分に主張していないことを理由に代表訴訟が却下された場合に、本裁判所も衡平法裁判所も、原告株主が新たな情報を得て再訴答をするために会社法二二〇条の手続を利用することを認めてきた。

本件で連邦裁判所は修正の許可を与えて却下した。裁判所の助言に基づきK氏は、修正後の代表訴訟においてデマンド無益を主張するのに助けとなるよう会社法二二〇条による閲覧を求めた。デラウエア州の判例法においては、これは正当目的である。

始めに提起した代表訴訟がデマンド無益の点で却下され、修正が認められているときにはこのように解される。ただし、このような解釈は、本裁判所においてこのような手続が是認されたと解すべきではない。始めに会社法二二〇条の閲覧手続に訴えることなく、本訴訟である代表訴訟を提起することは、軽率でありコストに合わない非効率なことであろう。しかし、ほかに十分な却下の根拠がなければ、そのような進行は会社法二二〇条の訴訟の遂行にとって致命的ではない。

われわれは原審の述べる結論と「明確な境界線ルール」〔筆者注：先に代表訴訟を提起しているかどうかで区別するルール〕を拒否するが、そのような考え方へ導いた政策的な関心には感じるところが多い。次席裁判官が、会社にデマンド無益の争点を再度訴訟で争うことを要求できるような体制をもつことは、裁判所および訴訟当事者にとって資源の無駄遣いであると述べている点には同意できる。しかし、会社法二二〇条の救済をこのように制約しようとするならば、州議会が明文をもって行うべきである。

【解　説】

一　一般に代表訴訟を提起するには、株主はまず取締役会（訴訟委員会）に訴え提起のデマンドをしなければならない。ただし、デラウエア州等ではデマンドをしても無駄であることを示せば[1]、事前のデマンドなしに代表訴訟を提起できることになっている。もっとも、連邦民事訴訟規則二三・一(b)(3)では訴答要件は厳格であり、代表訴訟を提起する株主は、取締役等に期待する行動をとらせるように努力したことや、そのような行為を得られなかったこと、または努力をしなかった理由を具体的に記載した訴状を提出しなければならないと定めている。

一方、私的証券訴訟改革法（ＰＳＬＲＡ）は連邦証券法に基づく私的訴訟についてはディスカバリー（証拠開示手続）の停止を定める。同法では証券訴訟の濫用防止から、訴答要件を厳格化した。確実な証拠なしに提訴し、ディスカバリーによって証拠を得ようとすることを防ごうとするものであり、要件を満たさないときはディスカバリーが停止される。もっとも、現在の連邦判例法の下では、連邦代表訴訟においてディスカバリーが利用できるかどうかは必ずしも確定していない。ただし、そこに同時に証券詐欺のクラスアクションを含んでいるときにはディスカバリーが停止される。この点に関して、本件原審は株主がデマンド無益であることを示す訴答をするまでは、ディスカバリーは利用できないと解しており(2)、このような解釈の下では会社法二二〇条の閲覧権が大きな意味をもってくることになる。

株主が代表訴訟によって役員等の責任を追及するための証拠を集めるに当たっては、帳簿等の閲覧権が大きな威力を発揮することになる。会社法二二〇条(b)項によれば、株主は正当な目的のために会社の株主名簿や会社の帳簿、記録を閲覧謄写する権利を有する。ここでいう正当な目的とは、株主としての利害関係に合理的な関係のある目的とされている。そして、同条(c)項では、株主は会社、役員に閲覧請求を拒絶された場合には、衡平法裁判所に閲覧命令を求めることができるが、その際には、自己が求める閲覧が正当目的によるものであることを立証しなければならないと定める。ここで代表訴訟を提起することは正当目的と解されるであろう。しかし、問題は代表訴訟を提起した後にそのような請求ができるかである。あらかじめ閲覧請求をしていなかったことは原告の落ち度であり、十分な根拠を得られていない状態で提起される濫訴を防止するためには、後からの閲覧は認められないとすることも考えられるが、本件判旨は、一定の要件の下に、これを認めたところに意義がある。

二　本件判旨が詳細に紹介しているように、デラウエア州においてはすでに以下の五つの判例がみられていた。そのうち次の三件では閲覧が認められた。

①Disney代表訴訟事件(3)では、衡平法裁判所は、取締役会への事前のデマンドがなされていないことから株主の代表訴訟を却下した。最高裁判所は、原審を支持したが、原告が会社法二二〇条を使って再度デマンド無益を主張

するのに十分な事実を集めることを助言した。これにしたがって、原告株主はDisney社の帳簿と記録を閲覧することを衡平法裁判所において求めた。その後、追加された情報をもって原告株主は修正した訴状を提出した。原告株主が会社法二二〇条の閲覧で得られた事実は、取締役の監視義務違反が重大であり、取締役の誠実な信任義務の履行を疑わせることを示すものであったため、今度は却下を免れた。

②McKesson HBOC事件(4)では、原告株主は代表訴訟を提起して、McKesson社とその子会社HBOC社との合併の際になされた不適切な会社処理に基づき、取締役等の信任義務違反を主張した。衡平法裁判所は訴えを却下しつつ、修正した訴状を提出する前に、デマンド無益を十分に主張するのに必要な事実を得るための手段として会社法二二〇条を使うことを助言した。原告の一人はこの助言に従い帳簿記録の閲覧を求めた。衡平法裁判所は目的を正当と解して閲覧を認めた。また、当該原告の提起した代表訴訟は却下を免れた。

③Melzer事件(5)の事案は本件と類似する。原告はカリフォルニア連邦裁判所に代表訴訟を提起した。会社の取締役会は現在および過去の取締役へのバックデート・ストック・オプションの付与が信任義務違反および連邦証券法違反であると主張した。連邦裁判所はデマンド免除について、取締役の過半数に経済的利益相反があったことを示す具体的事実を主張していないとして却下した。この却下では訴状の修正を認め、デラウエア州で会社法二二〇条訴訟を提起することを助言した。原告はそれに従った。衡平法裁判所は、連邦裁判所が代表訴訟を修正し再提出することを認めていたことから、原告は閲覧するための正当な目的を有すると判断した。

これに対して、次の二件では閲覧が認められなかった。

④Beiser事件(6)では、原告は連邦裁判所に代表訴訟を提起した。カリフォルニア連邦裁判所は、修正を許可する却下を行い、原告は修正した訴状を提出した。被告は却下を申し立てた。同裁判所は、原告はデマンド無益を十分に主張していないとしたが、最後の機会として修正の許可を行った。原告は修正した訴状を提出した。その後デラ

ウエア州で会社法二二〇条の手続を開始した。しかし、この時点では原告の修正後の代表訴訟が係属中となっており、裁判所は再度の修正は認めていなかった。その結果、衡平法裁判所は、原告に正当目的が欠けていると結論づけた。裁判所は、原告が会社法二二〇条を利用する唯一の目的は連邦訴訟のディスカバリーでは得られない帳簿や記録に接近することであると認定した。

⑤ West Coast 事件(7)では、原告はコロラド地区連邦裁判所に、取締役等が会社の株式を売却することにより、信任義務違反や違法なインサイダー取引を行ったとして代表訴訟を提起した。被告はデマンド無益の主張を十分にしていないとして却下を申し立てた。これに対して原告はコロラド地区連邦裁判所に対して、却下される場合にはデマンド無益について再訴答をする許可を求めた。同裁判所は却下し、かつ原告が求めた修正の許可を与えなかった。その後原告はデラウエア州で会社法二二〇条の訴訟を提起した。しかし衡平法裁判所はこれを認めず、原告の唯一の調査目的は第二の代表訴訟を遂行するためにデマンド無益を再主張するために追加的に情報を得ることにあるのは明らかであり、原告は正当目的に欠けると判示した。

前の三判決（①、②、③）の立場からすれば、本件原審の採った結論、すなわちK氏が始めに連邦裁判所に代表訴訟を提起することを選択していることを理由に、会社法二二〇条の正当目的を欠いているとの考え方は支持されないこととなる。本件でカリフォルニア北部地区連邦裁判所は修正の許可を与えて却下したのであり、裁判所の助言に基づきK氏は、デマンド無益を主張するのに助けとなるよう会社法二二〇条の閲覧を求めたからである。本件では、K氏が却下された訴状の修正を特に許され、これを受けて会社法二二〇条の閲覧を求めており、この点で④、⑤事件とは異なるのである。

三

原審が特に危惧しているのは早期に提起された代表訴訟（本訴訟）が濫訴である場合である。十分な調査をすることなく早期に提起される代表訴訟が、lead plaintiff（代表原告）あるいは lead counsel（主任弁護士）と呼ばれる立場を得るために裁判所へ駆け込むという動機によるかもしれないからである。その後で会社法上の閲覧権を使えば、連邦民事訴訟規則の要件を巧みにかわすことになる。

このような濫訴に対処する方法として、本裁判所は以下の三つの提案をしている。第一に、最初に提訴することで自動的に代表原告の地位を与えることなく、会社および株主の利益に最も合致し、訴訟を最も効果的に遂行するような代表者を選ぶこと、第二に、早期に提起され、デマンド免除となる事実についての事前の調査もしないで代表訴訟を提起する場合には、裁判所が実体的効果を伴った却下をして、原告に修正を認めないこと、第三に、裁判所が、最初の却下申立てに際して招いた被告の弁護士報酬を原告が支払うことを条件に、一度だけ修正を許可することである。これらの方法によって十分対処できるのであれば、原審のように会社法二二〇条の正当目的をあえて狭く解さなくてもよいのかもしれない。

原審は、濫訴を予防または防止することを重視するあまり結論を急いだ感があるのに対して、本件判旨は、先例を詳細に分析して、穏当な解釈論を展開している。また、裁判所ではなく州の立法府による判断に任せるべきであるという立場を採っていることが注目される。

（1）　Brehm v. Eisner, 746 A. 2d 244（Del. 2000）によれば、取締役会の過半数が経済的または家族的な利害関係者であること、取締役会の過半数が支配されているなどの理由で独立して行動することができないこと、当該取引が正当な経営判断の行使の結果ではないことが、デマンド免除の理由となるとされている。

（2）　King v. Verifone Holdings, Inc., 994 A. 2d 354, 361（Del. Ch. 2010）によれば、ディスカバリーを認めないルールは、株主が始めに訴えを提起し、その後で調査することで、株主による思惑的で根拠のない事柄について会社に時間と金銭を負担させることを妨げることに目的があるとする。

（3）　In re Walt Disney Co. Derivative Litig., 825 A. 2d 275（Del. Ch. 2003）.

（4）　Saito v. McKesson HBOC, Inc., 2001 WL 818173（Del. Ch. 2001）.

（5）　Melzer v. CNET Networks, Inc., 934 A. 2d 912（Del. Ch. 2007）.

（6） Beiser v. PMC-Sierra, Inc., 2009 WL 483321（Del. Ch. 2009）.
（7） West Coast Management & Capital, LLC v. Carrier Access Corp. 914 A. 2d 636（Del. Ch. 2006）.

八　株主総会決議の不存在と追認決議

〔東京地裁平成二三年一月二六日判決　判例タイムズ一三六一号二一八頁〕

【判決のポイント】

一　株主総会において議長の資格を有していない者の下で採決が行われた場合、当該決議は法的に不存在となる。

二　取締役会設置会社において招集通知に株主総会の目的として記載されなかった事項についてなされた決議は法的に不存在となる。

三　法的に不存在な株主総会決議について追認決議の効力を遡及させることは、これによって第三者の法律関係を害さない等の特段の事情がない限り認めることはできない。

【事　案】

Y社は、平成一八年四月二七日に設立され、インターネット及びモバイルなどコンピューターネットワークを利用した各種情報提供サービス業務等を目的とする、取締役会設置会社である。同社の発行可能株式総数は五万株、発行済株式総数は六〇〇〇株、資本金の額は三億円である。Xは、平成一八年七月二七日、Y社の代表取締役に就任した。

Xは、全株主（P社及びQ社）に対し、平成二〇年一一月二〇日付けで、開催日時を同年一二月五日とする本件臨時株主総会の招集を通知した。本件株主総会は、平成二〇年一二月五日に、P社の代表取締役としてAが、Q社の代表取締役としてBが、出席して開催された。また、本件株主総会には、Y社の代表取締役としてXが、取締役としてC（Aの実弟）及びDが、監査役としてEがそれぞれ出席していた。

Xは、まず、本件株主総会の議長として本件株主総会の開会を宣言し、会議の目的事項に関する説明を行った。当該説明が終わった後、AがXに対する議長不信任の動議及び議長をCに交代するよう求める旨の動議を提出し、AがX、D及びFを取締役から解任するとの動議並びにA及びGを取締役に選任するとの議案を提出した。

本件株主総会の議事録の記載によれば、「議案の審議中、株主より議長を取締役C氏に交代したい旨の提案動議があり、議場に諮ったところ、株主全員の賛成により、新議長に取締役C氏がついた。」「議長は、株主より、X氏、F氏、D氏の取締役解任の提案動議があり、議場に諮ったところ、株主全員の賛成により、承諾された。」「議長は、株主より、A氏、G氏を新任の取締役候補として提案があり、議場に諮ったところ、株主全員の賛成により、承諾された。」となっている。本件株主総会では、招集通知にあらかじめ記載された会議の目的事項・決議事項についての審議及び採決は行われなかった。

平成二一年一月八日、Y社の臨時株主総会が開催され、本件株主総会における本件決議を追認するとの議案が可決された。この株主総会には、株主であるP社の代表取締役としてAが出席し、Y社の代表取締役としてAが、取締役としてC及びGが、監査役としてHがそれぞれ出席した。なお当時P社はY社の全株式を保有していた。

そこでXは、Y社の平成二〇年一二月五日開催の臨時株主総会における取締役の解任決議・選任決議について、主位的に、本件株主総会はY社の代表取締役以外の者が議長を務めたものであるから不存在であるなどと主張して不存在確認及び平成二一年一月分から同年六月分までの役員報酬の支払を求めるとともに、予備的に、本件株主総会はその決議の方法が法令又は定款に違反するなどと主張して、本件決議の取消し及び上記役員報酬の支払を求め、本件決議の不存在確認及び取消し並びに上記役員報酬請求が認められない場合には、予備的に、取締役の解任によって生じた損害の賠償を求めた。

（なお、本件判旨では、譲渡制限株式における譲渡承認のない譲渡の効力、および一人会社の株主総会、取締役解任の正当理由についても論じられているが、紙面の都合上割愛した。）

【判　旨】

以下のように判示して、本件決議の不存在確認を認めるとともに、本件追認決議の前日までの間の取締役報酬請求と、本件追認決議から取締役任期終了までの間の解任によって生じた損害賠償請求をそれぞれ認容した。

一　「議長は、議案が議長の不信任案であったとしても、定款に別段の定めがない限り、その地位を回避することを要しないというべきであり、――Y社の定款には上記別段の定めがないことが認められるから、AがXに対する議長不信任の動議を提出したとしても、Xにおいてこの動議についての審議及び採決を行うべきことになる。」「仮議長として選任されたCは、新議長の選任について議場に諮り、採決の結果、AとBが賛成し、株主全員一致をもってCが議長に就任したが、この動議についてのBの賛成の意思表示は、Aが隣の席にいるBに確認し、Bがうなずいたことによってなされた旨の記載及び証言をしており、この事実を前提としたとしても、Cを議長に選任するとの決議については、本件株主総会における議長としての資格のないCの下で採決が行われたものといわざるを得ず、しかも、Bの賛成の意思表示は、Y社が議長と主張しているCではないAによって確認されたというのであるから、そもそも上記決議に係る採決があったということもできない。そうだとすれば、上記決議後に行われた本件決議についても、議長ではないCの下で採決が行われたことになるから、本件決議は決議としての外観があるとしても、法的には不存在といわざるを得ない。

しかも、取締役会設置会社においては、株主総会は、株主総会を招集するに当たり定められた目的である事項以外の事項については決議することができない（会社法三〇九条五項、二九八条一項二号）ところ、――Y社は取締役会設置会社であり、――本件決議に係る議題は、本件株主総会の目的である事項以外の事項であることになるから、このような観点からしても、本件決議は、法的には不存在というべきである。」

二　「本件決議は、法的には不存在であっておよそ株主総会決議とは認められないのであるから、本件追認決議の効力を遡及させることは、これによって第三者の法律関係を害さない等の特段の事情がない限り認めることはできないと解すべきである。そこで検討すると、本件決議のうちXを取締役から解任する決議とこれを追認する本件追認決議とは、いずれもXの取締役の地位を喪失させる効果を有する点は同じであるものの、本件追認決議に遡及効を認めることは、Xの取締役兼代表取締役の地位の喪失時期に影響を与え、本件追認決議によってXのY社に対する本件追認決議までの報酬請求権を一方的に奪うことになる。そうだとすれば、本件追認決議に遡及効を認めることはできないというべきであり、本件追認決議により、本件決議の不存在確認を請求する訴えの利益が消滅すると解することもできない。」

【先例・学説】

一　株主総会決議の不存在が争われた先例は少なくなく、不存在が認められた裁判例は多数見られている。従来の裁判例で不存在が認められた事例は、議事録はあるが集会がない場合（大阪地判昭和二九・一一・一七下民集五巻一一号一八八六頁）、無権限者が招集した場合（最判昭和四五・八・二〇判時六〇七号七九頁。この事件では代表取締役以外の取締役が招集した）、招集通知の全くない場合（東京高判平成七・三・三〇金判九八五号二〇頁）、招集通知があっても、その欠缺が著しい場合（最判昭和三三・一〇・三民集一二巻一四号三〇五三頁）、総会の運営が著しく不当な場合（東京地判昭和二八・九・二判タ三三号三五頁）等である。学説においてもほぼ同様の立場がとられてきた。ただし、何らかの決議はあってもそれが法的に総会決議と評価できない場合、決議取消事由との関係が微妙な場合もあると指摘されている。(1)

二　原告は本件決議を不存在であると主張する根拠として、①議長の資格を有していない者の下で採決が行われた決議であること、②取締役会設置会社において株主総会の目的である事項以外の事項についてなされた決議であることを挙げている。

①に関しては、東京地判昭和二八・九・二判タ三三号三五頁が、議案が議長たる者個人に利害ある事項にわたる場合においても、議長としての地位を維持することができるとした上で、議長が承認して議決したのではないとして決議は成立してないとした。学説も議題について特別利害関係がある者が議長として議事を主宰しても、決議が瑕疵を帯びるものではないとしながら、議事運営が決議の方法を著しく不公正にするものである場合に、決議取消事由になるとする。(2)なお、監査役が定款の規定に違背し総会の議長として決議に関与した事例について、決議の方

法の定款違反であるとした先例がある（大判昭和六・九・二九新聞三三二〇号一五頁）。

②に関しては、会社法下の先例はないが、福岡地判平成一二・七・一四判時一七二九号一二一頁は、招集通知には会議の目的事項として発行する株式総数の変更について議案の要領の記載がなく、授権資本を具体的にいくらに増額するのかについての事前の説明すらなかったのであるから、会社の発行する株式総数の変更について、特別決議がなされたとは到底認められないとした。最判昭和三一・一一・一五民集一〇巻一一号一四二三頁は「通知のなかつた事項について株式総会の決議がなされた場合は、決議取消の訴において該決議は取消さるべきである。」と判示するに留まる。東京高判平成三・三・六金判八七四号二三頁は、招集通知では「取締役三名の選任」が議案とされていたのに、決議は「取締役四名の選任」を議案としてなされた事案について、選任すべき取締役の員数を異にしている点において招集通知に記載のない事項についての決議であり、その決議の方法が法令に違反するものとした。

三　不存在の総会決議を追認できるか、追認決議に遡及効を認めることはできるかについての先例は見られない。ただし役員報酬の支払を認めた株主総会決議が存在しない場合に、事後的に株主総会の決議を経ることにより、当該役員報酬の支払は適法有効なものになるとした例がある（最判平成一七・二・一五判時一八九〇号一四三頁）。

（1）　江頭憲治郎『株式会社法〔第四版〕』（有斐閣、二〇一一年）三五四頁。

（2）　江頭・前掲注（1）三三四頁。

【評　論】

一　本件では、株主総会において議長不信任の動議が提出され、この動議については本来の議長であるXではなくCが議長として決議している。そこで、議長不信任動議においても議長の地位が維持されるべきか、本来の議長以外の者により採決された決議は有効かが問題となる。前者について、前掲東京地判昭和二八・九・二は、「議案が議長たる者個人に利害ある事項にわたる場合においては、その者は、――この場合でも議決権を行使しない限り、議長を回避するを要しないものとするを相当とする。そのわけは、議長は、その地位において議事の整理にあたるも、議決に加わり、その結果を左右するをえないものである。」とする。議長は議事運営に当たるだけであると考えれば、議案に利害関係があっても議長の職を去る必要はないのである(3)。なお、取締役会決議における議長については、東京地判平成七・九・二〇判時一五七二号一三一頁が、特別利害関係人に当たる取締役が議長として議事を主宰した取締役会決議は無効であるとした。たしかに、会議の公正な議事運営という意味では議長の交代が望ましいかも知れない。しかし、取締役会と株主総会とでは会議体の性質が異なるので、当然同様に解するべきとは言えない。もちろんXが当然議長でなければならないわけではないが、X以外の者を議長として決議を行うには、議長交代についての適正な手続きが求められる。本件では議長交代についてXが議長として議事を運営したのではないようである。もっとも、株主全員一致で議長を交代させたというのであれば、その際のXが議長として採決をしなかったとしても、決議の効力を否定する理由はないかもしれない。しかし、本件ではこの点が必ずしも明らかではない。

それでは、仮に正規の議長以外の者によって議事が行われた場合、当該決議は本件判旨が述べるように不存在となるのであろうか。この点については株主総会における議長の地位・権限についてどのように解するかによって結論が異なる。すなわち総会における議長は決議が成立したことを単に確認する者と捉えるならば、多数決が成立していることが証明できるのであれば、瑕疵はなく決議の成立を認めると考えられる。これに対して、決議の成立を宣言して決議の効力を発生させると理解すれば、正規の議長がこのような行為をしてない以上決議は不存在となる。

この点で、大判昭和八・三・二四法学二巻一三五六頁は、出席株主が明認できる方法で採決をし、議案についての賛否が明らかになったときに決議が成立したものとし、議長が賛否いずれが多数かを宣言する必要はないと解する。一方、名古屋高判昭和三八・四・二六下民集一四巻四号八五四頁は、採決を投票によった場合について、「投票の結果は議長によって表明せられるまでは議事の内容をなすものに過ぎず、議長が投票の結果を確認宣告してはじめて議決が成立すると解するのが相当である。従って、投票自体は決議たる効力を有せず、議長が投票の結果を控訴人の見解と異なった見解の下に認定し之を宣告したとしても議長が単なる誤解に基づいて宣告した場合と異なり決議として効力を有するものと解しなければならない」として、効力発生のためには議長の宣告が必要であると解している。[4] そうであれば、議長は、決議成立を単に確認するだけではなく、決議の効力を発生させるものと捉えることができる。したがって、たとえば議長があやまって投票結果と異なる宣告をした場合、議長の宣告は総会の決議と見た上で取消の訴えにより瑕疵を争うべきであり、決議不存在ではない。[5] それは決議の方法の法令違反となる。[6] ただしこの名古屋高判は投票を行った場合についての判示である。学説では、賛否が明白なときは議長がとくに採決の手続きをとらなくても、単に可決または否決を認めることで足りると論じられる。[7] もっとも採決をした場合はもちろん、議長が可決を確認し宣言することが不可欠とも考えられる。このような立場をとるならば、本件判旨が正規の議長がこのような行為をしていない以上決議は存在していないと解したことも理解できなくはない。

一方、投票の場合を別として、議長の職務は単に多数決を確認するだけであるとすれば、本件のように多数派が賛成していれば、議長でない者が採決していても、決議不存在ではないことになろう。[8] なお、最判昭和四二・七・二五民集二一巻六号一六六九頁は、「総会の討議の過程を通じて、その最終段階にいたつて、議案に対する各株主の確定的な賛否の態度がおのずから明らかとなって、その議案に対する賛成の議決件数がその総会の決議に必要な議決件数に達したことが明白になった以上、その時において表決が成立したものと解する」。明白なのは株主にとってか議長にとってか不明であるが、議長があえて確認しなくても決議が成立するかのようにも読める。また、議長を欠いた総会決議もそのために決議方法が著しく不公正にならない限り決議取消事由にならないとされる[9]。たしかに会社法では議長のいないことも予定されているが（施行規則七二条三項五号）、本件では正当な議長がいたにもかかわらず無視された事案である。このような立場に立てば、正式な議長がいなくても賛成多数であれば、決議は一応成立し、正規の議長によらなかったことは決議取消事由にすぎないと解すべきこととなろう[10]。

二　取締役会設置会社においては招集通知に記載されていない議題の決議ができない（三〇九条五項）。本件決議は招集通知の記載されない議題であった。この場合の瑕疵をどのように評価すべきか。招集通知における記載漏れと考えれば手続的な瑕疵としての取消事由とも思えるが、そもそも決議できない事項を決議したと考えれば決議内容の法令違反があり無効とも考えられなくもない。また、三〇九条五項は決議の成立要件を定めたものであり、決議として有効に成立しないと解するのであれば不存在とも解される。会社法制定前においては、招集通知に議題の記載不備がある場合に決議取消事由とするのが一般的であった[11]。しかし、会社法は取締役会設置会社では招集通知に記載のない議題は決議できないと明文で定める。このような会社では株主が日常的に経営から離れている場合も少なくなく、株主は招集通知の議題を見て総会への出欠を決めることが予想される。したがって招集通知であらかじめ議題を知らせておくことは、株主の利益を保護するためにきわめて重要なことであり、招集通知に記載しないことは重大な瑕疵にも思える。この意味で判旨がこのような決議を不存在としたことは正当である。ただし、一方で会社法制定前と同様、この場合も招集通知の記載の不備であり、決議の方法の法令違反に当たり、取消事由とする立場もあり得る。他の招集通知の記載事項（二九八条一項）が欠けている場合と区別しないという立場である。もっとも、本件決議では、株主全員が出席して決議しており、招集通知に記載のない事項を議題とすることに同意していたとも考えられる（三〇〇条参照）。そうであれば判旨がこの決議を不存在と評価をしたことは疑問に思われる。

三　本件では不存在の総会決議を後の総会決議で追認している。不存在の決議を追認すること自体理論的には疑問があるともいえる。しかし、一方で無効の決議であれば追認の余地はある。そもそも無効と不存在とは会社法上峻別されているが、同じ八三〇条に規定されており、現実の事象として少なくとも法的不存在の場合には差異を設ける必要はないとも考えられる。(12)さらに問題はここで追認に遡及効を認められるかである。一般に、公益に反しないのであれば当事者間の合意によって過去にさかのぼって無効行為を有効とすることは差し支えないと解されてきた。(13)判旨は、このような民法学説に従い、第三者の法律関係を害さない等の特段の事情があれば、遡及効を認める余地を認めつつ、そのような事情がなければ遡及することはできないとする。株主総会の追認決議に遡及効が認められるのは具体的にどのような場合があるか明らかではないものの、本件では遡及効を認めるとXの地位が大きく影響を受けるのであり（認めた方がXの経済的利益になるかどうかは別として）、これを否定した結論は正当であろう。

(3)　河本一郎『現代会社法〔新訂第九版〕』（商事法務、二〇〇四年）四一七頁。前田庸『会社法〔第一二版〕』（有斐閣、二〇〇九年）三七五頁、江頭・前掲注(1)三三四頁参照。
(4)　酒巻俊雄＝龍田節編集代表『逐条解説会社法第四巻』（中央経済社、二〇〇八年）一七三頁〔浜田道代〕。
(5)　鈴木竹雄「判批」ジュリ三四三号（一九六六年）一三九頁。
(6)　江頭憲治郎＝中村直人編著『論点体系会社法第二巻』（第一法規、二〇一二年）四六七頁〔松井秀征〕。
(7)　鈴木竹雄＝竹内昭夫『会社法〔第三版〕』（有斐閣、一九九四年）二四六頁。
(8)　福島洋尚「判批」金判一三九五号（二〇一二年）二四六頁。
(9)　上柳克郎ほか編『新版注釈会社法(5)』（有斐閣、一九八六年）一六五頁〔森本滋〕。
(10)　尾崎悠一「判批」ジュリ一四四四号（二〇一二年）一二二頁。
(11)　大隅健一郎＝今井宏『会社法論（中巻）〔第三版〕』（有斐閣、一九九二年）一一一頁、前掲注(9)『新版注釈会社法(5)』三三〇頁〔岩原紳作〕等。
(12)　弥永真生「判批」ジュリ一四二八号（二〇一一年）八三頁。
(13)　四宮和夫＝能見善久『民法総則〔第八版〕』（弘文堂、二〇一〇年）二八四頁等参照。

九　取締役の監視義務違反による責任と株主代表訴訟

〔Desimone v. Barrows, 924 A. 2d 908 (Del. Ch. 2007)〕

【事実の概要】

Sycamore Networks, Inc（以下「S社」という）は、光通信に関する開発および製造を行う会社である。同社は一九九八年に設立され一九九九年に株式が公開された。公開後株価は大きく変動した。会社を設立したのはD氏とS氏の二人であり、いずれも総数六名で構成される同社取締役会のメンバーともなっている。このうちD氏は議長を務め一六・五％の株主である。彼は報酬を受け取らなかった。S氏は一五・五％の株主であり、彼は年間一〇万ドルの報酬を受け取るCEO社長となったが、賞与やストック・オプションはもらっていなかった。両名以外の取締役は、社外の独立した取締役とされており、彼ら四人の報酬はストック・オプションだけであった。同社の報酬委員会は彼ら四人のうちB氏とF氏から構成され、監査委員には彼ら四人のうち三人が交互に就任していた。

S社の取締役、役員、従業員へ与えられたストック・オプションの付与方法について、バックデート（株価の低い日に付与の日付をさかのぼらせる）がなされていたことから、この点についての不実表示や関連する不正行為に関してSECおよび司法省による調査が入った。

S社の株主X（原告）は、事前に取締役会にデマンドをすることなく、また会社法二二〇条による帳簿・記録の閲覧請求をすることもなく、代表訴訟を提起した。Xの主張において重要な根拠となったのは作成者不詳の内部文書であった。そこでは二〇〇〇年に六人の一般従業員へ与えられたストック・オプションの付与日が、同社株式の直近四半期中最低取引価格の日に変更されたと記載されていた。会社の前取締役（人事担当）であるL氏は、バックデートを非難しており、Xは彼の主張に大いに依拠していた。L氏は退任する際にストック・オプションを与えられたものの、株価が大きく下がり、それが価値のないものになっていた。CFO（ストック・オプション担当者）であるJ氏が退任した後は、L氏は新たなCFOとの間でこの件について再交渉をしている。その際にも同社でバックデートが行われてきたことを交渉材料にしていた。

前記文書を受けてS社の監査委員会は内部調査を行い、その結果不当な処理がなされていたことを開示した。しかし、同社は役員、取締役、従業員の誰をも罰することはしなかったし、ストック・オプションを受け取った者がこれに関し現金や費用を支払うことも、ストック・オプションを失うこともなかった。

Xは信任義務違反を理由として取締役等（被告等）の責任を追及した。

Xはストック・オプションのうち、①一般従業員向け、②役員向け、③社外取締役向け、の三タイプの付与について争った。③の社外取締役向けは毎年自動的に年次総会の日に付与され、付与の日の市場価格で行使できるものであった。①と②の役員・従業員向けは、インセンティブプランと呼ばれていた制度であって、これは取締役会またはその委員会が管理すると定められていたが、さらに取締役会は役員にその権限を委譲できると定められていた。すなわち取締役会が株式の上限と下限を決めるとされていたものの、取締役会の権限はきわめて制約されていた。この場合の行使価格は、③の社外取締役向けとは異なり、付与日の公正な市場価格で付与することを特に要求されてはおらず、管理者の裁量によって決めるとされていた。また、社外取締役向けと異なり報酬委員会の裁量で付与計画が決められていた。

被告等は本件ではデマンドが免除されない上に、民事訴訟規則一二(b)(6)の下で請求原因を述べていないとして訴え却下を申し立てた。また、Xが株主になったのは二〇〇二年二月からである一方、Xの主張するストック・オプション付与の多くが二〇〇〇年と二〇〇一年であったのでデラウエア州会社法三二七条により原告適格が認められないと主張した。これに対してXは、彼の株式取得前と同様の行動パターンがその後も繰り返されたとして、「違法の継続」を主張した。

【判　旨】

一　裁判所は、Xの訴えを却下したが、以下のようにその理由として、①デラウェア州会社法三二七条の定める行為時保有要件を満たしていないこと、②代表訴訟の提起に当たりデマンドをしていないこと、③民事訴訟規則一二(b)(6)の下で、請求原因を十分主張していないことを判示している。

①については、不当な付与のうち二件だけがXの株主になる前に行われたが、Xはすべての付与について責任を問うている。行為時保有要件の例外である「違法の継続」は、原告が株式を取得したときに問題の取引は始まっていたが完了していなかったような例外的な場合に適用される。これを複数の違法について使うのは正しくない。違法が救済されていないことは違法が継続していることを意味するものではない。Xの主張については、株式保有前に起こった違法と保有後に起こった違法とを容易に分断できることが問題である。オプションを付与したときに取引は完了する。裁判所が三二七条の適用を緩めるならば、同条が実質的に無力になるおそれがある。すでに完成した違法を攻撃することはできないのである。

もっともXは、三二七条の目的は、株式購入時までの行為を攻撃することを意図して、代表訴訟を起こすために株式を買うことを防ぐことにあり、彼はそれまでのバックデートを知らなかったのであるから、彼はそのような意図で株式を取得したのではないので同条は適用されないと主張する。しかし、同条は行為時の保有が代表訴訟を維持することの前提条件であるとしており、議会はこの要件の例外として主観的例外を立法化していない。つまり取得前に違法を知らなかったとしても原告適格が認められることにはならないのである。

②については、S社取締役会がX提訴の時点で独立した利害関係のない経営判断を行使して、デマンドの対象であるXの請求に答えることができるかどうかが問われる。ここで適用されるRales基準では二つの審査があり、(i)問題の行為がある取締役に利害を持たせるか、もしもそうであれば、他の取締役が、利害ある取締役から独立して行動することをゆがめるかどうか、(ii)少なくとも取締役の半数が当該行為について個人責任を追及されるおそれが十分に大きく、デマンドについて公平に行動することをゆがめるかどうかが問われる。

役員を兼務する二人の取締役会メンバーは、原告の攻撃する従業員向けストック・オプションまたは役員向けストック・オプションについて、これを受け取っていないので、ここでの問題は、取締役会の過半数は、付与の結果個人責任を負う可能性が相当程度あり、デマンドを公平に判断する能力を損なうかどうかである。

③については、信認義務違反の主張は結論だけではなく、違反を推論させることを支持する事実を訴答しなければならない。Xは最終的に求める救済を得る権利のあることについて説得力ある事実を訴答しなければならない。

二　本件で株主承認を要するストック・オプションは、すべてが付与日の公正な市場価格で行使される必要があるとはされていなかった。取締役には裁量で市場価値以下での付与が認められていた。そこで問題は、オプション価格をひそかに操作していたときに、公正な市場価値によりオプションを付与していると株主、市場、規制機関に対して表示した場合に、取締役が信認義務に違反することになるかどうかである。

Xは、取締役について、従業員・役員向けストック・オプションを付与された者から独立して行動することができないことを示す、帰責性のある心理状態をほのめかす事実さえ主張していない。

株主承認型で市場価格以下での発行も認められている場合には、経営判断の領域内で発行を選ぶことができる。このような場合でも、取締役はひそかに、公正な価格で付与していると虚偽の表示をしながら、バックデートをすることはできない。意図的に会社に法令違反をさせた取締役は、会社に対する忠実義務違反となり、もたらした損害の賠償が求められる。取締役は会社のために合法的な行為をする広い権限はあるが、会社に意図的に民事刑事の責任を負わせる権限はない。

それでは、法令違反により会社に重大な損害を与えたが、取締役が会社を害する意図を持たないときには責任を負うのか。Caremark 事件判決では取締役に責任が認められるには意図的な注意義務違反となる心理状態で行動したことが必要であるとした。取締役の監視義務違反の責任は取締役が忠実ではないという心理状態で行動したことを要求する。それは、怠惰が持続的であり、会社の役員が法令遵守システムを維持するよう努力をしなかったことを知って決定していたにほかならないという場合である。

Stone 事件判決は、監視義務にサイエンター要件を用いることで、独立取締役に与えられる免責規定による保護が損なわれないようにした。Xはバックデートが広く会社内で知られていたならば、取締役はそのことを知っていたに違いなく、その是正行動を取らないことで監視義務を放棄したと推論するが、XはCaremark事件判決の請求を述べておらず、デマンドは免除されない。

四半期中最低の取引価格までバックデートした一般従業員向けのオプションについて、二〇〇五年の会社による財務表明では、一九九九年から二〇〇一年までの従業員向けストック・オプションは不当に計算されたことが認められた。ここで、Xの主張は取締役に利害関係があるとか、受領者から独立して行動できないとか述べているのではないから、個人的な責任のおそれに直面しているかどうかが問題となる。

従業員向けストック・オプションはインセンティブプラン制度に基づき、取締役会は非取締役である執行役員に権限を委譲し、取締役会は最低限の役割を果たすだけである。訴状では取締役のいかなるメンバーが関与していたか示す事実を述べていない。報酬委員会が管理していたというが、どのように関与していたか、バックデートを知っていたのかを示していない。委員会が執行役員に権限を委譲していた可能性が高い。Xも報酬委員会が意図的にバックデートを承認したとの主張はしていない。CEOのS氏が関与していたとの特定の事実の主張もみられない。XはS氏がバックデートを知っていたとの誠実な主張をしていない。Xは、バックデートが容易になされたことから明らかなように会社の内部統制はひどく欠陥があったと主張し、取締役全員、特に監査委員は財務報告を十分に監視し、付与日の修正や不実記載を発見し差し止める監視義務に違反した可能性が高いと主張する。しかし、信認義務を果たしていないことを取締役が知っていたことの立証が要求される。単に持続的なまたは体系的な監視の欠如は責任の必要条件である誠実の欠如を根拠づけるものではない。Xは、取締役会は内部統制が不十分であることを知っていたこと、内部統制が不十分なことは違法または有害な行為となる余地があること、取締役会はその存在を知っていた内部統制の欠陥について何もしないことを決定していることを示す事実を、訴答しなければならない。

デラウエア州裁判所は、違法行為が起こったならば、内部統制システムに欠陥があったに違いなく、取締役会は知っていたに違いないという専断的な主張を一貫して拒否してきた。ここで、Xがデマンド免除を訴答していないとする主たる理由は、取締役会が意図的にバックデートをしたことを推論する事実を述べられていないことである。Xは、デマンドについて取締役会の過半数が利害関係なき経営判断を行使できないことに関して、各取締役個別の事実を訴答しなければならない。

三　さらに、Xは社外取締役へのストック・オプション付与も有利になされており、何か違法な行為がなされたに違いないという。しかし行使価格はすべての重要な情報を盛り込んだ付与日の市場価格と同一であり、Xの主張は疑わしい。会社が自動的非裁量的なストック・オプション付与の前に、マイナス情報について定期的開示をしたとの主張は、認められる請求を述べていることにはならない。取締役に、ストック・オプションの付与をやめさせるか、定期的な開示によりもたらされるマイナス情報を反映した株価以上に行使価格を設定させるべきであるという主張も正当ではない。株主は付与を承認する際に付与の予定日が定期的な開示のすぐ後にやってくることを知っていたのである。行使価格は、よかれ悪しかれ、会社のその期の重要な業績情報を反映する。Xは、行使価格に影響を与えようとして会社が定時の開示パターンから外れて開示していたことを主張しなければならない。Xは非裁量的な制度からの逸脱や、定期開示制度からの逸脱を主張していないのである。

【解　説】

一　本件は、会社が従業員、役員、社外取締役に向けて付与してきたストック・オプションの慣行について、不正があったとして、株主が株主代表訴訟を提起して取締役等の責任を追及した事例である。代表訴訟を提起するに当たって、株主は取締役会へのデマンドは行わなかった。この場合デラウエア州では、デマンドが無益であることを原告によって主張することが求められる。

デラウエア州の先例となる判例は、Rales 事件判決[(1)]であり、これによれば、裁判所がデマンドの免除を認めるに当たっては、原告の主張する事実から、訴え提起時において、取締役会がデマンドについて独立して利害なき判断を適切に下すことについて合理的な疑いが生じるかどうか、裁判所は審査しなければならないとしている。そして、①問題の行為がある取締役に利害を持たせるか、もしもそうであれば、他の取締役が、利害ある取締役から独立して行動することをゆがめるかどうか、②少なくとも取締役の半数が当該行為について個人責任を追及されるおそれが十分に大きくて、デマンドについて公平に行動することをゆがめるかどうかが問われる。

S社の取締役会は六名から構成され、四名が社外取締役である。社外取締役向けストック・オプションについては、それを受け取っていた者が取締役会メンバーなので利害関係を有するとも考えられるが、当該ストック・オプションには裁量の余地がほとんどなかった。むしろ本件における問題は、従業員・役員向けストック・オプションであったことから、ここでの主たる争点は、取締役の監視義務違反の責任が認められるかどうかである。他にもいくつかの興味深い論点があるが、以下では、この点を中心に論じていきたい。

二　取締役の監視義務違反による責任に関しては、デラウエア州裁判所はすでにいくつかの重要な判決を下してきた。

Graham 事件判決(2)では、原告が取締役の監視義務違反を問い、取締役は従業員の違法な行為を知るべきであったとして株主代表訴訟を提起した。これに対して裁判所は、疑うべき理由がない限り、取締役は違法行為をすべて探り出すようなスパイシステムを設けこれを稼働させる義務はないとした。つまりコンプライアンスプログラムを設ける積極的な義務はないとしたわけである。

ところがその後の Caremark 事件判決(3)は、監視義務に実質的な意味をもたせた。この事件で原告は、取締役は会社の役員および従業員が連邦法違反に関与することを知るべきであったと主張して株主代表訴訟を提起した。判旨は、取締役に監視・監督の責任を認めるための二つの条件を挙げている。①取締役が完全に報告または情報のシステムまたはコントロールの構築を怠ったこと。または、②そのようなシステムを構築したが、意識的にその稼働について監視せず、そのため注意すべきリスクや問題を知り得なかったこと。もしも取締役が行動すべき義務を認識していたにもかかわらず、責務を意識的に無視した場合には、信認義務を誠実に履行しなかったことにより忠実義務違反となる。この判決では、Graham 事件判決とは異なり、監視システムを持つことが重要であるとしていた。

Stone 事件判決(4)では、監視義務を誠実義務の一つと位置づけ、さらにそれを注意義務や忠実義務とは別の第三の義務ではなく、忠実義務の一つと理解する。その上で、義務違反にはサイエンターを要件とし、「取締役が従業員の任務懈怠により個人責任を負うとの主張は、原告が勝訴判決を得るための会社法でもっとも難しい理論である」と述べる。また、「誠実の欠如を、一貫した組織的で合理的な監視の懈怠によって証明するという責任のテストは、きわめて高度である」と認める。この判決では、監視対象の経営者が信認義務を果たしていないことを、取締役が知っていたことの立証を要求した。単に持続的なまたは体系的な監視の欠如は責任の必要条件である誠実の欠如を根拠づけるものではないとする。取締役会は内部統制が不十分であることを知っていたこと、不十分であることは違法または有害な行為となる余地があること、取締役会は存在することを知っていた内部統制の欠陥について何もしないことを決定していることを示す事実を訴答しなければならないと判示されている。

さらに本件以後の判決であるが、Citigroup 事件判決(5)では、ビジネスリスクについての監視義務を否定し、監視義務の対象を法令違反に限定した。監視をしないことはビジネスリスクを取らないという経営判断をするのと同じであり、その監視義務を問うことは事後的な司法審査をすることになってしまうと指摘する。

このようにデラウエア州では取締役の監視義務違反による責任の追及の途はきわめて狭いのが現状である。ビジネスリスクについての監視は、経営判断原則との関係で裁判所が消極的になることは理解できるが、本件のように違法行為についての監視についても、裁判所は、Stone 事件判決に素直に従ってサイエンターを要件と理解していることが注目される。本件では、従業員向けのストック・オプションについて、不適切なバックデートが行われており、取締役の違法行為への監視が期待されたはずである。

しかし、裁判所は、取締役会が、バックデートを発見するには実際に内部統制が不十分であることを知っていたこと、取締役会がその不十分なことを無視する選択をしたことを示す事実を訴答しなければならないとして、審査の焦点は取締役が何を知るべきであったかではなく、何を知っていたかに置かれた(6)。

三　最近の米国の論文によれば、デラウエア州では Caremark 事件判決以後の一五年で取締役の監視義務違反の責任を追及した訴訟は二二八件あったが、却下の申立てを乗り越えたのは一二件であり、さらに責任が認められたのはわずか一件であるとの指摘がされており(7)、Caremark 事件判決によって取締役の監視義務違反による責任が明確にされたものの、実際に株主がそれを追及するのは容易ではなかったようである。法令遵守システムを重視するという考え方自体は正しいようだが、Caremark 事件判決の下でその後一五年の違法行為を防ぐには効率的ではなかったとの評価がみられている(8)。

本件判旨からは、原告はシステムの欠陥を証明するだけでは不十分で、取締役会がそれを知っていたことを立証しなければならないとされている。このため、本件では、内部統制システムの欠陥に取締役会が気づいていなければ、原告はデマンド無益を論じても成功できないことになる(9)。しかも略式判決まではディスカバリーが使えないため、原告が却下申立てに打ち勝つ手段がないといわれる。Stone 事件判決では、監視義務を誠実義務の一つと理解することで、その違反が認められれば、経営判断原則や免責規定の適用範囲から外れるが、一方で義務違反の要件にサイエンターが求められる。濫用的な代表訴訟の脅威は、とりわけ社外取締役にとっては大きいといわれてきたが、監視義務違反による責任を追及しようとする株主にとっては、状況はきわめて厳しい。株主が十分に調査をすることもなく、マスコミ報道等に依拠して安易な、あるいは準備不足な代表訴訟を提起することは少なくないといわれている。しかし、デラウエア州で監視義務違反の責任が追及されたほとんどの事件ではサイエンターを訴答していないとして、あるいはビジネスリスク事項であるとして、必要とされるデマンドがなされていないことを理由に却下を認めてきた。

確かに、監視義務違反を広く認めると、不作為が意図的な結果でない限り、取締役会としてはいかなる行動をすべきであったのかという問いについて、裁判所が独自に判断しなければならないという面倒な仕事に直面することにはなる。しかし、取締役会に会社を経営する実質的な役割を期待する範囲で、取締役会には高い監視基準を課すことが適切である。この点でデラウエア州裁判所は義務の範囲を狭くとらえすぎており、原告が監視義務の訴訟を起こすことを難しくしており望ましくないのであり、また、取締役の監視は違法行為に限定する判決があるが、取締役は法律ではなく経営の能力を買われていることからすれば、これもまたおかしな結論であるとの批判がみられている。[10] その結果、デラウエア州裁判所の考え方は、①会社の取締役会の役目に矛盾すること、②ビジネスリスクの監視から取締役を免除してしまうこと、③監視義務を不誠実行為と性格づけて、意味のある監視義務訴訟を起こす原告に不合理な負担を課していること、④いつ監視義務を発動させるか十分に示していないこと等が批判の対象とされている。[11]

一方で株主による濫用的な代表訴訟を防止する必要があるが、他方でコーポレート・ガバナンスの見地から取締役会を効率的に機能させる必要があり、両者のバランスを取ることが期待されるのであり、今後の監視義務をめぐる判例の動向が注目されるところである。

（1）Rales v. Blasband, 634 A. 2d 927（Del. 1993）.
（2）Graham v. Allis-Chalmers Mfg. Co., 41 Del. Ch. 78, 188 A. 2d 125（Del. 1963）.
（3）In re Caremark Int'l Inc. Deriv. Litig 698 A. 2d 959（Del. Ch. 1996）.
（4）Stone v. Ritter, 911 A. 2d 362（Del. 2006）.
（5）In re Citigroup Inc. Shareholder Derivative Litigation, 964 A. 2d 106（Del. Ch. 2009）.

（6） Eric J. Pan, A Board's Duty to Monitor, 54 N.Y. L. Sch. L. Rev. 717, 734（2009–2010）.

（7） Michael J. Borden, "Of Outside Monitors and Inside Monitors : The Role of Journalists in Caremark Litigation." at 6（2012）（http://works.bepress.com/michael_borden/3/）.

責任が認められた事例として、ATR-Kim Eng Financial Corp. v. Araneta 2006 WL 3783520（Del. Ch., 2006）がある。

（8） Borden, Id., at 6.

（9） Id., at 42.

（10） Eric J. Pan, Rethinking the Board's Duty to Monitor : A Critical Assessment of the Delaware Doctrine, 38 Fla. *St.U.L. Rev.* 209, 210（2010–2011）.

（11） Id., at 211.

一〇　Say on Payと取締役の責任

〔Raul v. Rynd, 929 F. Supp. 2d 333 (D. Del. 2013)〕

【事実の概要】

H社（Hercules Offshore, Inc.）は、デラウエア州の会社であり、石油や天然ガスの開発・生産事業のために浅海での掘削（くっさく）や海洋サービスを行う会社であった。H社の株主であった原告Xは、二〇一一年六月二二日に、H社取締役会構成員、最高執行役員および報酬コンサルタント（FWC）を相手に株主代表訴訟を提起した。その理由は、取締役と執行役員については信認義務違反および一九三四年連邦証券取引所法一四条(a)項違反等を理由とするものであり、報酬コンサルタントについてはその幇助・教唆および契約違反を理由としていた。これに対して被告取締役らは、本件代表訴訟の提起に当たり取締役会への事前のデマンドがないこと等を理由に訴訟却下の申立てを行った。これに対して裁判所が却下を認めたのが本件である。

H社は二〇一一年三月二五日に同年五月一〇日開催の年次株主総会に向けて委任状説明書を送付した。この総会では、Dodd-Frank Wall Street Reform and Consumer Protection Act（以下「ドッド＝フランク法」という）の定めるSay on Payに基づくはじめての投票が予定されていた。この委任状説明書には役員報酬に関する制度や報酬政策について詳しく論じられていた。具体的には、①複雑で競争の激しく変化の多い業界にあって、会社を指導できる役員を確保し動機づけ、報いること、②役員の利害と株主の利害とを調和させること、③業績に対して報酬を支払うこと、④業績連動報酬の結果、役員が過度にリスクをとることにならないよう確保すること、⑤役員が自ら辞任する場合に対しては、役員報酬の相当部分を返却させることにより勤務の継続を促すことが記載されていた。委任状説明書にはさらに、報酬委員会による報酬に関する取決めは、業績連動報酬を強化し、役員の金銭的利害と長期的株主の利害とを調和させるという目的で設計され続けること、役員が報酬として受け取った普通株式については相当部分保有し続けることを役員に要求することが記載されていた。

二〇一〇年のH社の役員報酬案は取締役会によって承認され、前年の役員報酬に比較して、およそ四〇％～一九〇％の範囲で増額された。たとえばCEOの Rynd の報酬は二〇〇九年には一三〇万ドルであったのが、二〇一〇年には約二五〇万ドルに増額された。同様にCFOの報酬は三三万三、〇〇〇ドルから九六万三、〇〇〇ドルに増額された。この増額は二〇一〇年というH社の業績が悪いときに実施された。同年においては前年に比較してH社の総収入が一一％減少していたのであった。

二〇一一年の委任状説明書では二〇一〇年の報酬について勧告的な投票により株主承認を求める議案が記載されていた。そこには二〇一〇年の報酬については取締役会全員一致で承認されていることも記載されていた。

二〇一一年五月一〇日、H社の年次株主総会において株主は二〇一〇年の報酬制度を承認する議案について約五九％の反対票により否決した。しかしながら、二〇一〇年の取決めはすでに実施されており、これが後から取り消されることもなかった。なお、二〇一二年のH社の株主総会においても株主は役員報酬の承認議案について否決しているようである。

そこで、Xは、以下のような主張をしてH社の取締役等の責任を追及した。取締役会が二〇一〇年の報酬を承認したことについて、信認義務違反があった。すなわち、(i)会社は業績に対する報酬という政策に違反した。(ii)同年の報酬は適切な経営判断の行使の結果ではない。(iii)取締役会は二〇一〇年の報酬が会社の業績と意味のある関係を明らかにしていないので、委任状説明書の記載は重大な虚偽または誤解を招くものとなっていた。四〇％～一九〇％に及ぶ役員報酬の増額は会社の業績からみれば、委任状説明書に記載されていた業績連動報酬という会社の哲学に反することを被告らは知っていた、あるいは知るべきであった。株主が二〇一〇年の報酬制度を否決したことは当該報酬が会社の最善の利益には合致せず、経営判断の結果ではないことを強く示すものである。そしてH社の委任状説明書は連邦証券取引所法一四条(a)項に違反するものであると論じた。また役員は不当に利得しているとも主張した。FWCについては、H社の業績が悪いときに四〇％～一九〇％の報酬増額という不合理で不誠実な決定に協力したのは、的確で堅実な助言とサービスを提供する契約に違反したと主張した。

取締役らはこれに対して、二つの点から却下の申立てを行った。第一に、Xは事前のデマンドを取締役会へ行っていない。Xはデマンドが無益である理由、すなわち取締役会の過半数が独立で利害関係のないことについて合理的な疑いを生じさせる事実を主張していない。二〇一〇年の役員報酬の決定は適切な経営判断の結果であった。第二に、たとえデマンドが免除されたとしても、委任状説明書には重要な虚偽または誤解を招く記載はないし、取締役の忠実義務違反をXは十分主張していないと述べた。

これに対してXは、事前のデマンドを行わなかったことについて以下のように述べて、デマンドは無益であり免除されると主張した。各取締役は本訴によってすべて被告となっており、二〇一〇年の役員報酬採用について賛成投票を行った取締役であった。また各取締役は重大な虚偽または誤解を招く記載のある委任状説明書の作成に参加していたし、株主が報酬制度を否決したときに取締役であった。したがって、各取締役は、本訴の結果に利害を有し、責任を負う相当程度の可能性に直面している。また、二〇一〇年の役員報酬は株主総会で承認決議が否決されていることから経営判断原則の保護は適用されない等と主張した。

【判　旨】

一　連邦民事訴訟規則二三・一条では、株主は代表訴訟を提起するためには、事前のデマンドをするか、またはそれをしないことについて満足のいく説明が求められる。デマンドが無益であるときには免除される。デマンドが免除されるためには、原告は、取締役が利害関係なく独立していること、または問題の取引が適切な経営判断の行使の結果であることについて、合理的な疑いをもたらす具体的な事実を立証しなければならない。前者の疑いの主張ができないときには、原告は当該行為が正直かつ誠実になされたことを疑うべき理由、または取締役会が意思決定に当たり十分な情報を得ていたことを疑うべき理由を生じせしめるに十分かつ具体的な事実を訴答しなければならない。

連邦民事訴訟規則一二条(b)項では、裁判所は、原告の主張するすべての重要な事実が真実であったとしても救済が認められないときにのみ、却下を認める。Xは、ディスカバリーによって、請求に必要な要素についての証拠が明らかになるであろうと合理的に期待できるような十分な事実を述べなければならない。

証券詐欺については、連邦民事訴訟規則九条(b)項により、Xはすべての重要な事実を詳細に主張することは要求されていないが、誰がいつどこでどのように問題の行為が行われたのかということを含んだ本質的な事実背景によって裏づけられなければならない。すなわち九条(b)項により高められた訴答要件が適用される。

二　Xは、H社の株主が二〇一〇年の報酬計画に反対したにもかかわらず、取締役会はこれに対応してこの計画を取り消したり変更したりするために何もしていないという事実に大きく依拠している。しかし、ドッド＝フランク法はSay on Pay 投票について会社や取締役会を拘束するものではないと明示的に規定する。したがって、Xの主張や議論は同法の現実を認識していない。

また、XはH社が厳格な業績連動政策を採用したという考え方に強く依拠する。委任状説明書には、業績に対する報酬であることが報酬制度の哲学と目的の一部をなすと説明していることは事実であるが、そこでは他の目標も記載しており、そこには五つ目標があり、その一つは役員を確保するという目標であり、二〇一〇年は会社が財務的に困難に遭っており、まさにそのことゆえに重要性が増してきた目標なのである。

委任状説明書においても「このIncentive and Retention Planは、二〇一〇年に実行され、二〇一〇年度および二〇一一年度に適用される。報酬委員会は、この計画の実施は魅力のある報酬の機会を提供するライバル会社の努力を無駄にさせ、経営者に将来の株主価値創造のために現行の経営戦略の履行に焦点を向けさせ続けることにおいて重要であると信じている」と説明されている。

一定の状況下では、役員の人材を確保するという目標は、たとえ会社の財務成績が悪い場合であっても、役員報酬の増額を導く。しかも委任状説明書の説明によれば、役員報酬全体は、会社の業績だけではなく、報酬コンサルタントの助言、会社の目標・目的、会社の業績目標、個人的業績目標、ライバル会社の支払う報酬等の要素にも基づくものなのである。

Xの主張は、役員報酬は単に過去についての対価であるという正しくない仮定に立っているが、委任状説明書では役員報酬の多くの部分が将来に向けられたものであることを明らかにしている。したがって、XがH社の役員報酬政策を、会社業績の特定の財務面と役員報酬との間の強い相関関係を命じたものであると性格づけていることは間違いである。

三　当裁判所は、Xが、取締役会の過半数が独立で利害関係のないことについて、また当該行為は適切な経営判断の結果であるということについて、合理的な疑いを生じさせるのに十分かつ明確な事実を主張していないと結論づける。Xは取締役会の過半数が責任を負う可能性が相当であり、デマンドが無益である旨を立証していない。Xは、報酬制度に明確に反対することによって示された株主の明示の要求に直接反する報酬制度を実行することで、取締役会は株主の意思と衝突したと主張する。しかし、ドッド＝フランク法の下では、取締役会は株主の投票に鑑みて報酬制度を再検討するという義務を負わない。しかも、ドッド＝フランク法は明示的に株主投票を取締役会の決定を覆すものとすることを禁止する。したがって、取締役会が再検討しなかったことは責任の相当程度の可能性をもたらすものではないし、取締役会がデマンドを客観的に評価できなかったことを示すものでもない。

本裁判所はデマンドが免除されないという結論を変更する理由をみつけられない。したがって、デマンドのなされていないことに基づく却下が認められる。

四　連邦民事訴訟規則二三・一条によって本訴が却下されるのであれば、必ずしも必要なことではないが同規則九条(b)項および一二条(b)項(6)の下での分析も行う。

(1)　Xは、委任状説明書には、取締役会が二〇一〇年における業績連動報酬政策に従っていなかったこと、役員報酬は会社の業績と意味のある関係を持っていなかったこと、取締役会は役員報酬の決定に当たり業績への対価を強調しなかったことを、開示していなかったことで誤解を招いたと主張して、連邦証券取引所法一四条(a)項に基づく請求を行っている。しかし、委任状説明書においてH社は厳格な業績連動政策をとっていなかったことを明らかにしており、Xは委任状説明書における重大な虚偽記載を明らかにできなかった。したがって、一四条(a)項に基づく救済は認められない。

(2)　忠実義務違反の請求では、個人的な金銭的利益衝突、または取締役が責務を意識的にかつ完全に果たさなかったことを主張することが要求される。Xは、取締役会は取締役の地位および会社の内部情報に接近し得たことから、増額した二〇一〇年の報酬は会社の業績連動報酬政策に違反することを知っていた、または知るべきであったと主張する。認識すべきであったことは、取締役が責任を問われるべき心理状態にあったことを推論するには十分ではない（取締役会が承認しただけでは各取締役について有責な悪意または不誠実を推論するには不十分である）。同年の役員報酬がH社の業績連動報酬政策に違反したとの主張は説得的ではないので、Xの忠実義務違反の主張は十分ではない。

(3)　FWCについては、取締役会による信認義務違反の主張が十分になされていないので、違反に対する幇助・教唆の主張も不十分である。

(4)　XはFWCがいかなる契約条項に違反したのか明らかにしていない。

(5)　役員は不当に利得しているとXは主張する。不当な利得は他人の損失の下で不当に利益を保持すること、または正義衡平の原則や道義に反して他人の金銭または財を保持することである。Xの請求は、二〇一〇年のCEOや上級役員の報酬の引上げがH社の業績連動報酬政策に反し、H社の同年の暗い財務成績からみて不当であるという主張に依拠する。したがって、この請求も説得的ではない。

【解　説】

一　近年、金融危機以降、アメリカでは高額な（そこには平均的勤労者に比べて高額と、業績に比べて高額の二つの意味がある）役員報酬をめぐって激しい議論がなされたところであった。これを受けて、二〇一〇年に制定されたドッド＝フランク法では会社が役員報酬について定期的に勧告的な株主総会での決議を実行することを要求する。同法は連邦証券取引所法一四A条(a)項として、二〇一一年一月に施行された。これがいわゆるSay on Pay投票である。取締役の負う信認義務には、適切に株主の関心を考慮したかどうかが含まれるので、投票の結果は取締役が効果的にそのような責任を果たしているかどうかに関する裁判所の分析にある程度の役割を果たすように思われる。(1)

連邦証券取引所法一四A条によれば、公開会社においては、少なくとも三年ごとに役員の報酬を承認するための株主投票を実施しなければならないとされている。しかしながら、同条の(c)項ではこの報酬に関する投票結果は発行者またはその取締役会を拘束するというものではなく、①発行者または取締役会の判断を覆すもの、②発行者や取締役会に対して信認義務を変更したり、それを示唆するもの、③発行者や取締役会にさらなる信認義務を追加したりそれを示唆するものと解釈することはできない旨が明文で規定されている。もしもそうであるならば、役員報酬に関する承認議案を株主が否決したところで、取締役は特に何か義務を負わないのであろうかという疑問が生じる。

本件においては、会社の業績が芳しくない状況下において役員報酬の引上げが行われたが、株主によるSay on Pay投票においては、この役員報酬は支持されることなく否決されたのであった。にもかかわらず、取締役会は役員報酬を取り消したり変更する等の措置をまったくとらなかった。これを受けて、株主が代表訴訟を提起して取締役の責任を追及したのが本件事案である。二〇一一年にドッド＝フランク法が施行されて以来この種の代表訴訟が提起されることは珍しくないが、株主が勝訴する例はほとんどみられないようである。本件も、そのような事例の一つであり、多くのこの種の事案と同様に、株主は事前にデマンドをすることなく株主代表訴訟を提起するが、結局デマンド無益の証明ができずに却下されてきている。ただし、本件では裁判所が、仮にデマンドが免除されたとしてもとした上で、原告の請求について却下が認められるかどうかについても検討している点が注目される。

二　従来から、役員報酬の決定について、取締役の責任が認められた事例はまれであった。そこで、ドッド＝フランク法の制定においては、不適正な報酬制度を防止し報酬決定についての取締役の責任をより追及しやすくできると信じたことで推進されたという主張もみられていた(2)。しかし、ドッド＝フランク法は取締役に新たな信認義務を課すものではないと規定しており、同法は信認義務を考慮していないとも考えられる。

その結果、報酬に関する投票で勝利した株主が、代表訴訟を提起して、投票に配慮しない取締役に対して信認義務違反に基づき責任を追及しても、報酬政策について取締役会に経営判断の裁量が認められ、それだけでは取締役の信認義務違反による責任が認められる場合はまれである。本件判決も、このような考え方から、取締役の義務違反が認められる可能性について検討し、否定的な結論をとる。

たしかに州の裁判所にはこの点を見直して株主の議決権行使の結果から取締役の信認義務を導くべきであるという主張もみられるが、多くの州裁判所の事案において、報酬承認決議否決の結果を受けて提起される代表訴訟は訴答段階で却下されている(3)。すなわち取締役の判断が適切な経営判断行使の結果であることについて疑いを示すものでない限りは、デマンド無益とは判断されない。取締役には、独立した客観的判断を妨げるような経済的な会社との結びつきは認められないとされ、あるいは取締役については報酬の決定に関して責任が認められる可能性が低いとされ、デマンド無益とはされないのである(4)。本件もこのような裁判例の流れに従ったものである。

もっとも、報酬を承認したすべての取締役が被告になった事案で、デマンド無益が認められた判決もないわけではない。Cincinnati Bell 事件(5)である。この事件では、オハイオ州法が適用されているが、本件と同様に、株主が報酬に反対投票をしたことを受けて代表訴訟が提起された。裁判所は、取締役が独立した経営判断を行使できることには疑う理由がある事実を十分に示したと判断し、却下の申立てを認めなかった。しかし、むしろこのような立場は例外的なものであって、少なくともデラウエア州裁判所はこの立場に立っていない。つまり、Say on Pay から Sue on Pay へという流れにはなっていないのである。

また、この種の事案では、役員報酬が会社資産の浪費であるとの主張（会社が十分な釣合いのとれた対価を受けていないとの主張）が同時になされることも多いが、これが認められることはきわめて難しい(6)。

三　連邦証券取引所法一〇C条(c)項は、報酬コンサルタントを採用する場合の権限や開示について規定する。すなわち報酬委員会はその裁量でコンサルタントを雇用し助言を求めることができるとされており、報酬委員会はコンサルタントの任命、報酬、業務監督については直接責任を負うことになる。また、コンサルタントの雇用・助言、コンサルタントの業務の利益衝突については委任状説明書の記載事項である。さらにSEC規則一〇c―一は、コンサルタントを選任する際に考慮すべき要素を定めている。ここで連邦証券取引所法が取締役の独立性の要件を課し、さらに報酬コンサルタントを置くことを強調することは、結局は、それらを満たした場合には、デマンド無益が否定されることになるし、取締役会の決定について注意義務による批判から保護する結果となるとの指摘もみられる。あるいはSay on Pay制度は報酬コンサルタントへの依拠を増すことになり、結局は、役員報酬の増加になるかもしれないとの意見もある。(7)

このような背景の中で、本件では報酬コンサルタントの責任も追及されたが、裁判所は責任を否定している。二〇一〇年の報酬は違法でもなく適切な経営判断でないともいえないし、また専門家としての注意義務違反があったともいえないので契約違反は否定された。また、取締役の信認義務違反の責任が認められないので、幇助・教唆の責任も認められなかった。

四　実際の統計をみてみると、ドッド＝フランク法施行後の二〇一一年では、七〇％の会社において、報酬制度支持の議決権は九〇％以上であった。報酬制度を否決した会社をみてみると、二〇一二年ではわずか二・六％であり、二〇一三年で二・五％、二〇一四年では一・三％であった。(8)

報酬について否決されることがまれであること、仮に否決されたとしても、取締役会はそれに十分対応するかどうかは不透明である。しかも、このような取締役会の判断も結局経営判断原則によって保護されることとなる。取締役の経営判断が尊重されるのであれば、この種の訴訟を提起しても株主の勝訴する可能性は少ないのであろう。そこで、株主による承認が否決された場合には、会社の報酬政策と合致することや業績との対応に関して取締役に

立証責任を移すことを提案する者も現れている。(9)

（1）Lisa M. Fairfax, Sue On Pay : Say on Pay's Impact on Directors' Fiduciary Duties 55 *Ariz. L.Rev.* 1, 46（2013）.

（2）Id., at 5.

（3）このような代表訴訟を紹介するものとして，William Alan Nelson II, Ending the Silence : Shareholder Derivative Suits and Amending the Dodd. Frank Act so "Say on Pay" Votes May be Heard in the Boardroom, 20 U. *Miami Bus. L. Rev.* 149（2012）.

（4）Fairfax, supra note 1, at 6-7, 25.

（5）NECA-IBEW Pension Fund ex rel. Cincinnati Bell, Inc. v. Cox, 2011 WL 4383368（S.D.Ohio Sept. 20, 2011）.

（6）たとえば，Brehm v. Eisner 746 A. 2d 244, 262 n. 56（Del. 2000）では不釣合いな報酬で浪費に当たる場合には，取締役の裁量は制約されるとする。

（7）Fairfax, supra note 1, at 22, 33.

（8）http://www.semlerbrossy.com/wp-content/uploads/2014/04/SBCG-2014-Say-on-Pay-Report-2014-04-23.pdf 参照。

（9）Fairfax, supra note 1, at 49.

一一　会社の資金運用の判断と取締役・監査役の責任

〔横浜地裁平成二五年一〇月二二日判決　金融・商事判例一四三二号四四頁〕

【判決のポイント】

会社の資金運用として匿名組合契約に基づき出資することを取締役会で決議したことに関して、取締役については、会社顧問の回答を信頼した上での判断が合理的な範囲内にあることを理由に、監査役については、出資の回収可能性について念を押したことや差止請求権行使の可能性もなかったことを理由に、いずれも善管注意義務違反が認められないとされた。

【事　案】

X社は、各種燃焼工業用機械、各種工業窯炉、環境設備機器等の設計並びに製造、販売に関する事業を行うほか、これらの事業を行う子会社の株式を所有すること等により当該会社の事業活動を支配、管理する株式会社である。平成一九年三月二六日、X社は筆頭株主でもあるE社との間で、不動産共同事業協定を締結し、これに基づいて九億円を出資した。平成二〇年三月三一日に同協定が終了したのに伴い、X社はE社に対して出資金九億円の償還請求権を取得した。当時、E社及びH社の代表取締役は、いずれもX社の株主であるDが務めていて、Dその他の関係者所有株式の、発行済株式総数に対する割合は、二一・六六％であった。A社及びB社は、C社ないしその関係者の関連会社であった。Dは、裁判所の許可を得て、平成二〇年二月一五日開催のX社の臨時株主総会を招集した。同総会では、D提出の議案に基づき、Y_1、Y_3及びJが取締役に選任された。その後、Jの紹介で、FがX社の顧問に就任した。Fは、在任当時、財務に明るい人材として、X社の財務関係を実質的に取り仕切っており、X社の事業再編や戦略立案を行っていた。

同年五月ころ、X社において償還請求権の取扱いが問題となっていた。Fは代表取締役であるY1に対し、償還請求権の回収可能性を高めるため、X社のE社に対する債権額を増やし、E社に対する二番目の債権者となって交渉するのがよいと述べて、本件出資を提案した。本件取締役会は、平成二〇年五月二八日開催され、保有株式売却により得た余資一億四〇〇〇万円を運用する議案が審議された。出席した取締役はY1、Y2、Y3であり、出席した監査役はY4及びY6であった。決議に当たって、Y1が本件議案を一億四〇〇〇万円の資金運用であり、それまでにも不良債権の整理を担当させていたC社に運用してもらうとの概括的な説明をしたうえで、Fが議案説明を行った。Fは、本件出資の目的は、E社に対する償還請求権九億円の回収にあり、匿名組合を使ってE社に対する債権一億円を買取り、他債権者の強硬な取立による破綻を回避し、E社を存続させ、E社に対する債権額を九億円から二三億円に増大させて大口債権者となり、交渉力を確保することである旨を説明した。また、Fは、E社が破綻しても、債権額の五・七％にあたる一億四〇〇〇万円は返済されると説明した。Fの説明は、ホワイトボードを利用しながら口頭で行われ、参考資料等は配布されなかった。Y4及びY6が、出資金の回収可能性について質問したところ、Fは、短期的な回収は困難であるが、回収は可能であると回答した。Y3は、本件出資の合理性について質問したのに対して、Fは、弁護士及び公認会計士からの確認をとっていると回答した。議案は出席した取締役全員一致で可決された。そこで、X社は、平成二〇年五月二八日付でA社を匿名組合営業者、X社を匿名組合員とする出資額一億円の契約（その後A社は業務をB社に委託した）と、同年六月五日付でB社を匿名組合営業者とする出資額四〇〇〇万円の契約とを締結し、出資額を各匿名組合営業者に対し払い込んだ。B社は上記契約に基づき、E社を債務者とする工事請負金代金債権等を（債権額一四億一九八一万円あまりを買受代金七六七〇万円で）買い受けた。

平成二〇年七月一八日、X社とE社とは、本件償還請求権の額を九億円として月額二〇〇万円の分割弁済を行うこと、同債務につき抵当権を設定すること等を内容とする準消費貸借契約を締結した。その後、弁済がとどこおり、X社はE社に対して貸金返還請求訴訟を提起し、平成二二年九月八日、E社はX社に対して八億九六〇〇万円及び遅延損害金を支払うべき旨の判決が下された。しかし、その後、本件匿名組合契約に基づき配当がなされたことはなかった。平成二一年一二月、X社は本件匿名組合契約に基づく出資金の貸倒償却を行った。平成二三年一月一四日、E株式会社は大阪地方裁判所にて破産開始決定を受けた。

X社は、本件取締役会当時同社の代表取締役であったY_1、取締役であったY_2およびY_3、監査役であったY_4、Y_5、Y_6に対して一億四〇〇〇万円の損害賠償を請求した。

【判旨】

一　取締役の責任について

Y_1の注意義務違反については、以下のように判示してこれを否定した。

「取締役の業務執行は、不確実な状況で迅速な決断をせまられるものであるから、善管注意義務ないし忠実義務がつくされたか否かの判断は、行為当時の状況に照らし合理的な情報収集・調査、検討等が行われたか、および、その状況と取締役に要求される能力水準に照らして不合理な判断がなされなかったかを基準になされるべきである。そして、情報収集や調査の際、弁護士や公認会計士など専門家の知見を信頼した場合には、当該専門家の能力を超えると疑われるような事情があった場合を除き、善管注意義務違反とはならないし、他の取締役・使用人等からの情報等については、特に疑うべき事情がない限り、それを信頼すれば善管注意義務違反とはならない。

本件において、Fは、本件取締役会当時、金融関係の知識をもっており、X社の顧問として財務関係を取り仕切っており、不採算子会社の切り離しなど、実績もあげていた。Fは、E社の代表者であったDの推薦を受けて就任した取締役であるJの推薦でX社の顧問となったものであるが、X社を害してまでE社を利することは、X社との顧問契約にも反するであろうことは容易に想像されるし、具体的に、E社の利益のみを図ることによってFが利益を得る関係にあったとまでは認めるに足りない。Fは、当初、Y_1に対し、本件出資の目的を、本件償還請求権の回収可能性を高めるため、X社のE社に対する債権額を増やして交渉力を増すことが良いと説明したものであるが、Fは金融関係の知識をもち、財務関係を取り仕切っていたことからすれば、本件出資スキームに対して評価をすることがFの能力を超えると疑う事情は特にみられないし、事後的にではあるが、本件出資後のE社との交渉により争いがあった本件償還請求権の金額をX社主張どおりとしたうえで、分割弁済を受け、抵当権もつけることができたことからすれば、Ｆの説明内容を不合理であると疑う事情も特段なかったものと認めるのが相当である。」

「Ｅ社は当時のＸ社の筆頭株主であり、Ｅ社が信用不安に陥ると、Ｘ社ないしＸ社の関連会社が取引相手方に対する信用に傷がつくというおそれもあった。よって、金融関係の知識を特段持ち合わせていないY_1が、Ｆの説明を信用し、取引関係者に実現可能性についての確認をとったうえで、本件償還請求権の回収を図り、Ｘ社やその関連会社の信用を維持するために、本件出資につき本件取締役会に上程して決議したことにつき、善管注意義務違反ないし忠実義務違反は認めるに足りない。」

Y_2については、技術関係を担当しており、Ｆの財務や金融の知識を信頼し、法務や会計面から専門家の確認をとっているとの回答を信頼したことは相当である。また、自らＸ社関連会社代表者として、Ｅ社の信用について取引先から尋ねられた経験からして、Ｅ社の破綻回避の必要性は高いと認識していたのであるから、本件出資を決議する判断も合理的な範囲内にあるとして義務違反を否定した。Y_3については、特段金融の知識を持ち合わせておらず、Ｆの財務や金融の知識を信頼し、法務や会計面から専門家の確認をとっているとの回答を信頼したことは相当であり、その判断も合理的な範囲内にあるとして義務違反を否定した。

二　監査役の責任について

本件取締役における上記Ｆの説明につき、ＦのＸ社における役割と、公認会計士の意見も徴したとＦが回答したことからすれば、社外監査役であるY_6は、公認会計士の検討も経ており自らも本件出資の回収可能性について念を押したのであるから、それ以上に本件取締役会において意見を述べる義務まで認めるに足りない。本件出資は、本件取締役会の直後に実行されたのであるから、監査役の差止請求権を行使できた可能性もないとして、Y_6の善管注意義務違反を否定した。

Y_4についても、自ら本件出資の回収可能性について念を押したのであるから、それ以上に本件取締役会において意見を述べる義務まで認めるに足りないし、差止請求権を行使できた可能性もないから、かかる義務も認められない。中間決算やその後においても、各匿名組合の会計報告には損失が計上されておらず、買取債権の内容も記載されていないのであるから、問題性に気づくことはできず、それ以上の調査権の行使や責任追及手段を講じる義務も認めるに足りない。取締役会を欠席したY5についても善管注意義務違反はないとした。

【先例・学説】

取締役が経営判断を行う際に専門家等の知見を信頼していた場合には、信頼がどこまで保護されるのか、いわゆる信頼の原則の適用が学説上論じられてきた(1)。一方、近時の裁判例としては、取締役が他の取締役や専門家、あるいは従業員を信頼したことにより取締役の善管注意義務違反を否定した事例はいくつか見られる。東京地決平成二・一二・二七判時一三七七号三〇頁、東京地判平成一四・一〇・三一判時一八一〇号一一〇頁、東京地判平成一六・三・二六判時一八六三号一二八頁、東京高判平成二〇・五・二一判タ一二八一号二七四頁、大阪地判平成二四・六・二九資料版商事法務三四二号一三一頁等である。

監査役は監査活動として、どこまでの行為を行えば任務懈怠が否定されるか。従来裁判例では監査役の会社に対する責任が認められた事例は多くない。監査役の会社に対する責任が追及され、監査役の任務懈怠が認められた裁判例には以下のものがある。神戸地姫路支決昭和四一・四・一一下民集一七巻三・四号二二二頁、大阪地判昭和四九・四・二六判時七八一号一〇三頁、東京地決昭和五二・七・一判時八五四号四三頁、大阪地判平成一二・九・二〇判時一七二一号三頁（ただし損害の立証の点から責任を否定した）、大阪高判平成一八・六・九判時一九七九号一一五頁。なお、農業協同組合の監事の事案で参考になるものがある。最判平成二一・一一・二七判時二〇六七号一三六頁であり、最高裁は以下のように判示してY（監事）の責任を認めた。「Yは、Xの監事として、理事会に出席し、Aの上記のような説明では、堆肥センターの建設事業が補助金の交付を受けることによりX自身の資金的負担のない形で実行できるか否かについて疑義があるとして、Aに対し、補助金の交付申請内容やこれが受領できる見込みに関する資料の提出を求めるなど、堆肥センターの建設資金の調達方法について調査、確認する義務があったというべきである」。

（1）　取締役の信頼の原則について論じたものとしては、近藤光男「取締役の責任とその救済(2)」法協九九巻七号（一九八二年）一〇六八頁、『新版注釈会社法(6)』（有斐閣、一九八七年）二六四頁〔同〕、畠田公明『コーポレートガバナンスにおける取締役の責任制度』（法律文化社、二〇〇二年）四〇頁以下、神吉正三「取締役の『信頼の権利』に関する一考察」流経二巻二号（二〇〇三年）一一～六二頁等がある。

【評　論】

一　本件は、会社が余裕資金をもって匿名組合契約に基づく出資を行い、それによって破綻の可能性のある関連会社の債権を買い取る旨の判断を行ったことに関して、取締役および監査役の任務懈怠責任が問われた事例である。裁判所はいずれの責任をも否定している。そこでは取締役等に幅広い裁量が認められていること、顧問の言に依拠することで善管注意義務を否定していることが注目される。

二　X社が締結した匿名組合契約では、X社がE社に対する債権を買い取ることを目的としていた。このような契約を締結したことに、Y1の善管注意義務違反が認められるかどうかが問われるが、一般に取締役の注意の水準は取締役として要求される能力・知識に応じて、また担当業務から判断される(2)。本件の出資をするかどうかは、一つの経営判断であって、当然ここには経営判断原則が適用される。判旨が、「行為当時の状況に照らし合理的な情報収集・調査・検討等が行われたか、および、その状況と取締役に要求される能力水準に照らして不合理な判断がなされなかったかを基準になされる」とするのは同原則の適用を明らかにしたものと解される。すなわち当時の状況に照らし合理的な情報収集・調査・検討等が行われ合理的な判断がなされたかどうかが問われる。

本件では、取締役会で出資の判断を下すに当たり、十分な情報や調査があったのであろうか。この点について、Y_1はFへ過度に依存しているようにも思われる。もちろん、一般に情報収集や調査の際に、弁護士や公認会計士など専門家の知見を信頼した場合には、当該専門家の能力を超えると疑われるような事情があった場合を除き、信頼の原則が働き善管注意義務違反とはならない(3)。しかし、信頼の前提として、当該専門家の言が問題の分野に関して信頼に値するかどうか、他に利害関係を持っていないかどうかについて十分吟味しておくことが求められる。判旨によれば、金融関係の知識を特段持ち合わせていないY_1が、Fの説明を信用し、取引関係者に実現可能性についての確認をとったうえで、出資につき取締役会に上程して決議したことにつき、善管注意義務違反は認められないとする。たしかに金融関係の知識を持つことは取締役の必須の条件ではない。しかし、自己に知識がないため他者を信頼するのであれば、この他者を選択するについての相応の注意が求められる。単に知識がないので責任がないということにはならないのである。

大規模な会社ではとくに従業員への信頼は不可避であるが、社内体制を確保した上での信頼でなければならない(4)。また複雑で専門的な知識を要する事項に関しては、専門家の意見に依拠して判断を下すことは許される。しかし、その専門家の選択には相応の注意が求められる。とくに専門家が当該事項に利害関係を有する場合には、専門家の意見は一つの参考意見にはなっても、それを信頼したというだけでは責任が否定されない。

Fは、本件出資の目的は、E社に対する償還請求権九億円の回収にあり、他の債権者の強硬な取立による破綻を回避し、E社を存続させ、E社に対する債権額を増大させて大口債権者となり、交渉力を確保するとの説明をしており、取締役等はこれを信頼した。専門的な知識の点では、Fは本件取締役会当時、金融関係の知識をもっており、X社の顧問として財務関係を取り仕切っており実績もあげていたのであり、信頼するに値するようである。しかし、その様な知識や能力だけが問題なのではなく、Fの有する利害関係の及ぼす専門家としての意見への影響の有無についても問わなければならない。Fは、E社の代表者であったDの推薦を受けて就任した取締役であるJの推薦でX社の顧問となったものである。FがE社の利益を図る行動を取ったのではないかとの疑いは払拭されていない。もっとも判旨は、X社を害してまでE社を利することは、X社との顧問契約にも反するし、具体的にE社の利益のみを図ることによってFが利益を得る関係にあったとまでは認めるに足りないとした。また、仮にFがE社の利益を図ったとしても、E社を利すればX社の利益になり、関連会社を救済することで自社の利益に繋がる可能性がないとは言えない。しかし、巨額の出資は直接的にはX社の利益が犠牲となる可能性が少なくない。この場合本件出資により自社にもたらされるメリットとデメリットの比較考量が不可欠である。しかしながら、X社の取締役等は、同社やその関連会社の信用を維持するために必要な出資なのかどうか検討を十分に行ったのか、本件出資により債権回収が増加すると期待できるのか必ずしも十分な説明と検討が加えられたという事実も認定されていない(5)のである。参考資料の提供もなされていなかったようである。この点で判旨は、Fの利益相反的場面であることを重視し、E社の実情等について取締役等がどの程度自己で知るように努力していたのか等について、もう少していねいな認定が必要であったと思われる。

三　従来、監査役の会社に対する責任については、それが認められた事例はもちろんのこと、追及された事例もきわめて少なかった。これは取締役の責任が追及された事例と比べてみれば、きわめて顕著であった。しかしながら、近時は追及事例が増加してきている。前掲の農業協同組合の最高裁判決を見ると、従来の裁判例の姿勢にも変化が感じられる。当時農業協同組合の監事には株式会社法の監査役の規定が準用されていた（農協三九条二項、旧商二七四条一項等）ことから、判旨は監査役の責任にも当てはまる。同判旨では、監事は理事らの業務執行の監査を逐一行わないという慣行が存在していたが、代表理事の言動が善管注意義務違反のあることをうかがわせるのに十分であれば、理事会に出席し理事の説明を聞いているだけでは足りず、さらに資料の提出を求め、調査確認の義務があったとして、監事の責任を認めている[6]。もっとも、そこでは、代表理事に不正行為を疑わせる事実の存在を前提にしている。取締役の行為が明らかに違法または著しく不当な行為である場合には、これを監査すべき監査役の責任が認められやすい。しかしながら、本件のように一応合理的に見える出資行為を行ったが、実は関連会社や主要株主の利害関係から考えると、適切であったかどうか疑いが生じるという場合には、監査役の責任を認めるのは難しいかも知れない。本件では、監査役がどこまで不適切な出資であると認識できたのか不明である。しかし、Fの利益相反的な状況がわかっていたのであれば、出資の回収可能性について念を押すという以上の行為も監査役に望まれたのではなかろうか。

本件では監査役が取締役会で出資行為の問題性を認識していなかったし、認識することはできなかったといえる。しかし、匿名組合契約締結後、監査役は十分な監査行為を行っていたかどうかも問われるべきであろう。監視や監査の義務を取締役会の一時点だけで捉えるのでなく、一定の時間の流れで見ていく必要はあろう。すなわち、監査役は取締役会上程前にチェックする必要はあるし、匿名組合契約締結後に十分な監査活動をする必要もある[7]。その意味でY_5は取締役会に欠席したことだけで責任を否定して良かったのか疑問も感じる。取締役会後に他の監査役等から情報を得て、何らかの行動を取らなくてもよかったのであろうか。たとえ余裕資金による運用であるとは言え、本件のような出資行為には、慎重な判断を求めるべきではなかったのであろうか。さらに、監査役はその属性に従いその注意義務の程度は高くなり、特定分野の専門家の当該分野の監査に係る注意義務は高度であると解される[8]。そうであれば、Y_6については公認会計士であることから、容易に損失を見積もることができたと解する余地もあり[9]、十分な監査機能を果たしていたのか疑問も生じるところである。

（2）　酒巻俊雄＝龍田節編集代表『逐条解説会社法第五巻』（中央経済社、二〇一一年）三五七頁〔青竹正一〕。
（3）　江頭憲治郎『株式会社法〔第五版〕』（有斐閣、二〇一四年）四六二頁註（2）、岩原紳作編『会社法コンメンタール第九巻』

（商事法務、二〇一四年）二三九頁〔森本滋〕。
(4)　水戸地下妻支判平成一五・二・一五判時一八一六号一四一頁、金沢地判平成一五・一〇・六労判八六七号六一頁。
(5)　弥永真生「判批」ジュリ一四七〇号（二〇一四年）八六頁。
(6)　福瀧博之「判批」商事法務二〇〇六号（二〇一三年）一一三頁参照。
(7)　弥永・前掲注(5)八六頁。
(8)　森本・前掲注(3)二七三頁。
(9)　弥永・前掲注(5)八六頁。

《著者紹介》
近 藤　光 男（こんどう　みつお）
昭和 29 年　東京都生まれ
昭和 53 年　東京大学法学部卒業
　同　年　東京大学法学部助手
昭和 56 年　神戸大学法学部助教授
平成 3 年　神戸大学法学部教授
平成 12 年　神戸大学大学院法学研究科教授
平成 27 年　関西学院大学法学部教授・神戸大学名誉教授
現在に至る

主 要 著 書

会社経営者の過失（弘文堂，平成元年）
会社支配と株主の権利（有斐閣，平成 5 年）
経営判断と取締役の責任（中央経済社，平成 6 年）
取締役の損害賠償責任（中央経済社，平成 8 年）
コーポレート・ガバナンスと経営者責任（有斐閣，平成 16 年）
商法総則・商行為法〔第 6 版〕（有斐閣，平成 25 年）
最新株式会社法〔第 8 版〕（中央経済社，平成 27 年）

株主と会社役員をめぐる法的課題

2016 年 11 月 20 日　初版第 1 刷発行

著　者　近　藤　光　男
発行者　江　草　貞　治
発行所　株式会社　有　斐　閣
郵便番号 101-0051
東京都千代田区神田神保町 2-17
電話（03）3264-1314〔編集〕
（03）3265-6811〔営業〕
http://www.yuhikaku.co.jp/

制作・株式会社有斐閣学術センター
印刷・株式会社理想社／製本・大口製本印刷株式会社
© 2016, Mitsuo Kondoh. Printed in Japan
落丁・乱丁本はお取替えいたします。
★定価はカバーに表示してあります。
ISBN 978-4-641-13748-6

JCOPY 本書の無断複写（コピー）は，著作権法上での例外を除き，禁じられています。複写される場合は，そのつど事前に，（社）出版者著作権管理機構（電話03-3513-6969，FAX03-3513-6979，e-mail：info@jcopy.or.jp）の許諾を得てください。

本書のコピー，スキャン，デジタル化等の無断複製は著作権法上での例外を除き禁じられています。本書を代行業者等の第三者に依頼してスキャンやデジタル化することは，たとえ個人や家庭内での利用でも著作権法違反です。